Die Tineen Und Pterophoren Der Schweiz...

Heinrich Frey

Die

Tineen und Pterophoren

der

SCHWEIZ.

Von

PROF. HEINRICH FREY.

ZÜRICH,
Verlag von Meyer und Zeller.
1856.

Druck von Zürcher und Furrer.

Den Herrn

Senator C. von Heyden

in Frankfurt am Main

und

H. T. Stainton

in London

zugeeignet

vom

Verfasser.

VORREDE.

Nicht ohne Besorgniss allzu frühzeitiger Publikation übergebe ich hiermit diesen Versuch einer schweizerischen Fauna der Tineen und Pterophoren der Oeffentlichkeit. Schon seit Jahren interessirte und beschäftigte mich in freien Stunden diese Gruppe der Insekten. Der naturgeschichtliche Reichthum der Schweiz, die faunistischen Arbeiten, welche für einzelne Zweige ihrer Thierwelt in den letzten Zeiten stattgefunden haben, mussten den Gedanken entstehen lassen, auch die beiden eben genannten Abtheilungen der Lepidopteren in ähnlicher Weise zu behandeln. Seit drei Sommern bemühte ich mich, darauf bezügliches Material zu sammeln, in welchem Bestreben mich schweizerische Bekannten vielfach unterstützt haben. Es ist mir eine Freude, in dieser Hinsicht den Herren Apotheker J. Boll in Bremgarten, Bremi-Wolff in Zürich, Lehrer Rothenbach in Schüpfen bei Aarberg und Dr. med. Laharpe in Lausanne meinen Dank öffentlich abstatten zu können.

Ich hatte im Winter 1854 auf 55 bereits Einiges niedergeschrieben, als ich im Frühling des verflossenen Jahres Stainton's Arbeit über die brittischen Tineen erhielt (Insecta britannica. Lepidoptera: Tineina. London 1854), ein in jeder Hinsicht ausgezeichnetes und treffliches Buch, welches namentlich die Systematik in glücklicher Weise, gestützt auf Zeller's bahnbrechende Studien, weiter geführt hat. Jene Eintheilungen nahm ich darum, da ich mich nicht im Stande fühlte, bei dem jetzigen Zustande des Wissens in haltbarer Weise etwas Besseres zu liefern, zum grössten Theile an. Dass es nicht blindlings geschehen, wird die Vergleichung beider Schriften dem aufmerksamen

Leser leicht zeigen; dass ich Alles auf's Neue untersucht und geprüft habe, werden die zahlreichen kleinen Aenderungen erkennen lassen. Dass ich an vielen Stellen, wo ich nichts Neues zu bringen vermochte, den Sinn der Zeller' und Stainton'schen Untersuchungen auch in den Worten der Verfasser wiedergab und es verschmäht habe, mich in eine scheinbare Originalität zu kleiden, — dieses, scheint mir, bedarf keiner Rechtfertigung und wird meiner Arbeit nicht zum Schaden gereichen. Im Uebrigen war ich stets bemüht, dasjenige, was meinen Vorgängern und was mir zukommt, streng auseinander zu halten.

Für die Bestimmungen der Arten glaube ich volles Vertrauen in Anspruch nehmen zu dürfen. Langjähriger Verkehr mit Herrn Dr. med. Herrich-Schäffer in Regensburg und mit Herrn von Heyden in meiner Vaterstadt räumten mir die ersten Schwierigkeiten aus dem Wege. Briefwechsel mit Herrn Professor Zeller in Glogau und vor allen Dingen mit dem Verfasser der brittischen Tineen-Fauna, welcher mich in liberalster Weise auch durch Mittheilung zahlreicher englischer Originalexemplare unterstützt hat, verschaffte mir für fast alles Uebrige das gewünschte Licht.

Ich bedaure, an literarischem Materiale, wie das beigegebene Verzeichniss lehrt, ziemlich beschränkt gewesen zu sein, so dass ich nicht für alle Citate die volle Verantwortlichkeit übernehmen kann.

Endlich möge man die Latinität der Charakteristiken und Diagnosen mit Nachsicht beurtheilen und etwaige Sprachfehler entschuldigen. Ich hätte allerdings leicht die Hülfe eines Philologen benutzen können. Ob jene aber für den Naturforscher verständlicher geworden sein möchten?

Zürich, den 22. Mai 1856.

Der Verfasser.

LITERATUR.

(Die mit * bezeichneten Werke und Abhandlungen konnten nicht benutzt werden.)

*Bjerkander (*Bjerkander*) in den Nova Acta Holmiae.

*Borkhausen (*Borkh.*) Naturgeschichte der Europäischen Schmetterlinge etc. Frankfurt 1788—1794. 5 Bände.

*Bouché (*Bouché*) Naturgeschichte der schädlichen und nützlichen Garteninsekten. Berlin 1833.

*— Naturgeschichte der Insekten. Berlin 1834.

Brahm (*Brahm*) Insektenkalender für Sammler und Oekonomen. Mainz 1790—1791.

*— in Scriba's Beiträgen zur Insektengeschichte. Frankfurt 1790—1793.

*Charpentier Die Zünsler, Wickler, Schaben und Geistchen des systematischen Verzeichnisses der Wiener Gegend etc. mit Anmerkungen von Zinken, genannt Sommer. Braunschweig 1821.

*Clerck (*Clerck*) Icones Insectorum rariorum etc. Holmiae 1759—1764.

Curtis (*Curt.*) British Entomology. London 1824—1838.

*De Geer Mémoires pour servir à l'histoire des Insectes. Stockholm 1752—1771. 7 Bände.

*Donovan (*Don.*) Natural History of British Insects etc. London 1792—1803. 16 Vols.

Douglas (*Dougl.*) On the British Species of the Genus Gelechia. Transactions of the Entomological Society of London. Vol. V. 1847—1849 (1848) und New Series Vol. I. 1850—1851.

— Contributions towards the Natural History of British Microlepidoptera. L. c. Vol. II. 1852 und 1853 (drei Abhandlungen).

Duponchel (*Dup.*) Histoire naturelle des Lépidoptères ou Papillons de France. Vol. 10 und Vol. 11. Paris 1833 und 1838.

— Histoire naturelle des Lépidoptères ou Papillons de France. Supplément. Vol. 4. 1842.

— Catalogue méthodique des Lépidoptères d'Europe. Paris 1844.

Entomologische Zeitung, herausgegeben von dem entomologischen Vereine zu Stettin. 1840—1856.

Esper (*Esper*) die Europäischen Schmetterlinge. Erlangen 1777—1805. 7 Bände.

* Eversmann (*Eversm.*) Fauna Lepidopterologica Volgo-Uralensis etc. Casani 1844.

Fabricius (*Fab.*) Systema Entomologiae. Flensburgi et Lipsiae 1775.

* — Genera Insectorum. Kilonii 1777.

* — Species Insectorum. Hamburgi et Kilonii 1781.

* — Mantissa Insectorum. Hafniae 1787. 2 Bände.

* — Entomologia systematica etc. Hafniae 1792—1794. 4 Bände.

Fischer von Roeslerstamm (*F. R.*) Abbildungen zur Berichtigung und Ergänzung der Schmetterlingskunde, besonders der Microlepidopterologie. Leipzig 1834—1843.

Frey (*Frey*) Ueber die in der Schweiz beobachteten Arten des Genus Lithocolletis; in den Mittheilungen der naturforschenden Gesellschaft in Zürich 1855.

* Freyer (*Freyer*) Neuere Beiträge zur Schmetterlingskunde. Augsburg 1833—1852.

* Frölich (*Frölich*) Enumeratio Tortricum L. regno Würtembergico indigenarum etc. Tubingae 1828.

Füssly (*Füssly*) Verzeichniss der schweitzerischen Insekten. Zürich und Winterthur 1775.

— Magazin für Entomologie. Zürich und Winterthur 1778 und 1779. 2 Bände.

— Neues Magazin. Zürich und Winterthur 1782. 2 Bände.

* Geoffroy (*Geoff.*) Histoire abregée des Insectes qui se trouvent aux environs de Paris. Paris 1762.

Goeze (*Göze*) Entomologische Beiträge etc. Leipzig 1777—1783. 5 Bände.

* Haworth (*Haw.*) Lepidoptera britannica etc. Londini 1803—1828. 4 Bände.

Herrich-Schäffer (*H.-S.*) Systematische Bearbeitung der Schmetterlinge von Europa etc. Regensburg 1848—1855. 5ter Band.

Hornig, von. Ein lepidopterologischer Besuch der Alpen Mangert und Rombon in Istrien. Verhandlungen des zoologisch-botanischen Vereines in Wien. 4ter Band 1854.

Hübner (*Hbn.*) Sammlung Europäischer Schmetterlinge. Augsburg 1801—1829. 5 Bände.

— Verzeichniss bekannter Schmetterlinge. Augsburg 1816.

— Geschichte Europäischer Schmetterlinge. Augsburg. 3 Bände.

Hummel (*Hummel*) Essais entomologiques. Petersbourg 1821—1829.

Isis, Encyclopädische Zeitschrift etc. von Oken 1817—1848.

Kollar (*Koll.*) Systematisches Verzeichniss der Schmetterlinge im Erzherzogthum Oestreich. (Beiträge zur Landeskunde Oestreichs unter der Ems.) Band 2. 1832.

Latreille (*Latr.*) Genera Crustaceorum et Insectorum. Paris 1806.

— Histoire naturelle des Crustacées et Insectes. Paris 1802.

— Cuvier, le règne animal. 3. Tom. Paris 1817. – Nouv. édition 5. Tom. Paris 1829.

Lienig (*Lien.*) Lepidopterologische Fauna von Lievland und Curland mit Anmerkungen von Zeller. Isis 1846.

Linnaea entomologica (*Lin. entom.*), Zeitschrift herausgegeben von dem entomologischen Vereine in Stettin. Berlin, Posen und Bromberg 1846—1855. 10 Bände

Linnaei (*L.*) Fauna Suecica. Edit. II. Stockholmiae 1761.

Linné, a (*L.*) Systema Naturae. Edit. XII. Holmiae 1766—1667. 2 Bände. — Edit. XIII. Lipsiae 1788. Tom. I. Pars V.

Mann Aufzählung der Schmetterlinge, gesammelt auf einer Reise nach Oberkrain und dem Küstenlande. Verh. des zool.-bot. Vereines in Wien. Band 4. 1854.

Meigen (*Meig.*) Systematische Beschreibung der Europäischen Schmetterlinge. Aachen 1827—1831. 3 Bände.

Naturforscher. Halle 1774—1804.

Nicelli, von (*v. Nic.*), Bericht über die Pommer'schen Arten der Gattung Lithocolletis etc. Entomologische Zeitung 1851 (und 1852).

Ochsenheimer (*Ochsh.*) Die Schmetterlinge von Europa (fortgesetzt von Treitschke). Band 1—4. Leipzig 1807—1816.

Olivier (*Oliv.*) in der Encyclopédie méthodique. Paris 1789—1832. 4 Bände.

Panzer (*Panz.*) Faunae Insectorum Germaniae initia. Nürnberg 1793. —1823.

Ratzeburg (*Ratzeb.*) Die Forstinsekten etc. Berlin 1839—1844. 3 Bände.

Retzius (*Retz.*) Caroli de Geer Genera et species Insectorum. Lipsiae 1783.

Reutti (*Reutti*) Uebersicht der Lepidopteren-Fauna des Grossherzogthumes Baden. In den Beiträgen zur rheinischen Naturgeschichte. 3tes Heft. Freiburg 1853.

Richter Verzeichniss der um Dessau beobachteten Microledopteren. Entomologische Zeitung 1850.

* Schalén (*Schalén*) in Thunberg's Museum Naturalium Academiae Upsaliensis.

Schläger (*Schläg.*) Bericht des lepidopterologischen Tauschvereines über die Jahre 1842—1847. Jena 1848.

Schmid bei Koch, Die Raupen und Schmetterlinge der Wetterau. Isis 1848.

* Schrank (*Schr.*) Fauna Boica. Vol. 2. Ingolstadt 1801.

Scopoli (*Scop.*) Entomologia Carniolica. Vindobonae 1763.

* Stainton (*Sta.*) Catalogue of British Tineidae and Pterophoridae. London 1849.

* — Supplementary Catalogue of British Tineidae and Pterophoridae. London 1851.

— List of the specimens of British animals etc. Lepidoptera. London 1854.

— Insecta Britannica. Lepidoptera: Tineina. London 1854.

— The natural history of the Tineina. Vol. I. London, Paris, Berlin 1855.

— The Entomologist's companion. Second edition. London 1854.

— The Entomologist's annual for 1855 et 1856. London 1855 und 1856. 2 Bände.

— Verzeichniss der in England einheimischen Arten der Gattung Lithocolletis etc. Entomologische Zeitung 1852.

— On Gracilaria, a Genus of Tineidae. Transact. of the Entom. Soc. of London. New Series. Vol. I. 1850—1851 (1851).

— On the species of Depressaria. Ibid. Vol. V. 1847—1849.

* — Stephens (*Steph.*) Illustrations of British Entomology. Haustellata. London 1834—1835.

Sulzer (*Sulzer*) Abgekürzte Geschichte der Insekten etc. Winterthur 1776. 2 Bände.

— Die Kennzeichen der Insekten etc. Zürich 1761.

Systematisches Verzeichniss (*S. V.*) der Schmetterlinge der Wiener Gegend, herausgegeben von einigen Lehrern am Theresianum. Wien 1776.

Tengström, af (*Tengst.*) Bidrag till Finnlands Fjäril Fauna, in den Notiser ur Sällskapets pro Fauna et Flora Fennica Förhandlingar. Helsingfors 1847 (nur theilweise benutzt).

Thunberg (*Thunb.*) Insecta suecica. Dissertatt. Upsaliae 1784—1797.

— Museum Naturalium Academiae Upsalensis. Upsaliae 1788.

Treitschke (*Tr.*) Die Schmetterlinge von Europa. Fortsetzung des Ochsenheimer'schen Werkes. Leipzig 1825—1835. Band 5—10. Band 9. 1 und 2. (1832 uud 1833. Band 10. 3. 1835).

Villers Caroli Linnaei entomologia faunae Suecicae descriptionibus aucta. Lugduni 1789. 4 Bände.

Wocke (*Wocke*) Beiträge zur Kenntniss der Lithocolletis-Arten. In den Uebersichten der Arbeiten der schlesischen Gesellschaft für vaterländische Cultur. 1848.

Wood (*Wood*) Index entomologicus. London 1839.

Zeller (*Zell.*) Arbeiten in der Isis, nämlich:

— Kritische Bestimmung der in Réaumur's Mémoires etc. vorkommenden Lepidopteren. 1838.

— Versuch einer naturgetreuen Eintheilung der Schaben. 1839.

— Vorläufer einer vollständigen Naturgeschichte der Pterophoriden. 1841.

— Monographie des Genus Hypomoneuta. 1844.

— Bemerkungen über die auf einer Reise nach Italien und Sicilien beobachteten Schmetterlingsarten. 1847.

— Die von Joh. Mann in Toskana beobachteten Microlepidopteren. Entom. Zeitung 1850.

— in der Linnaea entomologica:

— Die Arten der Blattminirergattung Lithocolletis. Band 1. 1826.

— Die Arygresthien. Die Gracilarien. Band 2. 1847.

— Die Gattungen der mit Augendeckeln versehenen blattminirenden Schaben (Lyonetia, Phyllocnistis, Cemiostoma, Opostega und Bucculatrix). Band 3. 1848.

— Beitrag zur Kenntniss der Coleophoren. Band 4. 1849.

— Die Schabengattungen Incurvaria, Micropteryx und Nemophora. Bd. 5. 1850.

— Die Schaben mit langen Kiefertastern. Revision der Pterophoriden. Band 6. 1851.

— Sieben Tineaceengattungen (die Geschlechter Lypusa, Talaeporia, Solenobia, Diplodoma, Xysmatodoma). Band 7. 1852.

— Sieben Tineaceengattungen (die Geschlechter Adela und Nemotois). Band 8. 1853.

Zeller Die Depressarien. Band 9. 1854.

— Die Arten der Gattung Butalis. Band 10. 1855.

Zetterstedt (*Zetterst.*) Insecta Lapponica. Lipsiae 1840.

Zinken (*Zink.*) genannt Sommer, siehe Charpentier.

Zu den Höhenangaben wurde benutzt:

Ziegler Sammlung absoluter Höhen der Schweiz etc. Zürich 1853.

I. Tineen. Schaben.

I. Familie. EXAPATIDEN.

Exapatidae et Gelechidae p. Sta. —

Stainton hat, und unserer Meinung nach mit vollem Rechte, die Tineen-Geschlechter Exapate, Dasystoma und Chimabacche zu einer Familie der Exapatiden vereinigt, welche allerdings Zeller schon früher angedeutet hatte. Doch dürfte, wie wir glauben, in dieser Gruppe das Genus Semioscopis eine passendere Stellung finden, als in der übergrossen Familie der Gelechiden, welcher es von dem englischen Entomologen zugezählt wurde; um so mehr, als der Aderverlauf mit demjenigen der drei andern Genera verwandt ist und nur die vollkommen geflügelten Weiber eine grössere Verschiedenheit begründen.

Die Charakteristik unserer Exapatiden-Familie würde demnach, mit einigen nothwendigen Modifikationen der Stainton'schen Bezeichnung, folgendermassen lauten:

Antennae crassiusculae, pubescentes vel dense ciliatae; palpi maxillares nulli, labiales breves aut longiusculi; haustellum nullum aut breve; alae ♂ magnae, latae, ♀ valde abbreviatae et acuminatae aut alis ♂ aequales.

Die Flügel sind beim männlichen Thiere breit und gross, beim Weibe entweder ganz verkümmert, wie im Genus Exapate und Dasystoma, oder unvollkommen ausgebildet, wie bei Chimabacche, oder endlich in voller Entwicklung, denjenigen des Mannes gleich, vorhanden, was bei Semioscopis der Fall ist.

Die Fühler erscheinen ziemlich stark, bald länger, bald kürzer, gewimpert. Nebenaugen können vorkommen oder fehlen. Die Kiefertaster mangeln stets, die Labialpalpen sind entweder kurz oder mässig lang, horizontal vorstehend oder sichelförmig auswärts gekrümmt. Die Geschlechter Exapate und Dasystoma zeigen uns den Mangel der Zunge, während sie kurz bei Chimabacche und Semioscopis vorkommt.

Was den Aderverlauf betrifft, so geht die Apicalader der Vorderflügel beinahe immer in eine Gabel gespalten aus, welche bald in den Vorderrand allein, bald in diesen und den Hinterrand zugleich ausmündet. Unter ihr kommen 4—6 Hinterrandsvenen vor. Die Subdorsalader ist entweder an der Basis gabelförmig getheilt oder einfach. — Die Hinterflügel zeigen uns die Apicalader einfach oder gespalten; aus dem Queräderchen entspringen zwei zum Hinterrande tretende Röhren und die Medianvene ist zwei- oder dreitheilig gespalten.

Die Larven der Exapatiden sind 16füssig. Das dritte Beinpaar ist bei einem Theile eigenthümlich modifizirt, in ein keulenförmig angeschwollenes Gebilde verwandelt. Sie leben im Sommer oder Herbste auf Laubhölzern, Bäumen und Sträuchern, zwischen zusammengehefteten Blättern.

Die Entwicklung zum vollkommenen Insekte erfolgt entweder im Spätherbste oder im Frühling.

Sehr auffallend ist der geringe Artenreichthum dieser Familie, durch welchen die Exapatiden unter sämmtlichen Tineen einzig in ihrer Art dastehen. Verglichen mit den so überaus grossen Gruppen der Gelechiden und Elachistiden beherbergen die vier Genera jener nur 8 Spezies, die allerdings in weiter Verbreitung durch Europa vorkommen und in dem schweizerischen Faunengebiete zu 7 vertreten sind; 6 finden sich in England.

Sämmtliche schweizerische Exapatiden scheinen an den ebneren, niedrigeren Theil des Landes gebunden zu sein. Dass sie den höhern Alpenregionen fehlen, erklärt sich aus der Lebensweise der Larven.

1. Genus. EXAPATE.

Exapate Hbn. — *Sta.* — *p. Zell.* — *Lemmatophila p. Tr.* — *Cheimonophila Dup.* — *H.-S.* — *Cheimaphasia Curt.* — *Oxypate Steph.* — *Diurnea p. Haw.*

Caput hirsutum; ocelli distincti; antennae pubescentes; palpi labiales ♂ brevissimi, ♀ longiores, porrecti; haustellum nullum. Alae ♂ anter. oblongo-ovatae, poster. ovatae; alae anter.: vena apicalis simplex supra apicem exit, infra eam venae sex simplices, quarum ultima a penultima longe remota, subdorsalis ad basim furcata (sed ramus anterior vix indicatus). Alar. poster. vena apicalis longe furcata supra et infra apicem exit, infra eam rami duo e venula transversa angulata, mediana bifida. Alae ♀ anter. valde abbreviatae, angustae, acutae; poster. nullae. — *Cf. Sta.*

Das Geschlecht Exapate bildet einen der Uebergänge von den Tortriciden zu den Tineen und ist in der That neuerdings auch von

Herrich-Schäffer zu jenen Thieren, versetzt worden. Wie dieser mit Recht hervorhebt, ist der Aderverlauf ein den Wicklern verwandter; die kurzen Palpen des Männchens, welche freilich beim Weibe beträchtlich sich verlängern, könnten ebenfalls zur Unterstützung der Wicklernatur geltend gemacht werden.

1. E. Gelatella L. (Hbn. Tort. Tab. 42 fig. 266).

Gelatella L. — Fab. — Tr. — Dup. — Zell. — Lien. — Sta. — Congelatella Clerck. — Gelatana Hbn. — H-S.

Alis anter. ♂ cinereo-fuscis, costam versus saturatioribus, maculis duabus fuscis, spatio albidiore separatis, ♀ brevissimis angustissimis griseis, fusco-marginatis. — ♂ 10—9½‴.*)

Die Larve lebt im Sommer zwischen zusammengesponnenen Blättern von Rüstern, Weissdorn, Liguster, Himbeeren und andern Sträuchern; sie ist licht grasgrün mit weissen Streifen über den Rücken und die Seiten; die Brustfüsse schwarz. (Lien.)

Wie überall ist Gelatella, welche im tiefsten Spätherbste und zu Anfang des Winters erscheint und nach der Ueberwinterung noch im Februar und März vorkommen soll, auch in der Schweiz eine seltenere Art, welche bei Zürich noch nicht beobachtet ist. Ich sah bisher allein ein Exemplar der Rothenbach'schen Sammlung, welches zu Langnau im Emmenthal gefunden wurde.

Im Uebrigen ist Gelatella weit verbreitet, in Schweden, Lievland, dem Süden Englands, vielen Theilen Deutschlands, z. B. Schlesien, Frankfurt a. M., am Oberrhein in der Nähe Basels.

---

2. Genus. DASYSTOMA.

Dasystoma Curt. — Steph. — Sta. — Diurnea p. Haw. — Cheimophila p. Hbn. — Lemmatophila p. Tr. — p. Dup. — Exapate p. Zell.

Caput superne hirsutum; ocelli distincti; antennae crassiusculae, ♂ dense ciliatae; palpi labiales porrecti, pilis vestiti; haustellum nullum. Alae ♂ anter. oblongo-ovatae, poster. ovatae; vena apicalis alar. anter. furcata supra et infra apicem exit, infra eam venae quatuor; subdorsalis

*) Stets ist das Insekt mit ausgespannten Flügeln gemessen. Sämmtliche Grössenbestimmungen sind im Pariser Duodezimalmass angestellt.

ad basim furcata; poster. vena apicalis simplex in apicem exit, infra eam venae duae; vena mediana bifida. ♀ alae anter. angustae abbreviatae, poster. nullae. — *Cf. Sta.*

Als einzige Art:

1. D. Salicella Hbn. (Hbn. Tab. 2 fig. 9 ♂ — H.-S. Tab. 48 fig. 329 a. b.).

Salicella Hbn. — Tr. — Curt. — Steph. — Freyer. — Dup. — Lien. — H.-S. — Sta. — Salicis Haw.

Alis anter. ♂ cervinis, roseo tinctis, fasciis duabus oblique-transversis obscurioribus, punctis duobus disci fere connexis, margine posteriore saturate fusco; ♀ abbreviatis, fasciis duabus nigris. — ♂ $9^1/_2$'''.

Die Larve soll Ende August auf Erlen, Sahlweiden und Ahorn (A. Schmid in litt.) leben; ihr drittes Beinpaar soll keulenförmig gebildet sein. Weisslich oder gelbgrünlich mit Wärzchen und feinen Härchen; Kopf schwärzlich, Brustfüsse schwarz. (Lien.)

Diese von England, Schweden, Lievland bis Toskana vorkommende und in Deutschland weit verbreitete Art erscheint im Frühling. Für die Schweiz kenne ich die Gegenden von Zürich (im April) und von Chur als Fundplätze. Nicht häufig.

---

3. Genus. CHIMABACCHE.

Chimabacche Zell. — Sta. — Diurnea Curt. — H.-S. — p. Haw. — Lemmatophila p. Tr. — Chimabacche et Cheimophila p. Hbn. — Cheimophila et Diurnea Steph. — Diurnea et Lemmatophila p. Dup.

Capilli superne suberecti, in fronte decumbentes; ocelli nulli; antennae crassiusculae, ♂ dense ciliatae vel pubescentes; palpi labiales leviter adscendentes vel porrecti, articulo secundo dense squamato, tertio laevi acuto; haustellum breve, basi parce squamata. Alae anter. ♂ oblongo-ovatae, poster. ovatae; anter. vena apicalis furcata supra et infra apicem exit, infra eam venae quinque; subdorsalis basi furcata. Poster. vena apicalis simplex ante apicem exit, infra eam venae duae e venula transversa, mediana trifida. ♀ alae anter. et poster. abbreviatae et acuminatae. — *Cf. Sta.*

Die Angabe des englischen Mikrolepidopterologen, welcher wir fast wörtlich gefolgt sind, charakterisirt in jeder Weise treffend vorstehendes Geschlecht. Durch den Mangel der Ocellen unterscheidet sich Chimabacche von dem vorigen Genus Dasystoma, während es darin mit Exapate stimmt, bei welchem der Aderverlauf aber anders ist. Ebenso erscheint eine Zunge. Das Flügelgeäder von Chimabacche ist bei dem Manne demjenigen des Genus Dasystoma nahe verwandt; nur läuft in den Hinterrand der Vorderflügel eine Ader mehr aus und die Medianvene der Hinterflügel ist dreigespalten. Die Weiber haben zwar immer noch verkümmerte Flügel, aber neben den vorderen, welche bei Exapate und Dasystoma allein vorhanden waren, erscheinen hier die Hinterflügel. So entsteht ein Uebergang zu den vollständig geflügelten Weibern des folgenden Genus Semioscopis. — Die beiden Arten, Fagella und Phryganella, bei ihrer weiten Verbreitung durch Europa, sind in unserm Faunengebiete ebenfalls als häufigere Erscheinungen vertreten.

1. **Ch. Phryganella** Hbn. (Hbn. Tab. 2 fig. 10. ♂ — H.-S. Tab. 48 fig. 330. ♀).

Phryganella Hbn. — Haw. — Tr. — Steph. — Dup. — Zell. — Lien. — Sta. — H.-S.

♂ Antennis dense ciliatis, alis anter. cervinis, costam versus obscurioribus, albido-irroratis, maculis duabus fuscis obsoletis, altera in medio, altera pone medium; ♀ alis anter. albido-griseis, fusco-bifasciatis, abbreviatis, acutissimis. — ♂ 12—11‴.

Die Larve im Juni zwischen zusammengesponnenen Blättern von Eichen, Buchen, Erlen. Die männliche Raupe hat, gleich Fagella, das dritte Beinpaar kolbig vorstehend. Sie ist gelblichweiss mit weissen Einschnitten, der Nackenschild weisslich, Kopf und Brustfüsse schwarz. Die weibliche Raupe weisslich mit gelben Einschnitten, Kopf, Nackenschild und Brustfüsse braun. (Lien.)

Diese von Lievland und England an südlich verbreitete Art ist wohl überall in der Schweiz vorhanden. Beobachtet im Oktober und November bei Zürich, Lausanne (Laharpe), Schüpfen (Rothenbach); nicht selten.

2. Ch. Fagella S. V. (Hbn. Tab. 2 fig. 12 ♂. — H.-S. Tab. 48 fig. 332 ♀).

Fagella S. V. — Hbn. - Fab. - Tr. — Steph. — Dup. — Zell. — Sta. — H.-S. — Fagi Fab. — Haw. — Var. Dormoyella Dup.

♂ Antennis pubescentibus et alis anter. griseis lutescentibusve, fusco-irroratis, stria angulata fusca costam non attingente, punctis disci tribus et lunula disci nigro-fuscis, margineque postico punctato; ♀ al. anter. abbreviatis, angustioribus. — ♂ 13—10½'''.

Die Larve im Herbste in ähnlicher Lebensweise, wie die der vorigen Art, an Buchen, Birken, Espen, Weiden und Sorbus. Sie ist weisslich, mit dunklerem Rückenstreifen, kleinen behaarten Wärzchen, mit braunem Kopf und weisslichbraunem Nackenschild, die Brustfüsse hell.

Vom Norden Europa's bis Italien beobachtet, wurde für das Faunengebiet unsere Spezies an den nämlichen drei Lokalitäten, wie Phryganella, bemerkt. Verglichen mit der Häufigkeit, in welcher ich sie früher zu Göttingen und Frankfurt antraf, ist sie bei Zürich nicht gerade gemein zu nennen. — Frühling, schon vom März an.

---

4. Genus. SEMIOSCOPIS.

Semioscopis Hbn. - Steph. — Zell. - Sta. — Epigraphia Dup. — Semioscopis et Epigraphia H.-S. — Lemmatophila p. Tr.

Capilli appressi, superne suberecti; ocelli parvi, vel nulli; antennae crassiusculae, ♂ pubescentes; haustellum breve, squamatum; palpi labiales arcuati, articulo secundo squamis appressis, tertio acuminato. Alae ♂ et ♀ anter. oblongo-ovatae, poster. ovatae; alarum anter. vena apicalis furcata supra et in apicem exit, infra eam venae quinque, ultima interdum cum penultima connexa, valde curva; vena subdorsalis ad basim furcata; alar. poster. vena apicalis ante apicem exit, infra eam venae duae e venula transversa, vena mediana bifida. — *Cf. Sta.*

Das Genus Semioscopis ist zur Zeit nur aus vier europäischen Arten bestehend, welche im ersten Frühling erscheinen. Eine derselben, S. Steinkellneriana, zeichnet sich durch etwas ansehnlichere, mehr gekrümmte Palpen und durch die Abwesenheit der Ocellen einigermassen von den übrigen aus (Genus Epigraphia H.-S.). Drei derselben sind in der Schweiz beobachtet.

1. S. **Strigulana** S. V. (Hbn. Tab. 2 fig. 13. ♂ und Tab. 48 fig. 334 ♀).

Strigulana S. V. — Fab. — Zell. — H.-S. — Atomella Hbn. — Tr. — Dup. — Consimilella Hbn.

Palporum articulo terminali brevi nudo, porrecto; alis anter. cinereis, nigro-irroratis, puncto ante medium lunulaque post medium nigris, apice et margine postico nigro-punctatis. — 13‴.

Von dieser von Lievland an südlich vorkommenden, aber wenig verbreiteten und selteneren Art, welche der englischen Fauna zu fehlen scheint, kenne ich nur ein einziges schweizerisches Exemplar. Ich fing es am 25. März 1854 bei Zürich auf einem benachbarten Berge.

2. S. **Avellanella** Hbn. (H.-S. Tab. 48 fig. 333 ♂. — Hbn. Tab. 4 fig. 27 ♀).

Avellanella Hbn. — Tr. — Steph. — Dup. — Eversm. — Sta. — H.-S.

Palporum articulo terminali brevi nudo porrecto; alis anter. dilute griseo-ochreis, fusco-irroratis, stria basali plicae ante medium angulata et in medio disci desinente lunulaque nigris, apice et margine postico nigro-punctatis — 13—$10\frac{1}{2}$‴.

Diese von Russland und Lievland westwärts bis England beobachtete und in vielen Gegenden Deutschlands (z. B. Göttingen, Carlsruhe, Constanz, Wien) vorkommende Spezies erscheint im März und April an Birken und Linden.

Für die Schweiz bei Zürich und Lausanne (Laharpe) angetroffen. Nicht gerade häufig.

3. S. **Steinkellneriana** S. V. (Hbn. Tab. 4 fig. 26 [schlecht]. — H.-S. Tab. 48 fig. 335).

Steinkellneriana S. V. — Fab. — Schr. — Zell. — Lien. — Sta. — H.-S. — Steph. — Steinkelneri Haw. — Steinkellnerella Tr. — Dup. — Characterella Hbn.

Palpis longioribus, articulo terminali recurvato, alis anter. griseo-fuscis, vix roseo-tinctis, macula angulata disci ante medium (angulo dorsum versus) striolaque postica angulata (angulo apicem versus) nigris, apice et margine postico nigro-punctatis. — *Cf. Sta.* — 11–10‴.

Die Larve nach den Beobachtungen von Mad. Lienig an Weissdorn und Sorbus im August und September zwischen umgebogenen Blättern. Schlank, gelbgrün mit gelben Einschnitten, grasgrüner Rückenlinie und kleinen grünen Wärzchen; der Kopf schwarz gezeichnet, der Nackenschild schwarz punktirt. Auf dem zehnten Segmente jederseits ein sehr kleines, gelbbraunes Ringchen.

In Frühling, April. Von Lievland über England und Frankreich südwärts beobachtet. Bei Zürich und Lausanne (Laharpe) häufiger als die vorhergehende Spezies.

II. Familie. TINEIDEN.

Tineacea p. Zell. — Tineidae p. Sta.

Es ist kaum möglich, für diese grosse, vielgestaltige Familie allgemein durchgreifende Merkmale anzugeben. Die Charakteristik:

Caput lanatum; antennae aut breves, aut longissimae; palpi labiales cylindrici, breviusculi, palpi maxillares plerisque 5-vel 6-articulati (nonnullis palpi labiales aut omnes palpi desunt). Alar. ♂ et ♀ anter. vena subdorsalis furcata (interdum ♀ aptera). Larva saccophora vel intra cuniculos sericeos vivens. —

mag als Beispiel dieser Schwierigkeit gelten.

Wenn wir von gewissen Geschlechtern, Lypusa, Diplodoma, Hapsifera und Eriocottis absehen, welche in der schweizerischen Fauna nicht vertreten sind, so bleiben noch 14 Genera übrig, von welchen wir aber das Geschlecht Micropteryx als ein durchaus fremdartiges abtrennen. Wir fassen sie in der von Zeller (Lin. entom. Band V, VI, VII und VIII) begründeten und von Stainton genau festgehaltenen Weise ebenfalls auf. Als Kern der Familie ergeben sich eine Reihe von Geschlechtern, bei welchen die ausgebildeten Kiefertaster taschenmesserartig eingebogen sind und kürzere Fühler vorkommen, die Tineacea plicipalpia von Zeller. Es sind Scardia, Tinea, Lampronia, Teichobia und Incurvaria, gewöhnlich mit rauhem Kopfe. Wie wenig aber die Existenz der Kiefertaster von durchgreifendem systematischem Werthe, lehrt das mit

Scardia innig verbundene Genus Euplocamus, bei welchem diese Theile mangeln, wie sie auch schon bei Teichobia verkümmern. An diesen Kern reihen sich nun nach beiden Seiten, wie Zeller scharfblickend hervorhob, die andern Genera an.

Eine Anzahl macht einen Uebergang gegen die Psychiden. Es sind Xysmatodoma, Solenobia und Talaeporia. Bei ihnen allen fehlen die Kiefertaster, bei Solenobia verschwinden sogar die Labialpalpen. Als Reminiscenz an die Psychen werden in den beiden letzten Geschlechtern die Weiber flügellos. Ebenso kann der Generationswechsel erscheinen, diese bei Insekten so seltene Fortpflanzungsart (cf. Siebold, Ber. d. Schles. Ges. 1850).

Nach der andern Seite hin fügen sich die drei Genera Nemophora, Adela und Nemotois an. Bei ihnen allen erreichen die Fühler eine ganz ungewöhnliche Länge. Während bei dem ersten Geschlechte noch die Kiefertaster vorhanden sind, verlieren sie sich bei den beiden letzten. — Fremdartig in der Familie und ohne Uebergänge steht dann noch ein letztes Genus, Ochsenheimeria, welches vielleicht auch entfernt werden muss.

Wir erhalten so drei Unterabtheilungen:

a) Mit kurzen Fühlern, ohne Maxillartaster, an die Psychiden angrenzend (1. Talaeporia; 2. Solenobia; 3. Xysmatodoma).

b) Mit kurzen Fühlern, fast immer mit Maxillartastern (4. Ochsenheimeria; 5. Euplocamus; 6. Scardia; 7. Tinea; 8. Lampronia; 9. Teichobia; 10. Incurvaria).

c) Mit langen Fühlern, selten noch mit Maxillartastern (11. Nemophora; 12. Adela; 13. Nemotois).

I. Genus. TALAEPORIA.

Talaeporia p. Hbn. — Zell. — Sta. — Reutti. — H.-S. — Solenobia p. Dup.

Caput superne ac in fronte hirsutum; ocelli distincti pone oculos; antennae ♂ setaceae, crenulatae, ciliatae; palpi maxillares nulli, labiales cylindrici, pilosuli, articuli secundi apice supra setoso; haustellum nullum. Alae oblongae, mediocriter ciliatae; cellula discoidalis venas sex in marginem posticum emittit, supremam furcatam, vena subdorsalis basi furcata. ♀ aptera, antennis, oculis et pedibus instructa, ano lanato. Larva saccophora, sacco longo gracili, granulato, anum versus attenuato. — *Zell.*

Die mit Borstenhaaren gefranzten Fühler, der Umstand, dass beim Auschlüpfen die weibliche Puppenhülse gleich der männlichen mit hervordringt, während sie bei den Psychiden stets im Sacke zurückbleibt, geben die Unterscheidungsmerkmale gegenüber dieser Gruppe. Die Weiber sind vollkommen flügellos, aber mit Fühlern, Augen und Beinen versehen. Während Talaeporia diese Gestalt des weiblichen Thieres mit dem folgenden Geschlechte Solenobia gemein hat, zeichnet sie sich von diesem durch das Vorkommen der Labialpalpen und Ocellen sehr aus.

Unter den drei bekannten Arten, welche Zeller in seiner Monographie anführt, zu welchen nach Herrich-Schäffer noch Conspurcatella Koll. (die bei Zeller eine Solenobia) hinzukommt, ist eine nach dem bisherigen Wissen der englischen Fauna eigenthümlich, nämlich T. Pubicornis Haw.; die beiden andern, T. Politella Ochsh. und Pseudobombycella Hbn., erscheinen dagegen auf dem Continente und sind in unserm Gebiete gleichfalls vertreten.

1. **T. Politella** Ochsh. (F. R. Tab. 38 fig. 2 a—c).

Politella Ochsh. — Tr. — F. R. — Dup. — Zell. — Bsdvl. — Sta. — H.-S. — Var. Clandestinella Mn.

♂ Capillis griseo-fuscescentibus; alis anter. griseo-luteolis immaculatis; ♀ fusca. — *Zell.* — 9—7½‴.

Der Sack dieser wohl an Flechten lebenden Art ist demjenigen der folgenden Spezies verwandt, weniger rauh und etwas heller. Er findet sich an Felsen, an Bretterwänden etc. im Mai.

Das Insekt im Juni in Croatien, Ungarn, Süddeutschland bis zum Rhein (Freiburg, Lahr), auch in Frankreich. Es scheint dem Norden zu fehlen.

Ich habe nur ein etwas abgewischtes männliches Exemplar von Lausanne vor mir mit der Notiz »Juni« aus Laharpe's Sammlung.

2. **T. Pseudobombycella** Hbn. (F. R. Tab. 37).

Pseudobombycella Hbn. — Tr. — F. R. — Dup. — Lien. — Sta. — Teng. — H.-S. — Reutti. — Glabrella Ochsh. — Hbn. — Tessellea Haw. — Curt. — Andereggiella (Solenobia) Dup. — Tabulosa Retz.

♂ Capillis dilute ferrugineis; alis anter. subnitidulis, fuscocinereis, maculis numerosis dilute luteis, quasi reticulatis, macula disci pone medium saturatiore maculisque duabus dorsi dilute luteis, altera in medio, altera ad angulum analem. — *Sta.* — ♂ 8½—8‴.

Die reichliche Nomenklatur, wie sie Zeller in seiner monographischen Arbeit gesammelt hat, zeigt uns eine der bekanntesten Schaben.

Der Sack cylindrisch, bis 8''' lang, an beiden Enden etwas verschmälert, mit dreikantigem Afterende, graulich mit Körnchen und fremden Körpern bekleidet, welche gegen die Mündung zahlreicher sind Vom Herbst bis Frühling am Fuss der Bäume und später an diesen selbst, wohl Lichenen verzehrend.

Das von Finnland bis England und Pisa beobachtete Insekt erscheint nach dem Klima vom Mai bis in den Juli. In unsern Gegenden im Juni nicht gerade selten.

Zürich, Lausanne.

---

2. Genus. SOLENOBIA.

Solenobia Zell. — Sta. — H.-S. — p. Dup. — Talaeporia p. Hbn.

Caput superne ac in fronte hirsutum; ocelli nulli; os pilosum, palpis subnullis; antennae ♂ setaceae, ciliatae. Alae oblongae, mediocriter ciliatae; anter. cellula discoidalis venas in marginem quinque emittit simplices; ♀ aptera, oculis antennis pedibusque instructa, ano lanato. Larva saccophora, sacco breviusculo, granulato, anum versus attenuato. — *Sta.*

Wie schon oben bemerkt, durch das Fehlen der Labialpalpen und Ocellen von Talaeporia verschieden. Auch zeigt der Aderverlauf des Vorderflügels darin eine Abweichung, dass bei Solenobia nur 5 Adern in den Hinterrand laufen. Die Säcke sind weniger fest construirt, was Zeller hervorhebt. Ein Generationswechsel, wie die Beobachtungen der neuern Zeit lehren, kommt hier bei einigen Arten vor; so hat S. Lichenella entschieden die Bedeutung einer Amme. Ich kenne zur Zeit nur 2 Spezies aus der Laharpe'schen Sammlung, von welchen indessen die eine Art, die möglicherweise neu, nicht rein genug ist, um sie zu beschreiben.

1. S. Triquetrella (F. R. Tab. 39).

Triquetrella F. R. — Zell. — H.-S. — ? Hbn.

♂ Capite mediocri, villis cinereo-griseis vix incrassato, corpore fusco, griseo-villoso; alis anter. subelongatis, postice vix dilatatis, griseis, punctis obsoletis canescentibus crebrius sparsis, venula transversa obscura crassiuscula obsoleta. — *Zell.* — $6^1/_2$‴.

Der Sack von der Gestalt eines Gerstenkornes, mit Sandkörnchen bekleidet, mit einem stumpfen Rückenkiel und einer ebenen Bauchfläche, welche mit kielförmigem Rand in die obere Seite übergeht (so wenigstens an meinem Exemplare).

Die Raupe hat Fischer von Röslerstamm auf der angeführten Tafel unter c abgebildet, aber nur sehr kurz beschrieben. Sie soll von grünem Wandmoder (Dematium virescens Pers.) leben. Er sagt von ihr: Kopf röthlichbraun, die folgenden zwei Brustringe braun, von einem hellen Längsstreifen durchschnitten, die folgenden heller mit dunkeln Fleckchen und brauner Afterklappe.

Diese Art, in mehreren Gegenden Deutschlands beobachtet, scheint auch der Schweiz nicht zu fehlen. Ich ziehe wenigstens ein Laharpe'sches Exemplar nebst Sack hieher, mit der Notiz: »selten, Lausanne«. Bei Zürich noch nicht angetroffen.

---

3. Genus. XYSMATODOMA.

Xysmatodoma, Zell. — *Sta.* — *H.-S.* — *Lampronia p. Steph.*

Caput superne et in fronte hirsutum; ocelli nulli; antennae setaceae, ♂ setoso-ciliatae; palpi maxillares nulli; palpi labiales cylindrici, breves, hirsuti. Alae (♀ graciliores) oblongae, mediocriter ciliatae; anter. cellula discoidalis venas quinque in marginem posticum emittit. ♀ alata, ano lanato. Larva saccophora, sacco simplici, breviusculo granulato. — *Zell.*

In der Abwesenheit der Augen mit Solenobia übereinstimmend, ebenso in dem Umstande, dass 5 Adern in den Hinterrand auslaufen, unterscheidet sich Xysmatodoma durch die Gegenwart der Labialpalpen von jenem Geschlechte. Die wichtigste Verschiedenheit diesem und auch Talaeporia gegenüber bildet aber das (wenn auch kleiner-) geflügelte Weib.

Es sind 2 Spezies zur Zeit bekannt (da eine dritte, Argentimaculella, nicht hieher, sondern in eins der folgenden Geschlechter, zu Tinea, gehört). Eine kommt in dem schweizerischen Faunengebiete vor.

1. X. Melanella Haw. (F. R. Tab. 59).

Melanella Haw. — Steph. — Zell. — Sta. — Zell. — H.-S. — Atrella Steph. — Stelliferella F. R.

Capillis nigris, antennis flavido fuscoque annulatis; alis anter. latiusculis opacis nigris, punctis numerosis sparsis luteo-albis, fascia obsoleta ad dorsum distinctiore ante medium luteo-alba, macula parva dorsi pone medium punctoque costae apicem versus albidis, apice costae margineque postico albido-punctatis. — *Cf. Sta.* — 5—$4^{1}/_{2}$'''.

Der Sack findet sich im Frühling an Baumstämmen und Bretterwänden, indem die Larve die hier vorkommenden Lichenen verzehrt. Er ist dreieckig, mit abgerundeten Kanten, nach beiden Enden zugespitzt, grau, mit kleinen Sandkörnchen bedeckt.

Melanella, im Juni sich entwickelnd, vom Norden Deutschlands an verbreitet (Danzig, Frankfurt a. M., Wien, Freiburg etc.), auch im Süden Englands öfters, gehört in der Schweiz, wie es scheint, zu den Seltenheiten. Ich kenne ein Exemplar aus der Boll'schen Sammlung, welches bei Bremgarten gefunden wurde. Ein zweites Stück traf H. Pfaffenzeller im Oberengadin bei Samaden 5362'.

---

4. Genus. OCHSENHEIMERIA.

Ochsenheimeria Hbn. — Zell. — Sta. — H.-S. — Lepidocera Steph. — Curt. — Phygas Tr. — Dup.

Caput superne valde hirsutum, in fronte squamaceum; ocelli distincti pone oculos; antennae breves, crassiusculae, interdum squamis usque medium incrassatae; palpi maxillares nulli; palpi labiales porrecti, articulo secundo valde hirsuto, articulo tertio laevi adscendenti acuminato; haustellum breve, nudum; abdomen depressum. Alae angustae, mediocriter ciliatae, anter. squamis exasperatis; vena apicalis furcata ante apicem exit, infra eam venae quatuor vel tres*); submedianae apex incrassatus, subdor-

*) Ich habe zwei Exemplare der O. Urella (♂ und ♀) untersucht und auf dem vordern wie hintern Flügel die Zahl der Hinterrandsvenen um eine geringer gefunden, als sie nach Stainton's gutem Bilde bei O. Birdella und nach Herrich-Schäffer bei Taurella vorkommt.

salis longe furcata; poster. venae apicalis ramus inferior in apicem exit; infra eam venae furcatae duae vel una e venula transversa, mediana bifida. — *Cf. Sta.*

Ob die sonderbaren Ochsenheimerien, deren Diagnose wir fast wörtlich dem Stainton'schen Werke entnommen haben, wirklich in die Tineidengruppe gehören, ob sie nicht vielleicht die Repräsentanten einer besondern Familie sind, lassen wir dahin gestellt sein. Jedenfalls nehmen sie sich unter den Tineen an dieser von Zeller angedeuteten und von Stainton festgehaltenen Stelle fremdartig genug aus. Da man ihre Verwandten, wozu wohl das Genus Hapsifera Zell. gehören mag, noch nicht näher kennt, habe ich sie hier gelassen, um so mehr, als mir kein genügendes Material zur Verfügung steht, sie genauer zu untersuchen. Der Aderverlauf zeigt neben der langen Mittelzelle beider Flügel das Eigenthümliche, dass in ihre Spitze eine gablige Ader ausläuft, was aber bei Schabengeschlechtern aus ganz verschiedenen Familien vorkommt, so dass man hierdurch über die systematische Stellung keinen Fingerzeig erhält.

Die Larve, welche für eine Art, O. Birdella, neuerlich von den englischen Entomologen entdeckt wurde, verwirrt uns vollends. Sie ist weder eine Sackträgerin, noch in Gallerien Holz, Schwämme etc. bewohnend, sie lebt vielmehr in den Stengeln eines Grases (Dactylis glomerata). — Das vollendete Insekt, damit in Uebereinstimmung, findet sich um Gräser und wird in den Mittagsstunden munter, während es sich sonst sehr gut zu verbergen pflegt. Einzelne Exemplare trifft man auch in Wohnungen.

Die Zahl der noch nicht hinreichend entwirrten Spezies, welche zur Zeit bekannt, ist eine geringe, wird sich aber in der Folge gewiss vergrössern. Ich kenne zwei schweizerische Arten, welche aber nur vereinzelt und zufällig gefunden wurden. Sie stammen beide von Zürich und wurden von Herrn Bremi getroffen. In keiner andern schweizerischen Sammlung sah ich eine Ochsenheimeria.

1. **O. Bisontella** Lien.

Bisontella Lien. — Zell. — Sta. — Vacculella Sta. ol. — Taurella Curt. — ? Steph. — ? Haw. — Birdella H.-S.

Capillis saturate ochreo-fuscis; antennis basim versus squamis paullulum incrassatis. Alis anter. griseo-fuscis, saturate-fusco valde suffusis; alis poster. dilute griseis, vix purpureo-tinctis, ipsa basi hyalina. — *Sta.* — 5—4$\frac{1}{2}$'''.

Hierher soll nach der Meinung von Herrich-Schäffer das eine der Bremi'schen Exemplare gehören; es ward auf einem benachbarten Berge in einem Lärchenwäldchen zu Anfang August gefangen.

2. O. Urella F. R.? an. Spec. propr.?

Zwei andere Exemplare der Bremi'schen Sammlung, welche Ende Mai gefangen und Herrich-Schäffer überlassen wurden, beschreibt dieser folgendermassen (S. 110):

»Sie können gemäss ihrer bedeutenderen Grösse und ihrer bis an die Wurzel gleichmässig dunkelbraunen Hinterflügel nicht mit Urella F. R. verbunden werden, wenigstens nicht das eine ganz reine männliche Exemplar. Dieses hat lebhaft dunkelbraune Vorderflügel, mit eingemischten, wenig blasseren, aber auch mehreren ganz gelbweissen und schwarzen Schuppen. Die langen Schuppen des Scheitels und der Palpen sind gelbbraun, mit schwarzen Enden, Stirne und Brust gelbweiss. Der Hinterleib ist tief schwarz, der Ring und der von den schwarzen Pinseln des vorletzten Segmentes überragte Afterbüschel weissgelb.« Er vermuthet hier eine neue Art. — Ich habe diese Exemplare nicht gesehen.

---

5. Genus. EUPLOCAMUS.

Euplocamus p. Latr. — Steph. — Curt. — Sta — (p.) Zell. — p. Dup. — Scardia p. Tr.

Caput superne ac in fronte hirsutum; antennae ♂ pectinatae; ocelli nulli; palpi maxillares nulli, labiales articulo secundo infra fasciculato-piloso, tertio tenui adscendenti; haustellum brevissimum. Al. anter.: e cellula discoidali venae quatuor in marginem costalem, quarum ultima furcata supra et in apicem exit, infra eam venae sex in marginem posticum; vena subdorsalis ad basim furcata; poster. vena apicalis simplex supra et in apicem, infra eam rami duo simplices, mediana trifida.*)

Das Genus Euplocamus, dessen Larven in Schwämmen wohnen, ist an Arten arm und nur eine derselben in unserm Gebiete beobachtet.

---

*) So nach der Untersuchung eines weiblichen Exemplares von E. Füsslinellus.

2

1. **E. Füsslinellus** Sulzer. (Hbn. Tab. 33 fig. 224 und H.-S. Tab. 35 fig. 241—243 var.

Füsslinellus (a.) Sulzer. — Füssly. — Zell. — H.-S. — Füsslinaria Esp. — Anthracinella S. V. — Tr. — Hbn. — Dup. — Steph. — Anthracinalis Scop. — Anthracina Borkh. — S. V. — Ochsh. — Meig. — Guttella Fab. — Latr. — Guttatus Latr. — Erythrocephala Fab.

Capillis scapulisque ferrugineis; alis anter. atris, albo-guttatis, alis poster. nigris, ♂ ciliis albis nigro-alternatis, ♀ ciliis vix albido-alternatis. — *Zell.* — 16—13‴.

Die reichliche von Zeller gesammelte Synonymik lehrt, wie die auffallende Schabe die Entomologen vielfach beschäftigt und in systematische Verlegenheiten geführt hat.

Die Larve bewohnt nach Ochsenheimer faulende Buchenschwämme. Sie ist beingelb mit braunem Kopfe, Nackenschild und Nachschiebern.

E. Füsslinellus, im Mai erscheinend, kommt im südlichen Schlesien, Thüringen, Oestreich (bei Wien und bis zur Nordgrenze von Istrien), bei Frankfurt a. M., in Ungarn, Frankreich und in Oberitalien bei Pisa vor.

Sie findet sich ebenfalls in der Schweiz, und war schon von Füssly und Sulzer als solche bekannt, welche ein Exemplar von Mühlheim beschrieben. Ich kenne als Fundstellen die Umgebungen Zürichs, wo die Schabe übrigens zur Seltenheit geworden ist. Sie wurde von H. Bremi vor langen Jahren bei Dübendorf und auch von Andern auf den benachbarten hiesigen Bergen getroffen.

---

6. Genus. SCARDIA.

Scardia H.-S. — Zell. — p. Tr. — Euplocamus (p.) Zell. — p. Sta. — Dup. — Curt.

Caput superne et in fronte hirsutum; antennae ♂ fusciculo-ciliatae; ocelli nulli; palpi maxillares plicati, 6-articulati, labiales articulo secundo fusciculato, ultimo tenui adscendenti; haustellum breve. Al. anter.: cellula discoidalis ramos quatuor, quorum ultimus simplex, in marginem costalem emittit; infra eam rami sex simplices; subdorsalis ad basim furcata.

Von dem vorigen Genus, mit welchem es bisher verbunden war, durch die Gegenwart der Maxillartaster verschieden, wie zuerst Herrich-Schäffer hervorgehoben hat.

Auch hier ist der Artenreichthum gering und nur eine Spezies als seltene Erscheinung in der Schweiz bisher bekannt geworden.

1. Sc. Boleti Fab. (H.-S. Tab. 46 fig. 314. — ? Hbn. Tab. 3 fig. 19).

Boleti Fab. — Zell. — Sta. — Choragella S. V. — H.-S. — Zell. ol. — Mediellus (a.) Ochsh. — Curt. — Steph. — Tr. — ? Mediellus Dup.

Palporum labialium articuli terminalis basi maculaque ante apicem fuscis; alis anter. angustis, ochraceis, fusco-maculatis, macula venae transversa nigra nulla, ciliorum fuscorum maculis quatuor pallidis. — *Zell.* — 12–9‴.

Die Larve lebt in den holzigen Schwämmen verschiedener Laubholzbäume, der Weiden, Pappeln, Buchen, Linden.

Der Falter im mittleren Europa, auch in England; vom Mai bis August.

Ich kenne nur ein schweizerisches Exemplar aus der Sammlung Rothenbach's in Schüpfen. Es stammt von Langnau im Emmenthal her.

---

7. Genus. TINEA.

Tinea Zell. — Steph. — Curt. — Latr. — Sta. — Tinea p. Haw. — Tinea et Scardia p. Tr. — Zetterst. — Tinea, Blabophanes, Monopis, Elatobia et Tineola H.-S.

Caput superne ac in fronte hirsutum; ocelli nulli, palpi maxillares plicati, 5-articulati (interdum nulli); p. labiales cylindrici, pilosi, articuli secundi apice supra setis una pluribusve instructo; haustellum subnullum. Alae anter. oblongo-ovatae, raro elongatae; poster. ovatae squamatae, longius ciliatae; anter. e cellula discoidali saepe venae quinque (interdum quatuor) in marginem costalem prodeunt. — *Cf. Zell. et Sta.*

Die Abwesenheit der Ocellen theilt das Genus Tinea mit Euplocamus und Scardia. Die Zunge ist kürzer, der männliche Fühler weniger behaart. Der Aderverlauf fällt sehr verschiedenartig aus, so dass bei alleiniger Berücksichtigung desselben das Geschlecht in mehrere Genera aufzulösen wäre. Manche Arten unterscheiden sich durch die 5 Vorderrandsadern von Euplocamus; andere haben nur

4 und kommen darin mit den vorhergehenden zwei Geschlechtern überein. Bei einer Art sind 6 Costalvenen vorhanden.*) – Am meisten eigenthümlich erscheinen einige Spezies, bei welchen die Kiefertaster verschwunden sind, welche von Herrich-Schäffer als Genus Tineola unterschieden werden. Indessen haben alle Tineen in anderer Hinsicht des Uebereinstimmenden wieder gar Mancherlei und auch in dem Genus Gelechia (s. unten) kommt eine ähnliche Vielgestaltigkeit des Geäders vor.

Die Larven unsers Schaben-Geschlechtes wohnen theils in Gallerien, theils tragen sie Säcke mit sich herum, in welchen sie den hintern Theil ihres Körpers verbergen. Sie verzehren die verschiedenartigsten Thier- und Pflanzenstoffe, Schwämme, Kork, Pflanzenmark, faules Holz, Wolle, Pferdehaar, Pelze, Vogelbälge und noch gar manches Andere. Bekanntlich werden sie hierdurch vielfach zu sehr schädlichen Insekten. Dass sie aber auch, wie Mad. Lienig berichtet, von Salz sich ernähren können, ist eine Fabel.

Das vollendete Insekt erscheint in der Regel im Sommer; manche Arten, welche in unsern Wohnungen eingenistet sind, zeigen sich innerhalb geheizter Räume fast das ganze Jahr hindurch. So habe ich beinahe beständig auf dem Präparirzimmer des zoologischen Cabinets in Zürich die bekannte, schädliche T. Tapetiella.

Der Artenreichthum ist ein bedeutender. Gegenwärtig mögen in Allem etwa 48 Spezies in unserm Welttheile bekannt sein. Für die englische Fauna führt Stainton deren allein 30 an. In Baden beobachtete Reutti 16. In Lievland fand Mad. Lienig 13 derselben.

Die bisherige faunistische Ausbeute innerhalb der Schweiz ist höchst unbedeutend, indem ich zur Zeit nur 17 Spezies kenne, kaum mehr als die Hälfte der wohl vorkommenden Formen. – Keine dieser Tineen ist eigenthümlich; auffallend ist das Vorkommen

---

*) Der Aderverlauf von T. Lappella, welchen Stainton abgebildet hat, kommt ganz ähnlich bei Granella vor. Die Discoidalzelle ist auch hier sehr gross. Dagegen ist das Vorderflügelgeäder bei T. Rusticella, welches Herrich-Schäffer, aber nicht ganz genau, bildlich dargestellt hat, sehr sonderbar. Die sehr kurze Discoidalzelle schickt hier vier lange Costaladern ab, von welchen die letzte gablig getheilt ist. Aus dem Queräderchen entspringen zwei lange, einfache Adern und die Medianvene ist dreigetheilt. – Wiederum beträchtlich anders fällt nach der Untersuchung des Regensburger Entomologen der Aderverlauf bei T. Ferruginella und bei Fuliginosella aus.

der T. Pustulatella. Manche gehen mit den menschlichen Wohnungen hoch in der Alpenzone aufwärts; so traf ich einige noch bei 5362' Meereshöhe zu Samaden im Oberengadin.

Die drei ersten der nun folgenden Spezies haben auf den Vorderflügeln einen kleinen, glasartigen, schuppenlosen Fleck.

1. T. Imella Hbn. (Hbn. Tab. 50 fig. 347. — H.-S. Tab. 47 fig. 323).

Imella Hbn. — Zell. — Dup. — Lien. — Tengst. — Sta. — H.-S.

Capillis ferrugineis; alis anter. nitidis, fuscis, costa anguste pallide ferrugineis, ciliis anguli postici flavidis, macula disci hyalina. — *Cf. Zell.* — 8–6'''.

T. Imella ist eine, wie es scheint, durch ganz Europa verbreitete Spezies. Sie ist von Finnland und Lievland südwärts bis Syrakus und westlich bis England beobachtet worden. Sie erscheint vom Mai bis August, wohl in doppelter Generation. In der Schweiz dürfte sie selten sein. Ich kenne wenigstens nur ein von Herrn Boll bei Bremgarten erbeutetes Exemplar.

2. T. Ferruginella Hbn. (Hbn. Tab. 51 fig. 348 ♂ — Tab. 56 fig. 381 ♀ — ?Tab. 26 fig. 179 var.).

Ferruginella Hbn. — Tr. — Dup. — Zell. — Lien. — Sta. — H.-S. — Splendella Hbn. — Ustella Haw. — ? Mendicella Hbn.

Capillis ac thorace ferrugineis; alis anter. fusco-nigris, vitta dorsali sinuata, strigulisque costalibus ante apicem ferrugineis, macula media albida hyalina. — *Zell.* — 6–5'''.

Ebenfalls in sehr weiter Verbreitung durch unsern Welttheil vorkommend. Man hat sie von Riga südwärts bis Pisa beobachtet; westlich geht sie bis England und Schottland (so in einer alten Kohlengrube bei Glasgow in Menge; Scott.). Sie kommt im Freien, wie in Wohnungen vor.

Auch in der Schweiz ist die Schabe allgemein verbreitet. Bei Zürich erscheint sie am späten Abend an Waldrändern von der zweiten Junihälfte bis zu Ende Juli. Ebenso von Lausanne (Laharpe) und Bremgarten (Boll).

3. T. Rusticella Hbn. (Hbn. Tab. 49 fig. 339).

Rusticella Hbn. — Tr. — Dup. — Zell. — Lien. — Tengst. — Eversm. — Sta. — H.-S. — Laevigella S. V. — Hemerobiella Schr. — Vestianella Steph. — Saturella Haw.

Capillis luteis, alis anter. fuscis, violaceo-inspersis, pustula ante medium hyalina, ♂ cum macula flavida costali cohaerente maculaque anguli interni; ♀ maculis nullis. — *Zell.* — $8\frac{1}{2}$–$7\frac{1}{2}$'''.

Die Larve soll an Pelzen, Wollenstoffen etc. leben.

Eine der gemeinsten Tineen, von Skandinavien und Finnland bis Toskana, und von England bis in das östliche Russland gehend. Sie fliegt im Freien an lichten Waldstellen, ebenso kommt sie in Wohnungen vor. Sie erscheint in unsern Gegenden vom Juni an, in den Alpen vier Wochen später.

Bei Zürich gemein. — Bremgarten (Boll); Lausanne (Laharpe). Zu Samaden, noch bei 5362' Höhe, Ende Juli frisch. Auch in den Alpen des Kanton Waadt (Laharpe).

4. T. **Fulvimitrella** Sodoffsky (H.-S. Tab. 42 fig. 283).

Fulvimitrella (a.) *Sod.* — *Tr.* — *Dup.* — *Eversm.* — *Zell.* — *Sta.* — *H.-S* — *Bohemanella Zetterst.* — *Rupella Haw.* — *Steph.**)

Capillis ochraceis; alis anter. nigris, maculis duabus tribusve costae, duabus dorsi oblique oppositis albis, ciliis subtessulatis. — *Cf. Zell.* — 9–8'''.

Die Raupe soll im faulen Holze der Buchen und in Birkenschwämmen leben.

In weiter Verbreitung im Freien vorkommend. Lappland, Schweden, Lievland, England, Südfrankreich; südwärts bis Livorno, östlich bis Ungarn und in das Banat. Nach dem Klima erscheint die Schabe vom Mai bis Ende Juli.

Ein sehr schönes Exemplar, welches aber viel weniger Weiss bei glänzend schwarzer Vorderflügelfarbe besitzt, erbeutete H. Pfaffenzeller 1855 im Oberengadin bei Samaden.

5. T. **Tapetiella** L. Zell. (Hbn. Tab. 13 fig. 91).

Tapetiella (*Tapetzella*) *L.* — *Clerck.* — *S. V.* — *Fab.* — *Hbn.* — *Haw.* — *Tr.* — *Steph.* — *Dup.* — *Zell.* — *Zetterst.* — *Lien.* — *Sta.* — *H.-S.* — *Tapezana Fab.* — *Latr.* — *Trapezella Lam.*

Die Larve an Pelzen, Wollenstoffen, Naturalien, theils in Säcken, theils in Gängen lebend. Zeller traf sie einstens in einem

*) Stainton zieht Capitella Tr. fragweise hieher. Die Verschiedenheit ist aber unserer Meinung nach allzugross, um auch nur fragweise das Citat zu gestatten, und das von Treitschke beschriebene Insekt zu einer andern Spezies gehörend.

Pferdehufe. In Göttingen sah ich sie in Unzahl auf dem Fechtboden in den Fechthüten der Studirenden eingenistet. Sie ist weisslich, stellenweise grau durchschimmernd, mit einzelnen weissen Härchen und einer dünnen, grauen Linie über den Rücken. Ihr Kopf ist bräunlichgelb.

Das schädliche, gemeine Insekt ist von Lappland und Schweden bis Süditalien verbreitet.

In der Schweiz ebenfalls gemein. Die Erscheinungszeit ist Juni, Juli und August; in warmen Zimmern kommt die Schabe das ganze Jahr vor. Zürich; Bremgarten (Boll); Schüpfen (Rothenbach in litt.); Lausanne. Auch in den Alpen, so zu Samaden im Oberengadin Ende Juli.

6. T. **Arcella** Fab. (Hbn. Tab. 37 fig. 256).

Arcella Fab. — Schr. — Sta. — Zell. — H.-S. — Nivella Fab. — Repandella Hbn. — Dup. — Clematella Zell. (1839). *— Dup. — Lien. — ? Fab. — Clematea Haw.*

Capillis ac thorace albis; alis anter. albidis, macula costali ad basim, fascia fusca ante medium punctisque duobus apicis nigris. — 6–5‴.

Die Larve fand Krösman in faulendem Holze. (Sta.)

In Lievland, England, Nordfrankreich und in sehr vielen Gegenden Deutschlands.

Für die Schweiz sind als Fundstellen Zürich und Lausanne (Laharpe) bekannt. An ersterem Orte habe ich sie mehrfach, theils im Juni, theils aber auch noch Ende August an Waldrändern zu später Abendstunde gefangen. Die Generation ist wohl eine doppelte, das Insekt nicht häufig.

7. T. **Granella** L. (Hbn. Tab. 24 fig. 165 [schlecht] und H.-S. Tab. 42 fig. 285).

Granella L. — S. V. — Fab. — Dup. — Haw. — Tr. — Zell. — Eversm. — Zetterst. — Tengst. — Lien. — Sta. — H.-S.

Capillis exalbidis; alis anter. nitidulis, albidis, fuscescenti-marmoratis, marginibus fusco-maculatis, macula elongata obliqua costae ad basim, macula costae mediae maculaque plicae reliquis distinctioribus, ciliis obsolete tessulatis; poster. angustis. — *Zell.* — 6–5‴.

Die Raupe in Getreidevorräthen und diesen oft verderblich, aber als polyphage Tinee noch in Mandeln, faulem Eichenholz, in getrocknetem Pflanzenmark. Sie ist gelb, mit einzelnen Härchen, der Kopf braun, auf dem ersten Ringe stehen ein Paar braune, vorwärts gekrümmte Querstriche.

Die Schabe in zwei Generationen, einer im Frühling und einer andern im Sommer vorkommend, scheint durch ganz Europa sich zu verbreiten. Man hat sie vom Kaukasus und Süditalien bis in den höchsten Norden angetroffen.

In der Schweiz gemein; an Kornböden bei Zürich oft in Millionen. Bremgarten (Boll); Lausanne (Laharpe), Schüpfen (Rothenb.)

8. T. **Cloacella** Haw. (H.-S. Tab. 42 fig. 284).

Cloacella Haw. — Steph. — Sta. — Zell. — Infimella v. Heyd. — H.-S. — Granella var. Dup. (sec. Zell.) — ? Ruricolella Sta.

Capillis flavidis; alis anter. nitidulis, fuscescenti-marmoratis, marginibus fusco-maculatis, macula costae basali non producta, macula rhombea costae mediae maculaque plicae reliquis distinctioribus, ciliis obsolete tessulatis — *Zell.* — 7½'''.

Die Larve lebt in faulendem Holze und in Buchenschwämmen.

Die Schabe erscheint vom Juni bis August. Sie ist beobachtet in England, Frankreich und Deutschland.

Für die Schweiz bisher nur in einem einzigen, von Herrich-Schäffer bestimmten Exemplare bemerkt. Es wurde von H. Boll bei Bremgarten gefangen und hat denselben Flügelschnitt, wie T. Granella.

9. T. **Misella** Zell. (H.-S. Tab. 41 fig. 277).

Misella Zell. — Lien. — Tengst. — Sta. — H.-S. — ? Dup. — Knockiella Sta. ol. — ? Knochiella Hbn.

Capillis fusco-lutescentibus; alis anter. nitidulis, fuscescentibus, pallide conspersis, strigulis costae ante apicem obsoletis pallidis, puncto disci post medium fusco-nigro; poster. fusco-cinereis, purpureo-micantibus. — *Zell.* — 7–6'''.

In Finnland, Lievland, England und Deutschland in Häusern. Nach dem Klima vom Juni bis August.

Zürich im Spätsommer, nicht häufig.

10. T. **Fuscipunctella** Haw. (H.-S. Tab. 44 fig. 300).

Fuscipunctella Haw. — Steph. — Sta. — H.-S. — Spretella S. V. — Zell. — Sarcitella S. V.

Capillis lutescentibus; alis anter. nitidulis fuscescentibus, pallido-conspersis, maculis una obsoletiore humerali, duabus oblique ante, una majore post medium fuscis, aliis costalibus obsoletissime pallido-strigulatis; poster. cinereis, flavido-micantibus. — *Zell.* — 7–6‴.

Die Raupe in Wohnungen. Stainton erzog sie aus trocknen Erbsen, Zeller in einem alten Raupenglase mit Erdgespinnsten.

Der Falter von Petersburg südlich, in Deutschland beobachtet, auch in England. Bei Zürich im Juni, August und September in Wohnungen selten; von Bremgarten (Boll), von Schüpfen (Rothenb.).

11. T. **Pellionella** L. (Hbn. Tab. 3 fig. 15. — H.-S. Tab. 41 fig. 278).

Pellionella L. — Fab. — Hbn. — Haw. — Tr. — Dup. — Zell. — Steph. Eversm. — Zetterst. — Sta. — H.-S. — Zoolegella Scop.

Capillis luteis; alis nitidis, anter. lutescenti-griseis, puncto uno majore disci post et saepe pari punctorum ante medium fuscis, post. cinereis flavescenti-nitidulis. — *Zell.* — 7–5 und $4^1/_2$‴.

Die Raupe der manchfach variirenden Art (cf. Zell.) lebt an Wolle und Federn. Sie ist nach Mad. Lienig weiss mit lichtbraunem herzförmigem Kopfe, graubräunlichem, durch eine Längslinie getheiltem Nackenschild und weisslichen Füssen.

Diese Art, von Lappland durch ganz Europa bis Syrakus gemein, fliegt besonders im Juni und Juli (Zeller) in Häusern. Nach Stainton das ganze Jahr. Bei Zürich gemein und wohl in der ganzen Schweiz. Ich traf sie auch noch zu Samaden im Oberengadin in 5362′ Höhe Ende Juli.

12. T. **Bisselliella** Hummel. (H.-S. Tab. 41 fig. 281).

Bisselliella Hummel. — Zell. — Tengst. — Sta. — H.-S. — Crinella Tr. — Dup. — Destructor Steph.

Alis anter. nitidis dilute ochreis, immaculatis, costam versus juxta basim fusco-tinctis. — *Sta.* — $7^1/_2$–$5^1/_2$‴.

Die Larve der gemeinen Tinee ist schmutzig weiss mit einzelnen kurzen Haaren, ähnlichem Kopf wie Pellionella, dunkleren Fresswerkzeugen, weissem Halsschild, der eine graue, aus 2 Bogen bestehende Querlinie auf dem vorderen Theile trägt. Die Füsse weiss. Der Sack ist ein lockeres Gehäuse (Lien).

Schädlich, namentlich den Rosshaaren. Frisst Federn, Papier und getrocknete Insekten.

Von Petersburg und Helsingfors bis in das östliche Russland, in England und Deutschland.

Zürich, und wohl die ganze Schweiz, gemein.

13. T. **Nigripunctella** Haw. (H.-S. Tab. 39 fig. 268).

Nigripunctella Haw. — Steph. — Sta. — Zell. — Parietariella H.-S.

Alis anter. angustis, luteo-griseis, maculis numerosis fusconigris, margines versus conspicuioribus, pulvere fusco-nigro passim conjunctis. — $4^1/_2$'''.

Ich besitze ein von Herrich-Schäffer bestimmtes reines Exemplar, welches genau mit der Zeller'schen Beschreibung übereinstimmt, aber allerdings wenig mit Herrich-Schäffers nicht gelungener Abbildung. Ich ziehe desshalb unbedenklich, wie es auch schon von Stainton geschehen ist, Parietariella als Synonym zu Nigripunctella.

Die Larve dieser Art lebt nach den Beobachtungen Bruand's, wie uns Herrich-Schäffer berichtet, in einem länglichen aus Sandkörnern gebildeten Sacke auf Parietaria officinalis.

England, nicht gemein, Frankreich (Besançon). Für die Schweiz zu Zürich beobachtet. Ich fing im Juli ein Exemplar in einem alten Hause. Nach Stainton kommt im Mai eine Frühlingsgeneration vor. Auch im Kanton Glarus (Bremi).

14. T. **Semifulvella** Haw. (H.-S. Tab. 44 fig. 301)

Semifulvella Haw. — Steph. — Sta. — Zell. — H.-S. — Robiginella F. R. in litt.

Capillis rufis; alis anter. nitidis ochreis, postice rufis, macula parva anguli interni nigra. — 9–8'''.

Ein seltenes Thier, dessen Naturgeschichte noch unbekannt. Man findet es an Planken und alten Einfriedigungen, auch an Baumstämmen. Mai und Juni.

England, Berlin, Danzig, Frankfurt a. M. (v. Heyd.)

Bei Zürich fing ich im Juli in später Abendstunde an einem Waldrande ein Männchen. Ein zweites, von Burgdorf stammendes Stück sah ich aus der Sammlung Laharpe's.

15. T. **Pustulatella** Zell. (H.-S. Tab. 83 fig. 636).

Pustulatella Zell. — H.-S.

Capillis exalbidis; alis anter. fuscis, macula magna dorsali ante medium, maculis duabus oppositis in medio guttaque costae ante apicem exalbidis. — *Zell.* — $4\frac{1}{3}'''$.

Das zierliche Thierchen war bisher allein von Mann in Croatien angetroffen worden. Ich erhielt im Hofe des Zürcher Universitätsgebäudes Ende Juli 1854 ein schönes Exemplar, welches Herrich-Schäffer bestimmte. Im folgenden Jahre traf es Herr Boll an der alten Stadtmauer von Bremgarten schon einige Wochen früher häufiger an.

16. T. Vinculella F. R. (H.-S. Tab. 40 fig. 275).

Vinculella F. R. — Zell. — H.-S. — Pagenstecherella v. Heyd. in litt. — Reutti.

Capillis flavis; antennis ♂ flavidis, ♀ fuscis; alis anter. nigris, striga obliqua ante medium, guttis duabus oblique oppositis in medio guttaque costae ante apicem niveis, ciliis apicis ♂ nigris, ♀ albido marginatis. — $3\frac{1}{2}$(♂)–$4'''$(♀).

Herr Zeller beschreibt diese Art unverkennbar, allerdings nur nach einem Exemplare. Ich besitze 6 Stücke, zwei aus dem Taunus bei Frankfurt abstammend durch Schmid und vier schweizerische Exemplare. Der Geschlechtsunterschied ist ziemlich bedeudend, aber auch die Art noch im Uebrigen variirend.

Alle meine Exemplare haben lebhaft gelbe, keines gelblichweisse Kopfhaare, wie sie Zeller angibt. Die Fühler des weiblichen Thieres verhalten sich wie Zeller beschreibt, die des männlichen, welches Herrich-Schäffer abgebildet hat, sind dicker, mit auffallend gelber Geisel versehen. Das Männchen schlanker, mit schmäleren Flügeln, die vorderen viel zugespitzter als bei dem plumper gebauten Weibe. Die Vorderflügel sind an frischen Stücken tief und glanzlos schwarz; die Franzen um die Flügelspitze bei einem ganz unversehrten Männchen durchaus schwarz, für das Weib von Zeller richtig beschrieben. Die weissen Zeichnungen des Weibes viel breiter, als beim Männchen. Die weisse Querbinde steht nur bei einem Frankfurter Weibe so wenig schief, wie sie Herrich-Schäffer abbildet, bei allen schiefer, was auch Zeller für sein Exemplar bemerkt. Auch die beiden weissen Gegenfleckchen stehen bald mehr gerade, bald mehr schief. Der des Innenrandes, beim Männchen grösser als beim Weibchen (bei einem schweizerischen weiblichen Exemplare sehr klein), ist bei allen meinen Exemplaren ein Dreieck, nur bei einem weiblichen Exemplare von Frankfurt ein Tropfen, wie Herrich-Schäffer abgebildet hat.

Die Larve an altem Gemäuer im Frühling, April und Mai (Ruine des Königsteins im Taunus [Heyden] und das Heidelberger Schloss). Sie lebt in einem grauen, ziemlich breiten, mit scharfen Kanten versehenen und an beiden Enden etwas erweiterten Sacke von etwa 3½‴ Länge und 1‴ Breite. Er besteht aus Sandkörnchen.

Die bei Glogau, im Taunus, bei Heidelberg und Regensburg vorkommende seltenere Art soll im Juni erscheinen; wir trafen sie erst vom Juli an. Bremgarten an der alten Stadtmauer (Boll und ich), ebenso an einer ähnlichen Lokalität bei Baden.

17. T. **Argentimaculella** Sta. (H.-S. Tab. 79 fig. 600).

Argentimaculella Sta. — Zell. — H.-S.

Capillis antennisque fusco-cinereis; alis anter. nigris, strigis duabus, macula parva costae postica punctisque apicis tribus argenteis. — *Zell.* — 3¾‴.

Gehört unzweifelhaft nicht zu Xysmatodoma, da ich an meinem Exemplare deutlich neben den gelblichen Lippentastern noch gleichgefärbte Maxillarpalpen sehe.

T. Argentimaculella, eine Seltenheit, deren erste Stände uns noch unbekannt sind, wurde in England, in der Grafschaft Glatz in Schlesien und bei Braunschweig gefunden. Ich traf am 15. Juli ein männliches Exemplar an altem Gemäuer des Schlosses von Baden und kenne kein zweites schweizerisches Stück.

---

8. Genus. LAMPRONIA.

Lampronia Zell. — Sta. — H.-S. — Lampronia p. Steph. — p. Curt. — Esperia p. Hbn. — Lampros p. et Adela p. Zetterst.

Caput postice hirsutum, capillis in vertice ac in fronte decumbentibus; ocelli nulli; antennae alis anter. breviores; palpi maxillares 5-articulati, plicati; palpi labiales cylindrici, pilosi; articuli secundi apice supra setis paucis instructo; haustellum subnullum; alae anter. oblongo-ovatae; e cellula discoidali venae quinque in marginem costalem prodeunt; poster. ovatae, ciliis breviusculis. — *Zell.*

Von Tinea durch die viel breiteren Flügel, die kürzeren Franzen und die am Kopf (bald mehr, bald weniger anliegenden)

Haare,*) welche nur nach hinten aufgerichtet bleiben, verschieden, dagegen in dem Mangel der Ocellen mit jenen übereinkommend. Von dem Geschlechte Incurvaria durch die anliegenden Haare abweichend, sonst mit gleichem Geäder.

Das Genus Lampronia ist eine kleine Gruppe in der Tineenfamilie, von welcher wir zur Zeit 7 europäische Spezies kennen. 4 derselben erscheinen in England. Nur die kleinere Hälfte, 3 nämlich, sind in dem Faunengebiete der Schweiz bisher aufgefunden worden, ganz dieselben Spezies, welche Reutti für Baden anführt. Die Larven, von 3 Arten bekannt, haben sehr verschiedene Lebensweise; eine trägt einen Sack (Praelatella), zwei andere (Morosa und Variella) leben in Knospen von wilden Rosen und Himbeeren.

1. L. **Flavimitrella** Hbn. (Hbn. Tab. 64 fig. 429. — H.-S. Tab. 43 fig. 292).

Flavimitrella Hbn. — Zell. — H.-S.

Capillis ferrugineis, alis anter. nigro-fuscis, vix violaceo-mixtis, fasciis duabus distantibus, antice conniventibus punctoque costae ante apicem exalbidis. — *Zell.* — 7'''.

Die Larve dieser Art ist unbekannt. Flavimitrella wurde in Oestreich bei Wien beobachtet. Im Juni fing ich zwei abgeflogene Stücke bei Zürich; ein gleich schlechtes Exemplar aus der Gegend von Lausanne sah ich aus der Sammlung Laharpe's.

2. L. **Praelatella** S. V. (H.-S. Tab. 43 fig. 294 und 295. — ? Hbn. Tab. 36 fig. 251).

Praelatella S. V. — Fab. — Hbn. — Haw. — Zell. — Dup. — Sta. — H.-S. — Luzella Freyer. — Tr. — Eversm. — Stipella Tr. (Larve) — Zetterst.

Capillis ferrugineis; palpis ochraceis; alis anter. violaceo-nigris, fascia fere recta (saepius interrupta) ante medium maculisque duabus oppositis post medium exalbidis, ciliorum apice albo. — 6'''.

Die Larve dieser Art ist, wie Freyer zuerst angab, eine Sackträgerin mit einer grauen abgeplatteten, doppelbrodartigen oder 8förmigen Tasche. Man findet sie an schattigen Stellen der Wälder,

---

*) Herrich-Schäffer hebt mit Recht diess hervor. Doch habe ich nie an guten, beim Fange nicht beschädigten Stücken selbst im Gesichte aufstehende Haare, wie er angibt, gefunden.

namentlich an Rändern von Wegen an Fragaria vesca, Geum urbanum und Spiraea ulmaria vom Herbste bis in den Frühling. Ihre Lebensweise, wie Douglas beobachtete und ich ebenfalls sah, ist ganz eigenthümlich. Der Sack findet sich an der Unterseite des Blattes, bedeckt von einem andern Blattstücke, sei es von dem gleichen oder einem benachbarten Blatte, welches ihn oft vollständig verbirgt.

L. Praelatella, in England häufig, weit verbreitet durch Deutschland, auch auf den lappländischen Alpen und im östlichen Russland vorkommend, ist im Juni und Juli bei Zürich zu später Abendstunde an Waldrändern oft gemein. Ich sah aber niemals ein Weib. Auch von Bremgarten (Boll) und Lausanne (Laharpe).

Die Var. mit unterbrochener, in zwei Gegenflecken aufgelöster Binde ist häufiger als die Stammart (sie ist bei Herrich-Schäffer fig. 294 abgebildet und = Var. d. Zeller).

3. L. **Variella** Fab. (F. R. Tab. 82 fig. 1).

Variella Fab. — Tr. — F. R. — Eversm. - Zell. - Lien. - Sta. — Dup. — Tengst. — Marmorella Fab. — Costicella Haw. - Steph. — Rubiella Bjerkander (Nova act. Holm. 1781 secund. Sta.) — Sta. — Multipunctella Dup.

Capillis ferrugineis, palpis flavidis; alis anter. fuscis flavopunctatis, maculis costae tribus vel quatuor minoribus, dorsi duabus majoribus flavis, ciliis apicis externe albis. — *Zell.* — 6‴.

Die Larve bohrt nach der Ueberwinterung im Frühling die jungen Triebe der Himbeeren hinunter (Sta.). Erwachsen zieht sie eine Blattspitze zusammen, in welcher sie sich in kleinem Gespinnste verpuppt (A. Schmid in litt.)

Von Lievland, Finnland und Schweden über England, Deutschland und Frankreich verbreitet, südlich bis Oberkrain und östlich bis in das Kasan'sche. Nach dem Klima von Ende Mai bis in den Juli.

Bei Zürich auf beiden Seeufern zu Anfang Juni an lichten Waldstellen um Him- und Brombeeren, aber nicht häufig; auch von Bremgarten (Boll). In den Alpen noch nicht vorgekommen. — F. R. gibt schon die Schweiz an. Vermuthlich hatte er Exemplare von Anderegg aus dem Wallis erhalten.

9. Genus. TEICHOBIA.

Teichobia H.-S. — Lamprosetia Sta.

Dieses neue, zur Aufnahme von Verhuellella gegründete Genus charakterisirt Stainton folgendermassen:

Capilli superne ac in fronte depressi, utroque latere supra oculos flocculo usque ad verticem producto; ocelli nulli; palpi maxillares breves, palpi labiales cylindrici, tenues; antennae alis anter. breviores; haustellum subnullum; alae latiusculae, mediocriter ciliatae.

Die Gegenwart der Maxillartaster verweist das Genus gewiss hieher und die am vordern Theile des Kopfes glatte Beschuppung in die Nachbarschaft von Lampronia, während allerdings die beiden Scheitelschöpfe (siehe Diagnose) eigenthümlich sind, womit auch die breiten, kurz befranzten Flügel stimmen. Der Aderverlauf wurde von Stainton nicht untersucht, aber von Herrich-Schäffer, welcher dem Thiere übrigens eine ganz andere Stellung gab. Er ist nach Herrich-Schäffers Angaben etwas abweichend. Auch hier gehen 5 Adern nach dem Vorderrande; die beiden ersten, welche mit gemeinsamer Wurzel entspringen, erreichen ihn aber nicht. Die erste Ader des Vorderflügels scheint kürzer als bei Lampronia, die Subdorsalader ist wurzelwärts nicht gegabelt. Es ist mir leider aus Mangel an Material nicht möglich gewesen, den Aderverlauf selbst zu studiren.

Die einzige Spezies ist

L. Verhuellella v. Heyd. (H.-S. Tab. 104 fig. 820).

Verhuellella v. Heyd. — Sta. — H.-S.

Alis anter. violaceo-tinctis, anter. nigrescentibus, poster. dilute fuscis. — *Sta.* — $4^1/_2$‴.

Die Larve nach Heyden's Entdeckung lebt in der Mauerraute Asplenium ruta muraria, nach Stainton auch an A. trichomanes an altem Gemäuer, anfänglich minirend, später in einem Sack.

Der Falter bei Frankfurt a. M., in England bei Bristol und York beobachtet, wurde von mir Ende Juni 1853 an den Felsen des Uetli-

---

*) Bruand gibt an, die Larve lebe auf »Capillaire«. Es ist dieses Asplenium ruta muraria und trichomanes, ebenso Adiant. Cap. vener

berges in einem Exemplar gefangen. Häufiger erhielt ihn H. Boll 1855 an der mit Asplenien bewachsenen alten Stadtmauer von Bremgarten Ende Juni und Anfang Juli.

---

10. Genus. INCURVARIA.

Incurvaria Haw. — Steph. — Curt. — Zell. — Sta. — H.-S. — Adela p. Tr. — p. Zetterst.

Caput superne ac in fronte hirsutum; ocelli nulli; antennae alis anter. breviores, ♂ aut pectinatae aut filiformes; palpi maxillares, 5-articulati plicati; palpi labiales cylindrici pilosi; articuli secundi apice supra setis paucis instructo; haustellum breve. Alae anter. oblongo-ovatae; e cellula discoidali venae quinque in marginem costalem prodeunt; poster. ovatae (plerumque pilosa-squamatae) ciliis breviusculis. — *Zell.*

Das Geschlecht Incurvaria steht in innigster Verwandtschaft zu dem vorhergehenden Lampronia, mit welchem es ein höchst ähnliches Flügelgeäder theilt. Nur der durchaus rauh behaarte Kopf, welcher bei Lampronia in seinem vorderen Theile glatt bleibt, und das (wenigstens häufigere) Vorkommen von Schuppenhaaren auf den Hinterflügeln ergeben einige Verschiedenheiten. Man könnte noch die bei manchen Arten kammförmigen Fühler hinzuziehen, welche freilich bei andern Spezies durch fadenförmige ersetzt werden.

Zur Zeit sind 10 oder 12 europäische Arten bekannt. Die brittische Fauna besitzt nach Stainton 5 derselben, worunter eine spezifisch englische. In dem Gebiete der Schweiz kamen bisher 6 vor, aber alles bekannte Spezies; 5 unserer Arten erscheinen ebenfalls im benachbarten Grossherzogthum Baden. (Reutti.)

Die Larven miniren anfänglich und sind später Sackträger, indem sie ihre Wohnungen aus einem Blattsück bilden. Sie leben alsdann unter abgefallenem Laube im Herbste und Winter.

1. I. **Masculella** Hbn. (Hbn. Tab. 18 fig. 125. — H.-S. Tab. 45 fig. 307 ♀ var.).

Masculella Hbn. — Tr. — Steph. — Curt. — Dup. — Zell. — Zetterst. — Eversm. — H.-S. — Muscalella Fab. — Sta. — Muscula Haw. — Spuria Haw. — Var. Rufimitrella Sta.

Capillis ferrugineis, antennis ♂ pectinatis; alis elongatis nigrofuscis, violaceo-nitentibus, maculis duabus dorsi distinctis albis. — *Zell.* — 7–6½‴.

In grosser Ausdehnung durch Europa vorkommend. Von Finnland, Lievland und dem Kasan'schen bis England und Toskana und gegen das adriatische Meer (Oberkrain).

In der ebenen Schweiz, wie im Gebirge, beobachtet.

Zürich, nicht gemein. Lausanne (Laharpe). Oberengadin bei Samaden (Pfaffenzeller). In der Sammlung der Herrn Zeller ist ein Exemplar vom Splügen. In der Ebene im Frühling (Mai), in den Alpen, ähnlich dem Norden, viel später.

2. I. Zinckenii Zell. (H.-S. Tab. 45 fig. 305–307).

Zinckenii Zell. — Lien. — H.-S. — Zinckeniella Dup. — Masculella S. V. — Pectinea Haw.

Capillis luteo-fuscescentibus, antennis ♂ pectinatis; alis elongatis virescenti-fuscis, costa concolore, maculis duabus dorsi luteo-albidis. — *Zell.* — 6½–5¾‴.

Die Raupe, nach Zeller's Entdeckung, minirt in der Jugend im Mai die Blätter von Betula alba mit bräunlichem, rundem Fleck. Später schneidet sie aus dem Blatt ein Stück aus, um es als Sack zusammen zu heften und lebt von da, wohl bis in den Herbst, unter abgefallenem Birkenlaub.

Der Falter oft schon im April; in England (häufig), in Lievland, in Deutschland, dem nördlichen wie südlichen, und in Oberitalien.

Zürich an beiden Seeufern, nicht gerade selten, aber oft an Stellen, wo keine Birken wachsen; auch von Lausanne (Laharpe).

3. I. Koerneriella Zell. (H.-S. Tab. 45 fig. 309. 310).

Koerneriella Zell. — H.-S.

Capillis dilute ferrugineis, antennis ♂ non pectinatis, crassis, apice attenuato; alis elongatis, anter. orichalceo-fuscis, nitidis, ciliis costalibus vix flavescentibus. — *Zell.* — 7‴.

Die Raupe, wie Kleemann nach einer Beobachtung Körner's berichtet, unter abgefallenem Buchenlaub.

Der Falter in verschiedenen Theilen Deutschlands, Frankfurt a, M., Danzig, Böhmen, Regensburg, Wien, Göttingen, im Mai.

Bisher nur bei Zürich beobachtet (Zeller), selten; am rechten Seeufer bei Balgrist.

4. I. Oehlmanniella Tr. (H.-S. Tab. 43 fig. 296. 297).

Oehlmanniella Tr. — Curt. — Steph. — Zell. — Zetterst. — Eversm. — Dup. — Sta. — Lien. — Tengst. — H.-S. — Oehlmanni Haw.

Capillis ferrugineis, antennis ♂ non pectinatis, longioribus, fusco- flavidoque annulatis; alis anter. violaceo-fuscis, nitidulis, maculis duabus dorsi maculaque minore costae apicem versus dilute flavidis. — $6^1/_2'''$.

Die Larve in einem Sacke, mit ähnlicher Lebensweise wie die vorhergehenden; im Frühling.

I. Oehlmanniella ist in weitester Verbreitung durch Europa bemerkt worden. Lappland, Finnland, Wolgagebiet, England, südwärts bis Oberkrain und Toskana.

In Deutschland Ende Mai und den Juni hindurch; in der Ebene und ziemlich hoch im Gebirge hinaufgehend.

Für die Schweiz bei Zürich in schattigen Wäldern im Juni, aber nicht häufig angetroffen. Ich sah sie aus keiner andern Gegend des Landes.

5. I. Capitella L. (H.-S. Tab. 43 fig. 293).

Capitella L. — Fab. — Haw. — Steph. — Zell. — Sta. — Tengst. — H.-S. — Flavimitrella Dup.

Capillis ferrugineis, antennis non pectinatis fuscescentibus; alis anter. nitidulis fuscis; macula dorsi subfasciata antice coarctata ante, duabusque oppositis post medium flavidis, ciliis apicis late albidis. — *Zell.* — 8–$7^1/_2'''$.

Die Larve lebt nach Stainton ganz abweichend, indem sie das Innere der jungen Johannisbeerknospen verzehrt und die Blätter zum Welken bringt. In der Jugend ist sie dunkelroth, ausgewachsen ziemlich weiss.

Capitella in England gemein, bei Paris, in Schweden, Finnland, Deutschland im Mai und Juni. Sie fliegt um Stachelbeeren und Johannisbeeren,

Ich glaube ein Exemplar hierher ziehen zu müssen, bei welchem der erste Innenrandfleck nur die Hälfte der Flügelbreite erreicht, was Zeller als Varietät ebenfalls anführt, aber nicht zugespitzt, sondern abgerundet aufhört. Die Franzen weichen ebenfalls etwas ab. Um die Flügelspitze sind sie dunkel, abwärts in breiter Ausdehnung über die Hälfte des Hinterrandes weisslich und dann gegen den Innenwinkel schwarzbraun, um unter dem äusseren Dorsalfleck wiederum weisslich zu werden.

Das Exemplar, an welchem ich keine weiteren Verschiedenheiten von Capitella aufzufinden vermag, wurde von Rothenbach in den Berner Alpen an der Grimsel am 23. Juli 1853 gefangen. Ob es etwa einer neuen Art angehört, steht dahin. Die Stellung der Flecke verbietet die Vereinigung mit Vetulella Zetterst.

6. I. Rupella S. V. (Hbn. Tab. 36 fig. 250. — H.-S. Tab. 43 fig 288—90).

Rupella S. V. — Fab. — Hbn. — Dup. — Zell. — H.-S. — Capitella Tr. — Dup. — Eversm. — Naezenella Zetterst.

Capillis ferrugineis, antennis non pectinatis, fuscis flavido-annulatis; alis anter. fusco-violaceis vel virescenti-fuscis, paribus duobus macularum flavescentium magnarum oblique oppositis, ciliis apicis albidis. — *Zell.* — 7‴.

I. Rupella, mehr eine Bewohnerin der Gebirge, in Lappland, im Kasan'schen, den Vorbergen des Ural, in Frankreich, in den östreichischen Alpen.

Sie fehlt dem flacheren Theile der Schweiz, erscheint dagegen im Juli in den Alpen; so in denen des Engadin bei Samaden (Pfaffenzeller), denjenigen der Westschweiz (Laharpe); zwischen der Gemmi und Kandersteg im Kanton Bern (Zeller); auch auf dem Jura soll sie nach brieflicher Mittheilung Rothenbach's vorkommen.

---

11. Genus. NEMOPHORA.

Nemophora Hbn. — Dup. — Zell. — Sta. — H.-S. — Nematopogon Zell. — Capillaria p. Haw. — Adela p. Tr. — Curt. — Steph. — Dup. — Zetterst.

Caput superne hirsutum, capillis in fronte decumbentibus; ocelli nulli; antennnae longissimae, articulo basali incrassato; palpi maxillares 5—articulati, plicati; palpi labiales breves, cylindrici, pilosi; haustellum mediocre. Alae anter.: vena subdorsalis ramos tres in costam emittit; quorum tertius furcatus est; cellula discoidalis ramos sex in marginem posticum. Poster. basim versus piloso-squamatae, ciliis mediocribus. — *Zell.**)

---

*) Der von Zeller angegebene und von Stainton für Swammerdammella gezeichnete Aderverlauf wiederholt sich bis zur Identität bei Metaxella, welchen ich untersucht habe.

Das erste Genus der langfühlerigen Tineiden, ausgezeichnet durch die Gegenwart der Kiefertaster, welche den beiden folgenden Geschlechtern fehlen, während diese in ihrem Aderverlauf nahe verwandt sich zeigen.

Die Larven sind zur Zeit noch gänzlich unbekannt.

In dem Genus sind von Zeller 7 höchst ähnliche europäische Arten beschrieben worden, zu welchen Stainton (allerdings nach einem einzigen Exemplare) noch eine 8te spezifisch englische, N. Carteri, hinzufügt. 6 derselben kommen im Faunengebiete vor. Keine trafen wir in den höhern Alpenregionen, doch gehen fast alle Arten im Gebirge ziemlich hinauf, so N. Schwarziella, Pilella, Pilulella und Metaxella (H.-S. und Reutti).

1. N. Swammerdammella L. (Hbn. Tab. 61 fig. 410 und 411).

Swammerdammella (us) L. — Clerck. — Fab. — S. V. — Hbn. — Tr. — Dup. — Zetterst. — Steph. — Zell. — Tengst. — Sta. — H.-S. — Swammerdammi Haw.

Antennis albis, epistomio pallido, palpis albo exalbidove squamatis; alis anter. elongatis, sericeo-flavidis, obsoletissime obscurius reticulatis, ciliis flavidis, externe cinerascentibus; poster. dilute canescentibus, flavido-ciliatis. — *Zell.* — 11–8½'''.

In grösster Verbreitung durch Europa, von Lappland, Schweden und Finnland bis England, Frankreich, Toskana und Istrien. Im Mai und Juni.

In der Schweiz gemein. Zürich, Lausanne (Laharpe) und gewiss noch weit verbreitet. Schon Füssly führt unter den Schweizer-Insekten die Spezies auf.

2. N. Schwarziella Z. (H.-S. Tab. 30 fig. 213. 214).

Schwarziella (us) Zell. — Sta. — H.-S.

Antennis albis, epistomio pallido, palpis albidis; alis anter. elongatis acutis, obscurius flavidis, obsolete reticulatis; poster. cinereis. — *Zell.* — 8½'''.

Ebenfalls ziemlich verbreitet. In England im Mai und Juni häufiger selbst als Swammerdammella (Stainton), an mehreren Lokalitäten Deutschlands, z. B. in Oestreich am Semmering, im Schwarzwald bis 2700', in Schlesien; auch in Toskana.

Für die Schweiz scheint unsere Art ziemlich selten zu sein. Ich habe allein zwei sichere Exemplare, welche ich Anfang Juni bei

Zürich in einer lichten Waldstelle fing. Ein etwas abgewischtes weibliches Exemplar von Lausanne scheint ebenfalls hierher zu gehören.

3. **N. Panzerella Hbn.** (Hbn. Tab. 61 fig. 412. — H.-S. Tab. 30 fig. 216).

Panzerella (us) Hbn. — Fab. — Tr. — Dup. — Zell. — H.-S.

Antennis albis, fusco-annulatis, capite toto ferrugineo, palpis albidis; alis anter. elongatis, subacutis, flavidis, griseo-reticulatis, strigula media cinerea; poster. cinereis. — *Zell.* — 8½‴.

N. Panzerella ist durch die dunkler geringelten Fühler leicht kenntlich und im Frühling als seltenere Art im nördlichen und mittleren Deutschland, bei Paris und in Toskana getroffen; der englischen Fauna fehlend.

In der Schweiz selten; bei Zürich, wie es scheint, nicht vorkommend. Ein Exemplar durch L a h a r p e aus den Umgebungen von Lausanne, das einzig mir bekannte schweizerische Stück.

4. **N. Pilulella Hbn.** (Hbn. Tab. 61 fig. 409. — H.-S. Tab. 30 fig. 215).

Pilulella (us) Hbn. — Dup. — Zell. — Tengst. — Lien. — H.-S. — Pilella Tr. — Zetterst.

Antennis albidis, epistomio pallido, palpis albidis; alis. anter. elongatis nitidulis, fusco-cinereis, pallido reticulato-guttalatis, strigula disci fusca. — *Zell.* — 7½–6‴.

In viel ausgedehnterer Verbreitung, als die vorhergehenden Arten vorkommend, namentlich weiter nach Norden hinaufragend.

Lappland, Schweden, Finnland und Lievland; in einzelnen Gegenden Deutschlands, im Schwarzwald bis 3000′ vorkommend; England fehlend; südlich bis Oberkrain und Istrien.

Ich fing die Art im Juni bei Zürich und sah mehrere von Lausanne herrührende Exemplare aus der Sammlung L a h a r p e's. Schon F i s c h e r v o n R ö s l e r s t a m m hatte schweizerische Exemplare, wohl Walliser von A n d e r e g g.

5. **N. Pilella S. V.** (Hbn. Tab. 34 fig. 235 [schlecht]. — H.-S. Tab. 30 fig. 217).

Pilella (us) S. V. — Fab. — Hbn. — Zell. — Dup. — Tengst. — Sta. — H.-S.

Antennis albis, epistomio pallido; alis anter. brevioribus nitidis, luteolo-fuscescentibus (♀ luteolis), postice obsolete pallidius reticulatis.

In Finnland, Schottland, Schlesien, Wien, Augsburg, im Schwarzwald bis 2700' hoch beobachtet. Auch in der Türkei. (Zell.)

Nach F. R., wie Zeller berichtet, in der Schweiz. Ich sah ein Exemplar von Rothenbach auf dem Jura am 25. Mai gefangen. Bei Zürich, wie es scheint, nicht vorhanden.

6. N. **Metaxella** Hbn. (Hbn. Tab. 61 fig. 413).

Metaxella (us) Hbn. — Tr. — Dup. — Zell. — Lien. — Tengst. — Sta. — H.-S.

Antennis albis, epistomio albido; alis anter. breviusculis nitidis, flavidis, obsolete obscurius reticulatis, strigula disci obsoleta fusca. — *Zell.* — $7^1/_2$–$7'''$.

Finnland, Lievland, England, das nördliche Deutschland; ebenfalls im Gebirge.

Für die Schweiz eine der verbreiteteren Nemophoren im Mai und Juni, meistens gegen Abend an Waldrändern. Zürich, nicht selten. Bremgarten (Boll); Lausanne (Lah.); Schüpfen (Rothenb.).

---

12. Genus. ADELA.

Adela Latr. — Zell. — Dup. — Sta. — H.-S. — Alucita Latr. — Alucita p. Fab. — Capillaria p. Haw. — Adela p. Tr. — Curt. — Steph. — Dup. — Zetterst.

Caput superne hirsutum, epistomio vel hirsuto vel laevigato; oculi ♂ et ♀ valde distantes; ocelli nulli; palpi maxillares nulli; palpi labiales cylindrici, infra hirsuti; haustellum mediocre; antennae ♂ corpore longiores, interdum longissimae, basim versus incrassatae, ♀ breviores, basi villosa. Alae anter.: vena subcostalis ramos quinque in costam emittit, quorum ultimus simplex; cellula discoidalis ramos quinque in marginem posticum. — *Cf. Sta.*

Wie schon oben bemerkt wurde, ist Adela das erste der langfühlerigen Tineengeschlechter, bei welchem die Maxillartaster der Nemophoren verschwunden sind. Es unterscheidet sich im Allgemeinen durch die in beiden Geschlechtern gleichen Augen von dem folgenden Genus Nemotois, kommt mit diesem aber in dem Fluge während des Sonnenscheines überein. Die Larve einer Art, der einzigen, wo sie bisher näher bekannt geworden, ist denen der Inkurvarien höchst ähnlich.

Manchfache Verschiedenheiten in der Grösse und Bekleidung der Fühler, ebenso in der Beschuppung des Gesichtes, sowie in der Gestalt des weiblichen Hinterleibes und der Legeröhre können zur Bildung mehrerer Genera veranlassen. Zeller hat 3 Unterabtheilungen, Cauchas Zell., Eutyphia Hbn. und Adela Latr. aufgestellt. Doch wird es noch einer ausgedehnteren Kenntniss der Larven bedürfen, um über die Bedeutung dieser Gruppe in das Reine zu kommen.

Das Flügelgeäder,*) soweit es gegenwärtig bekannt ist, kommt bei verschiedenen Adelen sehr übereinstimmend heraus und zeigt uns viel Verwandtes mit den Nemophoren. Doch gehen 5 einfache Adern in den Vorderrand (bei Nemophora 3; 2 einfache und 1 gegabelte), während in dem Hinterrand eine weniger, als bei diesen, nämlich nur 5 erscheinen.

Die Zahl der europäischen Arten, wie sie Zeller und Herrich-Schäffer aufführen, beträgt etwa 20. 7 kommen in unserm Faunengebiete vor (in England 6); nur eine (A. Fibulella) erreicht in den Alpen eine bedeutende Höhenverbreitung.

1. A. Fibulella S. V. (H.-S. Tab. 34 fig. 236 und 237).

Fibulella S. V. — Fab. — Dup. — Lien. — Sta. — Zell. — H.-S. — Frischii Haw. — ? Latreillella Steph.

Antennis corpore paulo longioribus, nigris, apice albo; capillis nigris; alis anter. fusco-cupreis, nitidis, fascia media antice abbreviata, aurea; poster. fuscis, cupreo-nitidulis. — *Zell.* — 4½–4‴.

Var. a. Alis anter. macula prope basim aurea distincta. — *Zell.*

Eine bekannte, weit verbreitete Art, welche im Mai und Juni um die Blüthen von Veronica chamaedrys fliegt. Lievland, Schweden, England, Deutschland, Oberkrain und Istrien, Toskana, mittleres Russland. In der Ebene sowie im Gebirge.

---

*) Den von Stainton für Viridella gezeichneten Aderverlauf findet man ganz ähnlich bei Rufimitrella, nur konnte ich an der Subdorsalader der Hinterflügel die Gabelspaltung nicht sehen.

Für die Schweiz: Zürich, nicht selten. Lausanne (Laharpe), die Alpen. Ich traf sie z. B. Anfang August auf Mühlebachalp, Kanton Glarus, in ungefährer Höhe von 5000'; auch aus dem obern Engadin von Samaden über 5362' Höhe (durch Pfaffenzeller).

2. A. **Rufimitrella** Scop. (Hbn. Tab. 63 fig. 425 und 426. — H.-S. Tab. 32 fig. 224; Tab. 34 fig. 239; Tab. 37 fig. 250 und 251).

Rufimitrella Scop. — Sta. — Zell. — Frischella Hbn. — Tr. — Dup. Zell. — Lien. — H.-S. — ?Reaumurella Steph. — Var. Purpuratella Mann. — H.-S.

Antennis vix corpus triplum longis; capillis ferrugineis (♀ interdum nigris); alis anter. nitidis, cupreo-viridis, poster. obtusis fuscis. — *Zell.* — 6'''.
Var. macula dorsi medii transversa.

Gleichfalls in grosser Verbreitung im Frühling. Lievland, das Kasan'sche, England, Frankreich, Toskana, Ungarn; namentlich um die Blüthen von Cardamine pratensis.

Bei Zürich nicht gerade häufig im April.

3. A. **Associatella** F. R. (F. R. Tab. 68 fig. 1 a—d).

Associatella Zell. — F. R. — Dup. — H.-S.

Antennis ♂ longissimis, ♀ brevioribus nigro-villosis; capillis ♂ nigris, ♀ ferrugineo-mixtis; alis anter nigro-fuscis, aureo-irroratis, fascia media aurea, violaceo-marginata. — *Cf. Zell.* — 5½ - 4½'''.

A. Associatella ist eine Art, welche nach dem bisherigen Wissen nur in beschränkterer Lokalität vorkommt. So im Schlesischen Gebirge, ebenso in Böhmen, bei Regensburg, Freiburg, in Südfrankreich (Lyon) und in Toskana.

In der Schweiz, wie es scheint, ziemlich verbreitet und wie in Deutschland im Juni und noch zu Anfang Juli um Nadelholz fliegend. Schüpfen, sehr selten (Rothenbach); Lausanne (Laharpe). Bei Zürich kam sie mir nur auf einer Waldwiese des Uetlibergs an den sie begrenzenden Bäumen von Pinus abies vor; häufig 1854, selten im folgenden Jahre.

4. A. **Sulzeriella** Zell. (Hbn. Tab. 18 fig. 121. — H.-S. Tab. 43 fig. 227).

Sulzeriella Zell. — Lien. — Dup. — Tengst. — H.-S. — Sulzella L. — S. V. — Hbn. — Tr. — Dup. — Eversm. — Steph. — Zetterst. — Sta.

— *Sulcella Illig.* — *Sultzii Haw.* — *? Degeerella Scop.* — *Sphinx fasciata Naturforscher.* — *Var. Laqueatella Zell.* — *? Podaella Donov.* — *L.*

Antennis ♂ longissimis albis, 1/4 basali nigro, ♀ corpore duplo longioribus, ultra medium atro-villosis; capillis fusco-ferrugineis; alis anter. nigro-fuscis, longitudinaliter aureo-striatis, striis sub apicem obsolescentibus, fascia pone medium aurea, violaceo- chalybeove marginata. — *Zell.* — 6'''.

Eine allgemein bekannte Art, welche von Finnland und Lievland bis gegen das adriatische Meer und Toskana, sowie von dem Kasan'schen bis Frankreich und England vorkommt.

Entsprechend dieser Ausbreitung habe ich sie denn auch aus den verschiedensten Theilen der Schweiz. Lausanne (»gemein«, Laharpe); Schüpfen und der angrenzende Theil des Jura (Rothenbach); Zürich selten, bisher nur an den Waldwiesen des Uetliberges ganz vereinzelt beobachtet. Die Flugzeit in unserm Faunengebiete ist der Juni.

5. A. Degeerella L. (Hbn. Tab. 19 fig. 130. — F. R. Tab. 66 und 67 fig. 1 a—c).

Degeerella L. — *S. V.* — *Fab.* — *Füssly.* — *Lat.* — *Tr.* — *F. R.* — *Zell.* — *Dup.* — *Steph.* — *Zetterst.* — *Kolenati.* — *Lien.* — *Tengst.* — *H.-S.* — *Sta.* — *Geerella Hbn.* — *Degeerii Haw.* — *Sulzella Schr.* — *Croesella Scop.* — *Nigra Geoff.* — *Phryganoides Retz.*

Antennis ♂ longissimis, ♀ corpus duplum longis, ultra medium atro-villosis; capillis fuscis; alis anter. aureolis, nigro-striatis, fascia postica aurea, violaceo-marginata. — *Zell.* — 10–8'''.

Die einzige Adela, deren Larvenzustände wir näher kennen. Wie schon oben bemerkt, erinnern sie an diejenigen der Inkurvarien. Die Larve (F. R. Tab. 66. B.) lebt in einem Sack im Winter und ersten Frühling unter abgefallenen Blättern an beschatteten Stellen der Laubhölzer. Man hat sie an Waldanemonen (A. nemorosa), Alsine media, Rumex und Vacc. Myrtillus fressend angetroffen; wahrscheinlich verzehrt sie auch das dürre Laub. Sie ist weisslich, an den Seiten mit schwärzlichen Borstenwärzchen. Die Brustbeine sind schwarz, die zwei letzten Brustgürtel nach oben bräunlich, der erste mit schwarzem Nackenschild versehen. Der Kopf schwarz. Der flache, breite, länglich gerundete Sack besteht aus zwei Blattstücken.

Degeerella, von Lappland bis Kalabrien, vom Kaukasus bis nach England bemerkt, fliegt im Mai und Juni wohl durch die ganze ebene Schweiz. Genf (Füssly); Lausanne; Schüpfen; Bremgarten; Zürich. In den Alpen kam sie uns noch nicht vor.

6. **A. Ochsenheimerella** Hbn. (Hbn. Tab. 53 fig. 359).

Ochsenheimerella Hbn. — Tr. — Dup. — Zell. — H.-S.

Antennis ♂ longissimis, ♀ corpus duplum longis, semi-nigris, nudis; capillis ferrugineis; alis anter. aureolis, nigro-striatis, postice fascia maculisque duabus aureis (interdum inferne conjunctis) violaceo-marginatis. — *Cf. Zell.* — 7‴.

Im Juni und Juli; mehr im östlichen Deutschland beobachtet, so in Schlesien, Böhmen, Sachsen, Oestreich; doch auch bei Freiburg und im Taunus bei Frankfurt (A. Schmid).

In der Schweiz in dem erstern der beiden Monate, aber als Seltenheit, angetroffen. Bremgarten (Boll); Lausanne (Laharpe); Schüpfen (Rothenbach); je ein Stück. Bei Zürich gelang es mir noch nicht, sie zu finden.

7. **A. Viridella** Scop. (Hbn. Tab. 19 fig. 129. — H.-S. Tab. 31 fig. 218).

Viridella Scop. — S. V. — Hbn. — Tr. — Steph. — Eversm. — Zetterst. Zell. — Sta. — H.-S. — Vindella Fab. — Reaumurella Clerck. — S. V. — Dup. — Lat. — Viridis Haw. — Sphingiella Hbn.

Antennis ♂ longissimis, basi pilosa, ♀ brevioribus, basim versus incrassatis, capillis nigris; alis anter. viridi-metallicis, costam versus cupreo-nitentibus. — *Cf. Zell.* — 7‴.

In grösster Ausdehnung durch Europa vorkommend, von Schweden bis Messina, von England bis Kleinasien. Sie fliegt im Frühling (April und Mai), namentlich um knospende Eichen; im Süden schon von Ende März an. Die sacktragende Larve findet sich gleich derjenigen von A. Degeerella, unter den Blättern am Boden im ersten Frühling.

Bei Zürich fehlend. Genf (Füssly); Lausanne (Laharpe); Schüpfen (Rothenbach); am zweiten Orte gemein.

---

13. Genus. NEMOTOIS.

Nemotois Zell. — Dup. — Sta. — H.-S. — Alucita p. Fab. — Capillaria p. Haw. — Adela p. Tr. — Curt. — Steph. — Dup. — Zetterst.

Caput superne hirsutum, epistomio laevigato; oculi in utroque sexu discrepantes; ♂ magni, globulosi, valde approximati, ♀ multo minores, distantes; ocelli nulli; antennae ♂ longissimae (♀ breviores) basim versus incrassatae, plerumque hirsutae; palpi maxillares nulli, palpi labiales cylindrici, infra barbatae; alae oblongae, metallice nitentes; anter. ramis quinque in marginem posticum exeuntibus. — *Cf. Sta.*

Der Kopf erscheint höchst charakteristisch. Weniger rauh behaart als bei Adela, zeigt er beim männlichen Thiere überaus grosse, kuglig hervorstehende Augen, welche auf der Mitte des Scheitels einander sehr genähert sind. Bei den weiblichen Nemotoiden sind sie in gewöhnlichem Ausmass vorhanden und weit von einander entfernt. Ebenso hat der Mann grössere und abwärts stärker borstenartig behaarte Palpen als das Weib.

Während also diese Verhältnisse des Kopfes einen wichtigen Unterschied von Nemotois gegenüber Adela ergeben, fällt der Aderverlauf höchst ähnlich aus.

Die Larvenzustände unsers Genus sind zur Zeit noch sehr unvollständig bekannt, nur diejenige von N. Schiffermüllerellus soll nach H.-S. auf Ballota nigra leben, und ebenso nach diesem die Raupe des N. Raddellus eine Sackträgerin sein.

Die Artenzahl in Europa ist eine mässige, 11 oder 12 betragende; mehrere Spezies kommen dem Süden ausschliesslich zu; 5 sind für unsere Fauna bekannt. Keine erreicht die höhern Alpenzonen, wie auch keine in den hohen Norden heraufzuragen scheint. Die Faunen von England und Baden haben je 4 Spezies.

1. **N. Scabiosellus** Scop. (H.-S. Tab. 33 fig. 229 und Tab. 37 fig. 256).

Scabiosellus (a.) Scop. — Füssly. — Tr. — Dup. — Zell. — Lien. — Eversm. — H.-S. — Sta. — Cuprea Haw. — Frischella Schr. — Curt. — Var. Aerosellus F. R. — H.-S.

Capite ♂ superne fusco, ♀ ferrugineo; antennis ♂ supra basim nigro-hirtis, ♀ abdominis apice nigro; alis anter. lutescenti-aeneis, costam versus saturatioribus. — 9–8½‴.

N. Scabiosellus, eine gemeine, weit verbreitete Art, welche von der Wolga bis England und von Skandinavien bis gegen das adriatische Meer und Toskana geht, ist auch in der Schweiz wohl überall vorhanden.

In den ebneren Theilen fliegt sie im Juni, oft in grosser Menge, auf Waldwiesen, namentlich um Scabiosa arvensis. Auch in dem Gebirge findet sie sich häufig genug, mehr jedoch in den Alpenthälern und den tieferen Alpenwiesen, als auf den höheren. Ueber der Grenze des Baumwuchses habe ich sie nie getroffen. Sie erscheint hier später, oft noch im Juli.

Zürich; Bremgarten; Lausanne; Schüpfen; die Thäler und Vorberge des Kanton Glarus, des Berner Oberlandes (Gegend von Meyringen), das Oberwallis.

2. N. Cupriacellus Hbn. (Hbn. Tab. 67 fig. 445. – H.-S. Tab. 37 fig. 252 und Tab. 31 fig. 220).

Cupriacellus (a) Hbn. — Koll. — Zell. — Sta. — H.-S. (Text). — Cypriacellus (a) Hbn. — Dup. — H.-S. (Tafeln).

Capite ♂ superne ferrugineo-mixto, ♀ ferrugineo; antennis ♂ basi nigro-barbatis, ♀ nigris, dimidio basali incrassatis; alis anter. aureis, dimidio postico violaceo-cupreo, ciliis costalibus violaceis. — *Cf. Zell.* — 7‴.

N. Cypriacellus, vereinzelt in England, mehreren Gegenden des nördlichen und südlichen Deutschlands, sowohl im Gebirge als in der Ebene erscheinend (Schlesien, Frankfurt a. M., Regensburg, Wien), fliegt im Juli.

Für die Schweiz bisher nur selten angetroffen. Einige Exemplare von Baden; nur Weiber.

3. N. Violellus F. R. (H.-S. Tab. 33 fig. 231 ♂ [mit zu spitzen Vorderflügeln]; 232 ♀).

Violellus (a) F. R. — Zell. — H.-S. — Cypriacella Lien. — ? Violella S. V.

Capite ♂ superne fusco, ♀ ferrugineo; antennis ♂ supra basim nigro-barbatis, ♀ nigris, basim versus pilis incrassatis, apice albo; alis latioribus rotundatis, anter. cupreo-aureis, nube transversa lata postica, violaceo-fusca. — *Cf. Zell.* — 7–6‴.

Diese Art, der brittischen Fauna fehlend, ist in Lievland und Deutschland, namentlich dessen südlichen Gebirgen, beobachtet.

Für die Schweiz ist zur Zeit nur die Umgebung Zürichs bekannt. Violellus fliegt im Juli und Anfang August auf Waldwiesen, namentlich an nassen, sumpfigen Stellen, und ist keine Seltenheit.

Vielleicht gehört ein abgeflogenes, auffallend grosses und dunkles weibliches Exemplar von Lausanne ebenfalls hieher.

4. N. Minimellus S. V. (H.-S. Tab. 33 fig. 235 [nicht gut]).

Minimellus (a) S. V. — Sta. — H.-S.) — Zell.*

Capite ♂ superne nigro, ♀ fusco; antennis ♂ ad medium usque nigris, ♀ nigris, apice albo; palpis ♂ nigris, densius hirsutis; alis anter. nitidis aureis, postice cuprascentibus, fascia lata violaceo-nigra, lineola prope basim atra; posterioribus fuscis. — *Cf. Zell.* — $5^1/_2$–5‴.

N. Minimellus fliegt namentlich auf nassen Wiesen im Juli und August.

Schottland, verschiedene Theile Deutschlands, z. B. Schlesien, Wien, Regensburg, Frankfurt a. M. (Schmid).

Für die Schweiz nur zu Zürich in der angegebenen Zeit an beiden Seeufern, aber nicht häufig angetroffen. An trockneren Plätzen, namentlich an Scabiosa columbaria.

5. N. Dumerilellus Dup. (H.-S. Tab. 31 fig. 321 und 322).

Dumerilellus (a) Dup. — Zell. — H.-S. (Text). — Inauratellus (a) Dup. (Supl.) — H.-S. (Taf.) — Basochella Hbn.

Capite ♂ superne nigro, ♀ ferrugineo; antennis ♂ ad dimidium fuscescentibus, ♀ fuscis totis, apice albido; palpis brevibus, parce pilosis; alis anter. nitidis aureis, postice cuprascentibus, fascia postica maculaque violaceo-nigris, illa introrsus, hac ubique flavido-squamatis; poster. ♂ sub basim albidis. — *Cf. Zell.* — 6–$5^1/_2$‴.

In England nicht vorhanden, auch dem höhern Norden mangelnd; die bisherige Nordgrenze ist Gothland. In Deutschland ist

*) Zeller zieht fragweise Herrich-Schäffer's Abbildung hierher. Der später erschienene Text hebt jedoch diesen Zweifel, wie auch die von Herrich-Schäffer bestimmten Exemplare meiner Sammlung unverkennbar die Zeller'sche Art sind.

N. Dumerilellus mässig verbreitet. Schlesien, Frankfurt an der Oder und am Main (hier an Sandstellen um Hypericum; Schmid), Regensburg (besonders auf den Blüthen der Anthemis tinctoria); Frankreich, Fiume. Juli.

Für die Schweiz nur im bernischen Jura an felsigen Höhen Ende Juli (Rothenbach) und bei Lausanne (Laharpe) bemerkt. Der Umgebung Zürich's fehlend.

III. Familie. MICROPTERYGIDEN.

Micropterygina H.-S.

Eine höchst auffallende, von den Tineen scharf abgeschnittene Gruppe, welche gewiss nicht als Genus diesen zugezählt werden kann. Ihre Charakteristik:

Caput superne hirsutum, oculi magni orbitis superioribus late nudis, palpi labiales breves, palpi maxillares plicati, 6-articulati; haustellum breve. Alarum anter. et poster. venae similes; alae poster. piloso-squamatae. —

zeigt zwar als eine an die Tineen erinnernde Eigenthümlichkeit die Gegenwart der eingeschlagenen Kiefertaster. Dieses ist aber auch wohl das einzige Verwandtschaftliche. Um die grossen kugelrunden Augen erscheint eine nackte Stelle; die Fühler kurz, fadenförmig. Die sämmtlichen breiten, abgerundeten Flügel haben einen nahe verwandten Aderverlauf, die hintern sind auffallend gross; die Franzen mässig lang..

Die Thiere erscheinen theilweise schon vom ersten Frühling an bis in den Sommer, im Sonnenschein umherfliegend, oft an gewissen Blüthen in grosser Menge.

Die Metamorphose ist leider noch gänzlich unbekannt, Vermuthungen über die Lebensweise der Larve liegen manche vor. Stainton berichtete kürzlich, er habe eine Spezies aus einem Gefässe erzogen, in welchem ausser einem Stück verfaulten Holzes und je einer Pflanze von Dactylis und Carex nichts anderes enthalten gewesen sei.

Ueber unsere Schaben haben wir mehrere genauere Arbeiten erhalten. Zuerst eine sehr gute Monographie von Stainton (Transactions of the entom. Soc. of London. New Series. Vol. I. 2te Abthlg. 1850. — Vrgl. auch die brittischen Tineen desselben Verfassers). — Dann bearbeitete sie Zeller (Linn. entom. Bd. V. 1852).

Herrich-Schäffer auf seiner Micropteryxtafel stellte zuerst in naturgetreuen, schönen Bildern (die Stainton'schen lassen Manches zu wünschen übrig) 9 Spezies dar. — Immer aber bleibt noch viel zu thun übrig. Bei der Aehnlichkeit der Arten und der Unsicherheit vieler Citate ist die Synonymik noch keineswegs als gesichert zu betrachten. Wir benützten desshalb nur wenige Citate.

Wir haben zur Zeit nur ein Genus, welches aber in der Folge wohl in zwei wird aufgelöst werden müssen (cf. Sta. Zell.).

Genus MICROPTERYX.

Micropteryx Hbn. — Zell. — Dup. — Sta. — H.-S. — Eriocephala Curt. — Tinea p. Haw. — Adela p. Tr. — Dup. — Lampronia p. Steph.

Ocelli distincti, ab oculis distantes; palpi labiales breves cylindrici, pilosi; palpi maxillares magni, plicati, 6-articulati*); alarum anter. vena subcostalis ramos quattuor in costam emittit.

a) Vena apicalis simplex, ramus primus venae subcostalis furcatus.**)

b) Vena apicalis furcata, ramus primus venae subcostalis simplex aut furcatus.***)

Die Artenzahl, welche gegenwärtig für Europa bekannt ist, mag 16 bis 18 betragen. Einige scheinen mehr dem südlichen Europa eigenthümlich, andere sind spezifisch englische Formen. Für

---

*) Ich sehe bei M. Anderschella und Fastuosella die Kiefertaster deutlich 6-gliedrig.

**) Das Geäder scheint hier einförmig zu sein. Den von Stainton und Herrich-Schäffer gezeichneten Aderverlauf der M. Allionella habe ich an M. Anderschella fast gleich gefunden, nur hat die erste gablige Ader des Vorderrandes keinen Verbindungszweig mit dem folgenden Ast der Subcostalvene. Die Hinterflügel beider Thiere sind identisch.

***) Das Adernetz in der zweiten Abtheilung scheint beträchtlich zu variiren. Bei Semipurpurella gehen vor der gespaltenen Apicalader 3 einfache Venen in den Costalrand (Sta.); ebenso bei Amentella (H.-S). Bei Fastuosella finde ich 4 Vorderrandsadern und merkwürdigerweise sind die beiden ersten gablig geendet. Die Adern des Hinter- und Dorsalrandes verhalten sich wie bei Semipurpurella. An den Hinterflügeln ist nur die zweite Vorderrandsader gablig gespalten.

die Schweiz kennen wir zur Zeit nur 8, von welchen einige hoch in die Alpenzone heraufragen.

Zu Abtheilung a gehören: 1. Calthella L.; 2. Aruncella Scop.; 3. Thunbergella Fab.; 4. Allionella Fab.; 5. Anderschella H.-S.; 6. Rothenbachii mihi.

Zu Abtheilung b: 7. Fastuosella Zell.; 8. Sparmannella Bosc.

1. M. Calthella L. (H.-S. Micropteryx Tab. 1 fig. 1).

Calthella L. — S. V. — Fab. — Haw. — Steph. — Curt. — Dup. — Zell. — Eversm. — Lien. — Tengst. — Sta. — H.-S

Capillis ferrugineis; alis anter. aureo-brunneis (post mortem sulcatis), virescentibus, basi purpurea. — *Sta. Zell.* — $4\frac{1}{3}-3\frac{3}{4}'''$.

Eine gemeine, bekannte Art, welche vom hohen Norden bis über die Alpen nach Italien geht, in ihrer Westverbreitung England und in der östlichen das Wolgagebiet erreicht. In unsern Gegenden erscheint sie von Ende April oder Anfang Mai, in dem Norden erst im Sommer. Sie findet sich bekanntlich auf feuchten Stellen, namentlich nassen Waldwiesen, an den Blüthen der Caltha palustris, seltener der Ranunkulen.

Bei Zürich gemein, ebenso bei Lausanne und gewiss in der ganzen Schweiz. Da M. Calthella weit nordwärts verbreitet ist, so erscheint sie demgemäss auch auf den Alpen; wenigstens trafen wir sie Anfang August auf den Glarnerbergen, z. B. Mühlebachalp, in ungefährer Höhe von 5000′, ebenso im Engadin bei Samaden.

2. M. Aruncella Scop. (H.-S. Tab. 1 fig. 2).

Aruncella Scop. — Zell. — Sta. (Ins. brit.) — H.-S.

Capillis ferrugineis, alis anter. aureo-brunneis, virescentibus, basi ad costam purpurea, ♀ unicoloribus (♂ post mortem sulcatis), macula transversa ante, striga recta post medium argenteis. — *Zell.* — $3\frac{1}{2}-3'''$.

Var.: Gutta costali ante apicem argentea. — *Zell.*

Eine in England seltene, in Deutschland sowohl in der Ebene als im Gebirge verbreitete Art. Sie erscheint etwas später als Calthella, erhält sich aber auch viel länger.

Bei Zürich gemein, noch im Juni; mehr auf trocknen Stellen, namentlich um Scabiosen; auch von Lausanne (Laharpe).

In den Alpen ist sie ebenfalls weit verbreitet und zwar im Juli oder August. Ich traf sie auf den Glarner Alpen in Höhen über 5000′ (Bergli- und Mühlebachalp), in noch bedeutenderer Elevation auf denjenigen des Engadin, so Alp Murailg und der Celeriner Alp bei Samaden bis gegen 7000′. Stammart und Varietät kommen bei uns vor.

3. M. Thunbergella Fab. (H.-S. Tab, 1 fig. 7).

Thunbergella Fab. — Sta. (Ins. brit.) — H.-S. — Depictella F. R. — Rubrifasciella Haw. — Sta. (Transact.) — Zell.

Capillis ferrugineis; alis anter. dilute viridi-aureis, macula costali, fascia abbreviata obliqua ante medium, fascia ad costam furcata pone medium maculaque apicem versus rufescentibus. — *Sta.* — 4½–4‴.

Von Lievland und England durch das nördliche und südliche Deutschland verbreitet; im Frühling namentlich um Buchen.

Für die Schweiz beobachtet im April und Mai bei Zürich, nicht gerade selten; bei Lausanne (Laharpe), bei Schüpfen (Rothenbach: »selten«).

4. M. Allionella Fab. (Hbn. Tab. 57 fig. 388 (?). — H.-S. Tab. 1 fig. 6).

M. Allionella Sta. — H.-S. — Zell. p.? — Ammanella Hbn.

Capillis ferrugineis; alis anter. nitidis, violaceo-purpureis, fascia fere recta prope basim, fascia vix curvata in medio maculaque costae magna post medium aureis, ciliis marginis postici violaceo-purpureis. — 5½–5‴.

Var. a. Fascia media apicem versus incurvata.

Var. b. Macula costam non attingente.

Var. c. Puncto aureo costali inter fasciam mediam maculamque costalem.

Eine Art, welche genügend von Stainton beschrieben, aber wahrscheinlich von Zeller noch mit einer oder gar zwei andern Spezies vermischt wurde.

Es stehen mir 5 schweizerische Exemplare und 2 brittische von Stainton zu Gebote. Vier sind männlich, drei weiblich. Sie gehören alle, wenn auch unter sich manchfach variirend, durch ihre dunkle, in das Violette übergehende Purpurfarbe, welche bei mehreren Stücken geradezu violett geworden ist, unzweifelhaft zusammen, und unterscheiden sich hierdurch, sowie namentlich durch ihr dunkleres, ins Röthliche spielendes Gold und die an reinen Stücken dunkleren Hinterrandsfranzen von der folgenden Spezies. Die Abbildung von Herrich-Schäffer ist, was Farbe der Flügel und Binden betrifft, sehr getreu. Wenn aber in dem Texte die Binden und der Fleck »silbern, nur an den Rändern golden« genannt werden, so dürfte sich dieses auf stark geflogene Exemplare beziehen.

Die Kopfhaare sind dunkler, röthlicher als bei den folgenden Spezies, die Beine scheinen schwärzer, die Flügel etwas plumper. Die erste Binde steht bei keinem meiner Exemplare so schief nach hinten und aussen, wie es Herrich-Schäffer darstellt. — Die zweite Binde kommt bei einem Stücke in Form und Verlauf genau mit dem citirten Bilde überein. Bei einem zweiten ist sie fast ganz gerade, ohne winklige Krümmung und bis zum Innenrand vollkommen gleich breit. Bei einem dritten wird sie in ähnlichem Verlaufe gegen den Innenrand breiter. — Was den Costalfleck angeht, so erscheint auch hier eine ähnliche Manchfaltigkeit. Bei einem Exemplar ist er genau, wie auf dem Herrich-Schäffer'schen Bilde, stark gegen den Vorderrand verschmälert. Bei einen zweiten ist er nach vorn nicht verengt, aber den Costalrand erreichend. Bei einem dritten hört er in einiger Entfernung von letzterm auf (hierher gehört Stainton's Bild Tab. 3 fig. 7).

Herrich-Schäffer im Texte läugnet, dass zwischen jenem und der Mittelbinde ein kleiner Goldpunkt oder Fleck je vorkomme. Ich muss ihm hier widersprechen. Unter meinen Exemplaren ist er bei zweien, wenn auch klein, doch ganz deutlich vorhanden. Gegen den Hinterrand findet sich ein linienförmiger Belag goldener Schuppen entweder gar nicht, oder in geringerer Ausdehnung vor, während er bei der folgenden Spezies stärker wird.

Zeller berichtet noch von einer auffallenden Varietät, wo am Dorsalrand beide Binden zusammenstossen. Ich glaube hier die M. Anderschella zu erkennen. Auch die beträchtliche Grössenschwankung, welche Zeller aufführt, möchte auf eine andere Spezies bezogen werden können.

Gehören alle Angaben der Schriftsteller hierher, welche Zeller mit gewohnter Gründlichkeit gesammelt hat, so käme unser Thier vom hohen Norden bis Oberkrain und Toskana vor.

Für die Schweiz habe ich ein Exemplar aus dem Flachlande, von Schüpfen (Rothenbach); die anderen, mit Ausnahme eines Stückes von Laharpe, dessen Herkunft unbekannt, stammen aus den westlichen und östlichen Alpen. Ein sehr schönes weibliches Exemplar fand ich Ende Juni 1849 auf Brüschalp im Wäggithal (Kanton Schwyz) in ungefährer Höhe von 4500'.

5. **M. Anderschella** H.-S. (H.-S. Tab. 1 fig. 4 [und 5?]).

Capillis dilute ferrugineis; alis anter. nitidis, purpureis, fascia obliqua costam versus attenuata prope basim, fascia valde obliqua, curvata, costam versus latiore in medio, punctulo costae atque macula, omnibus dilute aureis; squamis marginis postici aureis, ciliis ♂ posticis fuscis. — $5^1/_2$–$5'''$.

Var. a. Fasciis in dorso confluentibus.

Var. b. Fascia basali dorsum non attingente.

Unserer Meinung nach hat sie Herrich-Schäffer mit vollem Rechte von der vorigen unterschieden, aber mit dem unseligen Namen Anderschella Hbn. versehen, weil er darin das Hübner'sche Bild fig. 352 erkennen will, obgleich dieses nichts Sicheres zeigt. Wir haben diese Art desshalb unter veränderter Autorität aufgeführt.

Gegenüber der Allionella zeigen meine 6 schweizerischen Exemplare (5 ♂ und 1 ♀) folgendes:

Der Kopf heller, rostgelb behaart, die Fühler scheinen ein wenig länger, die Beine heller, die Flügel sind etwas schmäler und länger, das ganze Thier darum graziler. Beim Männchen sind die Flügel nach dem Tode schwach gefurcht, was bei Allionella weniger der Fall zu sein scheint.

Die Farbe der Vorderflügel ist mit Ausnahme des nicht frischen weiblichen Stückes, welches violett ist, ein reineres Purpur, die Binden sind blasser golden (was auch Herrich-Schäffer auf fig. 4 im Gegensatz zu fig. 6 gut abgebildet hat), ich möchte sie messingartig nennen.

Die erste Binde ist gegen den Vorderrand sehr verschmälert, bei einem Exemplar ihn kaum erreichend, bei einem andern unfern vom Dorsalrande plötzlich aufhörend, bei zwei andern am Innenrand mit der zweiten Binde zusammenfliessend und im Allgemeinen nach Innen breiter werdend. — Die zweite Binde verhält sich gerade umgekehrt, indem sie gegen die Costa ihre grösste Breite erreicht. Sie liegt sehr schief und ist viel unregelmässiger, als bei Allionella, und kann in sehr stumpfem Winkel gebrochen sein. — Der zunächst folgende Costalfleck ist immer vorhanden, stets grösser als bei Allionella (wenn er daselbst ausnahmsweise vorkommt). Der grössere, hintere Fleck ist wie bei Allionella. Die Goldschuppen am Hinterrand sind viel deutlicher (nur bei einem Stück fehlen sie, wohl abgewischt). — Seine Franzen sind bei allen Männchen heller als die Flügelfarbe, bei dem Weibchen dunkel.

Nach Herrich-Schäffer fliegt Anderschella im Mai um Buchen in der Schweiz und Oestreich.

Ich habe das Thier von Lausanne (Laharpe) und Schüpfen (Rothenbach). Bei Zürich ist es, namentlich an grössern Buchenstämmen, gerade keine Seltenheit. Anderschella geht übrigens hoch ins Gebirge hinauf; so bei Samaden im Engadin (Pfaffenzeller).

6. M. Rothenbachii n. sp.

Capillis fuscis; alis anter. purpureis (post mortem sulcatis); fasciis duabus latis, basali recta, media curvata, punctulo costae maculaque maxima postica, omnibus dilute aureis, ciliis apicis griseis. — $4^1/_2 - 4^1/_3$ '''.

Ich besitze noch in einigen Stücken (3 ♂) eine ganz ähnliche Micropteryx, welche entweder eine auffallende Varietät der vorigen oder, was ich für wahrscheinlicher halte, eine eigene Art ist. Möglicherweise gehört hierher T. Paykullella von Thunberg: »alis purpureis, fasciis tribus aureis«. (Ich kann das Original leider nicht vergleichen.) Zeller führt sie als Var. f. seiner Allionella mit der Bezeichnung auf: »macula postica, ad marginem posticam usque producta«.

Die Kopfhaare weniger rostgelb, mehr in das Bräunliche übergehend. Die Farbe der Vorderflügel wie bei Anderschella; ihre Furchung aber stärker. Die Franzen der Flügelspitze auffallend hell, graulich. Das Gold der Vorderflügel ebenso hell, messingartig, aber die Zeichnungen verschieden. Hinter der purpurnen Flügelwurzel erscheint die erste Binde auffallend breit, die ganze Flügelbreite durchziehend und am Dorsalrand wenig verbreitert aufhörend. Dann folgt in viel schmälerem Streifen, als bei voriger Art, die purpurne Flügelfarbe. Die Mittelbinde ist ebenfalls ungewöhnlich breit, an der vordern Hälfte etwas zackig, in ihrem Dorsaltheil mehr glattrandig. Sie ist ganz schwach winklig gekrümmt. Das Pünktchen am Vorderrand ist klein, der Fleck aber sehr gross, an der Costa verschmälert, um nahe am Hinterrande erst mit rundlicher Erweiterung aufzuhören. Bei einem Stück fliesst er mit dem Pünktchen einwärts zusammen, so dass Herrich-Schäffer's Tab. 1 fig. 5 möglicherweise hierher gehören könnte, wenn nicht die Binden viel zu schmal wären und nicht am Hinterrand Goldschuppen auflägen, welche bei unserm Thiere fehlen.

Zürich im ersten Frühling, früher als Anderschella; 2 Exemplare; ein drittes von Schüpfen (Rothenbach).

7. **M. Fastuosella** Zell. (H.S. Tab. 1 fig. 10).

Fastuosella Zell. — H.-S.

Capillis cinereis; alis elongatis, anter. nitidis, aureis, crebro tenuiter violaceo- chalybeoque irroratis, macula minuta anali pallida; poster. non pilosis, dilute purpurascentibus. — *Zell.* — 6‴.

Weit verbreitet. Lievland, Böhmen, Oestreich, verschiedene Gegenden von Süddeutschland, Lyon, Sicilien (Messina). In der Schweiz in grosser Ausdehnung ebenfalls, wie es scheint, im April und Mai. Zürich nicht selten, Schüpfen, Lausanne.

8. **M. Sparmannella** Bosc. (H.-S. Tab. 1 fig. 8).

Sparmannella Bosc. — Fab. — Zell. — Sta. — H.-S. — ? Dup. — Auropurpurella Haw. — Sta.

Capillis cinereis; alis latioribus nitidis, aureis, crebro violaceo-chalybeoque irroratis, macula anali aurea distincta. — 4½‴.

Durch kleinere, breitere Flügel mit helleren Franzen, sowie die schön bläulichen oder violetten Schuppen des vorderen Paares von der vorigen Spezies verschieden.

In England im April und Mai; im nördlichen Schottland, in Lievland, verschiedenen Gegenden Deutschlands. Im Allgemeinen eine seltenere Art.

Nur ein Exemplar von Zürich; auch dicht an der schweizerischen Grenze, von Waldshut im Grossherzogthum Baden.

IV. Familie. HYPONOMEUTIDEN.

Hyponomeutidae Sta. — Yponomeutidae, Tinea p. et Epigraphia p. Dup. — Hyponomeutiden, Tinea p. et Oecophora p. Zell.

Caput laevigatum, interdum hirsutum; antennae filiformes; ocelli nulli; palpi labiales mediocres, palpi maxillares minimi aut nulli; haustellum mediocre, rarius squamatum. Alae elongatae, ciliis mediocribus. Larvae liberae, interdum gregariae, intra telas viventes.

Als Kern der Familie erscheinen die Genera Hyponomeuta und Psecadia mit glattem Kopfe, ziemlich kurzen Lippentastern, länglichen, kurz gefranzten Flügeln, von welchen das vordere Paar eine grosse Mittelzelle und am Costalrand eine verdunkelte Stelle (Stigma) besitzt, während an der Wurzel des Hinterflügels eine durchsichtige Grube vorkommen kann. Ihre Larven leben unter ansehnlichen Gespinnsten, entweder gesellig oder mehr einsam.

Ihnen reihen sich nach der einen Seite hin zwei andere Geschlechter an, welche in mancher Hinsicht im vollendeten Zustande an Tinea erinnern, nämlich Swammerdammia und Scythropia. Bei ihnen ist der Kopf rauh behaart, der Aderverlauf etwas abweichend. Ihre Larven aber verweisen sie hierher, indem diese weder Gänge bewohnen noch Sackträger sind. Bei Scythropia lebt die Raupe gesellschaftlich unter gemeinsamem Gewebe, bei Swammerdammia vereinzelt. Beide Genera besitzen noch das Stigma der typischen Hyponomeutiden.

Auf der anderen Seite stehen zwei Genera, welche eine Annäherung an die Depressarien und Oecophoren bilden, nämlich Symmoca und Prays. Für ersteres Geschlecht fehlt uns noch die Kenntniss der Larvenzustände. Das Genus Prays hat dagegen eine von den Hyponomeutiden höchst abweichende Larve und könnte wohl mit einem gewissen Rechte auch den Oecophoren zugezählt werden. Das Stigma kommt ihm, nicht aber Symmoca zu.

1. Genus. SWAMMERDAMMIA.

Swammerdammia Sta. — H.-S. — p Hbn. — Erminea p. Haw. — Lita p. Tr. — Telea p. Steph. — Tinea p. Dup. et Zell. (ol.).

Capilli hirsuti; ocelli nulli; palpi labiales breves, filiformes, subattenuati; haustellum breve nudum; alae anter. elongatae, breviter ciliatae; alae poster. elongato-ovatae, foveola hyalina prope basim. Alarum anter. cellula secundaria imperfecta, vena apicalis simplex ante apicem exit; infra eam rami quinque in marginem posticum (quorum primus interdum cum vena apicali conjunctus); stigma distinctum; poster. cellula costalis subito coarctata, ante medium desinens; vena mediana bifida.*) Larva solitaria. — *Cf. Sta.*

*) Der von Stainton und Herrich-Schäffer untersuchte Aderverlauf der S. Caesiella wiederholt sich genau bei Cerasiella, nur scheint der erste Ast der Subcostalader auf den Vorderflügeln etwas länger. Simplicella, von letzterm Entomologen studirt, zeigt in der Flügelspitze eine Gabelader.

Durch den rauhaarigen Kopf und die einsam lebende Larve von Hyponomeuta verschieden, erinnert Swammerdammia in der Gestalt des vollendeten Insektes, wie schon oben bemerkt wurde, an Tinea, kommt aber in der Existenz des Stigma mit jenem Geschlechte überein, ebenso durch die glasartige Grube an der Wurzel des Hinterflügels.

Die Larve, schlank und lebhaft, lebt unter einem Gewebe auf der Oberseite des gebogenen Blattes von verschiedenen Bäumen und Sträuchern. Die Puppe ruht in einem dichten Gewebe. Die Generation ist wohl doppelt.

Die Zahl der europäischen Arten ist nicht gross, zur Zeit 7 betragend, von welchen eine Art spezifisch englisch, eine andere in den (östreichischen?) Alpen vorkommt.

Wir kennen 4 Swammerdammien in dem schweizerischen Faunengebiet, haben aber keine bisher höher im Gebirge beobachtet.

1. S. Apicella Don. (H.-S. Tab. 41 fig. 282).

Apicella Don. — Sta. — Comptella Hbn. — Steph. — Zell. — H.-S. — Compta Haw. — Aurofinitella Dup.

Capillis albidis; alis anter. albido-griseis, seriebus punctulorum nigrorum longitudinalibus; macula costae ante apicem alba apiceque flavido introrsus fusco-marginato. — $7\frac{1}{2}$–7‴.

Eine ziemlich verbreitete, gewöhnlich selten vorkommende Spezies, deren Larvenzustände wir noch nicht kennen. Sie fliegt im Frühling, April und Mai, um Hecken. Süden von England, viele Gegenden Deutschlands (z. B. Frankfurt an der Oder und am Main, Regensburg, Freiburg, Oberkrain), und das Toskanasische.

Für die Schweiz: Zürich, im Frühling sehr einzeln, namentlich um Crataegus Oxyacantha; Lausanne (Laharpe).

2. S. Caesiella Hbn. (F. R. Tab. 13 fig. a—k. — H.-S. Tab. 47 fig. 326).

Caesiella Hbn. — F. R. — Zell. — Lien. — Sta. — H.-S. — Heroldella Hbn. — Tr. — Dup. — Lutarea var. γ Haw.

Capillis et thorace albis; alis anter. griseis, dorso albidis, atomis fuscis longitudinalibus conspersis, striga saturate fusca ante medium, plicam non transeunte, nebula fusca paullulum posteriore, macula parva costae saturate fusca ante apicem, inter squamas albidas posita, ciliis vix purpurascentibus. — *Cf. Sta.* — 7–$6\frac{1}{3}$‴.

Die Larve findet sich im September an Birken. Sie ist schön grasgrün mit zwei Reihen heller Flecke über den Rücken, welche schwarze Borstenwärzchen tragen. Der Nackenschild mit vielen feinen Pünktchen, der Kopf braun und graulich.

Weit verbreitet, aber nicht gemein. Von Lievland und England über Deutschland bis Toskana, vom April bis in den Hochsommer hinein (wohl in doppelter Generation).

Für die Schweiz: Zürich (ich erhielt sie im Juni an lichten Waldstellen, namentlich an späten Abendstunden), Bremgarten (Boll), Schüpfen (Rothenbach), Lausanne (Laharpe) und gewiss noch an vielen anderen Stellen.

3. S. **Cerasiella** Hbn. (F. R. Tab. 14 a—l. — H.-S. Tab. 47 fig. 328).

Cerasiella Hbn. — Tr. — F. R. — Dup. — Zell. — H.-S. — Pyrella Vill. — Sta. — Caesiella Haw.

Capillis albidis; alis anter. violaceo-cinereis, atomis fuscis obsoletis, striga fusca transversa obliqua ante medium dorsi, macula parva costae apicali albida, ciliis purpurascentibus. — 5½—5‴.

Die Larve häufig im September (aber auch wohl im Frühsommer) auf Obstbäumen, namentlich Apfel-, Kirsch- und Pflaumenbäumen. Sie ist gelblich mit einem braunrothen Gürtel auf jedem Ring und 2 braunrothen Längsstreifen an den Seiten des Rückens, sowie einer derartigen Mittellinie. Die Borstenwärzchen sind blassgelb, Kopf und Brustfüsse schwarz.

Gleichfalls in weiter Verbreitung im mittleren Europa erscheinend, von England bis Toskana.

Bei Zürich oft schon im April, nicht selten, sparsam aber Ende Juli und im August. Auch von Schüpfen (Rothenbach).

4. S. **Oxyacanthella** H.-S. (H.-S. Tab. 47 fig. 327).

Ocyacanthella Mann. — H.-S.

Capillis albidis; alis anter. griseis, punctulis fuscis longitudinalibus costam apicemque versus conspersis, striga fusca oblique transversa interrupta, macula costae albida parva apicali, ciliis dilute purpurascentibus. — 6½—6‴.

S. Oxyacanthella, deren Larve nach A. Schmid Mitte Mai an Crataeg. Oxyac. und Prun. spinosa lebt, soll nach Herrich-Schäffer in vielen Gegenden vorkommen.

Ich kenne Frankfurt a. M., Freiburg und Göttingen als Heimat. An letzterem Orte fing ich sie im Juni.

Im schweizerischen Faunengebiet ist bisher nur Zürich als Fundstelle bekannt. Ich erhielt sie hier in demselben Monat an lichten Waldstellen, aber freilich vereinzelt und selten.

---

2. Genus. SCYTHROPIA.

Scythropia Sta. — H.-S. — p. Hbn. — Yponomeuta p. T. — Tinea p. Dup. — p. Zell. (ol.)

Capilli hirsuti; ocelli nulli; haustellum brevissimum, nudum; palpi labiales breves, filiformes, penduli. Alae elongatae, mediocriter ciliatae, stigmate magno, sed foveola basali hyalina nulla; vena apicalis alar. anter. simplex, infra eam venae sex, cellula secundaria imperfecta; alae poster. cellula costalis elongata, vena mediana trifida.*) Larva gregaria. — *Cf. Sta.*

Die Abwesenheit der glasartigen schuppenlosen Stelle, sowie der Umstand, dass in den Hinterrand statt der 5 Adern der Swammerdammien deren 6 auslaufen, wie denn auch durch die Dreispaltung der Medianader in den Hinterrand des zweiten Flügelpaares eine Ader mehr tritt, unterscheiden Scythropia vom vorigen Genus. Wichtiger ist die Verschiedenheit des Larvenzustandes.

Es ist nur eine einzige Spezies bekannt.

1. **S. Crataegella** L. (Hbn. Tab. 37 fig. 257).

Crataegella L. — Fab. — S. V. — Hbn. — Tr. — Steph. — Dup. — Zell. — Sta. — H.-S.

Capillis ac alis. anter. albido-griseis, his costam et marginem posticum versus nigro-fusco conspersis, fasciis duabus transversis nigro-fuscis. — 7–6‴

Die Larve unserer Schabe lebt im Frühling in Vielzahl unter sehr grossem lockeren Gespinnste auf Crataegus Oxyacantha, namentlich an frei stehenden Hecken. Sie ist ebenso schlank als die-

---

*) Der Aderverlauf ist von Stainton gut abgebildet, nur ist der zweite Costalast des Vorderflügelpaares etwas länger und die Mittelzelle des zweiten Paares hinterwärts weniger abgerundet.

jenigen der Swammerdammien mit schwarzem Kopfe und Brustbeinen, sowie mit breiter braunrother Rückenstrieme. Sie verwandelt sich, ohne dazu eine weitere Hülle zu weben, in dem gemeinschaftlichen Gespinnste zur schlanken, braunschwarzen Puppe. Bei Zürich habe ich die Larve stellenweise so häufig angetroffen, dass sie die Crataegussträucher verwüstete.

S. Crataegella ist weit verbreitet, in England, bei Paris, in vielen Gegenden Deutschlands bis Oberkrain und in Toskana beobachtet worden. Sie erscheint Ende Juni und im Juli.

Bei Zürich gemein; auch von Schüpfen (Rothenbach).

---

5. Genus. HYPONOMEUTA.

Hyponomeuta (Yponomeuta) Zell. — Steph. — Dup. — Sta. — H.-S. — p. Latr. — Tr.

Caput laeve; ocelli nulli; palpi labiales reflexi, breves, filiformes, subacuti; haustellum mediocre, nudum; alae elongatae, breviter ciliatae, anter. stigmate, poster. foveola basali hyalina. Alae anter.: cellula secundaria perfecta, vena apicalis simplex, infra eam rami sex in marginem posticum exeunt, vena subdorsalis furcata; poster. cellula costalis in medio contracta, vena mediana bifida.*) Larva gregaria. — *Cf. Sta.*

Der glatte Kopf unterscheidet die grösseren, weissen oder grauen, schwarz punctirten Schaben dieses Genus von den vorigen rauhköpfigen kleineren Geschöpfen. Das Flügelgeäder ist demjenigen von Scythropia nahe verwandt, dagegen ist das Stigma der vorderen und die hellere Grube der hintern Flügel wie bei den Swammerdammien.

Die gelben schwarzgefleckten Larven leben gleich Scythropia in gemeinschaftlichem weitem Gewebe, ihre Puppen ruhen aber in besonderen festeren Gespinnsten.

Durch ihre Menge werden sie oft zu schädlichen Insekten, welche gewöhnlich ganze Blätter verzehren und Sträucher und Bäume zu entlauben vermögen. Die Generation der uns hier interessirenden Hyponomeuten ist eine einfache, die Larve im Frühsommer, das vollendete Insekt im Juli und August erscheinend.

---

*) Den von Zeller und Stainton für H. Padi und H. Variabilis dargestellten Aderverlauf fand ich identisch bei H. Evonymi.

Es sind zur Zeit 9 europäische, meist weit verbreitete Arten bekannt, von welchen indessen keine hoch im Gebirge aufzusteigen scheint. 5 derselben haben wir in unserm Faunengebiete bisher beobachtet; keine in den Alpen angetroffen.

1. H. Plumbellus S. V. (Hbn. Tab. 13 fig. 86).

Plumbellus (a) S. V. — Fab. — Hbn. — Tr. — Dup. — Zell. — Steph. — Zetterst. — Lien. — Sta. — H.-S. — Lentiginosella Schr. — Plumbea Haw.

Alis anter. albis, griseo-suffusis, seriebus punctorum nigrorum; macula ante medium apiceque nigris. — 8½–8‴.

Die Raupe, welche noch einer zuverlässigen Beschreibung bedarf, lebt auf Evonymus europaeus (Zell. Sta.), nach Hübner auf Rhamnus frangula, wohl einsam, im Juni.

Eine gemeine Schabe, welche im Juli und August namentlich an Hecken, seltener an Waldrändern vorkommt.

Schweden, Lievland, Süden Englands, Frankreich, Deutschland und Oberitalien, auch Toskana (hier schon Mitte Juni).

Wohl überall in der Schweiz; bei Zürich gemein; bei Schüpfen (Rothenbach in litt.)

2. H. Variabilis Zell. (Hbn. Tab. 58 fig. 393–395).

Variabilis Zell. — H.-S. — Padellus (a) L. — Fab. — Hbn. — Tr. — Steph. — Dup. — Sta. — Evonymella Don.

Alis anter. albis, griseo-suffusis vel plumbeis, seriebus tribus longitudinalibus punctulorum nigrorum serieque transversa marginem posticum versus, ciliis plumbeis. — 11–9½‴.

Eine sehr gemeine Spezies, deren schwarzköpfige graue Raupe über den Rücken zwei Reihen schwarzer Flecke und in den Seiten drei gleichfalls schwarzer Punkte führt und in den Gelenken weisslich bereift ist. Sie ist im Juni erwachsen und lebt an Prunus spinosa und au Crataegus Oxyacantha. Von einem Pflaumenbaume erzog ich ebenfalls mehrere Stücke.

Wohl durch ganz Europa vorkommend. Als Nordgrenze ist Lievland und Schweden, als Westgrenze England, als südliche Sicilien bekannt. Juli.

Gewiss im ganzen flacheren Theile der Schweiz verbreitet. Zürich, ziemlich gemein; Schüpfen (Rothenbach in litt.).

3. H. Malinellus Zell.

Malinellus Zell. — H.-S. — Padella Dahlb. — ? Hbn.

Alis anter. niveis, seriebus tribus punctulorum nigrorum, ciliis anguli postici infra cinerascentibus; poster. plumbeis. — *Cf. Zell.* — $9^{1}/_{2}-8^{2}/_{3}'''$.

Die Raupe kleiner als bei voriger Art, gelblichgrau, schwarzköpfig, mit den gleichen Fecken und Punkten, Sie verzehrt das Parenchym der Apfelblätter, lässt aber die Hypodermis stehen und wird oft in hohem Grade schädlich. Sie ist im Juni erwachsen.

Von Schweden und Lievland bis Neapel. In England nach Stainton fehlend. In Deutschland an vielen Stellen: Berlin, Glogau, Jena, Göttingen, Frankfurt a. M., Freiburg. Juli.

Für die Schweiz bei Zürich, im Juli und August (oft sehr gemein und schädlich) beobachtet; auch bei Schüpfen (Rothenb. in litt.).

4. **H. Evonymi** Zell. (Hbn. Tab. 58 fig. 391 und 392).

Evonymi Zell. — Lien. — H.-S. — Evonymellus (a) Scop. — S. V. — Schr. — Sta. — Cognatella Tr. — Steph. — Dup. — Zetterst. — Cagnagella Hbn.

Alis anter. niveis, seriebus tribus punctorum nigrorum longitudinalibus, ciliis albis; poster. ciliis dilute cinereis, apicem versus albicantibus. — *Cf. Zell.* — $11^{1}/_{2}-11'''$.

Die Raupe, durch ihre Verwüstungen an Evonymus europaeus bekannt, ist grösser und gelblicher als diejenige des Malinellus.

Der Falter von Schweden, Lievland und England bis Neapel gemein. In unseren Gegenden im Juli und August.

Gewiss in der ganzen Schweiz gemein. Zürich; Glarus; Umgebungen von Chur, von Brienz, Schüpfen (Rothenb. in litt.); das Oberwallis.

5. **H. Padi** Zell (Hbn. 13 fig. 88).

Padi Zell. — Lien. — Sta. — H.-S. — Evonymella L. — Fab. — Hbn. — Don. — Tr. — Dup.

Alis anter. niveis, seriebus pluribus punctulorum nigrorum. — $11-10'''$.

Die schwarzköpfige Larve ist grünlichgelb; sie hat 4 Rückenflecke auf jedem Ring; die Seitenpunkte wie gewöhnlich. Die Futterpflanze ist Prunus Padus.

Gleichfalls gemein und stark verbreitet; von Lievland und England über Frankreich und Deutschland. Erscheinungszeit der Juli und August. Zürich ziemlich häufig; Schüpfen (Rothenbach in litt.).

---

4. Genus. PSECADIA.

Psecadia Hbn. — Zell. — H.-S. — Anesychia und Chalybe Sta. — Anesychia Steph. — Aedia und Chalybe Dup. — Yponomeuta p. Latr. — Tr.

Caput laeve; antennae infra brevissime denticulatae, pubescentes; ocelli nulli; haustellum mediocre squamatum; palpi labiales reflexi, articulo tertio acuminato; alae oblongae, breviter ciliatae; anter. stigmate, sed cellula secundaria nulla; poster. foveola hyalina basali carentes. Anter. vena apicalis furcata, infra eam rami quinque in marginem posticum, vena subdorsalis longe furcata; poster. cellula costalis non coarctata, vena mediana trifida.*) Larva solitaria.

Das vollendete Insekt unterscheidet sich manchfach von dem allerdings nahe verwandten Geschlechte Hyponomeuta, so namentlich durch etwas längere Lippentaster, die fein gefranzten Fühler und durch den abweichenden Aderverlauf. Auf den Vorderflügeln erhält sich noch das Stigma, dagegen verliert sich die Nebenzelle; die bei den Hyponomeuten einfache Apicalader wird gablig und die Zahl der Hinterrandsadern um eine geringer. Auf den Hinterflügeln verschwindet die durchsichtige Grube.

Die Larven leben unter weitläufigen Geweben an niedern Pflanzen einsam, oft allerdings in Vielzahl an einem Busch, theilweise in doppelter Generation. Sie zeichnen sich durch ihre bunten, schönen Färbungen aus.

Die Zahl der Arten ist eine nicht bedeutende; Zeller im Jahr 1844 zählte deren nur 7 in Europa vorkommende auf. Seit dieser Zeit sind namentlich aus dem südwestlichen Europa noch einige Spezies hinzugekommen, so dass wir jetzt ungefähr 12 Psecadien kennen. Mit Ausnahme der Ps. Funerella scheint keine in das nördliche Europa heraufzuragen.

Von diesen kommen 4 im schweizerischen Faunengebiete, aber nur in den niedrigeren Gegenden vor, 2 jedoch als ganz seltene, vereinzelte Erscheinungen. In England hat man eine Spezies mehr angetroffen.

---

*) In dem Aderverlauf verhalten sich Echiella (Zell.), Funerella (Sta.), und nach meiner Beobachtung Decemguttella gleich.

1. **P. Echiella** S. V. (Hbn. Tab. 15 fig. 105).

Echiella S. V. — Hbn. — Tr. — Dup. — Curt. — Steph. — H.-S. — Bipunctella Fab. — Sta.

Alis anter. albis, vitta costali latissima, interne dentata, nigra, apice margineque postico nigro-punctatis; abdomine luteo. — *Cf. Zell. Sta.*. — $11^{1}/_{2}-10^{1}/_{2}'''$.

Die Larve, im Juli und Herbste an Echium vulgare lebend, hat einen schwarzen Kopf mit weissem Fleck an der Stirne, eine gelbe Rückenfläche, in derselben eine von orangenen Flecken unterbrochene Längslinie und an jeder Seite eine zackige, breite, schwarze Binde und unter ihr ein weisses, punktirtes Längsband, welches in der Mitte von einer orangefarbenen Linie durchzogen wird.

P. Echiella, mehr an den Sandboden angewiesen, erscheint im Frühling und Sommer. In England selten, in Frankreich und Ungarn. In Deutschland vielfach vorkommend, z. B. Glogau, Berlin, Dessau, Frankfurt a. M., Heidelberg, Regensburg. In Toskana und auf Sicilien (Syrakus).

Für die Schweiz scheint sie eine Seltenheit zu sein. Bei Zürich fehlend; auf dem Jura selten (Rothenb. in litt.); *) auch im Wallis (?).

2. **P. Scalella** Zell. (Hbn. Tab. 15 fig. 104).

Scalella (?Scop). — Zell. — H.-S. — Pusiella Fab. — Curt. — Steph. — Dup. — Sta. — Sequella S. V. — Lithospermella Hbn. — Tr. — Eversm.

Alis anter. niveis, vitta media utrimque irregulariter excisa, maculis punctisque atris, apice margineque postico nigropunctatis, abdomine albo. — *Cf. Zell.* — $14-12^{1}/_{2}'''$.

Die Larve lebt an Lithospermum und nach T i s c h e r auch an Pulmonaria officinalis im Mai. Der Kopf wie bei Echiella, der Körper schwarz, über den Rücken mit einem breiten, citrongelben Längsstreifen, welcher auf jedem Ring zweizackig wird und in seiner Mitte eine Reihe schwarzer Flecke hat. An den Seiten geht ein breites, weiss und gelbes Längsband, welches auf jedem Ring einen schwarzen Punkt besitzt.

In England sehr selten; in manchen Theilen Deutschlands, schlesisches Gebirge, Sachsen, Bayern, Oestreich; im südlichen Frankreich und bei Neapel (Costa).

---

*) Bei Herrn R o t h e n b a c h's Gewissenhaftigkeit und der Unmöglichkeit, eine andere Art mit Echiella zu verwechseln, nehme ich unsere Spezies auf diese Angabe hin auf. Früher hat sie auch schon F. R. aus der Schweiz, wohl von A n d e r e g g, erhalten.

Für die Schweiz bisher nur bei Zürich, aber vereinzelt, beobachtet. Am 3. Juni 1855 wurde am Uetliberg die Larve an Lithosp. officinale häufig gefunden. Der Falter im Juli. Die schweizerischen Exemplare sind auffallend gross.

3. **P. Decemguttella** Hbn. (Hbn. Tab. 44 fig. 303).

Decemguttella Hbn. — Tr. — Dup. — Freyer. — Zell. — H.-S. — Sta. — Dodecea Haw. — Steph.

Alis anter. plumbeis, punctis undecim irregularibus atris. — $8^1/_2$-7‴.

Die Larve lebt gleichfalls an Lithospermum officinale im September und Oktober. Der Falter entwickelt sich im Mai und Juni.

P. Decemguttella, einzeln in England, stellenweise in Deutschland vorkommend, z. B. bei Augsburg, bei Frankfurt am Main, ebenso in Oestreich, ist in der Schweiz ziemlich selten. Hr. Bremi fand sie im Aargau. Im Herbste 1855 bei Zürich sehr gemein, an Stellen, wo mehrere Jahre vorher kein Stück zu beobachten war.

4. **P. Funerella** Fab. (Hbn. Tab. 13 fig. 85).

Funerella Fab. — Hbn. — Tr. — Steph. — Dup. — Zell. — Sta. — H.-S. — Funerea Haw.

Alis anter. niveis, macula maxima irregulari disci, antrorsus costam attingente, postice cum apice nigro confluente punctisque parvis baseos nigris; alis poster. nigricantibus, ♂ parte interna albis. — $7^1/_2$‴.

P. Funerella scheint eine weite Verbreitung zu besitzen. Liefland, England (selten), Frankreich (Paris und Lyon), das nördliche und südliche Deutschland, Toskana und Neapel. In unsern Climaten erscheint sie im Mai und Juni.

In der Schweiz selten und einzeln. Herr Boll fing vor mehreren Jahren ein Stück am Hallwyler See; Herr Rothenbach (in litt.) erhielt sie am 26. Mai und 19. Juni sehr selten bei Schüpfen. Bei Zürich kam sie Niemanden vor.

---

5. Genus. SYMMOCA.

Symmoca Hbn. — (p.) H.-S. — Epigraphia p. D.

Capilli subhirsuti; antennae filiformes; ocelli nulli; haustellum longum; palpi maxillares magni, recurvati, articulo secundo squamato, tertio nudo, acuminato; alae oblongae, longe ciliatae, anter. stigmate, poster. macula basali hyalina carentes. Anter. vena apicalis furcata, infra eam rami quinque in marginem posticum, vena subdorsalis longe furcata; poster. vena apicalis furcata, mediana trifida.

Der etwas rauhhaarige Kopf, die grossen, vorstehenden, sichelförmig aufgekrümmten Lippentaster mit stark beschupptem grossem Mittelgliede und die langen Franzen der Flügel ergeben den Unterschied von vorigem Geschlechte. Das Flügelgeäder, welches ich für S. Signella sorgfältig untersucht habe, stimmt, abgesehen von dem Mangel des Stigma, genau mit Psecadia überein. Die Stellung des Genus unter den Hyponomeutiden dürfte somit gerechtfertigt sein. Doch wird erst die Kenntniss der Larvenzustände uns volle Sicherheit geben. Symmoca grenzt übrigens unserer Meinung nach an Depressaria und gewisse andere Gelechiden.

Herrich-Schäffer hat neben der bekannteren S. Signella noch einige, meistens südliche Spezies hinzu gezogen. Da wir dieselben nicht in Natur kennen, steht uns über dieses Verfahren kein Urtheil zu; doch möchte Pigerella Heyd. kaum hierher gehören.

1. **S. Signella** Hbn. (Hbn. Tab. 31 fig. 211. — H.-S. Tab. 49 fig. 338).

Signella Hbn. — Dup. — H.-S. — Reutti.

Capillis et thorace albidis; alis anter. dilutissime fusco-griseis, punctis nigro-fuscis; uno basali, duobus oblique superpositis ante medium, quarto post medium; maculis duabus nigro-fuscis costae et dorsi apicem versus, apicis et marginis postici serie punctulorum nigro-fuscorum. — 10–9‴.

Signella scheint eine seltene, wenig verbreitete, mehr südlich vorkommende Schabe zu sein. Man hat sie für Deutschland bei Constanz beobachtet; ferner kommt sie in Krain bei Laybach und Wippach und bei Fiume (H.-S.) vor. Sie erscheint an tieferen Lokalitäten im Mai und Juni.

In der Schweiz nur in den Alpen des Oberwallis bei Gamsen (Dup.), des Berner Oberlandes (Boll), des Oberengadin (Pfaffenzeller, ich). Ich fand ein grosses männliches Exemplar, dasselbe, welches Herrich-Schäffer erwähnt, Ende Juli 1853 an den Kalkfelsen der Strasse zwischen Samaden und Celerina.

6. Genus. PRAYS.

Prays Sta. — p. Hbn. — Telea p. Steph. — Aedia p. Dup. — Oecophòra p. Zell. — p. H.-S.

Caput laeve, obtusum; ocelli nulli; palpi labiales parvi, filiformes, apicem versus vix attenuati; haustellum mediocre, nudum; alae breviter ciliatae, anter. oblongae, stigmate distincto; vena apicalis furcata, in marginem posticum rami quinque, subdorsalis longissime furcata; poster. latiusculae; vena mediana bifida.*) — *Cf. Sta.*

Das Genus Prays, welches das Stigma der Hyponomeuten besitzt, kommt auch mit diesen in der Länge der Mittelzelle der Vorderflügel, sowie in den kurzen Franzen überein. Es ist zur Zeit nur eine einzige, aber ziemlich verbreitete Spezies bekannt. Die Lebensweise der Larve ist ganz eigenthümlich, weit von derjenigen der ächten Hyponomeutiden entfernt.

P. Curtisellus (Hbn. Tab. 45 fig. 309 [gut]).

Curtisellus (a) Don. — Steph. — Zell. — Lien. — Sta. — H.-S. — Curtisii Haw. — Maculella Fab. — Coenobitella Hbn. — Dup. — Var. Rustica Haw.

Capillis ac thorace albis; alis anter. lacteis, macula costali maxima nigra triangulari, apice plicam superante; margine postico nigro-irrorato, ciliis nigro-fuscis. — 8–7½'''.

Die Larve minirt im Herbste die Blätter der Esche, Fraxinus excelsior, verlässt dann das Blatt, um in die jungen Knospen sich einzubohren, welche sie nach der Ueberwinterung im April und Mai bewohnt (Stainton). Die Schabe erscheint im Juni und Juli in Lievland, England, bei Hannover und in Frankreich.

Für die Schweiz habe ich sie bei Zürich beobachtet. Sie fliegt hier gerade nicht häufig in späteren Abendstunden, namentlich an einem Waldrande, wo Fraxinus vorkommt. Doch habe ich sie auch

---

*) Staintons Abbildung des Aderverlaufes ist gut, nur geht die zwischen Median- und Subdorsalader vorkommende Faltenlinie der Vorderflügel gegen den Saum in eine deutliche Ader über und die Mittelzelle der Hinterflügel ist wie bei den Psecadien durch eine Faltenlinie getheilt.

an Stellen angetroffen, wo weit und breit keine Eschen wachsen, so dass die Larve wohl polyphag ist.

Die Varietät Rusticella Haw., welche einfarbig dunkle Vorderflügel besitzt, kam uns noch nicht vor.

V. Familie. PLUTELLIDEN.

Plutellidae Sta.

Caput hirsutum; ocelli distincti; antennae in quiete porrectae; haustellum mediocre nudum, rarius squamatum; palpi maxillares breves, palpi labiales mediocres, articulo medio infra in fasciculum pilosum producto. Larva libera, solitaria.

Die Gegenwart der Ocellen unterscheidet unsere Familie von der vorhergehenden der Hyponomeutiden; ebenso wird der Kopf wollig, rauh. Die Fühler verhalten sich etwas verschieden, indem sie bald einfach fadenförmig, bald mit scharf abgesetzten Gliedern erscheinen. Sie nehmen in der Ruhe eine eigenthümliche Haltung an, indem sie nicht zurückgeschlagen werden, sondern dicht beisammen liegend nach vorwärts stehen. Es kommt dieses noch bei einer andern Familie, derjenigeu der Coleophoriden, vor, mit welcher übrigens die Plutelliden nicht die mindeste Verwandtschaft besitzen.

Eigenthümlich neben den stets vorhandenen verkümmerten Maxillartastern verhalten sich die Lippenpalpen. Sie haben eine nicht unbeträchtliche Grösse, sind mehr oder weniger aufgebogen und tragen an der Unterseite des zweiten Gliedes einen ansehnlichen bartförmigen Haarbusch. Die Form der Flügel fällt verschieden aus, bald mehr länglich, bald nicht unbeträchtlich breit oder überaus schmal und lang, wie bei den Coleophoren. Die Spitze der vorderen ist bald abgerundet, bald mässig ausgebildet, bald haken- oder sichelförmig vorspringend; Franzen der Flügel von verschiedener Länge. — Hiermit fallen denn auch manche Differenzen im Aderverlaufe zusammen. Eine deutliche Nebenzelle kommt auf den Vorderflügeln der Mehrzahl zu. Bei einzelnen Plutelliden erhält sich noch die stigmaartige Verdunklung des Vorderrandes. Die bei den Hyponomeuten vorkommende hyaline Grube an der Basis der Hinterflügel ist verschwunden. Auch die Larve zeigt darin, dass sie meistens frei, nicht unter Geweben lebt, einen Unterschied gegen die vorige Familie. Die Verpuppung geschieht in einem festeren, bald netzartigen, bald häutigen Gewebe, oft von eigenthümlicher kahnförmiger Gestalt.

Die Plutelliden stellen eine ziemlich kleine Gruppe der Tineen dar, deren Arten jedoch eine weite geographische Verbreitung besitzen.

Sie zerfallen in drei Genera: Plutella, Cerostoma und Theristis, welche nahe verwandt sind. Bei Plutella feht noch eine entwickelte Nebenzelle der Vorderflügel, während sie den beiden andern Geschlechtern zukommt. Ein viertes Genus, Eidophasia, welches von den eigentlichen typischen Plutelliden manchfach abweicht, ist in unserm Faunengebiete nicht vertreten und fällt aus.

1. Genus. PLUTELLA.

Plutella Schr. — p. Sta. — H.-S. — p. Tr. — Zell. — Cerostoma Curt. — Steph. — Alucita p. Fab. — Latr. — Dup. — Ypsolophus p. Haw.

Caput hirsutum; antennae filiformes, articulis distinctis denticulatis; haustellum mediocre nudum; palpi maxillares breves, palpi labiales articulo tertio erecto, secundo infra in fasciculum scopiformem triangularem producto; alae elongatae, ciliis mediocribus, anter. margine postico non impresso. Alarum anter. cellula secundaria vix indicata, vena apicalis simplex paullulum ante apicem exit; infra eam in marginem posticum rami sex simplices (quorum quartus et quintus ex eodem puncto oriuntur); subdorsalis basi furcata; alarum poster. cellula costalis coarctata; vena apicalis furcata infra apicem exit, infra eam rami tres. Folliculus larvae retiformis.*)

Es sind zur Zeit 4 europäische Arten des Genus bekannt. Zwei derselben sind sehr weit verbreitete gemeine Spezies, zwei andere sind selten, die eine in der Ebene, die andere im Hochgebirge.

Die schweizerische Fauna besitzt drei derselben, von welchen zwei hoch in den Alpen angetroffen werden.

---

*) Das Flügelgeäder ist bei P. Cruciferarum und Porrectella identisch, nur hat erstere Art merkwürdigerweise ein Stigma, welches der letztern Spezies fehlt. Der Hinterflügel ist von Stainton nicht ganz richtig abgebildet, aber getreu beschrieben worden.

1. **P. Cruciferarum Zell.** (Hbn. Tab. 17 fig. 119 [fast unkenntlich]. — H.-S. Tab. 50 fig. 350).

Cruciferarum Zell (Entom. Zeitg.) — Sta. — Xylostella Hbn. — Fab. — Tr. — Zell. (ol.) — Dup. — Eversm. — Steph. — H.-S. — ♀ Maculipennis Curt. — Steph. — Sta. — Var. Annulatella H.-S.

Capillis medioque thorace albidis vel ochreis, scapulis fuscis; alis anter. griseo- vel ochreo-fuscis, saturate fusco-nebulosis, margine dorsali dilute albido vel ochreo, dentibus tribus rotundatis plicam obscuriorem superante. — 7–5‴.

Die Raupe dieser gemeinen Art ist grünlich, schlank; sie erscheint Anfang Juni und zu Ende des Sommers. Sie ist polyphag und von unsern Küchenkräutern, z. B. Salat, auch von Loniceren sich ernährend.

Der Falter, wohl durch ganz Europa verbreitet und auch ausserhalb unseres Erdtheiles bemerkt, ist vom Norden bis zur südlichen Küste Siciliens angetroffen worden. Man findet ihn in zwei lang ausdauernden Generationen fast das ganze Jahr hindurch vom Frühling bis in den Herbst.

Wohl in der ganzen Schweiz gemein. Zürich, Baden, Bremgarten, Schüpfen, Lausanne. In den Alpen bis zu beträchtlicher Höhe; so im Engadin noch bei 6000′; Juli. Auch M a n n beobachtete ein Aufsteigen bis in die höchsten Alpen.

2. **P. Porrectella L.** (Hbn. Tab. 25 fig. 169).

Porrectella L. — S. V. — Tr. — Steph. — Dup. — Sta. — H.-S. — Hesperidella Hbn. — Hesperidis Retz und Haw.

Capillis et medio thorace flavido-albidis, scapulis dilute fuscis; alis anter. flavido-albidis, vitta longitudinali supra plicam sinuata striisque longitudinalibus fuscis, margine postico fusco, nigro-punctato. — 6½–6‴.

Die Raupe lebt im Frühling in den zusammengesponnenen Herzblättern der Hesperis matronalis, welcher Pflanze sie durch ihre Menge schädlich werden kann. Sie ist schmutzig grün mit schwarzen haartragenden Wärzchen über den Körper, einer dunkleren Rückenlinie und bräunlichem Kopfe. Sie verwandelt sich, gewöhnlich auf der Unterseite des Blattes, in einem seidenartigen netzförmigen Gewebe zur Puppe.

Ebenfalls in grosser Verbreitung in Gärten vorkommend, von Lievland und Schweden südwärts. In der Schweiz im Mai und Juni. Zürich, Lausanne, Schüpfen; wohl überall gemein.

3. P. Geniatella F. R. (H.-S. Tab. 50. fig. 347).

Geniatella F. R. — Dup. — Zell. — H.-S. — Bicingulella Dup.

Capillis et medio thorace albido-fuscis, scapulis fuscis; alis anter. cervinis, strigis quatuor transversis costae apicem versus dilutioris, vitta longitudinali supra plicam bidentata fusca.*) — $6^1/_2$'''.

Eine hochalpine Spezies, in Wallis und Bündten beobachtet im Juli. Sie wurde zuerst von Anderegg auf dem Simplon an der Baumgrenze angetroffen; ich erhielt sie Ende Juli 1849 bei Zermatt auf dem Riffelberg, und vier Jahre später im Oberengadin auf der Spitze der Celeriner Alp etwa in 7000' Meereshöhe. Ein altes Exemplar, wohl aus den Berner Alpen, sandte mir Herr Rothenbach zur Ansicht. Auch auf den östreichischen Alpen kommt sie vor und erreicht im südlicheren Theile Höhen bis über 8000'.

---

2. Genus. CEROSTOMA.

Cerostoma Latr. — Cerostoma et Plutella p. Sta. — Harpipteryx p. Curt. — Plutella p. Zell. — Hypsolopha, Rhinosia p., Harpipteryx p. et Yponomeuta p. Tr. — Rhinosia H.-S.

Caput hirsutum; antennae filiformes, articulis distinctis denticulatis; haustellum mediocre nudum; palpi maxillares breves filiformes, palpi labiales articulo tertio erecto, secundo infra in fasciculum scopiformem triangularem producto; alae anter. elongatae vel latiusculae, interdum apice falciformi, poster. lanceolatae. Alae anter.: cellula secundaria perfecta; vena apicalis aut simplex in apicem atque sex rami in marginem posticum exeunt, aut furcata cum venis tantum quinque marginis postici; vena subdorsalis basi furcata; alae poster.: cellula costalis elongata, vena apicalis furcata in apicem exit, infra eam rami quatuor. Larvae folliculus solidus, naviformis.

---

*) Herrich-Schäffers Abbildung ist kenntlich, aber zu gelb. Wenn ich nach meinen 2 Exemplaren urtheilen darf, so ist der Costalrand nicht bis zur Wurzel hell, ebensowenig die gezackte Längsbinde nach innen weisslich gerandet.

Das Flügelgeäder zeigt uns als durchgreifendsten, ja bisweilen einzigen Unterschied gegenüber dem vorigen Genus die vollkommen ausgebildete Nebenzelle der Vorderflügel. Die Apicalader derselben ist noch bei einem Theile einfach und dann gehen unter ihr, wie bei Plutella, 6 Adern in den Hinterrand; bei andern ist die Apicalvene gespalten und die Zahl der Hinterrandsadern um eine geringer, 5 betragend. In dem Ursprung der drei letzten Hinterrandsvenen herrscht ein gewisser Wechsel, indem alle 3 getrennt, oder die 2 vorletzten oder die 2 letzten an derselben Stelle von der Discoidalzelle abgehen können.*) Die Hinterflügel haben eine Ader in den Hinterrand mehr und die gablig gespaltene Ader läuft nicht hinter der Flügelspitze, sondern in diese selbst aus.

Die lebhaften, sechszehnfüssigen, spindelförmigen Larven leben meistens auf Bäumen, seltener auf Sträuchern. Ihre Generation ist in der Regel nur einfach. Die Puppe ruht in einem bald flacheren, bald höheren, pergament- oder papierartigen, kahnförmigen Gewebe.

Es sind zur Zeit 17 europäische Arten bekannt. Die meisten von ihnen kommen, bald seltener, bald häufiger, in weiter Verbreitung vor. Unser Faunengebiet zeigt 14 derselben; 13 erscheinen in England, 10 sind in Baden beobachtet und 11 erhalten sich noch in der Fauna Lievlands.

1. C. Dalella Sta. (Hbn. Tab. 24 fig. 164. — H.-S. Tab. 84 fig. 639).

Dalella Sta. — H.-S. — Vitella Hbn. — Marmorosella Wocke (und H.-S. Tafeln).

Alis anter. griseis, griseo-fusco marmoratis, postice albido-squamatis, triangulis tribus dorsi dilutioribus, spatiis interjectis saturate griseo-fuscis, maculis duabus costae pone medium fuscis, apice marginis postici nigro-punctato. — *Sta.* — 10‴.

---

*) Stainton hat den Aderverlauf hier ebenfalls sehr genau untersucht. Ich kann für Fissella und Nemorella die Richtigkeit seiner Zeichnungen nur bestätigen und allein hinzufügen, dass Harpella und Falcella ein mit Nemorella identisches Geäder besitzen. Eine Art von Stigma scheint häufig vorzukommen. Ich sehe es deutlich bei Fissella, Nemorella und Falcella. Die Discoidalzelle kann ohne Faltenlinie bleiben (Nemorella, Falcella), sie kann von einer solchen bis zur Querader durchzogen werden (Antennella), oder jene nimmt in halber Länge die Natur einer deutlichen Ader an.

Wie es scheint, wenig verbreitet. Nach Stainton nicht selten im Norden Englands und in Schottland, im September; auch bei Carlsbrunn in Schlesien (H.-S).

Für die Schweiz ist nur das Oberengadin als Fundstelle bekannt. Herr Pfaffenzeller erhielt sie 1855 bei Samaden und Herrich-Schäffer bestimmte das einzige Exemplar.

2. C. **Sequella** Clerck. (Hbn. Tab. 15 fig. 103. — H.-S. Tab. 55 fig. 394. Var.).

Sequella (us) Clerck. — L. — Fab. — Hbn. — Haw — Steph. — Tr. — Dup. — Zell. — Lien. - Sta. — H.-S. — Nycthemerella S. V. — Fab. — Nycthemerus Fab. — ? Pusiella L.

Capite ac thorace albidis; alis anter albis, fusco-nebulosis, striis maculisque costae numerosis atris, vitta dentata dorsali nigra, ciliis albis nigro-alternatis. — 9‴.

Die Raupe, nach Mad. Lienig, ist lichtgrün mit helleren Längslinien; sie lebt im Mai auf Linden, nach Treitschke auf Wollweiden.

Die Schabe im Juni und Juli, auch noch im August, nicht häufig an Baumstämmen. Schweden, Lievland, England; in Deutschland: Sachsen, Oestreich, Frankfurt a. M.; Ungarn, Frankreich und Toskana (hier schon im Mai).

Für die Schweiz bisher ziemlich selten beobachtet; bei Zürich im Juli an einem Waldrande sehr einzeln; Schüpfen (Rothenb. in litt. »selten«); Lausanne (Laharpe).

3. C. **Vittella** (Hbn. Tab. 51 fig. 349. — ? Tab. 63 fig. 421 Var. — H.-S. Tab. 55 fig. 392 Var.).

Vittella (us) L. — S. V. — Fab. — Hbn. — Haw. — Dup. — Zell. — Steph. — Lien. — Sta. — H.-S. — Sisymbrella S. V. — Tr. — Eversm. — Var. Maurellus Steph. — ? Carbonella Hbn.

Capite et thorace griseis; alis anter. griseis vel nigricantibus, fusco-irroratis, vitta dorsali dentata nigra, puncto anguli analis striaque apicis nigris. — *Cf. Sta.* — 8-6‴.

Die Larve im Juni an Rüstern, ebenso an Buchen und Loniceren. Sie ist nach Lienig erwachsen spindelförmig mit schwarzem Kopf und Brustfüssen. Ueber den Rücken geht eine breite Längsbinde dreieckiger Flecke, welche halb weiss, halb braunröthlich erscheinen, und in den Seiten eine weise unterbrochene Längslinie.

Die Schabe, von Ende Juni durch den Juli bis in den August in zahlreichen Varietäten vorkommend, erscheint von Schweden und

Lievland südlich in Norddeutschland, Böhmen, bei Frankfurt a. M., in Baden, in Ungarn und Frankreich. Westlich geht sie nach England, südlich bis nach Toskana.

In der Schweiz scheint C. Vittella sehr wenig verbreitet; bei Zürich fehlend, dagegen bei Lausanne (Laharpe).

4. C. Fissella Hbn. (Hbn. Tab. 16 fig. 108; fig. 106 Var. Tab. 22 fig. 147. Tab. 25 fig. 168. Tab. 56 fig. 380. — H.-S. Tab. 53 fig. 376. Tab. 55 fig. 391).

Fissella (us) Hbn. — Steph. — Tr. — Dup. — Zell. — Lien. — H.-S. — Fissus Haw. — Radiatella (us) Don — Steph. — Sta. — Radiatus Haw. — Varians Haw. — Variella (us) Hbn. — Steph. — Byssinella Hbn. — Unitella Hbn. — Lutarella Hbn. — Fulvella Dup. — Lutosus Haw. — Flaviciliatus Haw. — Unitella Tr. — Rufimitrellus Steph. — Parallella Panz.

Capitis thoracis alarumque anter. colore maxime variante, griseo, luteo, cinnamomeo, vel fusco; alis anter. puncto anguli analis nigro, aut concoloribus, aut vitta striisque numerosis. — 9–8‴.

Die Fülle der Nomenklatur deutet auf die zahllosen Veränderungen der gemeinen Art hin, welche, da sie wieder auf das Manchfachste in einander überspielen, kaum die Aufstellung bestimmter Varietätenreihen ermöglichen.

Die Raupe, in unsern Climaten von der zweiten Maihälfte an und im Juni auf Eichen. Auch sie variirt beträchtlich, namentlich in dem Colorit, indem dieses vom Grasgrünen durch gelbliches Grün bis zum Wachsgelben ändert; die Einschnitte der Ringe und die Härchen tragenden Punktwärzchen sind heller. (Lien.)

Wohl durch ganz Europa verbreitet, vom Juli bis in den Herbst und nach der Ueberwinterung im Frühling. Lievland, England, Deutschland, Frankreich, Toskana, Konstantinopel.

Gewiss in der ganzen Schweiz vorkommend; als Fundstellen kenne ich zur Zeit Zürich, Bremgarten, Schüpfen und Lausanne, überall mehr oder weniger zahlreich.

5. C. Costella Fab. (Hbn. Tab. 16 fig. 107).

Costella (us) Fab. — Hbn. — Haw. — Tr. — Steph. — Dup. — Zell. — Lien. — Sta. — H.-S.

Capite dilutiore, thorace alisque anter. rufo-cinnamomeis vel cinnamomeo-griseis, striga basali longitudinali alba, introrsus linea tenui nigra, ad apicem usque producta, marginata. — 8–7'''.

Var. striga alba nulla.

Die Larve der bedeutend variirenden Spezies ist gelblich- oder grasgrün mit 2 aus gelblichen Pünktchen bestehenden Längslinien über den dunkleren Rücken und weissen Seitenlinien. Kopf, Nackenschild und Brustbeine bräunlich (Lien). Sie lebt auf Eichen und Buchen im Mai und zu Anfang Juni.

Gleichfalls in ausgedehnter Verbreitung, aber weniger häufig, an manchen Orten als Seltenheit. Lievland, England, Nordfrankreich, Deutschland (Neustrelitz, Weissenfels, Glogau, Frankfurt am Main, Carlsruhe, Sachsen, Böhmen), auch in Syrmien. In Italien hat man sie noch nicht angetroffen. — Ende Juni und Juli bis in den Herbst hinein.

Zürich, nicht gerade selten; Schüpfen (»häufig« Rothenb. in litt.); Lausanne (Laharpe).

Die schweizerischen Exemplare sind ziemlich einförmig (wie ich auch nach ihnen die Diagnose bildete), ohne schwarze punktartige Bestäubung.

6. C. Sylvella L. (Hbn. Tab. 63 fig. 420).

Sylvella L. — Fab. — Hbn. — Tr. — Steph. — Dup. — Zell. — Lien. Sta. — H.-S. — Bifasciatus Haw.

Capite thorace alisque anter. ochreo-fuscis, his strigis duabus obliquis cinnamomeis. — 9–8'''.

Nach Lienig lebt die Raupe im Juni an Eichen; sie ist gelblich, ihr dunklerer Rücken mit einer weisslichen Linie eingefasst und die Pünktchen, welche ein einzelnes Haar tragen, sind weisslich und schwarz.

Die Schabe um Eichen vom Juli bis in den September; in Lievland, England, vielen Gegenden Deutschlands, in Ungarn, Oberkrain, Istrien und Toskana.

In der Schweiz selten; nur durch Laharpe ein Exemplar aus der Gegend von Neuchâtel mit der Notiz »selten«.

7. C. Antennella S. V. (Hbn. Tab. 15 fig. 99).

Antennella S. V. — Tr. — Steph. — Dup. — Zell. — Lien. — H.-S. — Lucella Fab. — Schr. — Sta. — Mucronella (us) Hbn. — Haw.

Capite medioque thorace albis, scapulis ac alis anter. ochreis, his dense ferrugineo-reticulatis, maculis duabus dilutis dorsalibus. — 8–7½'''.

Auch von dieser Spezies (deren Männchen merkwürdigerweise nicht gekannt zu sein scheint) lebt die Larve an Eichen. Nach Lienig ist sie grasgrün oder gelbgrün mit schwarzen Pünktchen und einzelnen schwarzen Härchen auf denselben.

In Lievland, England, im nördlichen und südlichen Deutschland; im Juli und August.

Zürich, Schüpfen (Rothenbach), Lausanne (Laharpe); selten.

8. C. **Persicella** S. V. (Hbn. Tab. 15 fig. 100).

Persicella S. V. — Hbn. — Fab. — Tr. — Dup. — Zell. — H.-S. — Nemorella Fab. — Nemorum Fab.

Capite thorace alisque anter. sulphureis, his sparsim nigro-punctatis, strigisque duabus obliquis dorsalibus, interna recta, externa ad angulum analem incurvata. — 9‴.

Die Larve soll auf Pfirsichbäumen leben, hat aber gewiss noch andere Futterpflanzen.

Der Falter im Juli, aber seltener und weniger verbreitet. Nicht in England und überhaupt, wie es scheint, wenig nach dem Norden hinaufgehend. In Frankreich bei Nemours öfters; in Deutschland bei Wien, Frankfurt am Main, im Grossherzogthum Baden, Oberkrain und Istrien.

Bei Zürich kam die Schabe nie vor. Lausanne (Laharpe, mit der Notiz: »in Weinbergen nicht selten«).

9. C. **Scabrella** L. (Hbn. Tab. 15 fig. 102. — H.-S. Tab. 81 fig. 620),

Scabrella L. — Fab. — Tr. — Steph. — Curt. — Zell. — Dup. — Eversm. — Lien. — Zell. — Sta. — H.-S. — Bifissella S. V. — Pterodactylella Hbn. — Haw.

Capite ac thorace albido-griseis, fusco-striatis, scapulis fuscis; alis anter. dilute griseo-ochreis, fusco-striatis, maculis tribus scabris sub plicam nigris, macula sinuata dorsali saturate fusca, margine postico nigro-punctato. — *Sta.* — 10‴.

Die Raupe lebt im Mai an Apfelbäumen. Sie ist schön lichtgrün auf dem Rücken mit breiter weisser Längslinie.

Die Schabe viel verbreiteter als die vorige; im Juli in Lievland, Schweden, England (bei Bristol), in Deutschland Oestreich, Ungarn, und in Toskana.

Auch hier hat Laharpe ein schweizerisches Exemplar von Lausanne, mit der Bemerkung: »selten«, und Herr Rothenbach zeigt mir noch seinen Wohnort, Schüpfen, als Fundstelle an.

10. C. Horridella Tr. (H.-S. Tab. 53 fig. 373).

Horridella Tr. — Dup. — Zell. — Lien. — Sta. — H.-S. — Falcella Steph. — Subfalcella Curt.

Capite, thorace ac alis anter. fusco-cinereis, his maculis tribus scabris sub plicam nigris, macula dorsali sinuata obsoleta, saturate fusca. — *Cf. Sta.* — $8^1/_2'''$.

Die Raupe lebt an Obstbäumen. A. Schmid traf sie zu Anfang Juni bei Frankfurt am Main auf Schlehen; Herr Bremi erzog sie vom Apfelbaum.

In England, bei Glogau, Mark Brandenburg, Dessau, Böhmen, Frankfurt am Main; im Allgemeinen selten. Juli und August.

Bisher nur, soviel mir bekannt, bei Zürich (Bremi) und Schüpfen (Rothenbach in litt.) bemerkt. Herrich-Schäffer führt ebenfalls die Schweiz als Vaterland an.

11. C. Asperella L. (Hbn. Tab. 15 fig. 101).

Asperella (us) L. — S. V. — Fab. — Hbn. — Haw. — Tr. — Dup. — Steph. — Zell. — Lien. — Sta. — H.-S. — Clairvillella Fab. — Falcatella Don.

Capite thorace alisque anter. albido-sulphureis, his nigropunctatis, macula magna scabra triangulari in medio dorso coeroleo-nigra, striga squamarum nigrarum infra apicem. — *Cf. Sta.* — $9^1/_2'''$.

Die Raupe lebt auf Apfelbäumen. Lienig nennt sie schlank, zart hellgrün. Sie findet sich im Juni, scheint aber noch eine zweite Generation zu besitzen.

Der Falter, im Frühsommer und dann im Herbste mit nachfolgender Ueberwinterung erscheinend, ist ziemlich verbreitet, aber selten; in Schweden, Lievland, England, in Oestreich, bei Dessau, Jena, Göttingen, Bonn, Frankfurt am Main, Freiburg, Constanz etc. Er wurde auch von Mann in Toskana angetroffen.

Für die Schweiz die Umgebungen von Zürich, Lausanne und Schüpfen (Rothenbach in litt.); stets selten.

12. C. Nemorella L. (Hbn. Tab. 41 fig. 282).

Nemorella L. — Thunb. — Steph. — Zell. — Dup. — Lien. — Sta. — H.-S. — Hamella Hbn. — Tr. — Dup. — Cultrea Haw.

Capite ac thorace exalbidis, scapulis fuscis; alis anter. stramineis, obscure venosis, striga fusca longitudinali punctoque plicae nigro. — $11-9^1/_2'''$.

Die Larve lebt, wie die der folgenden Arten, an Lonicera xylosteum im Mai. Sie ist rindenfarbig mit weisser, in der Mitte verdickter Längslinie und schwarze Haare tragenden Seitenpünktchen; das 2te, 5te und 9te Segment sind braun, an den Seiten mit schwarzem Schrägstrich. Der Kopf ist schwarz punktirt (Lien.).

Der Falter im Juni und Juli, in Schweden, Lievland, England, Frankreich, verschiedenen Gegenden Deutschlands, z. B. Bonn, Frankfurt am Main, Freiburg, Constanz, und bei Livorno.

Bei Zürich keine Seltenheit; Lausanne (Laharpe), Schüpfen (Rothenbach in litt.).

13. C. Falcella S. V. (Hbn. Tab. 16 fig. 112).

Falcella S. V. — Hbn. — Tr. — Dup. — Zell. — Lien. — H.-S. — Dorsella Fab. — Dorsatus Fab.

Capite ac thorace albidis, scapulis et alis anter. cinnamomeis, his marginem posticum et costam versus dilutioribus, albido-griseis, maculis duabus nigris, poster. albo-squamata. — 9–8½'''.

Die Larve ist gleichfalls von Mad. Lienig beschrieben worden. Futterpflanze und Erscheinungszeit dieselbe, wie beim vorigen Insekte. Der Körper ist rindenfarbig braun mit weisser Rücken- und breiterer Seitenlinie. Kopf und Rumpf sind mit schwarzen, weisslich umzogenen, haartragenden Pünktchen besetzt.

C. Falcella erscheint in geringerer Verbreitung. Lievland; in England fehlend; in Deutschland an manchen Stellen, z. B. Augsburg, Carlsruhe. Wie es scheint in Italien und Frankreich noch nicht bemerkt.

Für die Schweiz: Zürich, im Juli und August keine Seltenheit an Waldrändern, mit den verwandten Arten untermischt; Lausanne (Laharpe). — Dann erhielt sie H. Pfaffenzeller im Oberengadin bei Samaden in 5362' Meereshöhe. Die Larve lebt hier wohl an Lonicera alpigena.

14. C. Xylostella L. (Hbn. Tab. 16 fig. 110).

Xylostella L. — Sta. — Dentella (us) Fab. — Haw. — Steph. — Dentatus (a) Fab. — Latr. — Harpella S. V. — Hbn. — Tr. — Dup. — Zell. — Zetterst. — Lien. — H.-S.

Capite et thorace albido-sulphureis, scapulis et alis anter. cinnamomeis, his apicem versus vix dilutioribus, costa sulphurea, striga tenuissima albida pone medium, plicam superante. — 9½–9'''.

Die Larve, in Erscheinungszeit und Ernährungsweise ähnlich denjenigen von C. Nemorella und Falcella, unterscheidet sich durch ihr grünes, nur über den Rücken graues Colorit. Kopf und Halsschild sind licht holzfarben mit bräunlichen Pünktchen; auf dem Körper schwarze, weiss umzogene, harrtragende Punkte, über den Rücken eine und in den Seiten je zwei weisse Längslinien (Lien.)

Eine gemeine, weit verbreitete Tinee, die im Juli und August in Gärten und Wäldern, wo Loniceren wachsen, vorkommt. Von Schweden, Lievland und England über Deutschland und Frankreich bis Toskana verbreitet. Im Schwarzwald traf sie Reutti noch in 2500′ Höhe an.

Für die Schweiz bei Zürich, Bremgarten, Baden und Schüpfen (Rothenbach in litt.); überall häufig. In den Alpen noch nicht vorgekommen.

---

3. Genus. THERISTIS.

Theristis Sta. — H.-S. — p. Hbn. — Steph. — Plutella p. Zell. — Harpipteryx p. Tr. — Curt. — Dup.

Capilli hirsuti; antennae filiformes; haustellum mediocre nudum; palpi maxillares breves, labiales articulo tertio erecto brevi, secundo in fasciculum pilosum triangularem longissimum producto. Alae anter. acuminatae, poster. lanceolatae, longe ciliatae; alae anter.: vena apicalis furcata, infra eam rami quinque in marginem posticum, vena subdorsalis basi furcata; cellula secundaria distincta; poster. cellula costalis elongata, vena apicalis furcata, infra eam rami quatuor. Larvae folliculus naviformis.

Das Geschlecht Theristis wird von einer einzigen Spezies, T. Cultrella, einem schlanken coleophorenartigen Thiere mit sehr langer Bürste am zweiten Tastergliede hergestellt, welches an den Hinterflügeln auffallend lange Franzen darbietet.

Der Aderverlauf der Vorderflügel ist ganz derselbe, wie ihn die Cerostomen aus der Verwandtschaft der Xylostella besitzen; die Apicalader gegabelt, unter ihr 5 Hinterrandsvenen, deren letzte und vorletzte aus demselben Punkte entspringen. Auch die Hinterflügel ergeben keine Differenz. Unter der gespaltenen Apicalader laufen aus dem winklig gebogenen Queräderchen 2 Adern in den Hinterrand und tiefer abwärts noch 2 andere. die Aeste der zweigetheilten Medianvene.

Die Larve ist spindelförmig, das Gewebe der Puppe kahnartig, wie bei den Cerostomen.

Es bleiben demnach nur die Körperform, die längeren Franzen und der grössere Tasterbart als vielleicht nicht ganz stichhaltige Merkmale des Genus.

1. T. Cultrella Hbn. (Hbn. Tab. 16 fig. 109. Tab. 34 fig. 237).

Cultrella Hbn. — Tr. — Dup. — Zell. — H.-S. — Caudella L. — Sta. — Panzerella Don. — Curt. — Acinacidella Hbn. — Steph. — Acinacidea Haw.

Capite, thorace alisque anter. dilute ochreo-griseis, his fusco-venosis, striga supra plicam ex basi ad medium longitudinali fusca et macula plicae ante medium nigra. — *Cf. Sta.* — 13‴.

Die Larve lebt im Juni und noch im Juli an Evonymus europaeus. Nach Tischer's Beobachtungen, welche Treitschke mittheilt, ist sie sehr schlank, nach hinten spitz zulaufend, hell braungrau mit weisser Längslinie über den Rücken, die nach hinten schwärzlich wird. An den Seiten liegt eine Reihe sich berührender verschobener Vierecke und auf den 2 ersten Ringen 4 schwarzbraune, längliche Flecke. Kopf braun. Sie lebt unter gemeinschaftlichem Gewebe in kleinen Gesellschaften.

Die Schabe, vom August an durch den Herbst und nach der Ueberwinterung im Frühling, findet sich in England, Frankreich (bei Paris), in Deutschland (Preussen, Sachsen, Jena, Dessau, Böhmen, bei Frankfurt am Main, Freiburg, Regensburg, im Oestreichischen), in Ungarn. Die Südgrenze kennen wir noch nicht.

Für die Schweiz: Bremgarten (Boll); ebenso bei Schüpfen (Rothenbach in litt.) und Lausanne (Laharpe); stets als Seltenheit.

VI. Familie. GELECHIDEN.

Gelechidae p. Sta.

Capilli apressi; ocelli nulli; palpi maxillares aut nulli aut brevissimi, labiales recurvati, magni, interdum maximi, articulo medio saepe in fasciculum pilosum producto; alae mediocriter ciliatae; anter. aut oblongae aut elongatae; poster. latiusculae aut trapezoidales aut oblongo-ovatae, sinuatae. Larvae pedibus sedecim instructae.

Es ist zur Zeit kaum möglich, für diese ausserordentlich grosse umfangreiche Familie der Tineen, welche in unserer Fauna mit nicht weniger als 14 Geschlechtern vertreten ist, eine scharfe Begrenzung zu liefern, da bei der Vielgestaltung der hierher gehörenden Formen jedes Merkmal beinahe durch eine beträchtliche Zahl von Ausnahmen seinen diagnostischen Werth verliert.

Als die wichtigsten können festgehalten werden: ein glatter Kopf ohne Ocellen, mit entweder sehr verkümmerten oder fehlenden Maxillarpalpen, mit ansehnlichen aufgekrümmten Lippentastern, welche bei manchen Geschlechtern durch die rauhe, bürstenartige Beschuppung des zweiten Gliedes oder durch ausserordentliche Grösse (wie z. B. bei Pleurota und Harpella) sich auszeichnen. Die Vorderflügel haben in der Regel eine gewisse Breite, können aber auch beträchtlich sich verschmälern. Das hintere Paar ist im Allgemeinen ansehnlich und oft breit, in seiner Form im Uebrigen sehr verschieden ausfallend. Einbiegungen der Hinterflügel, welche wir, aber in verschiedener Weise, bei den Depressarien und den meisten Gelechiden antreffen, fehlen zu häufig, als dass auf sie erhebliches Gewicht zu legen wäre.

Die Sitten und Ernährungsart der Larven fallen so manchfaltig aus, dass in unserer Familie fast für jede Lebensweise der Tineenraupen Beispiele vorkommen.

Wir sind im Wesentlichen der Stainton'schen Auffassung der Gelechiden gefolgt, haben aber eine Anzahl von Geschlechtern, welche sich durch stumpfen, breiten und oft eingezogenen Kopf, kleinere Lippentaster und schmälere langhaarige Hinterflügel auszeichnen, und auch sonst vielfach unter einander übereinkommen, als Familie der Oecophoriden (siehe unten) abgetrennt, ohne eine gewisse Verwandtschaft mit den Gelechiden verkennen zu wollen.

Gehen wir von den Depressarien und Gelechien als den typischen Geschlechtern aus, so haben wir hier Schaben mit mässig grossen Labialpalpen, deren Mittelglied entweder bürstenförmig behaart oder glatt erscheint, mit länglichen Vorderflügeln und Hinterflügeln, welche entweder trapezoidal oder stumpfer und vor dem Afterwinkel eingebogen erscheinen. An sie reihen sich auf der einen Seite zwei besonders stumpf- und breitflüglige Geschlechter an, mit mässig grossen Palpen, Henicostoma mit gewöhnlichen und Phibalocera mit sehr vergrösserten Antennen. An Gelechia grenzt dann wieder ein durch besonders schmale Vorderflügel und trapezoidale Hinterflügel ausgezeichnetes Genus, Parasia, an.

Andere Gelechiden zeichnen sich durch die sehr starke Behaarung des zweiten Tastergliedes aus, in dieser Hinsicht an die Plutelliden erinnernd. Sie bieten aber in der Flügelform viele Verschiedenheiten dar. Es gehören hieher die Geschlechter Cleodora, Chelaria, Hypsolophus, Nothris, Sophronia und Pleurota. Bei den zwei letzten ist das Mittelglied sehr gross geworden. Vergrössert, aber nicht mehr mit dieser starken abstehenden Behaarung, erhält es sich auch bei Hypercallia, Anchinia und Harpella, während ein letzterer nahe verwandtes Oecophoridengenus, Dasycera, sich schon durch die viel kleineren Palpen unterscheidet.

1. Genus. PHIBALOCERA.

Phibalocera Steph. — Dup. — Sta. — Carcina Zell. — H.-S. — Carcina p. Hbn. — Lampros p. Tr.

Caput obtusum laeve; antennae magnae crassiusculae, longitudine alis anter. aequales; ocelli nulli; palpi maxillares brevissimi, labiales incurvati, adscendentes, articulo secundo longiore, pilis infra appressis, tertio suberecto, tenui, acuminato; alae latiusculae, oviformes, mediocriter ciliatae. Alae anter. costa convexa, apice acuto, angulo anali rotundato; cellula discoidalis parva, a costa valde remota; cellula secundaria imperfecta, vix distincta; vena apicalis furcata, infra eam rami quatuor in marginem posticum, quorum tertius furcatus; vena subdorsalis basi furcata. Alarum poster. cellula discoidalis latiuscula, postice dilatata; e venula transversa rami tres simplices, quorum primus vena apicalis. Vena mediana trifida.*) — *Cf. Sta.*

Der wicklerartige Habitus, die dicken und langen Fühler charakterisiren das Genus auf den ersten Blick. Auffallend ist die kleine, kurze und schmale Discoidalzelle der Vorderflügel, welche weit vom Vorderrande entfernt liegt.

Die Larve lebt zwischen zusammengesponnenen Blättern.

Als Spezies haben wir ein sehr verbreitetes Geschöpf:

1. **Ph. Fagana** S. V. (Hbn. Tort. Tab. 24 fig. 153 und Tin. Tab. 69 fig. 453 und 454).

Fagana S. V. — Hbn. — Schr. — Dup. — Zell. — H.-S. — Faganella Tr. — Quercana Fab. — Don. — Haw. — Steph. — Sta. — Cancella Hbn.

---

*) Der Aderverlauf ist von Stainton sehr gut dargestellt worden.

Capite, thorace, palpis antennisque lutescentibus; alis anter. dilute purpureo-griseis, costa margineque postico purpureis, maculis duabus (una costae, altera dorsi) ad basim et macula costae postica flavidis. — 9–8‴.

Die Larve im Mai und Juni an Buchen, Eichen, Birnbäumen, Brombeeren, auf der Unterseite des Blattes unter einem Gewebe. Sie ist lichtgrün, Kopf und Füsse heller.

Ph. Fagana erscheint im Juli und noch im August in Laubholzwaldungen als gemeine Art. England, Deutschland, Frankreich, Italien (das Toskanesische und Neapolitanische).

Für die Schweiz: bei Zürich nicht gerade selten, Schüpfen (Rothenbach in litt.), Lausanne (Laharpe), und wohl überall im flacheren Lande.

---

2. Genus. DEPRESSARIA.

Depressaria Haw. — Curt. — Steph. — Zell. — Sta. — H.-S. — Haemylis p. Tr. — Haemylis Dup.

Caput laeve; ocelli nulli; antennae filiformes, dentatae; haustellum mediocre, squamatum; palpi maxillares subnulli, labiales magni, reflexi, articulo medio infra fasciculo scopiformi, longitudinaliter sulcato, terminali laevi, acuto, adscendenti; abdomen depressum, squamis marginatum; alae anter. oblongae, poster. ante angulum analem sinuatae, mediocriter ciliatae. Alarum anter. cellula discoidalis mediocris (cellula secundaria nulla) venam apicalem furcatam supra apicem emittit; infra eam aut rami quatuor, quorum ultimus furcatus, aut rami quinque simplices; submediana apicem versus incrassata; subdorsalis ad basim furcata; poster. vena apicalis simplex ante apicem exit; infra eam rami duo simplices, mediana trifida; subdorsalis duplex.*)

*) Der Aderverlauf ist mit der Ausnahme, dass am Vorderflügel entweder 5 einfache Hinterrandsadern vorkommen, oder nur 4, indem die beiden letzten zur Gabelader verbunden sind, sehr übereinstimmend. Ersteres haben z. B. D. Hypericella und Chaerophylli, letzteres zeigen D. Alstroemeriana, Liturella und Angelicella.

Grössere, nahe verwandte Schaben bilden dieses sehr naturgetreue Genus. Sie zeichnen sich aus durch ihre Labialpalpen, durch die bürstenförmige Beschuppung des Mittelgliedes, welche durch eine Längsfurche in zwei Seitenhälften abgetheilt ist, was (mit Ausnahme des in unserer Fauna fehlenden Genus Exaeretia) bei den übrigen Gelechiden nicht vorkommt. Das Abdomen ist beträchtlich abgeflacht mit abstehenden Haarbüscheln an den Seiten der Ringe. Die Hinterflügel, mässig breit, sind vor dem Afterwinkel mehr oder weniger busenförmig ausgeschnitten.

Die Generation ist wohl überall eine einfache, die Schabe verborgen lebend und flüchtig, die Raupe ungemein lebhaft, theils in eingerollten Blättern niederer Pflanzen, theils in den Dolden der Umbelliferen wohnend.

Die Artenzahl ist eine sehr beträchtliche, aber die spezifischen Unterschiede sind oft zart und fein. Eine treffliche monographische Behandlung gab Zeller (Lin. entom. Band IX.).

Die Zahl der von uns bisher in der Schweiz beobachteten Depressarien ist eine äusserst geringe. Halten wir die 19 Arten, welche das Faunengebiet zur Zeit dargeboten hat, mit den 37 Spezies zusammen, welche das Werk von Stainton für England liefert, mit den 24 Arten des Grossherzogthums Baden und bedenken wir, dass die Zahl der europäischen Depressarien etwa 60 zur Stunde beträgt, so werden wir etwa die Hälfte dieser in unserm Lande vorkommenden Thiere kennen.

Von den 19 schweizerischen Arten ist eine, D. Heydenii Zell., dem Faunengebiet eigenthümlich, eine hochalpine Spezies, zu welcher in der Alpenzone noch 4 andere, nämlich D, Liturella, Arenella, Libanotidella und Badiella hinzu kommen. Bei der verborgenen Lebensweise des vollendeten Insektes, bei der ungenügenden Durchforschung des Hochgebirges möchte die Zahl der alpinen Depressarien im Uebrigen nicht so gar gering sein.

1. **D. Costosa** Haw. (Hbn. Tort. Tab. 31 fig. 199; Tin. Tab. 56 fig. 378).

Costosa Haw. — Steph. — Sta. — Zell. — Spartiana Hbn. — Depunctella Hbn. — Tr. — Dup. — H.-S.

Alis anter. latiusculis, dilute ochreis, rufo-fusco nebulosis, punctis duobus disci ante medium nigris, nebula pone medium fere costam tangente saturate fusca, in ea puncto disci albo, ciliis rufo-fuscis, angulum analem versus griseis. — *Sta.* — 10½'''.

Die Larve dieser ziemlich verbreiteten Art lebt an Spartium scoparium, nach von Heyden und Schmid, zu Anfang Juni; ausserdem nach Stainton an Ulex europaeus, gewiss aber noch an anderen Pflanzen.

D. Costosa findet sich in vielen Gegenden Deutschlands; in England gemein, in Frankreich (ich besitze Exemplare von Lyon) und in Ungarn. Südwärts geht sie bis gegen das adriatische Meer.

In der Schweiz selten, bei Zürich fehlend. Ich kenne nur ein Exemplar von Laharpe, welches am Jorat den 20. August gefangen wurde.

2. D. Liturella S. V. (Hbn. Tab. 14 fig. 97).

Liturella S. V. — Tr. — Dup. — Zell. — Lien. — Zellerst. — Tengst. — Sta. — Flavella Hbn. — H.-S. — Flavosa Haw.

Palpis pallidis, articulo terminali non annulato, antennis tarsisque quatuor anter. fuscis, seriebus ventris quatuor punctorum nigrorum; alis anter. latiusculis pallidis, punctis disci duobus valde distantibus nigris, stria fusco-ferruginea obliqua in dorso prope basim incipiente, in nebulam parvam pone medium fuscam desinente. — *Zell. Sta.* — $12-9\frac{1}{2}'''$.

Die Raupe, schwarz mit gleichem Kopfe, Nackenschild und Brustbeinen, lebt an Centaurea nigra und C. Jacea. Hier bei Zürich an den Abhängen des Uetliberges traf ich sie häufig an Centaurea montana im Mai und Juni.

Der Falter ist weit durch Europa verbreitet. Er erscheint in Finnland, England, vielen Theilen Deutschlands bis Istrien, in Ungarn und Toskana.

Für die Schweiz: bei Zürich Ende Juni und Anfang Juli gemein, oft in ausserordentlich grossen Exemplaren, nie aber ohne den braunen Fleck der Vorderflügel. Auch zu Schüpfen (Rothenbach in litt.), und bei Sils im Oberengadin in einer Höhe von 5580′ (von Heyden).

3. D. Pallorella Zell. (H.-S. Tab. 62 fig. 449).

*Pallorella Zell. — Sta. — Dup. — Sparmanniella H.-S.**)

Palpis pallidis, articulo terminali non annulato, antennis tarsisque quatuor anter. vittisque ventris duabus fuscis; alis

*) Ob Pallorella (fig. 448) H.-S. hierher gehört, weiss ich nicht.

anter. pallide osseis, punctis duobus disci valde distantibus nigris, litura longitudinali fusca prope dorsum. — *Zell.* — 10½'''.

Diese in einigen Gegenden Deutschlands, ebenso in Ungarn und England vorkommende, seltene Art, erhielt ich am 1. Mai in einem Exemplare am Fusse der Falletsch bei Zürich.

4. **D. Arenella** S. V. (Hbn. Tab. 14 fig. 96. — F. R. Tab. 33 fig. 2).

Arenella S. V. — Tr. — F. R. — Dup. — Zetterst. — Eversm. — Lien. — Tengst. — Sta. — H.-S. — Gilvella Hbn. — Steph. — Gilvosa Haw. — Immaculana Steph. — Yeatiana Thunb.

Palporum articuli terminalis apice annulisque duobus nigris, alis anter. obtusangulis, dilute ochraceis, fuscescenti-irroratis in costaque maculatis, stria obliqua dorsali prope basim saturate fusca, punctis duobus disci ante medium oblique positis nigris. — *Zell. Sta.* — 11–8'''.

Die Larve dieser Art, fahlweiss, oben etwas grünlich mit blassgelbem Kopfe, drei umbragrünen Längslinien und grossem schwarzem Fleck auf jeder Seite des Nackenschildchens (Lienig), wurde im Juni und Juli an Centaurea, Sonchus Carolina und Arctium Lappa getroffen.

D. Arenella erscheint in sehr weiter Verbreitung durch Europa, von Finnland und Lievland bis Toskana; in England, Frankreich, vielen Gegenden Deutschlands, in Ungarn und Südrussland.

Für die Schweiz beobachtet bei Zürich (Bremi), Schüpfen selten (Rothenbach), auf dem Jorat im August (Laharpe), auch im Oberengadin bei Samaden (Pfaffenzeller).

5. **D. Purpurea** Haw. (Hbn. Tab. 62 fig. 416 [schlecht]).

Purpurea Haw. — Sta. — H.-S. — Zell. (Linn.) — Vaccinella Hbn. — Tr. — Zell. (ol.) — Lien. — Dup. — Reutti.

Alis anter. rufo-purpureis, basi abrupte sordide exalbida, macula magna costae mediae nigricanti, infra punctum album includente. — *Zell.* — 7'''.

Die Larve des Thieres wurde von Herrn B r e m i an Torilis Anthriscus erzogen.

Diese weit verbreitete, von Lievland bis Barcelona beobachtete Art ist mässig häufig bei Zürich im Herbste und Frühling. Auch in der Gegend von Lausanne (ein Exemplar von Laharpe mit der Notiz: »November, nicht gemein«).

6. D. **Hypericella** Tr. (Hbn. Tab. 12 fig. 83.? – H.-S. Tab. 60 fig. 433).

Hypericella Tr. — Dup. — Zell. – Lien. – Sta. — Liturella Hbn. — H.-S. – ? Liturosa Haw.

Capite ac thorace flavescentibus, scapulis praeter apicem fuscis, palporum flavescentium articuli terminalis apice nigro; alis anter. badiis, basi costaque violaeeo-fuscis, costa flavido-conspersa, lineola disci ante medium curva atra. — — *Zell.* — 8½–8‴.

Die Larve, nach Treitschke, grau oder trübgrün glänzend, mit gelbem Kopf und gelber Schwanzklappe, lebt an mehreren Hypericum-Arten im Mai und Juni.

Der Falter, in ziemlicher Verbreitung durch Europa, in Schweden, England, Deutschland vorkommend, wurde für die Schweiz beobachtet zu Zürich (Bremi) und bei Lausanne selten (Laharpe). Als Flugzeit werden Juni und Juli angegeben.

7. D. **Ocellana** Fab. (Hbn. Tab. 12 fig. 80).

Ocellana Fab. — Steph. — Sta. — Zell. (Linn.) — Characterella S. V. — Tr. — Zell. (ol.) — Lien — Eversm. — Tengst. — Dup. — Zetterst. — H.-S. — Signella Hbn. – Signosa Haw.

Palporum articulo secundo semel, terminali bis fusco-annulato; alis anter. rufescenti-canis, lineola curvata nigra ante, annulo rufo albo-expleto post maculam mediam fuscescentem. — *Zell.* — 11‴.

Die Larve, von Lienig beschrieben, ist licht spangrün, mit gelblichen Einschnitten, gelblichem, am Munde schwarzfleckigem Kopfe, schwarzen feinen Borstenwärzchen und schwarzgezeichnetem Afterschilde. Sie lebt im Juli an Salix caprea und viminalis, nach Herrn Bremi, welcher sie erzog, auch an Sal. cinera.

Der Falter, von Schweden bis Süddeutschland und gegen das adriatische Meer, von Kasan bis England verbreitet, erscheint vom Spätsommer bis in den Frühling. Bei Zürich bisher allein beobachtet von Bremi. Ueber weiteres Vorkommen in der Schweiz ist zur Zeit nichts bekannt geworden. Jedenfalls selten.

8. D. **Yeatiana** Fab. (H.-S. Tab. 62 fig. 455)

Yeatiana Fab. — Sta. — Steph. – Zell. — Yeatsii und Putrida Haw. — Putridella Steph. — Ventosella H.-S. — Reutti.

Palporum articulo secundo ante apicem externe fusco, terminali fusco-biannulato; alis anter. elongatis, obtusis, pallide griseis, punctis duobus nigris distinctissimis ante maculam parvam fuscam lituratam, puncto albo, fusco-annulato, obsoleto in vena transversa (venis omnibus interdum fuscescentibus). — *Zell. Sta.* — 10–9‴.

D. Yeatiana, beobachtet in England, bei Glogau, im südlichen Theile des Grossherzogthums Baden, kam mir bis jetzt nur in zwei schweizerischen Exemplaren zu Gesicht. Das eine fing ich bei Zürich (Mitte April), das andere erhielt Herr Laharpe bei Lausanne im November.

9. **D. Impurella** Metz. (F. R. Taf. 48 fig. 3 a. b.).

Impurella Tr. — F. R. — Zell. — H.-S.

Palporum articuli terminalis basi et apice nigris; alis anter. elongatis, apice rotundato, fusco-rubentibus, nigro-pulverulentis, costa, nebula transversa media fasciaque postica albidis, puncto venae transversae nigro. — *Zell.* — 8½–8‴.

Diese, in Liewland und vielen Gegenden Deutschlands (z. B. Wien, Regensburg, Glogau, Freiburg) beobachtete Art, welche der englischen Fauna fehlt, erscheint in der Schweiz als eine der häufigeren und verbreiteteren Depressarien vom Spätsommer bis in den Frühling. Bei Zürich an lichten Waldstellen, namentlich im Mai, nicht selten; von Lausanne (»8. August« Laharpe), von Schüpfen (Rothenbach in litt.).

10. **D. Laterella** S. V. (Hbn. Tab. 62 fig. 417. — F. R. Tab. 33 fig. 4 a. b.)

Laterella S. V. — Zell. — Lien. — Sta. — H.-S. — Heracliella Tr. — Koll. — Hbn. — F. R.

Palporum articuli terminalis basi fuscescenti, annulo medio fusco; alis anter. subelongatis, apice rotundato, gilvis, fuscescenti crebro irroratis, punctis duobus disci oblique positis ante, unoque post maculam obsoletam fuscescentem nigris. — *Zell.* — 10–8‴.

Die Larve im Mai und Juni an der Kornblume (Centaurea Cyanus) in Getreidefeldern. Treitschke beschrieb sie zuerst nach Tischer'schen Mittheilungen und Zeller scheint diese Angaben controllirt zu haben. Sie ist weisslich oder grau oder auch grünlichgrau mit drei braunen Längsstreifen und braunen Punktwärzchen. Kopf und Brustfüsse, ebenso der nach vorn weiss eingefasste Nackenschild sind schwarzbraun.

D. Laterella, welche vom Juni bis in den Frühling vorkommt, von Lievland bis Italien angetroffen wurde, der englischen Fauna aber bis jetzt fehlt, ist in der Schweiz bisher nur selten bemerkt worden. Ein Exemplar erhielt ich im Frühling bei Zürich, ein anderes fand Rothenbach bei Schüpfen.

11. D. Applana Fab. (Hbn. Tab. 12 fig. 79. Tab. 62 fig. 419. — F. R. Tab. 47 fig. 1).

Applana Fab. — Vill. — Haw. — Steph. — Sta. — Zell. — Tengst. — H.-S. — Applanella Fab. — F. R. — Cicutella Hbn. — Tr. — Dup. — Eversm. — Zetterst. — Heracleella Zetterst. — Ciliella Sta. — H.-S.

Palporum articulo terminali bis nigro-annulato; alis anter. elongatis, rotundatis, rubido-fuscescentibus, obscurius irroratis nebulosisque, basi abrupte dilutiore, punctis duobus disci nigris oblique positis, approximatis, superne albido-marginatis ante, duobus albidis nigro-marginatis, longitudinaliter positis post medium.

Var. a. Alis anter. laetius rufescentibus, poster. ciliis externe obsolete roseis. — *Zell.* — 11—9½'''.

Dieser Falter wechselt nicht unbeträchtlich in dem Colorit der Vorderflügel, sowie in der Färbung der Hinterflügelfranzen, welche zuweilen einen rosenfarbenen Anflug erhalten.

Die Larve im Juni und Juli an Chaerophyllum sylvestre (F. R.), temulentum (Sta.), bulbosum (Zell.), Anthriscus sylvestris (Bremi, Sta.), Heracleum spondylium (Bremi), sowie an Angelica sylvestris (Allen Hill und von Heyden).

D. Applana, häufig und weit durch Europa verbreitet, von Lappland, Finnland und dem Kasan'schen bis England und in das südlichste Deutschland (Constanz und Freiburg), erscheint auch im Faunengebiete der Schweiz an sehr verschiedenen Stellen. Beobachtet bei Zürich (Herr Bremi erzog Stammart und Var. an Anthriscus sylvestris und Heracleum spondylium), zu Schüpfen (Rothenbach), und bei Lausanne (Laharpe). Die Flugzeit von Ende Juli an bis in den Frühling.

12. **D. Capreolella** Zell. (H.-S. Tab. 62 fig. 452 [irrthümlich Depressella genannt]).

*Capreolella Zell. — Dup. — Sta. — H.-S. — Caprella Sta. ol.**)

Palporum articulo terminali bis fusco-maculato; alis anter. elongatis rotundatis, fusco-griseis, basi abrupte dilutiore punctis disci duobus oblique positis atris albo-notatis ante, duobus longitudinaliter positis albis post medium. — *Zell.* — 7 1/2‴.

Diese Art, eine der selteneren Depressarien mit ähnlicher Erscheinungszeit, wie die vorhergehenden, findet sich durch Deutschland in weiter Verbreitung (Königsberg, Frankfurt a. M., Wien, in Oberkrain), Ungarn, sowie in England. Daselbst wurde die Raupe auf Pimpinella saxifraga neuerlich erzogen (Sta.)

Für die Schweiz kenne ich allein Zürich als Fundstelle nach einem alten Exemplare der Bremi'schen Sammlung, welches von Zeller bestimmt wurde und in seiner Monographie erwähnt ist.

13. **D. Angelicella** Hbn. (Hbn. Tab. 49 fig. 337).

Angelicella Hbn. — Tr. — Zell. — Dup. — Sta. — H.-S. — Rubidella Dup. — Parilella Reutti.

Palpis flavidis, articulo terminali non aut semel annulato; alis anter. subelongatis, obtusis, rufescenti-gilvis, fuscescenti-irroratis, puncto majore venae transversae nigro fuscescenti-circumfuso.

Var. a. Puncto venae transversae albo-pupillato.

Var. b. Alis anter. vix irroratis, puncto venae transversae non fuscescenti-circumfuso. — *Zell.* — 8 1/2 - 7‴.

Diese in Grösse, Farbe und der braunen Bestäubung der Vorderflügel beträchtlich wechselnde Art, welche aber wohl kaum jemals dem Hübner'schen Bilde entsprechen dürfte, lebt als Larve in

*) Herrich-Schäffer's Abbildung, fig. 454, welche die Unterschrift Capreolella trägt, soll nach Zeller hierher gehören, nach der Ansicht des Herausgebers aber mit Hübner's Bild der Zephyrella (Tab. 62 fig. 414 und 415) identisch sein und eine andere Art bezeichnen. In dem zürcher'schen Exemplare beider Kupferwerke sind diese Zephyrella und Capreolella so verschieden ausgefallen, dass Niemand wohl die Identität vermuthen würde.

den zusammengesponnenen Spitzen der Angelica sylvestris im April und Mai, namentlich an feuchten Waldstellen.

England, mehrere Gegenden Deutschlands.

Bei Zürich im Juni nicht selten, auch von Lausanne (Laharpe).

14. D. Heydenii Zell.

Palporum articuli terminalis basi maculaque nigris, apice albo; alis anter. elongatis, rotundatis, fuscis, lineolis nigris, sparsis, costa postice canescenti-pulverulenta; poster. apice valde rotundato. — *Zell.* — $8\frac{1}{2}'''$.

Diese, mir in der Natur unbekannte Art ist in Zeller's Monographie der Depressarien ausführlich nach dem einzigen bekannten weiblichen Exemplare beschrieben worden.

Möglicherweise gehört ein Männchen hierher, welches ich aus dem Engadin als Puppe erhielt, was sich im September zu Zürich entwickelte.

D. Heydenii, eine hochalpine Form, wurde von Herrn von Heyden als Puppe unter Steinen auf dem Faulhorn 8261', der Grimsel 6695' und dem Col de Balme 6858' angetroffen.

15. D. Libanotidella Schläg. (H.-S. Tab. 59 fig. 423, 424).

Libanotidella Schläg. — Zell. — H. S.

Thorace et capite rufescenti-griseis, palporum articulo terminali nigro-bicincto; alis anter. elongatis, apice rotundato, fuscescentibus, costa rubricante, linea media pallide pulverulenta, puncto majusculo nigro terminata, margine postico nigro-punctato. — *Zell.* — $12\frac{1}{2}-10'''$.

Die Larve dieser Art, welche bekanntlich eine Entdeckung Schläger's ist, lebt auf Athamanta libanotis, anfänglich in röhrenförmig zusammengesponnenen Blättern, später in einem Gewebe unter den Dolden, und zwar bei Jena im Juli und August. Sie ist dunkel, schwärzlichgrün mit glänzend schwarzem Kopfe und schwarzen, weisslich umzogenen, eine Borste tragenden Wärzchen über den Körper.

Am 12. Juni fanden Herr Boll und ich an einer sehr heissen, trockenen Stelle des Lägernberges bei Baden zahlreich an derselben Nahrungspflanze die Larven unserer Depressaria. Ich erzog vom 6. Juli an eine nicht unbeträchtliche Zahl von Exemplaren.

Verglichen mit zweien von Schläger herrührenden Jenaer Originalexemplaren zeichnet sich die schweizerische Libanotidella durch bedeutendere Grösse und ein lebhafteres Roth auf Thorax und Costalrand der Vorderflügel aus. Nur bei einem weiblichen Exemplare ist das Roth in ein bräunliches Gelb übergegangen. — Auch von Neuveville (Laharpe), aus der Sammlung des Herrn Couleru.

16. D. Badiella Hbn. (Hbr. Tab. 14 fig. 92. — H.-S. Tab. 61 fig. 447).

Badiella Hbn. — Eversm. — Zell. — Lien. — Sta. — H.-S. — Pastinacella Dup.

Capite ac thorace griseis, fusco-pulverulentis, palporum articulo terminali nigro-bicincto; alis anter. elongatis (♀ brevioribus) rotundatis, saturate fusco brunneis, canescenti-pulverulentis, puncto venae transversae majore punctisque marginis postici nigris. — *Zell.* (*et Sta.*) — 12½–10‴.

Ich glaube Exemplare hierher ziehen zu müssen, welche als Larven mir von Herrn Pfaffenzeller am 17. August von Samaden mit den Resten einer nicht mehr kenntlichen Umbellifere geschickt wurden und 8 Falter im September lieferten. 2 kommen Libanotidella nahe, indem über Thorax und Schulterdecken ein sehr schwacher röthlicher Anflug ausgebreitet ist, ebenso die Costa der Vorderflügel schmal und wenig deutlich geröthet erscheint. Die übrigen Stücke haben diesen röthlichen Anflug verloren und bei zwei Weibern zeigen die Vorderflügel ein tiefes Zimmtbraun. Die Beschreibung Zeller's stimmt im Uebrigen ziemlich genau mit meinen Engadiner Stücken, nur kann ich die Vorderflügel nicht »weniger gestreckt als bei Libanotidella« nennen, und die Grösse ist die volle der vorigen Art.

Badiella erscheint im Uebrigen von Lievland und England bis in das Kasan'sche und Toskana verbreitet. Auch vom Comer See sah ich ein Exemplar in der Sammlung der Herrn Zeller, welches Herrich-Schäffer bestimmt hat.

17. D. Chaerophylli Zell. (H.-S. Tab. 61 fig. 441).

Chaerophylli Zell. — Sta. — Chaerophyllinella H.-S. — ? Heracleana Fab. — ? Badia Haw.

Palporum articuli terminalis nigri apice exalbido, thorace griseo, verticis rufescentis lineola media fusca; alis anter. elongatis, rotundatis, rufescenti-fuscescentibus, crebro nigro-striolatis, puncto venae transversae nigro, costa basi rufescente, striga postica diluta acutangula, cruribus subaequalibus. — *Zell.* — 9–8½'''.

Die Larve lebt an den Blüthen von Chaerophyllum bulbosum, seltener an Ch. temulum im Juli. Nach Zeller ist sie sehr lebhaft, schlank, hellgrün, mit einer breiten dunkleren Längslinie an jeder Seite des Rückens. Ueber die meisten Ringe steht noch auf der Mitte des Rückens ein grosser schwärzlichgrüner Fleck und kleine schwarze Wärzchen, jedes mit einem kleinen dunklen Borstenhaare. Kopf grünlich honiggelb mit schwarzen Punkten und Flecken; Nackenschild ebenfalls mit Punkten und Flecken versehen. Brustbeine schwarz, Bauchfüsse ungefleckt.

Die Schabe erscheint im August. England, einige Gegenden des nördlichen und südlichen Deutschlands, bei Glogau, Jena und Carlsruhe.

Für die Schweiz bisher nur bei Schüpfen von Rothenbach aufgefunden (und von Herrich-Schäffer bestimmt).

18. D. Albipunctella Hbn. (Hbn. Tab. 22 fig. 149).

Albipunctella Hbn. — Tr. — Eversm. — Dup. — Steph. — Sta. — H.-S. — Albipuncta Haw. — Aegopodiella Hbn.

Palporum articuli terminalis nigri apice exalbido, thorace et capite cupreo-fuscescentibus; alis anter. subelongatis rotundatis, cupreo-fuscis, striga post punctum medium album nigro-cinctum diluta, subrectangula, linea punctorum nigrorum in margine postico. — *Zell.* — 8½–8'''.

D. Albipunctella, eine an manchen Lokalitäten häufige Depressaria, findet sich in England, Lievland, in Ostrussland und vielen Gegenden Deutschlands im Juli und August.

Zeller führt nach Fischer von Röslerstamm die Schweiz als Heimat an. Ich kenne nur ein einziges, von dem Glogauer Entomologen bestimmtes Stück in der Sammlung des Herrn Bremi aus der Gegend von Zürich. Mir kam diese Art hier nie vor.

19. D. Nervosa Haw. (Hbn. Tab. 14 fig. 94 [kenntlich]. — H.-S. Tab. 61 fig. 443?).

Nervosa Haw. — Steph. — Sta. — Zell. — Daucella Tr. — Zell. (ol.) — *H.-S. — Apiella Hbn. — ? Ultimella Sta.* (*secund. Zell.*)

Palporum articulo terminali nigro-bicincto; alis anter. valde elongatis, apice rotundatis, rubricantibus, striga postica diluta, peracute fracta, crure superiore valde obliquo. — *Zell.* — 10‴.

Die Raupe dieser Art, welche nach Allen Hill an Cicuta virosa, nach Stainton auf Oenanthe crocata, nach Zeller's Angaben in den Blüthen von Phellandrium aquaticum, und nach Schläger im Stiel des Sium latifolium lebt, ist gelblich, mit schwarzem Kopfe, einem schwarzen Fleck an den Seiten des ersten Brustgürtels, drei Reihen schwärzlicher Längslinien und glänzend schwarzen Warzen über den Körper. Afterschild und Brustbeine honiggelb. Juni und Juli. (Zeller)

Der Falter, im Spätsommer und dem folgenden Frühling in England und verschiedenen Theilen Deutschlands beobachtet, kam mir bisher nur in einem schweizerischen Exemplare zu Gesichte, einem von Herrn Rothenbach bei Schüpfen gefundenen Männchen, welchem der weisse Querstreif fast fehlt.

---

3. Genus. HENICOSTOMA.

Henicostoma H-S. — *Enicostoma Steph.* — *Sta.* — *Gelechia p. Zell.* — *Lampros p. Tr.* — *Dup.*

Caput hirsutum, ocelli nulli; antennae mediocres, setaceae, articulis serratis; haustellum mediocre; palpi maxillares brevissimi, vix distincti; palpi labiales permagni, incurvati, articulo secundo magno, squamis hirsutis, tertio parvo tenui acuminato; alae mediocriter ciliatae, latiusculae, tortriciformes. Alarum anter. cellula discoidalis magna, cellula secundaria imperfecta, vena apicalis furcata; infra eam in marginem posticum rami quinque simplices; subdorsalis ad basim furcata; poster.: vena apicali simplici, infra eam e venula transversa rami duo, vena mediana bifida.*) — *Cf. Sta.*

Durch das sehr grosse mittlere Tasterglied, die abgerundeten, breiten, wicklerartigen Flügel und durch die angedeutete Nebenzelle der Vorderflügel von den Depressarien verschieden.

Die Larve der einzigen hierher gehörenden Spezies lebt unter einem Gewebe an der Unterseite der Blätter.

---

*) Stainton's Darstellung des Aderverlaufes ist sehr gut.

1. H. Lobella S. V. (Hbn. Tab. 35 fig. 238).

Lobella S. V. — Hbn. — Schr. — Tr. — Zell. — Dup. — Sta. — Thunbergiana Fab. — Steph. — H.-S. — Thunbergii Haw — Lugubrella Dup.

Alis anter. fusco-cinereis, punctis quatuor scabris nigerrimis, duobus ante, duobus pone medium punctulisque marginis postici. — $9-7\frac{1}{2}'''$.

Die Larve im August und September an Schlehen.

Die Schabe fliegt einzeln im Mai und Juni um Schlehenhecken. Sie findet sich in England, Deutschland (Sachsen, Böhmen, Regensburg, Frankfurt am Main, Baden); in Frankreich bei Paris und Lyon (Millière) und im Toskanesischen.

Für die Schweiz ist sie bisher allein bei Lausanne beobachtet worden (Laharpe).

---

4. Genus. GELECHIA.

Gelechia p. Zell. — Gelechia et Psoricoptera Sta. — Gelechia, Anacampsis et Recurvaria H.-S. — Recurvaria p. Haw. — Anacampsis p. Curt. — Anacampsis p., Acompsia et Harpagus Steph. — Rhimosia p., Lita p., Oecophora p. Tr. — Rhinosia p., Anacampsis, Lita p. et Acompsia Dup.

Caput laeve; ocelli plerisque nulli; antennae articulis confertis, subdentatis, infra ciliatis; haustellum mediocre (interdum longiusculum), squamatum; palpi maxillares brevissimi; labiales mediocres vel longiores, reflexi; articulo secundo infra squamis erectis vel suberectis vel appressis; tertio laevi, acuto; alae anter. oblongae vel elongatae, poster. latiusculae, ciliis mediocribus. Anter. vena apicalis aut bifurcata (raro simplex) ante apicem exit, infra eam rami quinque vel quatuor (raro tres vel duo) aut trifida supra et infra apicem, infra eam venae quatuor; subdorsalis ad basim furcata. Alae poster.: vena apicalis furcata supra et infra apicem exit, infra eam vena una e venula transversa; interdum vena apicalis simplex et venae duae e venula transversa (raro nullae); mediana trifida.

Die vorstehende Diagnose lehrt zur Genüge, wie in dem Geschlechte Gelechia, dem artenreichsten der Schaben, die Verschiedenheiten des Baues ziemlich gross sind. Der Gedanke muss nahe liegen, dieselben zu weiteren Eintheilungen zu benutzen, um so schärfer begrenzte Genera zu gewinnen. Ein derartiger Versuch wurde in der That von Herrich-Schäffer gemacht, welcher unserer Meinung nach aber unglücklich ausfiel, namentlich wohl aus dem Grunde, weil dem Regensburger Mikrolepidopterologen zur Untersuchung des Aderverlaufes kein hinreichendes Material zu Gebote stand. Dieser schwankt allerdings sehr, aber die Uebergänge von einer Art des Geäders in eine andere Form gestatten keine weiteren Trennungen.

Die Fühler fadenförmig, mit etwas eckig vortretenden Gliedern; an dem glatten Kopfe scheinen kleine, wenig deutliche Ocellen nur ausnahmsweise vorhanden zu sein. Der Saugrüssel von mittlerer, manchmal bedeutenderer Länge, gewöhnlich etwas beschuppt. Die Kiefertaster sehr verkümmert, dagegen die Labialpalpen ansehnlich, sichelförmig aufgekrümmt, das zweite Glied von ansehnlicher Länge, manchmal ziemlich beträchtlich verdickt, bisweilen glatt (G. Sordidella), gewöhnlich mit mehr oder weniger rauhen Schuppenhaaren bekleidet. Das letzte Glied bald länger, bald kürzer, glatt, pfriemenförmig zugespitzt. Die Vorderflügel erscheinen bald breiter, bald schmäler; die hinteren sind breit. Sie laufen in eine scharfe Spitze aus und sind vor dieser am Vorderrand (aber in sehr verschiedenem Grade) ausgebogen.

Der Aderverlauf, welchen ich bei einer beträchtlichen Anzahl Gelechien untersucht habe, nachdem er früher besonders von Stainton mit gewohnter Gründlichkeit durchmustert wurde, zeigt folgende Differenzen

1. Es gehen fünf Adern in den Costalrand der Vorderflügel, von welchen die letzte, kurz vor der Spitze endigende, einfach bleibt; ursprünglich 5 einfache Hinterrandsadern, aber die 2 letzten zur Gabel verbunden; G. Rufescens nach Stainton.

2. Ist die Regel für die grössere Mehrzahl der Gelechien, dass der letzte, fünfte, vor der Flügelspitze endigende Ast der Subcostalader gegabelt und in den Hinterrand ursprünglich 5 einfache Aeste auslaufen; G. Populella, Gallinella, Terrella, Affinis, Artemisiella. Ebenso auch mit geringen Modificationen im Ursprung der Hinterrandsvenen bei G. Tripunctella, Sordidella, Zebrella und Taeniolella. — Die Hinterflügel aber ändern hier beträchtlicher. Bei einem Theile, und dieses ist für die Gelechien überhaupt Regel, läuft in die Flügelspitze eine Gabelader aus; unter ihr und über der bei allen Gelechien dreigespaltenen Medianader noch eine Vene in den

Hinterrand; so bei G. Populella, Gallinella, Terrella, Affinis. Bei G. Tripunctella entspringen 2 Hinterrandsadern getrennt von einander; bei Artemisiella zwei, aber mit gemeinsamem Ursprunge. Bei G. Sordidella und Zebrella geht eine einfache, nicht gablig getheilte Vene nach der Flügelspitze und unter ihr 2 Hinterrandsadern.

3. Das Geäder der Vorderflügel unterscheidet sich von der vorigen Anordnung dadurch, dass nur 4 Hinterrandsadern hinter der gegabelten Apicalader vorkommen (G. Vulgella), oder dass noch eine Ader ausfallen kann (G. Subocella nach Sta.)

4. Eine häufigere Gestaltung des Aderverlaufes zeigt uns in der Vorderflügelspitze eine dreigespaltene Apicalvene, deren hinterer Ast unter der Spitze endigt. Die Zahl der Hinterrandsvenen ist 4. So bei G. Bifractella nach Stainton, bei G. Leucatella, Anthyllidella und Superbella. Dasselbe werden wir weiter unten beim Genus Parasia finden. Die Hinterflügel bleiben entweder in der gewöhnlichen Form oder die gespaltene Apicalvene ist in zwei einfache Stämme aufgelöst (G. Leucatella).

5. Auf den Vorderflügeln entspringt ganz dicht am Ursprung der hintere Ast der dreigetheilten Apicalvene, so dass man erkennt, wie es die erste Hinterrandsader ist, welche sich mit der zweigespaltenen Spitzenader verbindet. So bei G. Naeviferella und Hermannella. Während aber in dieser Weise die Vorderflügel unserer Thiere den Uebergang von den typischen Gelechien zu Nr. 4 bilden, sind ihre Hinterflügel viel einfacher, niedriger gebildet. Es erscheint eine einfache Apicalader und zwischen ihr und der auch hier dreigetheilten Medianvene findet sich keine Hinterrandsader mehr, sondern nur noch eine Falte vor.

6. Sehr merkwürdig ist endlich noch nach der Untersuchung von Herrich-Schäffer das Vorderflügelgeäder bei G. Albiceps, indem unter der zweigetheilten Apicalvene hier nur noch 2 deutliche Adern in den Hinterrand laufen, während zwei andere zu Falten geworden sind.

Die Lebensweise der Larven variirt ausserordentlich. Wenn auch die Mehrzahl in verschiedener Weise zwischen versponnenen Blättern lebt, so finden wir andere, welche blattminirend sind; wiederum andere, welche Samen verzehren. Einige Raupen leben von Moos, gewisse Spezies hat man sogar in faulendem Holze angetroffen. Wir verweisen desshalb auf die Beschreibungen bei den einzelnen Arten. Die Generation ist bei den meisten einfach, bei einer Anzahl doppelt.

Die Zahl der in Europa bemerkten Spezies ist höchst beträchtlich; zur Zeit mag sie gegen 180 betragen. Die Fauna Englands enthält nicht weniger als 96 Arten. In Baden erhielt Reutti 64

Spezies; Schmid bei Frankfurt 67 (Manuskript). Die Fauna Liev- und Kurlands zeigt 50 Spezies.

In unserm Faunengebiet kommen nur zur Zeit circa 73 vor, von welchen ein Theil durch ihr hochalpines Erscheinen sich auszeichnet und 4 neu sind.

1. G. **Cinerella** L. (Hbn. Tab. 25 fig. 173. Tab. 65 fig. 437).

Cinerella L. — Fab. — S. V. — Hbn. — Tr. — Zell. — Steph. — Dup. — Lien. — Eversm. — Sta. — H.-S. — Cinera Haw. — Ardeliella Hbn.

Capite, thorace, palpis antennisque fuscis; alis anter. sericeo-nitidis, fusco-cinereis (♀ obscurioribus). — $8^1/_2$—8‴.

Eine der häufigeren Gelechien, welche in ausgedehnter Verbreitung durch unsern Welttheil beobachtet wurde und in unseren Breiten im Juni und Juli an lichten Waldstellen fliegt. Schweden, Lievland, England, Frankreich, Deutschland, Ungarn, Toskana.

G. Cinerella ist nicht allein in der Ebene, sondern auch im Gebirge vorhanden; so auf den östreichischen Alpen.

Für die Schweiz kenne ich als Fundstelle die Gegend von Zürich, nicht gerade selten; Bremgarten (Boll), Schüpfen (Rothenbach) und Lausanne (Laharpe).

2. G. **Tripunctella** S. V. (Hbn. Tab. 32 fig. 217. — H.-S. Tab. 63 fig. 462).

Tripunctella S. V. — Fab. — Hbn. — Tr. — Dup. — Zell. — H.-S.

Capite, thorace, palpis antennisque fuscis; alis anter. nitidis, fusco-cinereis (♀ obscurioribus) punctis tribus disci nigris, apice et margine postico nigro-punctatis. — $10^1/_2$—$8^1/_2$‴.

G. Tripunctella, eine Bewohnerin des Gebirges, soll nach Treitschke auf niederen Bergen von Oestreich und Ungarn in zwei Generationen im Mai und im Juli und August vorkommen.

In der Schweiz bewohnt sie nur die Alpen in Höhen von 5000 bis 8000′, wo man sie im Juli und August oft gesellschaftlich erhält. Sie scheint auf allen Alpen vorhanden zu sein.

Die Engadiner Alpen bei Samaden, diejenigen des Kanton Glarus (Sandalp, Bergli), die von Engelberg (Zeller), der Gotthard, der Simplon (Dup.), die Alpen bei Zermatt am Monte Rosa.

3. G. Maculosella F. R. (H.-S. Tab. 63 fig. 463).

Maculosella F. R. — H.-S.

Capite, thorace antennisque dilute fuscis, palpis luteis; alis anter. nitidis flavescenti-cinereis, punctis tribus disci nigris, puncto externo nebula nigro-fusca cum costa conjuncto, apice margineque postico nigro-punctatis. — 9 — $8^1/_3$‴.

Ich besitze von dieser, der vorigen äusserst nahe kommenden Spezies nur drei Männer.

Kopf und Thorax, ebenso die Hinterbeine auf der Lichtseite sind gelblicher, bei einem Stücke in auffallendem Grade; die mit jenen gleichfarbigen Vorderflügel erscheinen an der Spitze etwas stumpfer und breiter, die Hinterflügel mit gelblichen Franzen. Die schwarzen punktförmigen Zeichnungen der Flügelmitte, ebenso der Spitze und des Hinterrandes stimmen ganz mit denjenigen von G. Tripunctella überein. Der äussere Punkt ist aber durch einen von ihm ausgehenden, unbestimmten, nebelartigen Fleck, welcher allmälig breiter wird, mit dem Vorderrande verbunden. Bei einem meiner Stücke ist der Fleck breit und stark, bei den zwei andern viel weniger ausgebildet. Sie kommen dadurch G. Tripunctella näher, von welcher möglicherweise unsere Art eine Lokalvarietät sein könnte.

Als Vaterland sind bisher die (östreichischen und) schweizerischen Alpen bekannt.

Ich erhielt G. Maculosella Anfang August auf den Glarner Alpen, so auf Berglialp in einer Höhe von 5000′. Herr B o l l fand diese Art zwischen Grimsel und Handeck im Berner Oberland. Ich sah endlich noch ein Exemplar aus der Westschweiz von L a h a r p e. Häufig scheint die Art indessen nicht zu sein.

4. G. Triannulella H.-S. (H.-S. Tab. 63 fig. 458).

Triannulella H.-S. — ? Inornatalella Dougl. (sec. H.-S.)

Alis anter. testaceo-fuscis, inter venas elevatas obscurioribus, punctis disci atque marginis postici utrimque albido-terminatis, nigerrimis. — *Cf. H.-S.* — ♀ 6‴.

Ich sah nur ein einziges weibliches Exemplar. Da dieses nicht mehr ganz frisch, benutze ich die H e r r i c h - S c h ä f f e r'sche Beschreibung:

»Habitus von Cinerella, doch sind die Flügel viel länger und schmäler, noch schmäler als bei Lineolella, aber mit nicht so schrägem Saume. Die Farbe ist frischer braun, mehr ins Kupferrothe, als bei Cinerella; die Rippen und beide Theilungslinien der Franzen nicht so deutlich, als bei Lineolella. Alle drei Mittelpunkte sind langgezogen, besonders der gegen den Innenrand, welcher der Wurzel näher steht, und an beiden Enden weisslich aufgeblickt.«

Die in Ungarn aufgefundene Art erhielt Laharpe in der Umgegend von Lausanne; wie es scheint, aber nur in einem einzigen Exemplare.

5. G. **Rufescens** Haw. (H.-S. Tab. 63 fig. 457),

Rufescens Haw. — Curt. — Steph. — Sta. — Tinctella Steph. — Isabella F. R. — Zell. — H.-S. — ? Diaphanella Zell. — Lien.

Capite, thorace alisque anter. dilute ochraceis; his puncto disci post medium fuscescenti, obsoleto; alis poster. canis. — *Zell.* — 7‴.

G. Rufescens, deren Larve im April und Mai nach Stainton in eingerollten Grasblättern lebt und von Fischer von Röslerstamm (Tab. 96) als diejenige der G. Terrella irrthümlich abgebildet wurde, fliegt in beträchtlicher Verbreitung im Juni und Juli in unsern Klimaten, an Grasplätzen. In England; bei Wien, Freiburg, Neustrelitz; endlich in Italien, bei Livorno und Antignano. Gehört G. Diaphanella hierher, so kommt unsere Gelechie auch in Lievland vor.

Für die Schweiz bei Zürich beobachtet. Ich fing sie hier Ende Juli an einem Waldrande zu später Abendstunde in einem männlichen Exemplare schon vor mehreren Jahren, ohne ein zweites Stück später anzutreffen; ebenso bei Lausanne (Laharpe).

6. G. **Gerronella** Zell. (H.-S. Tab. 63 fig. 464).

Gerronella Zell. — Dougl. - Sta. — H.-S.

Palpis exalbidis, annulo ante apicem fusco, capite, thorace alisque anter. lutescentibus; his obscurius nebulosis, striga postica diluta in maculam costalem producta, punctis disci tribus dispersis atris, scabriusculis, dilute circumfusis. — *Zell.* — 5⅔‴.

Die leicht kenntliche, seltene Art, welche im Juni und Juli um Farrnkraut an lichten Waldstellen fliegt, wurde in grosser Verbreitung durch unsern Welttheil beobachtet; für Deutschland bei Neustreliz, Glogau; dann das südliche Ungarn (Banat); England und Italien (Pisa und Syrakus).

Ich kenne nur ein einziges schweizerisches Stück. Es wurde im Juli 1855 von Boll bei Bremgarten gefangen, ist zwar ziemlich abgeflogen, aber mit Sicherheit zu erkennen.

7. G. **Ferrugella** S. V. (Hbn. Tab. 34 fig. 233).

Ferrugella S. V. — Tr. — Zell. — Dup. — Lien. — Ferruginella H.-S. — Coriacella Hbn.

Capite, thorace alisque anter. flavido-ferrugineis; his strigis duabus obliquis costae, plicam superantibus, lineaque apicis, omnibus fuscis, puncto disci nigro, ciliis flavido-ferrugineis, bis fusco-cinctis. — 8–7‴.

G. Ferrugella, in Lievland, in mehreren Gegenden Deutschlands, z. B. Glogau, Frankfurt am Main, im Grossherzogthum Baden und in Oestreich bis an die Grenze von Istrien gefunden, fehlt der englischen Fauna; ebenso ist sie südlicher, in Toskana etc., nicht bemerkt worden. Sie erscheint im Juni und Juli und fliegt an Rainen und Waldsäumen.

In der Schweiz, wie es scheint, nur stellenweise vorhanden. Bei Zürich und Bremgarten nicht getroffen. An ersterem Orte würde man sie kaum übersehen haben. Sie findet sich dagegen bei Burgdorf im Kanton Bern (Meyer-Dürr), ebenso im Bern'schen Jura (Rothenbach in litt.). Nach Herrich-Schäffer soll sie auch auf den Alpen vorkommen. Ich traf sie hier noch niemals und bezweifle für die schweizerischen wenigstens diese Angabe.

8. G. **Sordidella** Hbn. (Hbn. Tab. 33 fig. 229).

Sordidella Hbn. — Tr. — Dup. — Zell. — H.-S.

Palpis et capite albidis, thorace alisque anter. fuscis; his strigis duabus obliquis albidis, prima ad marginem internum usque producta, secunda costae, puncto disci nigro, albosquamato, ciliis albis interne nigro-, externe fusco-cinctis. $7\frac{2}{3}$–7‴.

Eine wohl nur im südlichen Deutschland (Frankfurt am Main, Regensburg, Freiburg) erscheinende Art, welche auch im Banat gefunden ist und ebenso, wie uns Duponchel berichtet, in den östlichen Pyrenäen vorkommt.

G. Sordidella fliegt bei Zürich im Juni und Juli auf Waldwiesen an beiden Seeufern, in manchen Jahren sehr gemein; dann kenne ich noch die Gegenden des Genfer Sees (Lausanne, Genf) als Fundstellen; Herr Rothenbach zeigt noch Vevey und Burgdorf an.

9. G. Pinguinella Tr. (Hbn. Tab. 3 fig. 21).

*Pinguinella Tr. — Zell. — Dup. — Turpella Mus. Schiff.**) — *Populella Hbn.*

Capite ac thorace fuscis; alis anter. fusco-luteis, fusco-nebulosis, strigis duabus costae, tribus plicae obscurioribus. — 9½–8‴.

Die Larve lebt nach A. Schmid von den Blättern, nach Grabow unter dem Moos der Pappeln. Unter deren Rinde findet man die Puppe oft in Vielzahl.

Der Falter im Juni und Juli an den Stämmen der Pappeln in Deutschland, Oestreich, in Frankreich (Dép. du Nord) und Oberitalien (Toskana).

In der Schweiz selten und sehr wenig verbreitet. Nur aus der Gegend von Neuveville (Couleru).

10. G. Populella L. (F. R. Tab. 76 und Tab. 77 fig. 1).

*Populella L. — Fab. — Tr. — Steph. — Zell. — Dup. — F. R. — Zetterst. — Eversm. — Lien. — Sta. — H.-S. — Populi Haw. — Tremella S. V. — Hbn. — Tremulella Dup. — ?Blattariella Hbn.***) — *Thapsiella Hbn. — Juniperella Steph.*

Alis anter. cinereis, punctis obsoletis disci nigris, fascia serrata canescente ad apicem, margine postico nigropunctato. — 8‴.

Var. a. Alis anter. cinereis margine dorsali et maculis disci nigris.

Var. b. Ut a., sed costa ex basi atque fascia serrata albidis.

Var. c. Alis anter. nigrescentibus, albido-irroratis, fascia serrata canescente.

Die Larve der höchst variablen Tinee lebt an Pappeln, Espen, Birken und den verschiedenen Weidenarten, indem sie das Blatt wicklerartig einrollt. Sie ist nach Fischer von Röslerstamm von Weiden abstammend hellgrün, von Pappeln schwefelgelb. Kopf und Halsschild sind glänzendschwarz, letzterer nach vorne weiss umsäumt und durch eine derartige Längslinie getheilt. Der Körper

---

*) Dieser Name, wenn unsere Art die Turpella der Schiffermüller'schen Sammlung ist, würde als der ältere einzutreten haben.

**) Diese bisher für eine Varietät genommene Schabe soll nach Grabow's Beobachtungen eine eigene Art sein (Stainton, Ann. II. S. 125).

zeigt glänzendschwarze, weiss aufgeblickte Wärzchen mit einem weisslichen Haare. Die Brustbeine schwärzlich, die übrigen von der Farbe des Körpers mit einem grauen Fleck nach aussen.

G. Populella ist wohl über ganz Europa verbreitet, vom hohen Norden, Lappland und Schweden, südwärts bis nach Italien bemerkt.

Gewiss auch in der ganzen Schweiz vorkommend. Zürich (gemein), Bremgarten (Boll), Schüpfen (Rothenbach in litt.), und Lausanne (Laharpe). Ihre Erscheinungszeit ist bei uns Ende Juni und Juli.

11. G. Lentiginosella Ti. (F. R. Tab. 80 fig. 3).

Lentiginosella Ti. — Zell. — F. R. — Dougl. — Sta. — H.-S. — ? Obscurella Hbn.

Capite ac thorace fuscis, palpis interne lutescentibus; alis anter. saturate brunneo-fuscis, punctis tribus (uno plicae, altero posteriore disci ante medium, tertio disci pone medium) nigris, rufescente-cinctis, maculis posticis oppositis, dilute rufescentibus, costali distinctiore. — *Sta.* — $7^1/_2'''$.

Die Raupe ist nach Tischer's, bei F. R. mitgetheilten Beobachtungen blassgrün mit sehr kleinen schwarzen Wärzchen. Kopf und Nackenschild schwarzbraun, letzterer am Vorderrande weisslich eingefasst. Sie lebt von Mitte Mai bis in den Juni an den zusammengesponnenen Blättern der Zweigspitzen von Genista germanica und tinctoria.

Die Schabe, welche Ende Juli und im August fliegt, erscheint in England (selten) und in mehreren Gegenden Deutschlands; als solche kennt man Glogau, Dresden, Frankfurt am Main, Regensburg und Freiburg.

Für die Schweiz sind mir nur zwei Fundstellen bekannt geworden; einmal Würenlos, eine Stunde von Baden, im Limmatthale. Wir erhalteu sie hier an einer mit Genisten und Calluna dicht bewachsenen, lichten Waldstelle nicht selten im August. Dann das Oberengadin bei Samaden (Pfaffenzeller).

12. G. Ericetella Hbn. (Hbn. Tab. 70 fig. 470. — H.-S. Tab. 77 fig. 585).

Ericetella Hbn. — Sta. — Gallinella Ti. — Tr. — Dup. — Zell. — Lien. — H.-S. — Betulea Haw. — Steph. — Lanceolella Steph.

Alis anter. violaceo-fuscis, punctis quatuor disci nigris, utrimque albo-marginatis (tribus ante, quarto pone medium), punctis apicis et marginis postici nigris, basim versus albosquamatis. — $7^1/_2'''$.

Im Gegensatz zu voriger Spezies in ausgedehnterer geographischer Verbreitung durch unsern Welttheil. Von Lievland westlich bis England und südlich bis Pisa; ebenso auch in Ungarn. Sie fliegt im Frühling, aber auch wieder im Juli (Sta.), und wurde um Heidekraut im Schwarzwalde von Reutti noch in 3200′ Meereshöhe, ebenso in den östreichischen Gebirgen, an der Nordgrenze Istriens, noch in ziemlicher Elevation angetroffen.

Für die Schweiz: in der nächsten Umgebung Zürichs fehlend, dagegen eine Stunde entfernt auf nassen Torfwiesen (Bremi); bei Bremgarten (Boll), und bei Schüpfen (Rothenbach in litt.); ebenso in den Alpen, so dem Oberengadin bei Samaden über 5363′ Höhe.

13. G. **Perpetuella** F. R. (H.-S. Tab. 69 fig. 511).

Perpetuella F. R. — Zell. — H.-S. — Cinerilella v. Heyd.

Capite cinereo; alis anter. nigro-cinereis, fascia obliqua ante medium, altera interrupta post medium, albida, nebula vel linea longitudinali media punctisque marginis postici albidis. — $7^1/_2$‴.

Ich habe nur ein, und dazu noch etwas beschädigtes, Exemplar. Der Kopf grau, wenig heller als die Vorderflügelfarbe; die Fühler schwärzlich; die Palpen am zweiten Gliede oberwärts schwärzlich angelaufen, nach unten mit weisslichen, abstehenden, rauhen Schuppen; das dritte Tasterglied weiss mit 2 schwarzen Fleckchen; die Tarsen sämmtlicher Beine schwarz und weiss geringelt.

Die Vorderflügel zeigen ein ziemlich rauhschuppiges Schwarzgrau. Ungefähr nach einem Viertel der Flügellänge beginnt an dem Costalrand die erste weisse, schief nach innen und hinten gehende zusammenhängende Binde. Etwa in der Mitte erscheint in verdunkeltem Grunde eine weisse Längslinie (bei meinem Exemplare ein weisser, unbestimmter, nebelartiger Längsfleck). Die zweite Binde beginnt ungefähr in drei Viertel der Flügellänge und ist in der Mitte unterbrochen; sie läuft weniger schief nach innen und hinten. An dem Hinterrande liegen kleine weissliche Punktflecke, welche bei meinem Exemplare kaum bemerkbar. Die Franzen (an meinem Stück stark beschädigt) lichtgrau.

G. Perpetuella steht der G. Continuella Zell. sehr nahe, welche sich durch lichteren Kopf, an der Wurzel breitere Vorderflügel, mehr Weiss in der Flügelmitte und am Hinterrand, sowie durch dunklere Franzen unterscheiden soll.

Unsere Schabe ist bisher nur in der Schweiz angetroffen und wohl in Anderegg'schen Walliser Exemplaren zuerst bekannt geworden. Ich kenne nur als sichere Fundstelle das Oberengadin, wo sie in den Umgebungen Samadens von Pfaffenzeller 1855 angetroffen und von Herrich-Schäffer bestimmt wurde.

14. G. Elatella F. R. (H.-S. Tab. 67 fig. 499.*)
Elatella F. R. — H.-S.

Capite ac thorace fusco, palpis fusco-griseis, articulo terminali bis fusco-annulato; alis anter. nigro-fuscis, ferrugineo albidoque mixtis, striga marginali dorsi diluta, punctis tribus transversis ad basim, uno disci, duobus post medium scabris, nigerrimis; fascia angulata transversa, postica, albida, antrorsus apicem versus dilatata, punctis magnis apicis marginisque postici nigris, spatio albido separatis vel albido-marginatis. — $9\frac{1}{2}'''$.

Die Grösse ziemlich wechselnd, indem ich einige Exemplare früher sah, welche über 1''' kleiner waren.

Kopf heller braun, als der Rücken. Fühler bräunlich, dunkler geringelt. Palpen graulich, das zweite Glied an der Innenseite braun gefleckt, nach aussen bräunlich angelaufen. Endglied mit zwei dunkelbraunen Ringen. Hinterleib grau, beim Männchen mit gelblichem Afterbusch. Beine des ersten und zweiten Paares tief schwarzbraun mit weisslich geringelten Fussspitzen. Schienen des letzten Paares graulich gelb behaart; Tarsen wie an den vorhergehenden Beinpaaren.

Die Vorderflügel haben eine schwer in der Kürze zu beschreibende Färbung und Zeichnung. Als Grundfarbe kann ein tiefes Schwarzbraun angenommen werden, welches mehr am Costalrande und nach hinten hervortritt, als an der Wurzel und dem Innenrand, wo es durch rostrothe Beschuppung, ebenso durch den weissen Schuppenbelag der Adern aufgehellt wird. Etwas über der halben Länge der Costa erscheint ein sehr kleines, weissliches Fleckchen, während der Innenrand von einem bis zu zwei Drittheilen seiner Länge einen fast fleischfarbenen, ziemlich breiten, hellen Streifen führt. Verschiedene tiefschwarze Punkte und kurze Striche mit rauhen Schuppen treten aus dem braunen Grund hervor. Drei Punkte nahe an der Wurzel bilden eine zweimal unterbrochene,

---

*) Herrich-Schäffer's Bild macht die Art kenntlich, scheint übrigens mit Zugrundelegung eines sehr verblassten Exemplars kolorirt zu sein.

schief nach innen und hinten verlaufende Querlinie. Ein schiefer Querstrich (aus zwei sich berührenden Querpunkten gebildet) steht in der Mitte; unter ihm ein Längsstrichelchen der Falte. Hinter der Mitte erscheinen noch zwei sich berührende Querpunkte.

Am Costalrand, ungefähr in drei Viertheilen der Flügellänge, beginnt die Querbinde, welche noch eine Strecke weit gegen die Spitze den Vorderrand weiss färbt. Sie biegt sich anfänglich etwas nach innen, dann nach aussen, um etwa in der Mitte ihres Verlaufes einen nach dem Hinterrand convexen Bogen zu machen und endlich in dem Afterwinkel zu endigen. Die Binde ist rein weiss und bei meinem Exemplare nur von einem einzigen, grossen, schwarzen Längsstrich durchschnitten, welcher in den Hinterrand ausläuft.

Das Spitzenende des Flügels endlich ist tief braun, vorne durch die schon erwähnte helle Randstelle, hinten durch eine weisse Linie begrenzt. In beiden liegen schwarze Punkte. Die des Costalrandes sind die grössern. Die Flügelspitze selbst bleibt braun. Ihre Franzen sind dunkel, während sie am Hinterrande, dem Afterwinkel zuschreitend, immer heller gelbgrau werden. Eine sehr undeutliche helle Linie durchschneidet sie in ihrer Mitte.

Die Hinterflügel hellgrau mit denselben Franzen, an ihrer Wurzel eine gelblich graue Linie. Sie sind breit, mit wenig langer Spitze und hinter dieser sehr wenig eingebogen.

Die Unterseite zeigt uns die Vorderflügel tief schwarzgrau; die hellen Ränder der Spitze sind lehmgelb geworden. Die Hinterflügel sind an der Spitze verdunkelt.

G. Elatella ist eine alpine Spezies unseres Genus. Als Fundstellen kenne ich die Umgebungen der Furka, wo sie von Herrn Boll im Juli 1854 gefunden wurde. Ein Exemplar traf ich selbst zwischen Samaden und Celerina im obern Engadin an den Kalkfelsen der Strasse zu Anfang August des vorhergehenden Jahres.

15. G. Interalbicella H.-S.

Interalbicella H.-S.

Capite palpisque flavescentibus, his apice nigro-squamato; alis anter. nigro-fuscis, fascia oblique transversa basali, nebula media strigisque duabus oppositis posticis albidis, punctis tribus disci nigris, duobus in medio, tertio pone medium. — 7⅔–7⅓‴.

Von der vorigen Spezies durch Kleinheit und den hellen Kopf leicht zu unterscheiden.

Stirne und Scheitel weisslich-gelb, beim Männchen mehr rein weiss, als beim andern Geschlechte; Palpen von der Farbe des Kopfes, das dritte Glied ist namentlich gegen die Spitze dunkel; schwärzlich beschuppt; Fühler bräunlich, dunkler geringelt; Rücken tief dunkelbraun mit an der Spitze gelblichen Schulterdecken; Leib grau, unten weisslich grau mit dergleichem Afterbusche und gelblichem Legestachel beim Weibe. Beine der beiden ersten Paare braunschwarz mit weiss geringelten Fussspiszen, des letzten Paares mit bräunlicher Schiene, welche breit schwarz gefleckt ist. Tarsen wie an den vorderen Paaren.

Die Flügel stehen in der Gestalt denjenigen der G. Elatella nahe. Die Vorderflügel haben ein tiefes Braunschwarz, beim Männchen dunkler als beim Weibe, und sind nur an dem Costalrande, von der Wurzel an in ziemlicher Breite über die Flügelhälfte hinaus, rothbraun aufgehellt. Eine breite weissliche Querbinde beginnt nahe an der Wurzel vom Costalrande aus, ungefähr in einem Fünftheile der ganzen Flügellänge, um schief nach hinten und innen zu verlaufen. In der halben Flügelbreite verliert sie sich ohne scharfe Grenze in die heller braune Beschuppung der Innenseite des Flügels. Dann zeigt sich in der Mitte ein weissbrauner, nebelartig aufgehellter Fleck. In ihm liegen die zwei ersten Punkte. Der vordere ist rundlich, unvollkommen von helleren Schuppen ringartig umgeben; der untere steht mehr gegen die Wurzel und ist keilförmig. Hinter der Mitte in einer tief schwarzbraunen Stelle erscheint, aber sehr undeutlich, der dritte Punkt. Dann finden sich am letzten Viertheil des Flügels zwei einander entgegenstehende helle Flecke, welche beim Männchen viel grösser, als beim Weibe, erscheinen. Bei letzterem ist der Costalfleck hakenartig nach hinten gekrümmt, während der Dorsalfleck dreieckig erscheint. Die Flügelspitze und ihre Franzen sind sehr dunkelbraun, die Franzen des Hinterrandes lichter grau und an ihren Spitzen gelblich. An der Franzenwurzel läuft beim Männchen ziemlich deutlich, beim Weibe kaum sichtbar, eine helle Linie, in welcher kleine dunkle Punkte stehen.

Unten sind die Vorderflügel dunkelgrau mit lehmgelb umzogener Spitze und die hinteren hellgrau.

Ebenfalls eine nur in den Schweizer Alpen bemerkte Gelechie. Wallis (Anderegg); Berner Oberland (Boll); Engadin zwischen Samaden und Celerina. Ich erhielt hier Ende Juli 1853 diese Art in mehreren Exemplaren.

16. G. Vicinella Dougl. (H.-S. Tab. 64 fig. 474 und Tab. 78 fig. 592 und 593).

Vicinella Dougl. — Sta. — H.-S. — Manniella F. R. — Zell. — Marmorea — H.-S. (ol.)

Capite griseo, palpis cinereis, articulo terminali nigrescente; alis anter. fuscis, macula una prope basim, altera obliqua costali ante medium, tertia posteriore disci nigris, plaga magna sinuata dorsi (antice costam tangenta) albida, maculis posticis oppositis albidis. — 6‴.

In England im August und September sehr selten; in Deutschland vom Mai bis Juli.

Für die Schweiz bisher nur im Oberengadin von Pfaffenzeller aufgefunden und von Herrich-Schäffer bestimmt. Ein mir übersandtes Exemplar stimmt mit Fig. 592 von des Letzteren Werk überein.

17. G. Sequax Haw. (H.-S. Tab. 65 fig. 483).

Sequax Haw. — Steph. — Dougl. — Sta. — Apicistrigella F. R. — Dup. — H.-S..

Antennis albido nigroque annulatis, palpis cinereis, articulo terminali nigro-bicincto, capite griseo, thorace et alis anter. cinereis, ochreo- et albido-maculatis; his striga transversa lata basali, fascia latissima media strigulaque longitudinali apicis nigro-fuscis; punctis tribus scabris dorsalibus. — 6–5‴.

Die Larve lebt nach Herrich-Schäffer auf Dorycnium herbaceum an Kalkfelsen bei Regensburg, nach Logan in England in versponnenen Blättern von Helianthemum vulgare, an welcher Pflanze sie auch Schmid bei Frankfurt und ich ebenfalls im Juni bei Zürich antraf.

Die Schabe in England, im südlichen Deutschland (Frankfurt am Main, Regensburg, Wien, südlich bis gegen den Nordrand des adriatischen Meeres). Sie kommt im Juni und Juli vor und ist auch eine Bewohnerin der Gebirge (Schneeberg bei Wien).

In der Schweiz scheint G. Sequax keine Seltenheit zu sein. Bei Zürich, wenigstens als Larve, häufig; von Bremgarten (Boll); auch in den Alpen. Herr Zeller erhielt sie im Engelberger Thale und Herr Pfaffenzeller im Oberengadin bei Samaden. Ebenso sah ich ein von Laharpe in den westlichen Alpen gefundenes Exemplar.

18. G. Electella F. R. (H.-S. Tab. 68 fig. 504).

Electella F. R. — Zell. — Dup. — Lien. — H.-S.

Capite, thorace, palpis ac alis anter. albidis; his basi, striga transversa obliqua ante et fracta post medium fuscis, punctis duobus disci et macula rotunda posteriore fusconigris. — 6½'''.

Die Larve lebt im Mai an Pinus abies. Sie ist licht braunroth; Kopf, Nackenschild und Brustfüsse schwarz; die Afterklappe braun (Lien.). Sie verwandelt sich in festerem Gewebe.

Die Schabe im Juni und Juli in Schlesien, Böhmen, der Mark Brandenburg, bei Frankfurt am Main und Regensburg. Nördlich ist sie noch in Lievland gefunden worden. Der englischen Fauna fehlt sie.

In der Schweiz bei Lausanne (Laharpe) und Schüpfen (Rothenbach); an letzterm Orte selten im Juli.

19. G. Alburnella Ti. (H.-S. Tab. 66 fig. 489 und 490).

Alburnella Ti. — Dup. — Zell. — Lien. — H.-S.

Alis anter. albis, scabris, loco macularum vix ferrugineomixtis, macula costali media et minore basali nigris. — *Cf. H.-S.* — 6'''.

Auch hier zwingt mich der Mangel an Material, wörtlich die Herrich-Schäffer'sche Beschreibung zu benützen.

»Schmutzig weiss mit grauen Schattenstellen und schwarzbraunen Flecken; einer bei einem Fünftel der Vorderrandslänge, einer schwächern bei zwei Fünftheilen, der stärksten bei dreien; dann zeigen sich noch sechs bis sieben unbestimmte, welche sich von vier Fünftel des Vorderrandes über den Hinterrand bis in den Afterwinkel ziehen. Ganz frische Exemplare haben sehr stark höckerartig aufgeworfene Schuppenstellen, die stärkste bei einem Drittheil der Flügellänge nahe am Innenrand.«

Die Schabe kommt in Lievland vor und ist in Deutschland weit verbreitet, im nördlichen wie in dem südlichen; sie fliegt im Juni und Juli um Birken (Dresden, Neustrelitz, Glogau, Frankfurt an der Oder, Dresden, Regensburg, Wien).

Ich kenne nur die Umgebung Zürichs als Fundstelle in unserm Faunengebiete. Hier wurde von Herrn Zeller ein abgeflogenes Stück erbeutet, welches Herrich-Schäffer bestimmte.

20. G. Affinis Haw.

*Affinis Haw. — Steph. — Dougl. — Sta. — Umbrosella Zell. — ? Dup. — Tegulella H.-S.**)

Palpis externe fuscis, articulo secundo externe cinereo, epistomio lutescente, capite, thorace alisque anterioribus fuscis; his maculis tribus nigris, externe luteo-squamatis, guttis duabus posticis, una costali, altera dorsali, (interdum in fasciam angulatam confluentibus) flavidis. — 6 – 5½'''.

Var. Punctis nigris eorumque squamis luteis evanescentibus.

Die Larve lebt nach Stainton erwachsen im Februar an dem Moose von Steinmauern und Dächern.

In England, verschiedenen Gegenden Deutschlands und in der Schweiz, wo sie ziemlich verbreitet zu sein scheint.

Zürich; sehr zahlreich auf den Dachkammern des Universitätsgebäudes, wo sie zweifelsohne an dem Moose des Daches ihren Larvenzustand verbringt. (Umbrosella Zell. soll auf Grasplätzen fliegen.) Juni und Juli.

21. G. Tectella H.-S.

Tectella H.-S.

Da das einzige Exemplar mir nicht zur Verfügung steht, führe ich Herrich-Schäffers Beschreibung hier an:

„Cupreo-fusca, stigmatibus prioribus limbum versus et fascia obsoleta rectangulari pallidioribus, palporum nigrorum articulo medio intus plumbeo.

Eine der kleinsten Gelechien mit sehr schmalen Flügeln, kupferig braun, glatt, mit sehr wenig ausgezeichneten schwarzen Schuppen; von den drei gleichen, grossen, schwarzen Flecken sind die beiden ersteren saumwärts lichter aufgeblickt, ebenso licht ist das feine, rechtwinklig gebrochene Querband. In die unbezeichneten Franzen treten nur wenige dunkle Schuppen hinaus. Das Gesicht unten und das Mittelglied der schwarzen Palpen innen bleigrau.

Aus der Schweiz (Zürich) von Herrn Bremi.«

---

*) G. Tegulella H.-S. ist identisch mit der Haworth'schen G. Affinis, wie ich durch Herrn Stainton, welchem ich diess erstere Insekt mittheilte, belehrt worden bin. Zwei von ihm stammende brittische Stücke haben eine viel stärkere und deutlichere Querbinde, als ich es je bei einem schweizerischen Exemplare sah.

22. G. **Basaltinella** Zell. (H.-S. Tab. 68 fig. 506).

Basaltinella Zell. — Dougl. — Sta. — H.-S. — Domestica var. β Haw.

Fronte straminea, palporum articulo secundo stramineo, externe fusco-irrorato, tertio omnino fusco-consperso; alis anter. fusco-testaceis, grosse nigro-irroratis, maculis tribus magnis in linea media nigris, fascia irregulari pone medium ciliisque stramineis, horum dimidio basali nigro-squamato. — *Cf. H.-S.* — $6^1/_3$'''.

G. Basaltinella ist bisher nur in beschränktem Vorkommen angetroffen worden. Sie wurde von Zeller am Probsthainer Spitzberg in Schlesien im Juli um bemoostes Gestein entdeckt; dann findet sie sich bei Frankfurt am Main und Regensburg, vom Juni bis in den August.

Ich kenne nur ein schweizerisches, von Herrich-Schäffer bestimmtes Exemplar aus der Laharpe'schen Sammlung. Es wurde von Herrn Couleru bei Neuveville erbeutet.

23. G. **Quaestionella** H.-S. (H.-S. Tab. 77 fig. 587).

Quaestionella H.-S.

Palpis nigris, articuli tertii apice cinereo, capite, thorace alisque anter. nigerrimis his squamis plumbeis conspersis. — $5^1/_2$'''.

Kopf, Gesicht, ebenso der Thorax tief eisenschwarz, Fühler schwarz, wenig heller geringelt. Palpen tief schwarz, das ansehnliche Mittelglied mit ziemlich dicht anliegender Beschuppung, das Endglied an der Spitze grau. Hinterleib schwarzgrau, Beine schwarz, die Fussspitzen lichter, weiss geringelt.

Flügel lang und schmal; die hinteren mit ansehnlicher Spitze. Die Vorderflügel feinschuppig, aber wenig glänzend, tief eisenschwarz, wie Herrich-Schäffer sie treffend nennt, mit schwarzen Franzen. Von den drei Punkten, welche Herrich-Schäffer sehr undeutlich nennt, sehe ich bei meinem Exemplare nichts; die bleigrauen, den Vorderflügeln aufliegenden Schuppen sind weniger vorhanden, als in Herrich-Schäffer's guter Abbildung; sie häufen sich gegen die Spitze mehr an.

Diese Gelechie wurde bei Frankfurt am Main von A. Schmid entdeckt. Ich besitze ein von Herrich-Schäffer bestimmtes Exemplar von Zürich, welches 1855 aus einer unbeachteten Raupe erzogen ist.

24. G. Scotinella Metz. (H.-S. Tab. 68 fig. 505).

Scotinella Metz. — H.-S.

Fronte grisea, capite ac thorace fuscis, palporum articulo secundo infra nigro-squamato, tertio annulo nigro cincto; alis anter. griseo-fuscis, grosse nigro-irroratis, maculis magnis tribus disci, spatio lutescente separatis, nigris, fascia irregulari pone medium lutea, ciliis fuscescentibus. — $6^{2}/_{3}$‴.

Exemplare, von Herrich-Schäffer bestimmt, zeigen Kopf und Thorax bräunlich, fast von der Flügelfarbe; die (etwas abgeriebene) Stirne weisslich grau; Fühler bräunlich, dunkler geringelt, Palpen mit stark schwarzer, abstehender Beschuppung an der Unterfläche des zweiten und einem schwarzen Ring am gelblichen dritten Gliede. Die Tarsen der gelbgrauen Vorder- und Mittelbeine geringelt, nicht mehr aber diejenigen des letzten Paares. Die Vorderflügel trüb braun, rauhschuppig, schwärzlich besprengt, mit einigen schwarzen Flecken an der Basis und drei grossen schwarzen Punkten im Discus, welche ganz ähnlich, wie bei der nahe verwandten Basaltinella sich verhalten, aber durch eine hellere gelbe Stelle getrennt werden. Die gelbliche Querbinde wie bei den vorhergehenden Spezies, die Franzen der schwarz punktirten Flügelspitze und des Hinterrandes scheinen dunkler.

Im Juli und August in einigen Gegenden Deutschlands. Wien, Regensburg, Frankfurt am Main, Dessau.

Bei Zürich im Juli an Waldrändern in einigen Exemplaren.

25. G. Sororculella Hbn. (Hbn. Tab. 66 fig. 440).

Sororculella Hbn. — Tr. — Freyer. — Zell. — Dup. — Lien. — Dougl. — Sta. — H.-S.

Alis anter. griseo-fuscis, dorsum apicemque versus saepe dilutioribus, puncto nigro elongato plicae ante medium, linea longitudinali disci nigra, ocello albido ante punctoque albido post medium interrupta, fascia postica angulata, curvata, cinerea, punctis apicis marginisque postici nigris. — *Cf. Sta.* — 7‴.

Die Larve der bekannten Art lebt im Mai an Salix caprea, nach Lienig auch an Eichen und Sorbus aucuparia. Sie ändert ziemlich ab und erscheint nach dieser mit trüb bräunlichem Kopfe und dergleichem, nach vorne weisslich gerandetem Halsschilde.

Der Körper ist über den Rücken und die Seiten chocoladebraun, unten weisslich. Zwei Reihen weisslicher Wärzchen, jedes mit einem schwarzen Mittelpunkt und einem einzelnen lichten Härchen, laufen, fast zusammenfliessend, als Längstinien über den Rücken. Zwischen beiden kann eine weissliche, besonders am Halsschilde bemerkliche Rückenlinie vorkommen. Brustfüsse schwärzlich, falsche Füsse von der Farbe des Körpers; Afterklappe weisslich, an der Spitze schwarz gerandet; Nachschieber von derselben Farbe, oberhalb mit einem schwarzen länglichen Punktfleckchen.

Diese Gelechie kommt im Juli in Lievland, England und in verschiedenen Gegenden des nördlichen und südlichen Deutschlands vor, z. B. bei Salzbrunn in Schlesien, bei Regensburg und Augsburg, ebenso bei Freiburg.

Für die Schweiz ist nur die Umgebung Zürichs als Fundstelle bekannt. Ich erhielt sie hier an einem Waldrande in später Abendstunde mehrfach, aber selten.

26. G. Alacella Zell. (H.-S. Tab. 66 fig. 485).

Alacella Zell. — Dup. — Dougl. — Sta. — H.-S.

Alis anter. coeruleo-nigris, punctis nigerrimis, duobus in medio maxime approximatis, tertio posteriore, introrsus albo-flavido squamatis; macula postica costae semilunari guttalaque dorsi flavidis, punctis apicis et marginis postici nigerrimis, cilia versus albo-flavido squamatis. — $6^1/_2$'''.

Die Raupe lebt an den Flechten der Eichen Ende Juni. Sie ist grauweiss mit schwarzem Kopf und Schildchen auf dem zweiten Ring. (Grabow bei Stainton, Ann. II. S. 51.)

G. Alacella, welche damit in Uebereinstimmung an alten mit Flechten bewachsenen Bretterzäunen und dergleichen Baumstämmen im Juni und zu Anfang Juli vorkommt, hat eine ausgedehnte Verbreitung durch Europa. Lievland, England, das nördliche und südliche Deutschland (Danzig, Berlin, Frankfurt an der Oder und am Main, Glogau, Dessau, Regensburg); endlich noch in Italien bei Livorno.

In der Schweiz eine Seltenheit. Am 22. Juli 1855 fing Herr Boll bei Bremgarten in meiner Gegenwart an einer alten Eiche ein frisches Stück.

Wahrscheinlich gehört ein ganz altes abgeflogenes Exemplar von Schüpfen (Rothenbach) ebenfalls hierher.

27. G. Tischeriella F. R. (H.-S. Tab. 64 fig. 472).

Tischeriella F. R. — Zell. — Dup. — H.-S.

Capite et palporum articulo medio superne niveis; alis anter. nigerrimis, fascia obliqua basali, macula dorsi angulata media punctisque oppositis duobus posticis niveis. — *Cf. H.-S.* — 6‴.

Die noch wenig bekannte Gelechie, für welche mir nur ein einziges, defectes Exemplar zu Gebote steht, wurde bei Dresden entdeckt und auch bei Regensburg im Juni gefunden; ebenso erscheint sie in Lievland.

Ich erhielt sie im Juli 1855 bei Zürich in einem alten abgeflogenen Stücke, welches Herrich-Schäffer bestimmte, und kenne kein zweites schweizerisches Exemplar.

28. G. Moritzella F. R. (F. R. Tab. 30 fig. 1 a–c. — Hbn. Tab. 71 fig. 476 und 477).

Moritzella F. R. — Hbn. — Tr. — Zell. — Dup — H.-S. — ? Ustella L. — Hilarella Metz.

Capite palpis alarumque anter. dimidio costali ferrugineis, dorsali nigro-fusco, antrorsus tridentato, linea transversa albida apicem versus. — *Cf. H.-S.* — 7‴.

Die grüne, mit schwarzen Wärzchen und einzelnen weissen Härchen besetzte Larve, welche einen schwarzbraunen Kopf und Nackenschild hat, lebt gesellig im Juli an Lychnis dioica, deren Blüthen und jungen Samen sie verzehrt.

Die Schabe, in der Mark Brandenburg aufgefunden, kommt im Spätsommer vor. Herrich-Schäffer führt die Schweiz als Vaterland an. Nur auf seine Autorität nehme ich diese Gelechie in die Fauna auf, da sie weder mir, noch andern Sammlern vorkam.

29. G. Leucatella L. (Hbn. Tab. 21 fig. 146).

Leucatella L. — Fab. — S. V. — Hbn. — Tr. — Zell. — Steph. — Eversm. — Lien. — Sta. — H.-S. — Leucatea Haw. — Albocingulella Dup.

Capite ac palpis albis, horum articulo terminali bis nigromaculato, thorace nigro; alis anter. nigris, punctis scabris, nigerrimis, fascia lata obliqua ante medium, maculis duabus posticis oppositis, albis. — *Cf. Sta.* — 6½–6‴.

Die Raupe lebt an wilden Apfelbäumen und Sorbus in einer filzigen Masse zwischen zusammengezogenen Blättern; ebenso an Crataegus Oxyacantha und Prunus spinosa. Ihre Zeit ist Mai und Juni. Nach L i e n i g ist sie fahl nussbräunlich mit mattgelben Einschnitten; Kopf, Halsschild und Brustbeine sind schwarz. Variirende Exemplare zeigen sich fahlgrün mit rosenrothem Schimmer.

Die Schabe fliegt im Juni und Juli. Schweden, Lievland, Polen, England, bei Paris; weit verbreitet in Deutschland, aber manchen Gegenden fehlend; ebenso in Toskana bei Florenz und wahrscheinlich noch bis Neapel südwärts gehend; östlich bis zur Wolga.

In der Schweiz scheint ihr Vorkommen ein ziemlich beschränktes zu sein. Bei Zürich fehlt sie; bei Bremgarten erhielt sie Herr B o l l Ende Juni und Anfang Juli in Mehrzahl; bei Schüpfen ist sie selten (Rothenbach in litt.)

30. G. **Histrionella** Hbn. (Hbn. Tab. 70 fig. 464).

Histrionella Hbn. — Dup. — Longicornis Curt. — Steph. — Sta. — Zebrella Tr. — Zell. — Lien. — H.-S.

Capite thorace alisque anter. fusco-nigris vel atris; his punctis tribus disci nigerrimis, fasciis squamarum albidarum tribus (prima ad basim, secunda ante medium, latis, tertia apicem versus tenui, angulata) margineque postico albido-squamato. — 8–7‴.

Var. Squamis albidis evanescentibus.

In der Grösse, dem bald rein schwarzen, bald leicht rostfarbig angeflogenen Grundton, ebenso in der Deutlichkeit der weisslichen Querbinden wechselnd. Das Weib ist gewöhnlich deutlicher als der Mann gezeichnet.

G. Histrionella erscheint weit durch Europa verbreitet, theils in der Ebene, theils im Gebirge, auf mit Vaccinien bewachsenen oder morastigen Stellen. Lievland; Glogau, Regensburg, Dresden, im Schwarzwalde bis gegen 3000′ Höhe. Südlich ist sie bis in das Toskanesische (Apeninn), westlich bis England (im nördlichen Theile) vorkommend.

In der ebenen Schweiz fehlt sie; dagegen in den Alpen weit verbreitet und stellenweise häufiger, oft hoch über der Baumgrenze. Aus den Alpen des Berner Oberlandes, von der Grimsel (Laharpe); auf den Glarner Bergen (so auf der Spitze von Berglialp — an Felsen, untermischt mit T. Alpicolana, Anfang August); im Engadin bei Samaden Ende Juli; im Puschlav, wo sie Pfaffenzeller einen Monat früher erhielt.

31. G. **Terrella** S. V. (F. R. Tab. 80 fig. 1; Tab. 96 fig. l.).
Terrella S. V. — Hbn. — Tr. — Dup. — F. R. — Zell. — Sta. — H.-S. — Lutarea Haw. — Zephyrella Tr. — Eversm.

Palpis ochraceis; alis anter. lutescenti-griseis vel fuscis, punctis tribus (uno plicae, altero poster. disci ante, tertio disci pone medium) nigris, fascia postica angulata, obsoleta, dilutiore. — *Cf. Sta.* — 7–6‴.

Eine der gemeinsten, in unsern Breiten im Juni und Juli fliegenden Gelechien, welche wohl durch ganz Europa vorkommt. Liefland, England, Deutschland, Frankreich, Italien bis in das Neapolitanische.

Wohl in der ganzen Schweiz gemein. Zürich, Baden, Bremgarten, Lausanne, Schüpfen. Auch im Gebirge: Engelberg, Kant. Unterwalden, im Wallis (bei Zermatt), im Engadin.

32. G. **Distinctella** Zell. (F. R. Tab. 80 fig. 2).
Distinctella Zell. — F. R. — Lien. — Dougl. — Sta. — H.-S. — Eversm. — ? Dup.

Palpis ochreo-fuscis, nigricantibus; alis anter. ferrugineo-fuscis, nitidis, punctis tribus (uno plicae, altero posteriore disci, tertio disci pone medium) nigris, albido-notatis, fascia postica subangulata, dilutiore, subobsoleta. — *Cf. Sta.* — 7⅔–7‴.

Var. Punctis evanescentibus.

Der vorigen Spezies sehr nahe verwandt, aber grösser, stärker seidenartig glänzend, in das Kupferartige schimmernd. Im Uebrigen ebenfalls bedeutend variirend, sowohl was Kolorit, als Zeichnungen betrifft. So verschwindet der weisse Schuppenbelag der drei schwarzen Punkte, bei andern Exemplaren sind diese ebenfalls nicht bemerkbar. Ein gutes diagnostisches Merkmal bilden, wie Herrich-Schäffer hervorhebt, die Franzen des Hinterrandes. Sie haben ungefähr in zwei Drittheil ihrer Länge eine Theilungslinie und sind vor derselben entschieden dunkelgrau. Auch die Palpen ganz reiner Exemplare zeichnen sich durch ihren schwarzen Schuppenbelag, namentlich an der Aussen- und Unterseite des zweiten Gliedes aus. Sie verlieren aber diesen bei längerm Fluge der Schabe, so dass sie dann mehr ockerartig erscheinen, allerdings auch jetzt noch dunkler, als bei G. Terrella.

In Lievland, England, Ungarn, vielen Gegenden des nördlichen und südlichen Deutschlands bis Oberkrain, endlich in Toskana. Juni bis August.

Bei Zürich selten, öfter in den Alpen. Ende Juli im Oberengadin bei Samaden, einige hundert Fuss über der Thalsohle in den Nadelholzwaldungen häufig, namentlich an Thymus Serpyllum. Die Engadiner Exemplare sind, verglichen mit zweien aus Frankfurt herstammenden Männchen meiner Sammlung, etwas grösser, schmalflügliger und nicht so scharf gezeichnet.

33. G. Senectella F. R. (H.-S. Tab. 68 fig. 507).

Senectella F. R. — Zell. — Lien. — Dougl. — Sta. — H.-S.

Fronte palpisque luteis, his infra fusco-squamatis; alis anter. dilute griseo-ochreis, fusco-suffusis (saepe omnino fuscis), punctis tribus disci nigris et fascia postica dilutiore, angulata, subdistincta.

G. Senectella wurde in Lievland, in England und in mehreren Gegenden Deutschlands um Farrnkraut beobachtet. Sie fliegt vom Juni bis in den August.

Ich ziehe ein Exemplar hierher, welches von Herrn Boll bei Bremgarten gefangen wurde und besonders dunkel, fast zeichnungslos erscheint.

34. G. Scabidella Zell. (H.-S. Tab. 75 fig. 568).

Scabidella Zell. — Lien. — H.-S. — Dissimilella Ti. — Dup. — Eversm. — Diffinis Haw. — Sta. — ? Steph. — ? Nebulea Haw. — ? Steph.

Alis anter. rufo-brunneis, stria obliqua basali prope basim saturate fusca, cum macula transversali dorsi scabra confluente, punctis duobus disci, in nebulam fuscam costalem inclusis, saturate fuscis, macula postica costae maculaque minore dorsi fuscis, fascia postica fere obsoleta, angulata, ochrea. — *Sta.* — $7^1/_2$‴.

Die Raupe lebt nach Stainton im April an Rumex acetosella, indem sie nach der Wurzel einen Gang bildet.

G. Scabidella dürfte in doppelter Generation, im Mai und Juni und dann wieder im Spätsommer erscheinen.

Lievland; England, hier stellenweise häufig; Deutschland an verschiedenen Orten, zuweilen häufig, z. B. Glogau, Frankfurt an der Oder und am Main, Dresden, Regensburg.

Unsere Schabe scheint in der Schweiz eine Seltenheit zu sein. Sie wurde 1855 von Herrn Pfaffenzeller im Oberengadin bei Samaden gefangen und von Herrich-Schäffer bestimmt. Ich sah indessen kein Exemplar in Natur und nehme sie nur auf Herrich-Schäffer's Autorität auf.

35. G. Galbanella F. R. (H.-S. Tab. 69 fig. 515).

Galbanella F. R. — Zell. — Dup. — Dougl. — Sta. — H.-S.

Capite ac palpis lutescentibus; alis anter. griseis, punctis duobus ante medium (uno plicae, altero poster. disci) punctoque disci pone medium nigris, spatio pone punctum plicae et inter puncta disci fere lutescente, absque griseo, fascia postica subobsoleta, angulata, non dentata, dilutiore. — *Cf. Sta.* — 7½'''.

G. Galbanella ist im Juli in Lievland, Schottland und manchen Gegenden Deutschlands (Neustrelitz, Dessau, im Riesengebirge, Böhmen, Wien, Regensburg, Frankfurt am Main und im Grossherzogthum Baden) beobachtet worden. Herrich-Schäffer citirt noch die östreichischen Alpen.

Bei uns nur im Gebirge. Herr Zeller fand sie 1855 bei Engelberg. Im Engadin kommt sie ebenfalls vor (Pfaffenzeller).

36. G. Holosericella H.-S.

Holosericella H.-S.

Palpis stramineis; alis anter. luteo-fuscescentibus, costa apiceque obscurioribus, punctis tribus magnis disci, fascia postica fracta, lutea. — 8½'''.

Gesicht und Scheitel gelblichbraun, Fühler braun, etwas dunkler geringelt. Palpen strohgelb, unterwärts dunkelbraun gefleckt und beschuppt. Rücken lehmbraun, Leib gelblichgrau mit gelblichem Afterbusche. Beine lehmbraun, an der Lichtseite, namentlich an Schiene und Tarsus, dunkler angeflogen und an letzterm gelb geringelt.

Vorderflügel schmal, nach hinten wenig erweitert, mit sehr abgerundetem Innenwinkel. Hinterflügel ziemlich breit mit sehr geringer Spitze und fast nicht ausgeschnitten. Die Farbe der vorderen ist ein helles Lehmbraun, durch dunklere Schuppen an der Costa, dem Innenrand der Querbinde und der Flügelspitze dunkler geworden.

Im Mittelraum stehen drei grosse tiefbraune Punkte, nämlich vor der Mitte zwei schief unter einander, von welchen der Costalpunkt queroval, der Dorsalpunkt fast zum kurzen Querstrich geworden ist, und hinter der Mitte erscheint der dritte unbestimmt dreieckige Punkt. Bei drei Viertheilen der Flügellänge beginnt die lehmgelbe Querbinde. Sie ist an der Costa am breitesten und hellsten, macht dann in der Hälfte ihres Verlaufes eine stumpfwinklige Biegung und läuft hinter dieser etwas nach einwärts. Die Spitze des Flügels dunkler braun. Die Adern scheinen leicht gelb bestäubt gewesen zu sein. Franzen bis zur Hälfte lehmbraun, dann graugelb, Hinterflügel hellgrau mit dunklerer Saumlinie und in das Gelbliche schimmernden Franzen.

Das einzige, männliche Exemplar, welches Herrich-Schäffer in seinem Texte beschrieben hat, traf ich im Oberengadin bei Samaden in der zweiten Julihälfte. Es ist an Kopf und Palpen etwas abgerieben.

37. G. Praeclarella H.-S.

Praeclarella H.-S.

Palpis stramineis, articulo secundo infra et externe nigro; alis latis nitidis, anter. ferreo-fuscis, venis obscurioribus, punctis tribus minimis; poster. coeruleo-cinereis. — $10\frac{1}{2}'''$.

Ein grosses, plumpgebautes, breitflügliges und starkglänzendes Thier, mit nach hinten verbreiterten Vorderflügeln und sehr stumpfen, kaum ausgebogenen hintern.

Kopf braun mit etwas gelblichem Anfluge; Fühler schwarzbraun; Palpen strohgelb, das zweite Glied nach unten und aussen tief schwarz mit ziemlich rauher Beschuppung; Rücken braun; Hinterleib oberwärts schwärzlichgrau, an der Spitze bräunlich, unten dunkler, schwärzlich; ebenso die Beine.

Die Vorderflügel haben ein tiefes, in das Eisengraue ziehendes Braun und sind auf den Adern, namentlich dem Hinterrande zu, dunkler, schwärzlich bestäubt. Drei Punkte sind sehr klein und schwach auf der Mitte wahrzunehmen, zwei vordere schief untereinander stehend (der innere viel mehr wurzelwärts) und dann ein unpaarer hinterer, welcher noch am deutlichsten von allen ist. Die Franzen gelblichbraun mit dunkler Theilungslinie über die Mitte.

Hinterflügel ziemlich dunkel bläulichgrau mit hellerer, nach aussen gelblich schimmernder Saumlinie und blassgrauen Franzen.

Die Unterseite dunkelgrau; die Franzen beider Flügel erscheinen mehr gelblich.

Das einzige Exemplar, ein Männchen, das Original zu Herrich-Schäffer's Beschreibung, erhielt ich in den letzten Tagen des Juli 1853 zwischen Samaden und Celerina im Oberengadin.

38. G. Rhombella S. V. (Hbn. Tab. 40 fig. 277 [schlecht]). — H.-S. Tab. 65 fig. 479).

Rhombella S. V. — Hbn. — Tr. — Dup. — Zell. — Lien. — Eversm. — Dougl. — Sta. — H.-S. — Rhombea Haw.

Capite cinero, palpis nigricantibus; alis anter. cinereis, maculis duabus baseos et punctis duobus disci nigris (primo in medio, secundo majore pone medium), nebula dorsi et costae post medium nigrescente, punctulis apicis et marginis postici nigris. — 7'''.

Die Larve, von Tischer und Mad. Lienig beobachtet, lebt im Frühling auf dem Apfelbaum in einem um den Körper gerollten Blattrande. Sie ist staubig, veilbraun oder schwärzlichgrün, mit drei weissen Längslinien, bräunlichem Kopf und Nackenschild.

Der Falter, gewöhnlich selten im Juli, namentlich in dessen ersterer Hälfte vorkommend, erscheint in Lievland, England, bei Stralsund, in Sachsen, bei Dessau, Frankfurt am Main, Freiburg, Regensburg, in Oestreich.

Ich traf ihn ein paar Male in der angegebenen Zeit an einem Waldrande des linken Seeufers bei Zürich spät am Abend. Er findet sich noch in vereinzelten Exemplaren in einigen hiesigen Sammlungen. Aus anderen Theilen der Schweiz sah ich kein Stück, dagegen berichtet Herr Rothenbach: »Schüpfen, sehr selten«.

39. G. Fugitivella Zell. (H.-S. Tab. 75 fig. 571)

Fugitivella Zell. — Lien. — Dougl. — Sta. — H.-S.

Alis anter. fusco-cinereis, nigro-nebulosis, maculis tribus costae nigro-fuscis punctisque tribus disci nigris, rufocinctis. — 6'''.

Die Raupe lebt an Haseln, Ahorn und Ulmen zu Anfang Mai. Nach Lienig ist sie leicht grünlich mit rosenrothem Anfluge, bräunlichem Kopf, Halsschild und Brustfüssen. Vor der Verwandlung wird sie ganz trüb rosenroth.

Die Schabe entwickelt sich im Juni und Juli. Lievland, England, Neustrelitz, Glogau, Berlin, Dessau, Heidelberg, Freiburg, Wien. Südwärts hat man sie bis Istrien beobachtet und hier noch in ziemlicher Höhe angetroffen. Sie findet sich namentlich an Ulmenstämmen und ist an manchen Orten häufig.

In der Schweiz, wie es scheint, sehr selten. In der Sammlung des Herrn Bremi hier befindet sich ein, von Zeller selbst bestimmtes Exemplar, welches schon vor längeren Jahren bei Zürich gefunden wurde. In der neuern Zeit kam sie Niemanden vor.

40. G. **Proximella** Hbn. (Hbn. Tab. 33 fig. 228. — H.-S. Tab. 66 fig. 492).

Proximella Hbn. — Tr. — Dup. — Zell. — Eversm. — Lien. — Dougl. — Sta. — H.-S.

Palpis albidis, articulo tertio nigro-annulato, capite, thorace alisque anter. dilute cinereis; his nigro-fusco nebulosis punctisque disci nigerrimis parvis. — 7½–7‴.

Die Larve ist von Fischer von Röslerstamm und Lienig, aber nicht ganz übereinstimmend, beschrieben worden. Nach letzterer ist sie schlank, grün, mit röthlichem, nach hinten zunehmendem Anfluge, einer (zweien, F. R.) graugrünen Längslinie über den Rücken. Kopf bräunlich mit dunklerem Fleck am Gebisse (Nackenschild grünlich mit vielen schwarzen Pünktchen und Flecken, F. R.). Schwarze haartragende Wärzchen stehen über dem Körper (Beine weissgrün, F. R.). Sie kommt im September an Birken und Erlen vor, indem sie sich wicklerartig einrollt.

G. Proximella, eine häufigere Spezies des Genus, fliegt im Frühling, namentlich im Mai in ansehnlicher Verbreitung.

Lievland; England, gemein; Deutschland, wohl überall vorkommend und nicht selten; Frankreich (Département du Nord) und in Toskana.

Auch in der Schweiz häufiger. Zürich, Anfang Juni; Bremgarten (Boll); Lausanne (Laharpe).

41. G. **Notatella** Tr. (H.-S. Tab. 66 fig. 493).

Notatella ? Hbn. — Tr. — Zell. — Lien. — Dup. — Dougl. — Sta. — Euratella Ti. — H.-S. — Proximella var. b, Zell (ol.).

Palpis cinereis, nigrescentibus, capite, thorace alisque anter. fusco-cinereis; his obscurius nebulosis, punctis disci scabris nigris, albido-cinctis. — 7–5½‴.

Die Raupe lebt im August und September an Wollweiden, theils zwischen zwei zusammengehefteten Blättern, theils auf der Unterseite des Blattes nahe an der Mittelrippe unter der abgelösten Wolle des Blattes verborgen. Ihre Farbe ändert, indem sie weissgrün, gelblich oder weiss ist. Ueber den Rücken schwarze Wärzchen, welche weisse Härchen tragen. Kopf und Nackenschild hellgelb, an dem Gebisse ein kleiner schwarzer Fleck. Brustbeine dunkel gefleckt, Bauchfüsse wie der Rücken (F. R. und Lien.).

Die Schabe, der vorigen nahe verwandt, erscheint im Mai.

Lievland; England; Deutschland, Neustrelitz, Weissenfeld, Dresden, Frankfurt am Main, Regensburg, Oestreich, auch im Gebirge auf dem Semmering; Ungarn.

In der Schweiz, wie es scheint, häufiger als G. Proximella. Zürich im Frühling, nicht selten; Bremgarten (Boll).

42. G. **Vulgella** Hbn. (Hbn. Tab. 50 fig. 346. — H.-S. Tab. 67 fig. 500).

Vulgella S. V. — Hbn. — Zell. — ? Dup. — Dougl. — Sta. — H.-S. — Aspera Haw. — Steph.

Palpis griseis, articulo terminali bis nigro-cincto, capite, thorace alisque anter. fusco-cinereis; his nebulis tribus costae unaque in medio dorsi obscurioribus, punctis duobus disci scabris nigris, albido-cinctis strigulaque scabra nigra, transversali ad angulum analem. — *Cf. Sta.* — 6‴.

Die Larve lebt zwischen zusammengesponnenen Weissdornblättern (Stainton, A. Schmid) im April.

Die Schabe im Juni und Juli, in England gemein; in Schlesien seltener, bei Dessau, bei Frankfurt am Main, im Baden'schen, bei Göttingen und Bonn.

Bei Zürich in den angegebenen Monaten an Weissdornhecken mehrfach und nicht selten erhalten. Auch von Bremgarten (Boll).

43. G. **Humeralis** Zell. (H.-S. Tab. 65 fig. 477 und 478).

Humeralis Zell. — Dougl. — Sta. — H.-S. — Lyella Curt. — ? Decorella Haw.

Palpis albido-cinereis, interne nitidis, articulo secundo externe fusco-squamato, tertio fusco-cincto, capite, thorace alisque anter. aut cinereo-albidis, aut cinereis, aut fusco-griseis; his angustulis, striola humerali alteraque obliqua subcontigua strigisque costae, disci et marginis postici nigris. — *Cf. Zell.* — 6‴.

Die höchst variirende, von Zeller genau beschriebene Art erscheint in unsern Gegenden vom Juli und August an bis in den Herbst und im ersten Frühling.

In England; im nördlichen Deutschland, z. B. bei Neustrelitz, Glogau, Dessau, Böhmen; bei Frankfurt a. M., Carlsruhe und Freiburg, Wien. Nach Herrich-Schäffer fliegt sie auch in den Alpen. Sie findet sich im Toskanesischen (Pisa) und kommt auch auf Sizilien bei Messina vor.

In der Schweiz scheint sie nach den bisherigen Beobachtungen dem nördlichen Theile zu fehlen. Auch in den Alpen kam sie uns noch niemals vor. Dagegen findet sie sich bei Lausanne (Laharpe) und bei Schüpfen (»selten«, Rothenbach). Von beiden Orten sah ich je ein Exemplar.

44. G. Mouffetella Tr. (Hbn. Tab. 36 fig. 245. Tab. 14 fig. 95.*)

Mouffetella S. V. — Hbn. — Tr. — Zetterst. — Steph. — Dup. — Zell. — Lien. — Dougl. — Sta. — H.-S. — ? Mouffetella L. — Punctifera Haw. — Pedisequella Zell. (ol.) — ? Hbn.

Palpis grisescentibus, articulo secundo infra et externe nigrosquamato, tertio annulo lato atro, capite, thorace ac alis anter. rufescente-griseis; his laeve squamatis, punctis quatuor scabris disci nigerrimis (duobus ante, duobus oblique positis pone medium) punctulisque apicis et marginis postici nonnullis. — 7‴.

Die Larve der allgemein bekannten Gelechie lebt im Frühling in engem Gewebe zwischen zusammengesponnenen Blättern von Lonicera Xylosteum und Periclymenum, sowohl in Wäldern als Gärten. Erwachsen ist sie schwarz, blaugrau am Kopfe, dem Nackenschild, den Brustbeinen und der Afterklappe. Der Halsschild ist fein weiss gerandet und die Seiten der zwei ersten Ringe führen einen weissen Längsstrich und oberwärts ein kurzes Querstrichelchen (Lienig. Tischer).

Die Schabe im Juni und Anfang Juli, aber versteckt lebend. England; Liev̇land; weit verbreitet im nördlichen und südlichen Deutschland.

---

*) Die Kolorite der Hübner'schen Tineentafeln müssen sehr verschieden ausgefallen sein. In dem Zürcher Exemplare kommt Pedisequella, fig. 95, in der Farbe und Zeichnung gut mit unserer Spezies überein, während fig. 245, Mouffetella, tief blaugrau erscheint und ziemlich unkenntlich ist.

Für die Schweiz: bei Zürich häufig; auch bei Lausanne (Laharpe) und gewiss noch an vielen andern Stellen.

45. G. Lugubrella Fab. (Hbn. Tab. 45 fig. 312).

Lugubrella Fab. — Zell. — Dup. — Lien. — H.-S. — Luctificella Hbn.

Palpis et fronte luteis, vertice, thorace alisque anter. nigris; his vitta duplici alba, una obliqua anteriore, altera posteriore, marginem posticum versus excavata. — *Cf. H.-S.* — 6½‴.

Eine seltene Gelechie, welche vereinzelt in Lievland vorkommt, ebenso in Schlesien und bei Dresden. Sie fliegt im Juni und Juli um Birken und Eichen.

Für die Schweiz bisher allein in der Alpenzone angetroffen. Herr Pfaffenzeller erhielt sie 1855 im Oberengadin bei Samaden in einigen Exemplaren. Da ich nur ein abgeflogenes Stück besitze, habe ich eine nähere Beschreibung unterlassen müssen.

46. G. Luctuella Hbn. (Hbn. Tab. 21. fig. 144).

Luctuella Hbn. — Zell. — Dup. — Lien. — H.-S.

Palpis flavidis, interne dilutioribus, fronte et capite albis, thorace et alis anter. nigris; his fasciis tribus albidis transversis, prima obliqua, secunda recta in medio, plicam vix ad basim superantibus, tertia tenui utrimque dentata, recta, apicem versus a costa usque ad angulum analem producta. — 7–6½‴.

Stirne und obere Seite des Kopfes rein weiss, nur bei einem meiner drei Exemplare mehr schwärzlich beschuppt. Fühler braunschwarz mit einzelnen hellen Schuppen über der Geisel. Palpen gelb, nach innen weisslicher, aussen mit vereinzelten schwarzen Schuppen. Brust und Abdomen schwärzlich, letztes nur am After etwas heller. Beine schwarz, weiss geringelt, namentlich an den Tarsen. Die Hinterschienen stark behaart, mit zwei weissen Gürteln und dergleichen Dornen.

Vorderflügel tief schwarz, etwas glänzend. Ueber sie gehen drei Binden. Die erste, ungefähr in ein Viertel der Flügellänge beginnend, nimmt in einiger Entfernung hinter dem hier schwarz bleibenden Costalrand ihren Ursprung, geht schief nach innen und hinten, hört aber schon mit der Faltenlinie auf. Sie ist die breiteste. Die zweite nimmt, ähnlich entfernt vom Vorderrande, ungefähr in der halben Flügellänge ihren Ursprung und endigt ebenfalls ungefähr in der Falte. Sie ist nach aussen etwas stark eingebogen und geht in gerader Richtung quer. Die dritte, ungefähr am letzten Viertheil, beginnt am Costalrande, um bis zum Afterwinkel sich zu erstrecken. Sie ist gleichfalls gerade, die feinste, nach innen und aussen in sehr kleinen Zähnchen vorspringend. Die Franzen bis zur halben Länge schwarz, dann schwarzgrau. Hinterflügel schwarzgrau mit dunkler, aussen weisslich gerandeter Saumlinie. — Unten sind beiderlei Flügel schwärzlichgrau.

G. Luctuella, gleichfalls eine der selteneren Gelechien, lebt möglicherweise am Moos oder den Flechten der Fichten (Lien.).

Die Schabe fliegt von Mitte Mai an den Juni hindurch.

Lievland, in einigen Gegenden Deutschlands, z. B. im Schwarzwald bei Freiburg bis gegen 3000' Meereshöhe, bei Augsburg und Regensburg.

In der Schweiz sehr einzeln, aber in weiter Verbreitung durch den ebneren Theil. Zürich (ich fing in der zweiten Junihälfte 1855 ein Stück an Nadelholz), Bremgarten (Boll), Neuveville (Couleru) und Lausanne (Laharpe).

47. G. **Luculella** Hbn. (Hbn. Tab. 59 fig. 397. — H.-S. Tab. 67 fig. 497. Var.).

Luculella Hbn. — Dup. — Zell. — Lien. — Sta. — H.-S. — Subrosea Haw. — Steph. — Luctuella Steph.

Capite cinereo, thorace alisque anter. nigris; his macula magna curvata subrosea, ante medium costae fere plicam tangente, maculam minorem nigram costae includente, maculis posticis oppositis (costali majore, dorsali saepius evanescente) albidis. — *Cf. Sta.* — 6'''.

Die Larve ist blassgrünlich, schwarz gefleckt und lebt nach einer Beobachtung Wing's während des Winters in faulem Holze.

Diese Gelechie kommt im Mai und Juni vor in Lievland, England, Frankreich (Dép. du Nord, bei Lyon), im nördlichen und südlichen Deutschland (bei Glogau, Dessau, Göttingen, Frankfurt am Main und an der Oder, Freiburg, Wien, Regensburg, Dresden). Sie sitzt gewöhnlich an alten Eichstämmen.

In der Schweiz selten; bisher nur bei Bremgarten von Boll beobachtet.

48. G. **Dimidiella** Hbn. (Hbn. Tab. 37 fig. 253).

Dimidiella Hbn. — Dup. — Zell — Lien. — H.-S.

Palpis flavidis; alis anter. vitellinis, vitta costali abbreviata, macula dorsi medii margineque postico late fuscis, punctis tribus dorsi nigris. — *Zell.* — 5‴.

Die zierliche, schöne Schabe geht nördlich bis Lievland, kommt hier und da in nördlichen wie südlichen Deutschland im Juli vor. So bei Glogau um Heidekraut, bei Wien, Laibach und Regensburg.

In der Schweiz selten und nur in den östlichen Alpen, nämlich im Engadin, beobachtet. Ich fing sie hier Ende Juli in dem Thal zwischen Samaden und Bevers; ebenso bei St. Moritz.

49. G. Unicolorella Zell.

Unicolorella Zell. (in litt.) — H.-S. — ? Unicolorella Dup.

Antennis nigris, palporum nigrorum articulo secundo et tertio aequalibus, capite purpurascente, thorace et alis anter. nitidis, viridi-nigris. — 5½–5‴.

Durch die beträchtliche Grösse von den folgenden verschieden. Diese Art findet sich nach Herrich-Schäffer im Juni und Juli bei Neustrelitz und Glogau, bei Regensburg und Wien, sowie am Semmering und auf dem Nanos in Oberkrain. Ich besitze sie in von Herrich-Schäffer bestimmten Stücken aus Göttingen.

Für die Schweiz habe ich sie nur von Zürich. Sie fliegt hier, aber ziemlich selten, auf den Bergwiesen des Uetliberges von der Mitte Juni an. Bremgarten (Boll). Auch bei Lausanne kommt sie vor. Ich sah ein Stück aus der Laharpe'schen Sammlung, das im Juli gefangen wurde.

50. G. Tenebrella Hbn. (Hbn. Tab. 65 fig. 434).

Tenebrella Hbn. — Tr. — Dup. — Zell. — Lien. — Dougl. — Sta. — H.-S. — ? Unicolorella Dup. — Subcuprella Steph.

Antennis nigris, palporum articulo secundo tertium longitudine superante, capite, thorace alisque anter. cupreo-nitidis, viridi-nigris. — 4⅔‴.

Von der vorigen Art durch geringeres Ausmass, sowie durch das kleinere Endglied der Palpen, welches an der Spitze weisslich ist, zu unterscheiden.

Die Larve wurde in England in der letzten Zeit von Moos erzogen, aber nicht näher beobachtet.

G. Tenebrella fliegt im Juni in weiter Verbreitung. Lievland; England; Deutschland (Neustrelitz, Dessau, Dresden, Böhmen,

Wien, Taunuswiesen bei Frankfurt am Main und der Schwarzwald bei Freiburg bis gegen 3000'); Toskana.

In der Schweiz findet sie sich bei Lausanne und Zürich. Ich erhielt sie im Juni namentlich an trocknen, mit Gras und niedrigem Nadelholz bewachsenen Waldstellen hier ziemlich häufig, und zwar gleich der folgenden Spezies in beiden Geschlechtern.

51. G. Tenebrosella F. R. (H.-S. Tab. 70 fig. 528).

Tenebrosella F. R. — Zell. — Dup. — Dougl. — Sta. — H.-S

Antennis nigris, apice albo, palpis, ut in praecedente, capite thorace alisque anter. cupreo-nitidis, viridi-nigris. — $4^{2}/_{3}'''$.

Der vorigen Gelechie auf das Innigste verwandt, nur durch die weisse Fühlerspitze verschieden. Sie fliegt untermischt mit der vorigen, aber in beiden Geschlechtern, und ist darum wohl eine haltbare, gute Art.

England, etwas seltener als G. Tenebrella; Deutschland (Glogau, Dessau, Böhmen, Regensburg und Freiburg); im Juni und noch im Juli.

Für die Schweiz habe ich sie nur von Zürich. Ich fing sie hier mit der vorigen Spezies an gleichem Orte und zu derselben Zeit; etwas später im Juli erhielt ich ein Exemplar bei Baden.

52. G. Obsoletella F. R. (F. R. Tab. 79 a—h).

Obsoletella F. R. — Dougl. — Dup. — Sta. — H.-S. — ? Elongella S. V.

Palpis griscescentibus, articulo secundo externe fusco-squamato; alis anter. dilute luteo-griseis, fusco-irroratis, punctis duobus ante, duobus vel uno pone medium nigro-fuscis. — 6'''.

Die Larve lebt nach Fischer von Röslerstamm vom Mai bis in den September in den Stielen von Atriplex laciniata, seltener der Chenopodien; am Meeresstrande an Chenopodium salis und maritimum. Sie ist erwachsen hellgrün, mit blass rosenrothem Längsstreifen über den Rücken und mit kleinen schwarzgrauen, ein weisses Borstenhärchen tragenden Wärzchen besetzt. Kopf honiggelb; Nackenschild schwarzbraun mit weisser Mittellinie; Afterklappe glänzend; die Füsse weisslichgrün.

Die Schabe vom Frühsommer an, nach Stainton im August, scheint nicht weit verbreitet, ist aber stellenweise sehr häufig. — Wien, Frankreich, England.

Für die Schweiz bisher nur bei Zürich, und zwar selten bemerkt.

53. G. **Artemisiella** Ti. (F. R. Tab. 30 fig. 2 a und b).

Artemisiella Ti. — Tr. — F. R. — Dup. — Zell. — Lien. — Dougl. — Sta. — H.-S.

Capite fusco-griseo, palpis grisescentibus, nigro-squamatis, articulo terminali bis nigro-cincto, thorace alisque anter. rufo-brunneis, squamis dispersis albidis punctisque disci quatuor nigris. — 5‴.

Die Raupe der häufig und weit verbreitet vorkommenden Gelechie lebt nach Tischer in den obern Blättertrieben der Artemisia campestris im Mai; nach A. Schmid zwischen versponnenen Blättern des Thymus Serpyllum. Sie ist beinweiss, mit drei grauen Längslinien; Kopf gelblich, an den Seiten schwarz punktirt, ebenso der erste Brustgürtel, welcher einen gelblich weissen Nackenschild hat. Füsse von der Farbe des Körpers.

G. Artemisiella, vom Juni bis August fliegend, in Lievland, England und weit durch Deutschland verbreitet, findet sich ebenfalls in der Schweiz als häufigere Erscheinung; indessen nur innerhalb der Alpen, wo sie namentlich auf Thymus Serpyllum vorkommt. Kanton Glarus im Klön- und Sernfthale an der Strasse. Engadin bei Samaden häufig; hier mag sie bis 6000′ Meershöhe aufsteigen.

54. G. **Nanella** S. V. (Hbn. Tab. 39 fig. 267 und ?268. — H.-S. Tab. 67 fig. 502).

Nanella S. V. — Hbn. — Zell. — Dup. — Dougl. — Sta. — H.-S. — ?Pumilella Hbn. — Nana var. β Haw.

Antennis albis, nigro-annulatis, palpis albis, nigro-conspersis, articulo terminali bis nigro-cincto, capite albido, squamis nigris intermixtis; alis anter. nigrescentibus, griseo albidoque irroratis, strigulis longitudinalibus nigris, fascia obliqua ante medium, in margine dorsali angulum analem versus valde dilatata, albida, strigulis duabus costae diffluentibus et linea tenui transversa postica albidis. — 5⅓–5‴.

Die Larve lebt nach A. Schmid bei Frankfurt im Mai an den Flechten der Pflaumenbäume, nach Wing in einem Gespinnst an den Blüthen des Birnbaums.

Die Schabe fliegt in Obstgärten, aber auch an Waldrändern im Juli.

England, das nördliche und südliche Deutschland und Italien (Toskana).

Für die Schweiz sind nur Bremgarten (Boll) und Zürich als Fundstellen bekannt. Hier nicht häufig im Juli zu später Abendstunde an einem Gehölze.

55. G. Albiceps Zell. (H.-S. Tab. 65 fig. 476).

Albiceps Zell. — Sta. — H.-S. — Nana Haw. — Aleella Steph.

Antennis albis, nigro-annulatis, palpis albis, nigro-conspersis, articulo terminali bis nigro-cincto, capite niveo; alis anter. nigerrimis, fascia obliqua transversa nivea, im margine dorsali postice valde dilatata, maculis duabus costae niveis, posteriore in lineam tenuem transversam usque ad angulum analem protracta. — 5‴.

Die schöne, der vorigen Spezies nahe verwandte Gelechie findet sich in England in Obstgärten; an verschiedenen Stellen Deutschlands (Neustrelitz, Glogau, Dresden, Regensburg). Ebenso kommt sie im südlichen Frankreich vor. — Ich sah ein von Lyon herstammendes Exemplar aus der Millière'schen Sammlung.

In der Schweiz bisher nur bei Zürich bemerkt. An einem Waldrande zu gleicher Zeit mit G. Nanella und fast häufiger als diese.

56. G. Gemmella L. (H.-S. Tab. 66 fig. 488).

Gemmella L. — Fab. — Sta. — H.-S. (Index). — Nivea Haw. — Nivella Steph. — Nigrovittella Dup. — Lepidella F. R. — Zell. — H.-S. (Text).

Antennis palpisque albis, nigro-annulatis; alis anter. albidis, nigro-maculatis et irroratis, maculis tribus costae et quatuor dorsi. — *Cf. Sta.* — 5‴.

Die Larve scheint an Eichen (den Flechten derselben?) vorzukommen, da an deren Stämmen die Schabe angetroffen wird.

G. Gemmella findet sich im Juli und August. England; Schweden; Lievland. In Deutschland bei Glogau, Frankfurt an der Oder und am Main, Wien, Gunzenhausen in Bayern, Regensburg, Freiburg, Carlsruhe. Sie kommt wohl überall selten vor.

Für die Schweiz ist bisher nur Bremgarten als Fundstelle bekannt geworden. Herr Boll erhielt hier im Juli 1855 ein Exemplar.

57. G. Umbriferella F. R. (H.-S. Tab. 70 fig. 524).

Umbriferella F. R. — H.-S.

Palpis luteis, fronte lutescente, vertice, thorace alisque anter. fusco-nigris, his maculis binis posticis oppositis (dorsali interiore) strigulisque apicis et marginis postici obsoletis, flavidis, ciliis nigrescentibus, ad angulum analem flavis. — 6‴.

Die wenig bekannte Gelechie, welche nach Herrich-Schäffer im Mai und Juli fliegt und wohl in Oestreich zuerst aufgefunden wurde, kommt bei Zürich vor. Ich fing hier im Juli 1855 ein nicht mehr ganz frisches Exemplar, welches Herrich-Schäffer zu bestimmen die Güte hatte, so dass ich jedenfalls die F. R.'sche Spezies in ihm besitze. Eine kurze Beschreibung hat Herrich-Schäffer gegeben.

58. **G. Coronillella** Ti. (H.-S. Tab. 70 fig. 522).

Coronillella Ti. — Tr. — Zell. — Dup. — Dougl. — Sta. — H.-S.

Antennis nigris, albido-annulatis, palpis externe nigrescentibus, interne albido-squamatis, fronte nigrescente, vertice, thorace alisque anter. nigro-fuscis; his maculis duabus posticis oppositis, parvis, flavido-albidis, dimidio apicali cinereofusco irrorato. — $6^1/_2$ – 6‴.

Die Larve nach Tischer im Mai an Coronilla varia zwischen zusammengesponnenen Blättern. Der Körper ist schmutzig weiss und zeigt auf den Ringen eine Querreihe rosenrother Flecke. Kopf blassgelb, Nackenschild hell, hinten mit einer Querreihe schwarzer Pünktchen.

G. Coronillella erscheint im Juni und auch im Juli. Sie ist in England, Deutschland bis gegen das adriatische Meer und in Toskana angetroffen und wohl eine der häufigeren Gelechien.

Zürich im Juni auf Waldwiesen; auch in den Alpen kommt sie häufig, und zwar in nicht unbeträchtlicher Höhe vor; so im Engadin bei Samaden 5363' Ende Juli.

59. **G. Anthyllidella** Hbn. (H.-S. Tab. 70 fig. 525).

Anthyllidella Hbn. — Zell. — Dup. — Dougl. — Sta. — H.-S. — Var. Albipalpella H.-S.

Antennis nigris, ad basim infra albido-annulatis, palpis nigrescentibus, interne albido-squamatis, fronte cinereo, vertice fuscescenti, thorace alisque anter. nigro-fuscis; his punctis duobus posticis oppositis, flavidis (dorsali minimo, saepe nullo), dimidio apicali cinereo-fusco irrorato. — 5½‴.

Die Larve lebt minirend mit weisslicher Stelle an Anthyllis vulneraria, Lathyrus pratensis, Onobrychis und verwandten Pflanzen im April und Juli.

Die Generation der in weiter Verbreitung fliegenden Schabe ist demnach in unseren Breiten eine doppelte, im Mai und dann im Juli und August; in den Alpen wird sie einfach. Lievland, England, das nördliche und südliche Deutschland, Italien, Toskana und Sizilien (Syrakus).

In der Schweiz bei Zürich auf trockenen, sonnigen Waldwiesen häufig; Baden (Bremi); auch in den Alpen; im Engadin an gleicher Lokalität mit der vorigen Spezies.

60. G. Biguttella F. R. (H.-S. Tab. 70 fig. 521).

Biguttella F. R. — H.-S.

Antennis nigris, ad basim infra albido-annulatis; palpis nigrescentibus, interne albis; fronte cinereo, vertice, thorace alisque anter. nigris, maculis posticis oppositis, albis. — 5‴.

Die Raupe soll nach Mann auf Dorycnium leben.

Wahrscheinlich gehören zu dieser bei Regensburg und Wien vorkommenden Art, welche auch noch in Oberkrain getroffen ist, ein oder zwei Exemplare, welche ich im Sommer 1855 bei Zürich fing und Herrich-Schäffer bestimmte.

61. G. Vorticella Zell.

Vorticella Zell. — Dougl. — Sta. — H.-S. — ? Vorticella Scop. — ? Tr.

Antennis nigris, albido-annulatis, capite et thorace nigris; alis anter. nigerrimis, fascia transversa nivea, fere recta (subtus praeter maculam costalem parvam evanescente). — *Cf. Sta.* — 6-5‴.

Ich besitze G. Vorticella in zahlreichen schweizerischen Exemplaren, ohne dass sich darunter ein Stück befände, welches für G. Ligulella Zell. mit Sicherheit genommen werden könnte.

Die Larve lebt nach Zeller im Mai an Genista tinctoria, gewiss aber noch an andern Pflanzen, da diese bei Zürich nicht vorkommt.

Die Schabe, deren geographische Verbreitung bei der unsichern Synonymik nicht schärfer zu bestimmen ist, scheint in Deutschland weit verbreitet zu sein. Sie findet sich auch in England. Ihre Flugzeit ist der Juni und Anfang des Juli.

Für die Schweiz bei Zürich gemein auf Waldwiesen, namentlich am Uetliberg. Ebenso kommt sie bei Lausanne vor (Laharpe).

62. G. Taeniolella Tr.

Taeniolella Tr. — Zell. — Dougl. — Sta. — H.-S.

Antennis nigris, albido-annulatis, capite et thorace nigris; alis anter. nigerrimis, fascia transversa nivea, fere recta, sed latiore quam in praecedente (subtus distincta et in maculam costalem alarum poster. continuata). — 5½–5‴.

Die Larve der, von vorigem Thiere durch die Unterseite sehr leicht zu unterscheidenden Art ist an mehreren niedern Pflanzen vorkommend. A. Schmid erzog sie in Frankfurt am Main von Medicago minima. Ich traf sie im Juni an Lotus corniculatus zwischen versponnenen Blättern, nahm aber leider keine Beschreibung.

England; Deutschland (Dresden, Regensburg, Wien, Frankfurt am Main, Grossherzogthum Baden, in Oberkrain); in Ungarn und in Italien bei Pisa.

In der Schweiz häufig im Juli. Zürich, gemein auf Waldwiesen, namentlich an trocknen Stellen; Bremgarten (Boll).

63. G. Naeviferella Zell. (H.-S. Tab. 73 fig. 547).

Naeviferella Zell. — Dup. — Dougl. — H.-S. — Sta. — ? Knockella Haw. — Steph. — ? Miscella Haw.

Palpis, capite, thorace alisque anter. nigrescentibus; his puncto postico, macula costali et triangulo dorsi ad angulum analem aurantiis. — 4½–3¾‴.

Die Larve der schönen Gelechie lebt an Atriplex und Chenopodien im Juni und dann im August und September. Sie minirt in einer weissen, grossen, flachen Mine, welche sie erst bei der Verpuppung verlässt und in welcher sie halbmondförmig gekrümmt gewöhnlich angetroffen wird.

Der Kopf ist braun, an den Rändern dunkler; der Nackenschild tief schwarzbraun, durch eine weisse Längslinie getheilt. Der Körper ist gelbgrün, der Darmkanal schimmert dunkel hindurch. Auf der Mittellinie des Rückens erscheint eine Reihe rostbrauner Flecke mit sehr zarter weisser Längslinie in der Mitte. Aehnliche, aber mehr unbestimmte Rostflecke stehen in den Seiten eines jeden Ringes über der Insertion der Füsse, welche sämmtlich die Farbe des Körpers besitzen.

Der Falter, im Mai und Juli (zuweilen verwandelt sich die Herbstgeneration der Larve in einzelnen Exemplaren gegen das Ende des Septembers), hat eine beschränkte geographische Verbreitung.

In England; in einzelnen Theilen Deutschlands, so bei Wien, Regensburg, Frankfurt am Main.

Für die Schweiz beobachtet bei Zürich, nicht gerade als Larve selten; bei Bremgarten (Boll) und bei Schüpfen (Rothenbach).

64. G. Hermannella Fab. (Hbn. Tab. 59 fig. 401 und 402).
Hermannella Fab. — Tr. — Dup. — Zell. — Eversm. — Dougl. — Sta. — H.-S. — Zinckeella Hbn. — ? Steph. — Schaefferella Don. — Steph.

Capite nigrescente, nitido, palpis flavescentibus, articulo ultimo fusco-terminato; alis anter. rubro-aurantiis, basi et margine postico nigris, fascia transversa ante medium, utrimque nigro-marginata, striisque tribus longitudinalibus posticis, plumbeo-nitidis. — *Cf. Sta.* — 4½–4‴.

Die Larve der sehr bekannten Gelechie kommt mit der vorigen an Atriplex und Chenopodium in doppelter Generation, aber etwas später vor. Sie minirt mit rundlicher grünlicher Mine in concentrischen Streifen des Blattes, verlässt aber ihre Wohnung, um eine neue zu bilden.

Sie ist breit, plump, nach beiden Enden etwas zugespitzt. Kopf honiggelb, mit dunkler Zeichnung, Mundtheile dunkler. Der Körper ist glasartig durchsichtig, weissgrün, an jedem Ring mit einer bräunlichen Warze versehen, zu welcher auf dem ersten noch einige bräunliche Flecke hinzukommen. Geht die Raupe im erwachsenen Zustande aus der Mine heraus, so erscheint sie, wie Fischer von Röslerstamm zuerst richtig beobachtete, mit acht Längsreihen verschieden geformter rother Flecke über den Körper.

Die Schabe, im Mai und Juni und dann in zweiter Generation während des hohen Sommers lebend, hat eine ausgedehnte Verbreitung durch unsern Welttheil.

England; wohl überall in Deutschland; Oestreich, Italien (Toskana und Neapel).

In der Schweiz wohl überall in den ebneren Theilen vorkommend. Bisher nur von Zürich und Baden, wo sie als Larve gemein ist, und von Bremgarten (Boll).

65. **G. Ericinella** Zell. (Hbn. Tab. 31 fig. 210 [schlecht]. H.-S. Tab. 72 fig. 540).

Ericinella Dup. — Zell. — Lien. — Dougl. — Sta. — H.-S. — Micella Hbn. — Tr.

Palpis fuscis, articulo terminali flavescente, fusco-bicincto; capite cinereo; alis anter. rufo-fuscis, strigis transversis duabus obliquis, quarum ultima cum tertia recta conjuncta, maculisque duabus posticis costae ac dorsi (saepius inter se conjunctis, fasciam quartam formantibus), maculisque parvis marginis postici, plumbeis, nitidis. — 6‴.

Die Larve dieser Art lebt Anfangs Juni an Heidekraut in zartem Gespinnste.

Die Schabe, nur in einfacher Generation erscheinend, fliegt im Juli und August.

Lievland, das südliche England, Deutschland, Oestreich, Krain und Ungarn.

Das an manchen Orten häufige Thierchen ist bisher nur an einer einzigen Stelle der Schweiz angetroffen worden, nämlich in den Umgebungen von Pfäffikon (Kanton Zürich). Hier fand sie Ende Juli 1855 Herr Dr. E. Suter.

66. **G. Heliacella** H.-S. (H.-S. Tab. 72 fig. 544).

Ich kenne diese, nach einem einzigen Exemplare von Herrich-Schäffer aufgestellte neue Art nicht in der Natur und kopire desshalb seine Beschreibung:

„Alis anter. fuscis, apicem versus cinnamomeis, maculis costalibus tribus argenteis, anteapicali majore alba.

Dunkelbraun, rostgelb gemischt, drei parallele unbestimmte Silberstreifen gegen den Afterwinkel gerichtet, ein weisser Schrägfleck am Vorderrande vor der Spitze; Endhälfte der Franzen weiss, an der Flügelspitze und im Afterwinkel, gleich ihrer Wurzelhälfte, dunkel. Die Palpen lassen nicht genau unterscheiden, ob sie ganz weiss waren; der Kopf scheint dunkel.

Ein nicht ganz reines Exemplar aus der Schweiz in Fischer von Röslerstamm's Sammlung.«

67. **G. Superbella** Ti. (H.-S. Tab. 72 fig. 546).

Superbella Ti. — Zell. — Dup. — H.-S.

Antennis albidis, nigro-annulatis, palpis albidis, immaculatis, capite albo, thorace et alis anter. fusco-nigris; his fasciis duabus transversis, obliquis costae, maculis duabus posticis (una costae, altera dorsi) punctisque marginis postici argenteis. — $4^1/_2$'''.

Das prächtige Thierchen findet sich in Lievland und in verschiedenen Theilen Deutschlands, so Glogau, Dresden, Regensburg, Wien, Frankfurt am Main. Südwärts wurde es bis Wippach in Oberkrain angetroffen. Es kommt an dürren Stellen um Artemisia im Mai und Juni vor.

In der Schweiz bisher nur als alpines Insekt angetroffen. Ich erhielt die Art Ende Juli im Engadin zwischen Samaden und Bevers, im Thale auf einer Wiese in Mehrzahl.

68. **G. Micella** S. V. (H.-S. Tab. 72 fig. 543).

Micella S. V. — Zell. — Dup. — Lien. — H.-S. — Asterella Tisch. — Tr.

Palpis flavidis, immaculatis, capite ac thorace fuscis, violaceotinctis; alis anter. fuscis, metallice nitidis, fascia bis interrupta baseos, punctis disci, guttis duabus posticis (una costae, altera dorsi) punctulisque marginis postici coeruleoargenteis. — 6'''.

G. Micella, deren Larvenzustand wir noch nicht kennen, findet sich in mehreren Theilen Deutschlands, in Mecklenburg, Sachsen und Oestreich, ebenso bei Freiburg. Sie kommt auch in Lievland vor, fehlt aber der englischen Fauna. Ihre Flugzeit ist der Juni und Juli.

Für die Schweiz bisher nur bei Zürich angetroffen. Sie fliegt hier ziemlich selten an lichten Stellen der Laubholzwaldungen, namentlich nach Sonnenuntergang.

69. **G. Cerealella** Oliv.

Cerealella Oliv. — Dup. — Dougl. — Sta. — H.-S. — Granella Latr. — Pyrophagella Koll.

Capite albescente-ochreo, palpis dilute flavidis, articulo terminali fusco-annulato; alis anter. angustis, acuminatis, obscure ochreis, postice saturatioribus, punctis nonnullis indistinctis plicae fuscis. — *Cf. Sta.* — 7 – $6^1/_2$'''.

Die Larve (nach Réaumur) ist glatt, weiss, mit etwas bräunlichem Kopf. Bei ihrer Schädlichkeit ist die Lebensweise von französischen Naturforschern genauer verfolgt worden. Die Eier werden an das noch auf dem Halm stehende Getreide, Roggen, Weizen und Gerste, gelegt. Nach wenigen Tagen bohrt sich das Räupchen, indem es die Eihülle verlässt, in das Korn ein. Dieses höhlt es allmälig ganz aus, um sich schliesslich in ihm zu verpuppen. Das Ausschlüpfen des Falters geschieht dann gewöhnlich erst in den Getreidemagazinen (vrgl. Duponchel's Supplément).

G. Cerealella, bisher in Deutschland als einheimisch nicht bemerkt, kommt in Italien und Frankreich vor, auch in der Walachei. Sie scheint mit dem Getreide weiter nördlich verschleppt zu werden, wie sie in Wien und selbst in England angetroffen worden ist.

In derselben Weise scheint sie ein uneigentliches Mitglied der schweizerischen Fauna zu werden. Ich erhielt sie im Juli einige Mal in meiner Wohnung, deren hintere Räume ein Magazin sind, in welchem zeitweise Cerealien liegen.

70. G. Sabinella Bsdvl. (H.-S. Tab. 64 fig. 468 und 469).

Sabinella Bsdvl. — Zell. — Dup. — H.-S.

Alis anter. cinereis, nigro-irroratis, lineis transversis posticis et vitta longitudinali media lata, nigris, hac bis vel ter albo-interrupta. — *Cf. H.-S.*

Die Vorderflügel dunkelgrau mit stark schwarzer Bestäubung, welche sich zu einem Mittellängsstreifen häuft, der dreimal weisslich unterbrochen ist, nämlich in einem Viertel der Flügellänge, etwas vor und etwas hinter der Mitte. Die Hinterrandslinie führt grob schwarze Punkte, deren zwei oder drei noch auf den Vorderrand treffen; die Wurzel des Vorderrandes und ein Strichelchen in der Falte schwarz, desgleichen die Wurzelhälfte des mittleren Palpengliedes; das Endglied mit zwei unbestimmten schwarzen Ringen.

Die Raupe lebt im Juni auf dem Sadebaum (Juniperus Sabina).

Diese Gelechie ist um Wachholder im Juli bei Glogau und Neustrelitz gefunden worden.

Sie wurde in der Schweiz entdeckt, wohl im Wallis.

Mir ist sie in der Natur unbekannt geblieben. Diagnose und Beschreibung sind fast wörtlich aus dem Herrich-Schäffer'schen Werk entnommen.

71. G. Gibbosella Zell. (H.-S. Tab. 64 fig. 470).

Gibbosella Zell. — Lien. — Dougl. — Sta. — H.-S. — ? Zephyrella Steph.

Palporum articulo secundo infra scopiformi, tertio supra hirsute squamato; alis anter. angustis, griseo-marmoratis, costam versus dilutioribus, ipsa basi dorsi albida, striga obliqua juxta basim nigra, macula oblonga costae mediae fusca, fascia postica angulata, albida, obsoleta, maculis tribus scabris supra plicam fuscis. — *Cf. Sta.* — 8'''.

Die starke, bürstenförmige Behaarung des zweiten Tastergliedes und die auf dem dritten oberwärts aufliegenden rauhen Schuppen veranlassten Stainton, für unsere Spezies das Geschlecht Psoricoptera zu bilden.

Die schlanke, rasche Larve lebt im Juni wicklerartig im eingerolltem Blattrande, nach Lienig an Wollweiden, nach A. Schmid an Eichen. Nach jener ist sie erwachsen beinweisslich mit feinen schwärzlichen Wärzchen, die einzelne lichte Haare tragen, und tiefgrauer Längsbinde an beiden Seiten des Rückens. Der Kopf ist schwärzlich angeflogen, die Brustbeine schwarz, der Halsschild nur am hintern Rande; Bauchfüsse und Afterklappe von der Körperfarbe. Kurz vor der Verwandlung ändert sie ihr Kolorit ins Grünliche. Ueber den Rücken zieht jetzt eine graugrüne Längsbinde mit zugerundeten rosenrothen Fleckchen in den Einschnitten. Etwas tiefer erscheint eine bräunliche und noch weiter abwärts eine aus rosenrothen Flecken bestehende Längsbinde; der Kopf ist nun dunkler braun, der Halsschild, mit Ausnahme des schwarzen Hinterrandes, wachsgelb.

Das vollendete Insekt findet sich im Juli in Lievland und in England; ebenso in Deutschland, so bei Berlin, Weissenfels, Dessau, Frankfurt am Main und Wien. Nach Herrich-Schäffer soll unsere Spezies auch bei Paris vorkommen.

In der Schweiz scheint G. Gibbosella ebenfalls, wie wohl überall, selten zu sein. Ich kenne ein einziges schweizerisches Exemplar, das von Neuveville aus der Sammlung des Herrn Couleru stammt.*)

---

5. Genus. PARASIA.

Parasia Dup. — Sta. — H.-S. — Recurvaria p. Haw. — Cleodora p. Steph. — Gelechia p. (Metzneria) Zell.

*) Ich besitze noch zwei andere schweizerische Spezies des Genus Gelechia, aber nur in einzelnen Exemplaren, und übergehe sie desshalb mit Stillschweigen.

Caput laeve; ocelli distincti; antennae filiformes, articulis brevibus; haustellum mediocre, squamatum; palpi maxillares brevissimi; palpi labiales longi, recurvati, articulo secundo squamis subhirsutis, terminali brevi, hirsute squamato. Alae anter. elongatae, angustae, poster. trapezoidales, valde emarginatae, longe ciliatae; anter. vena apicalis trifida, infra eam rami quatuor in marginem posticum; subdorsalis basi furcata; poster. vena apicalis furcata, infra eam venulae duae (vel una?), mediana trifida.*)

Die schlanken, schmalen Vorderflügel, sowie die sehr stark ausgeschnittenen hintern geben den Arten des Geschlechtes Parasia etwas Eigenthümliches gegenüber den nahe verwandten Gelechien, obgleich ein Theil der letzteren mit ihnen das gleiche Geäder der Vorderflügel theilt (siehe oben). Auffallend sind die Palpen dadurch, dass, wie Herrich-Schäffer richtig hervorhebt, ihr Endglied rauh beschuppt ist.

Die Larven leben theils in den Stielen gewisser Pflanzen, theils in den Blumenköpfen anderer.

Die Artenzahl ist gering; in Europa sind zur Zeit 5 bekannt, von welchen 4 in der englischen Fauna erscheinen.

Die versteckte Lebensweise der Schabe mag die Ursache sein, dass zur Zeit für unser Faunengebiet nur eine einzige Spezies angetroffen wurde.

1. **P. Neuropterella** F. R. (H.-S. Tab. 74 fig. 556).

Neuropterella F. R. — Zell. — Dup. — Lien. — Dougl. — Sta. — H.-S.

Alis anter. ochreis, costa margineque postico cinnamomeis, venis omnibus distincte cinnamomeis. — *Sta.* — $8\frac{1}{2}'''$.

In England selten, im Juli und August in Lievland. Im Oestreichischen, bei Wien und in Ungarn.

Ein Exemplar wurde schon vor längerer Zeit in den Umgebungen Zürichs von Herrn Bremi gefunden und von Zeller bestimmt. Es ist bis jetzt einzig geblieben.

---

*) Stainton gibt bei P. Carlinella Sta. für die Hinterflügel unter der Apicalader zwei aus der Quervene stammende Hinterrandsadern an. Bei P. Lappella L. sehe ich nur eine sehr feine, mehr einer Faltenlinie gleichende Vene und die Querader gar nicht.

6. Genus. CLEODORA.

Cleodora Sta. — p. Curt. — Eupleuris Hbn. — H.-S. — Ypsolophus p. Zell. (Megacraspedus). — Alucita p. Dup. — Plutella p. Tr.

Capilli depressi; ocelli distincti; antennae articulis elongatis, apicem versus dentatae; haustellum longiusculum; palpi labiales recurvati, articulo secundo scopiformi, pilis antrorsus longioribus, tertio reflexo. Alae angustae, longé ciliatae; anter. cellula discoidalis elongata, vena apicalis trifida, infra eam rami quatuor in marginem posticum, subdorsalis basi furcata; poster. infra apicem valde emarginatae, vena apicalis simplex, mediana trifida. — *Cf. Sta.*

Im Aderverlaufe dem vorigen Genus nahe verwandt und ebenfalls, wenn gleich weniger, schmalflüglig und mit langen Franzen, unterscheidet sich Cleodora durch die anders gebauten Palpen, durch den langen Bart des mittleren Gliedes, dessen Haare allmälig nach vorne an Länge zunehmen, sowie durch das nackte aufsteigende Endglied.

Unter den wenigen bekannten europäischen Spezies ist bisher nur eine im Faunengebiete der Schweiz angetroffen worden.

1. C. Cytisella Curt. (H.-S. Tab. 74 fig. 562).

Cytisella Curt. — Sta. — Coenulentella F. R. — H.-S. — Walkeriella Dougl. — Fuscipennis Wood.

Capite, thorace palpisque luteo-albidis; alis anter. olivaceis, costam versus saturatioribus, striga costae transversa punctulisque pluribus poster. albis, ciliis griseo-fuscis, apice bis fusco-cincto. — $5^2/_3$‴.

Diese Schabe, im Juli in England um Farrnkraut und Ginster erscheinend, in Mecklenburg um Wachholder fliegend, kommt bei uns in den Alpen vor. Ein Exemplar, welches Herrich-Schäffer bestimmte, wurde von Laharpe auf der Furka erbeutet.

---

7. Genus. CHELARIA.

Chelaria Haw. — Curt. — Steph. — Dup. — Sta. — H.-S. — Gelechia p. Zell.

Caput laeve; ocelli nulli; antennae articulis brevibus, apicem versus dentatae; haustellum mediocre, squamatum; palpi maxillares brevissimi (?); palpi labiales longi, recurvati, articulo secundo infra in fasciculum magnum scopiformem producto, tertio supra pone medium squamis suberectis. Alae angustae, mediocriter ciliatae.

Die höchst eigenthümlich behaarten Labialpalpen charakterisiren das Genus.

Der Aderverlauf, welchen Herrich-Schäffer untersucht, aber nicht abgebildet hat, scheint sich demjenigen des vorhergehenden Genus anzureihen; die Vorderflügel mit dreigespaltener Apicalvene.

Die Larve der einzigen Spezies lebt an Bäumen, deren Blätter sie durchlöchert.

1. Ch. Conscriptella Hbn. (Hbn. Tab. 41 fig. 283).

Conscriptella Hbn. — Dup. — Zell. — Eversm. — Lien. — H.-S. — Conscripta Haw. — Hübnerella Don. — Sta. — Rhomboidella Curt. — Steph, — Dup.

Palporum articulo secundo infra, tertio supra fusco-squamato; capite, thorace alisque anter. griseis; his macula costali media magna, triangulari strigaque apicis nigro-fuscis. — 9-8'''.

Die Raupe lebt nach Lienig an Birken, nach A. Schmid auch noch sicher an Espen.

Sie erscheint im Juni und ist erwachsen weisslich mit schwarzem Kopf und Nackenschild. Bräunliche Wärzchen mit einem fast weissen Nebenpünktchen und einigen lichten Haaren stehen über den Körper. Einige Zeit vor der Verwandlung geht die Körperfarbe in das Braunröthliche über (Lienig).

Die Schabe im August, September und Oktober in England, Lievland, Nordfrankreich und Deutschland, und zwar von Danzig bis Freiburg.

Für die Schweiz bisher nur bei Lausanne angetroffen im August (Laharpe).

8. Genus. HYPSOLOPHUS.

Hypsolopha H.-S. — Ypsolophus Sta. — p. Haw. — Zell. — Rhinosia p. Tr. — Palpula et Rhinosia p. Dup. — Macrochila p. Steph.

Caput laeve; ocelli plerumque nulli; antennae filiformes, denticulatae, ♂ ciliis minimis instructae; haustellum mediocre, squamatum; palpi maxillares nulli; palpi labiales permagni, articulo secundo infra in fasciculum magnum scopiformem producto, tertio laevi, adscendente, longo. Alae anter. interdum latiusculae, poster. trapeziformes; alarum anter. vena apicalis furcata ante apicem exit, infra eam rami quatuor in marginem posticum, quorum ultimus furcatus est; vena subdorsalis basi furcata; poster. vena apicalis simplex, infra eam e venula transversa rami duo simplices, mediana trifida. — *Cf. Sta.*

Ocellen scheinen nur bei wenigen Arten vorzukommen, in der Regel zu fehlen. Der Aderverlauf zeigt uns auf den Vorderflügeln das Eigenthümliche, dass die letzte Hinterrandsader gabelförmig ist; so bei H. Marginellus, Limosellus und Fasciellus; doch scheint dieses nach Herrich-Schäffer's Angaben nicht immer vorzukommen. Die Vorderflügel bald mehr breit, bald schmäler. Die Franzen von mässiger Länge. Ausgezeichnet ist die Bildung der Taster. Sie sind von beträchtlicher Grösse, das Mittelglied horizontal, divergirend, nach vorne und unten lang gebartet. Aus ihm hebt sich ansteigend das nackte, schlanke, zugespitzte Endglied hervor.

Die Raupen, soweit wir sie kennen, leben in Geweben oder mehr nach Art der Wickler.

Die Zahl der europäischen Arten ist nicht beträchtlich. 4 derselben kommen in unserer Fauna vor. Keine scheint die Alpenzone zu erreichen, Die Fauna Englands hat auffallender Weise nur 2 Spezies.

1. H. Ustulellus Fab. (Hbn. Tab. 23 fig. 159. Tab. 48 fig. 331).

Ustulellus (a) Fab. — Tr. — Dup. — Zell — Lien. — H.-S. — Ustulatus Fab. — Capucinella Hbn.

Palpis nigro-fuscis, articulo terminali supra flavido, capite thorace alisque anter. brunneis; his angustis, luteo-squamatis ciliisque lutescentibus. — 9‴.

Die Schabe, deren Larve an Birken leben soll, erscheint im Mai und Juni in weiter Verbreitung, aber selten. Lievland, Ungarn, das Neapolitanische, Nordfrankreich; in Deutschland mehr im Süden, Frankfurt am Main, Karlsruhe, Constanz; Oestreich.

In der Schweiz selten. Von Bremgarten (Boll) und von Lausanne (Laharpe).

2. **H. Fasciellus** Hbn. (Hbn. Tab. 16 fig. 111).

Fasciellus Hbn. — Haw. — Tr. — Dup. — Steph. — Curt. — Zell. — Lien. — Sta. — H.-S.

Palpis fusco-luteis, articulo medio externe saturatiore; alis anter. dilute rufo-fuscis, punctis tribus obsoletis, saturate fuscis fasciaque postica angulata, dilutiore. — 11–10‴.

Die Larve lebt im September an Prunus spinosa, nach Art einer Tortricidenraupe. Sie hat nach Tischer einen gelben Kopf und gleichfarbigen Nackenschild mit zwei grossen schwarzbraunen Flecken und einer schmalen dunkeln Seitenrandlinie. Der Körper ist gedrungen, über den Rücken blassgrün mit dunklerer Mittellinie. Jedes Segment zeigt nach oben vier und in der Seite drei schwarze Punktwärzchen.

Der Falter, in unsern Klimaten von der zweiten Maihälfte an, findet sich in ansehnlicher Verbreitung. Lievland; England (hier als Seltenheit); Frankreich; Deutschland; Oberkrain und Istrien bis Ungarn und Toskana.

In der Schweiz häufiger. Zürich, Bremgarten (Boll), Schüpfen (Rothenbach in litt.).

3. **H. Limosellus** Schläger.*)

Palpis griseis, articuli secundi fasciculo infra et externe nigrescente; capite thorace alisque anter. griseo-luteis; his punctis tribus vel quatuor disci nigris, fascia postica angulata, dilutissima. — 10½–10‴.

Durch helleres Kolorit der breiteren gedrungeneren Vorderflügel, durch die etwas mehr vorstehende Spitze zeichnet sich diese, dem Hyps. Fasciellus nahe verwandte Art aus, deren Larve an niedern Pflanzen lebt.

Ich besitze nur zwei Exemplare, von welchen das eine noch defekt ist. Sie wurden von Herrn Boll aus Jena mitgebracht.

*) Unter diesem Namen erhielt ich die Spezies von Herrn Martini in Weimar.

Die Fühler scheinen etwas deutlicher schwarz geringelt als bei H. Fasciellus zu sein. Die Palpen verhalten sich ähnlich; das Endglied, etwas kürzer, ist nach innen reiner weissgrau, ebenso der Rücken des Bartes am zweiten, während er nach innen unterwärts, ebenso an seiner Aussenseite dunkler und schwärzlicher wird. Kopf und Brust wenig heller als bei H. Fasciellus; Leib wie bei voriger Spezies, ebenso die Beine. Die Farbe der Vorderflügel ist weniger braun als bei dieser, mehr in das Gelblichgraue ziehend. Dabei sind sie etwas breiter und auffallend kürzer. Die Punkte scheinen ziemlich wechselnd auszufallen. Bei dem einen meiner Exemplare, einem Männchen, stehen dicht vor der Mitte zwei von braunschwarzer Farbe schief übereinander, indem der untere der Wurzel viel näher liegt. Dann folgen nach der Entfernung von etwa ³/₄‴ zwei andere von derselben Farbe und gleicher Deutlichkeit. Sie stehen aber dichter untereinander und fast ganz senkrecht. Bei dem andern Exemplare, einem Weibe, sind sie sehr klein, viel weniger deutlich. Der untere Punkt der innern Reihe ist kaum sichtbar, während er in der äusseren oder hinteren Reihe fehlt. Die Binde ist ziemlich spitzwinklig, sehr wenig heller als die Grundfarbe der Vorderflügel; bei dem einen Stück wurzelwärts durch dunklere Schuppen hervorgehoben. In der Flügelspitze erscheint noch eine strahlartige Verdunkelung.

Die Hinterflügel sind etwas weniger zugespizt als bei H. Fasciellus, heller grau mit gelblichen, wie es scheint, längeren Franzen.

Die Unterseite etwas heller, die Franzen des vorderen Flügelpaares weniger gelb.

Diese Spezies wurde vor einigen Jahren von Schläger bei Jena entdeckt.

Herr Boll fand sie 1855 bei Bremgarten ebenfalls auf.

4. H. Renigerellus F. R. (H.-S. Tab. 81 fig. 621).

Renigerellus F. R. — H.-S.

Palpis albido-griseis, fasciculo externe lutescente; alis anter. luteo-griseis, fusco-irroratis, maculis tribus disci flavis, fusco-cinctis, apice albidiore, ciliis albido-griseis, linea basali nigra apicibusque saturatioribus. — 6‴.

Durch die gelben Makeln der Vorderflügel eine ausgezeichnete Spezies.

Diese in Ungarn aufgefundene, seltene Art traf ich am 2. Juli 1854 an einer Hecke auf einer Waldwiese des Uetliberges bei Zürich in einem einzigen Exemplare. Herrich-Schäffer bestimmte es. Leider ist dasselbe nicht mehr frisch genug, um es einer ausführlichen Beschreibung zu Grunde zu legen.

---

9. Genus. SOPHRONIA.

Sophronia Sta. — p. H.-S. — Sophronia et Pleurota p. Hbn. — Ypsolophus p. Haw. — p. Zell. — Palpula et Harpipteryx p. Tr. — Harpipteryx et Rhinosia p. Dup. — Macrochila p. Steph. — Aplota p. Curt.

Caput laeve; ocelli distincti; antennae filiformes, articulis cylindricis, pubescentibus; haustellum mediocre, squamatum; palpi maxillares nulli; palpi labiales permagni, articulo secundo infra scopiformi, pilis antrorsus productis, terminali laevi, adscendente, longo. Alae anter. elongatae, apice prominenti, poster. trapeziformes; alarum anter. vena apicalis furcata ante apicem exit; infra eam rami quinque simplices, quorum ultimus a penultimo remotus; vena subdorsalis basi furcata; poster. vena apicalis simplex, infra eam e venula transversa rami duo simplices, mediana trifida. — *Cf. Sta.*

Dem vorigen Genus sehr nahe verwandt, zeigt uns Sophronia schmälere, mit mehr sichelförmiger Spitze versehene Vorderflügel, deren Franzen länger und um die Spitze herum mit mehreren dunklen Theilungslinien versehen sind. Statt der letzten Gabelader des Hinterrandes erscheinen hier zwei einfache Adern, so dass ihrer fünf in den Hinterrand auslaufen. Die Hinterflügel kommen, auch in dem Aderlauf, mit denjenigen des Genus Hypsolophus überein.*) Die wenig knotigen Fühler, die deutlichen Ocellen ergeben einen weiteren Unterschied.

Die Artenzahl ist gleichfalls eine geringe, so dass nur 2 Spezies in der schweizerischen Fauna vertreten sind, die gleichen wie in der englischen. Beide steigen in den Alpen zu beträchtlicheren Höhen empor.

---

*) Stainton's Darstellung des Geäders ist vollkommen naturgetreu. Die Ocellen sind von ihm übersehen worden.

1. S. Parenthesella L. (Hbn. Tab. 59 fig. 396).

Parenthesella L. — Fab. — Haw. — Steph. — Curt. — Sta. — Semicostella Hbn. — Tr. — Dup. — Zell. — H.-S.

Palpis ♂ cinereis, ♀ albido-griseis, apice saturatiore, capite ac thorace saturate-griseis; alis anter. angustis, nigro-griseis, striis longitudinalibus ferrugineis, costa usque pone medium anguste alba, punctis duobus pone medium tertioque apicis nigris. — $9 - 8\frac{1}{2}'''$.

Die Flugzeit ist der Juni und Juli. Unsere Art findet sich in Schweden, England, in verschiedenen Gegenden Deutschlands, im Norden wie im Süden (Glogau, Frankfurt an der Oder, Salzbrunn, Bonn, Frankfurt am Main, Freiburg, Regensburg etc.).

In der Schweiz eine der häufigeren Schaben, aber nur im Gebirge. Im Jura (Rothenbach in litt.), in den westlichen wie in den östlichen Alpen. Ich erhielt sie auf den Glarner Bergen. Gemein im Engadin Ende Juli, wo ich sie bei Samaden bis zu 6000' Meereshöhe antraf.

2. S. Humerella S. V. (H.-S. Tab. 53 fig. 372).

Humerella S. V. — Hbn. — Zell. — Dup. — Lien. — Sta. — H.-S.

Palpis albido-griseis, articulo tertio apicem versus fusco, capite albido, thorace et alis anter. fuscis; his stria basali costae, ante medium a costa reflexa, strigulis tribus costae unaque dorsi pone medium, albis, puncto apicis nigro. — *Sta.* — $5\frac{1}{3} - 5'''$.

Die Larve lebt nach A. Schmid auf Gnaphalium arenarium, und, wie Herrich-Schäffer berichtet, auch auf Thymus Serpyllum.

Das schöne Thierchen findet sich von Lievland an weiter südlich durch Deutschland; es fliegt an dürren Stellen, namentlich in Nadelholzwaldungen, um Gnaphalium arenarium im Juli. Man beobachtete es bei Glogau, Frankfurt am Main und an der Oder, in Baden bei Constanz und Freiburg, bei Regensburg und Wien. Auch in England.

In der Schweiz im Gebirge im Juli. Vorder-Weggithal, Kanton Schwyz (2278'); die Glarner Alpen (Mühlebachalp), 5000', Anfang August.

10. Genus. NOTHRIS.

Nothris Sta. — Nothris p. Hbn. — Ypsolophus p. Zell. — Hypsolopha et Gelechia p. H.-S.

Caput laeve; ocelli nulli; antennae articulis cylindricis, ♂ ciliatae; haustellum mediocre squamatum; palpi maxillares nulli; palpi labiales articulo secundo infra scopiformi, pilis antrorsus longioribus, terminali tenui, adscendente. Alae anter. mediocriter ciliatae, poster. trapeziformes; alarum anter. vena apicalis furcata ante apicem exit, infra eam rami quinque simplices, quorum ultimus a penultimo remotus; subdorsalis basi furcata; poster. vena apicalis furcata, infra eam ramus unus, vena mediana trifida. — *Cf. Sta.*

Dem vorigen Genus überaus nahe stehend und vielleicht kaum haltbar. Die Artenzahl ist eine geringe. Die Larven leben theils wicklerartig in zusammengesponnenen Blättern, theils in den Herzblättern verborgen.

Zur Zeit ist nur eine einzige Spezies in unserm Faunengebiete bemerkt.

1. **N. Verbascella** S. V. (Hbn. Tab. 14 fig. 98. — H.-S. Tab. 77 fig. 583. Var.).

Verbascella (us) S. V. — Brahm. — Hbn. — Schr. — Tr. — Dup. — Zell. — Lien — Sta. — H.-S.

Alis anter. ochreo-griseis, sparsim fusco-irroratis, puncto basali costae, puncto plicae ante medium parvo, puncto majore disci pone medium punctisque marginis postici nigris. — 10—9½'''.

Die Larve lebt an verschiedenen Arten von Verbascum, namentlich in dessen Herzblättern. Man findet sie nach der Ueberwinterung im ersten Frühling. Sie ist glänzend, tief braunroth mit dunkleren Wärzchen über den Körper. Kopf, Nackenschild und Brustfüsse sind schwarzbraun. Eine zweite Generation kommt im August vor.

Die Schabe, im Juni und September, findet sich in Lievland, England, Nordfrankreich, Deutschland und Italien. Sie verbreitet sich bis zu dessen Südspitze, wo sie Zeller bei Messina und Syrakus, allerdings in blasseren Exemplaren, antraf.

Für die Schweiz bisher nur bei Bremgarten angetroffen, wo sie von Boll 1855 erzogen wurde. Bei Zürich erhielten wir sie noch nicht, was sich durch die Seltenheit der Nahrungspflanze erklären mag.

---

11. Genus. PLEUROTA.

Pleurota Sta. — H.-S. — p. Hbn. — Palpula p. Tr. — p. Dup. — Anchinia p. Zell. — Macrochila p. Steph. — Aplota p. Curt.

Caput laeve, capillis ultra frontem prominentibus; ocelli nulli; antennae apicem versus articulis dentatis, ♂ ciliatis; haustellum breve, squamatum; palpi maxillares breves, labiales longissimi, articulo medio maximo, recto, compresso, supra et infra hirsuto, squamis superne valde erectis, tertio brevi, tenui, laevi, adscendente. Alae anter. elongatae, apice producto; poster. ovato-lanceolatae, longe ciliatae; anter. vena apicalis furcata supra et infra apicem exit, infra eam rami quinque simplices, quorum ultimus curvatus; subdorsalis basi furcata; poster. vena apicalis simplex, infra eam rami duo simplices, mediana trifida.

Die mehr schmalen Flügel mit starker Spitze, vor allem aber die mächtigen horizontalen Palpen mit dem sehr rauhen, stark seitlich zusammengedrückten, geraden Mittelgliede charakterisiren das Genus, dessen Larvenzustände uns noch unbekannt sind.

1. P. Bicostella L. (Hbn. Tab. 17 fig. 115).

Bicostella L. — Scop. — Hbn. — Haw. — Tr. — Dup. — Zell. — Steph. — Curt. — Zetterst. — Eversm. — Lien. — Sta. — H.-S. — Marginella Fab. — ? Hbn.

Alis anter. cinereis, fusco-squamatis, punctis duobus disci ante tertioque post medium nigris, costa tenui alba, striga costali recta, a basi usque ad apicem producta, fusca. — 11–10‴.

Eine häufige, von Ende Mai bis in den Juli fliegende Art. Schweden, Lievland, England, Deutschland bis gegen das adriatische Meer, im Gebirge beträchtlich aufsteigend; Frankreich, Toskana.

In der Schweiz von Schüpfen (Rothenbach in litt.) und von den Alpen. Bei Zürich kam sie uns noch nicht vor.

2. **P. Insolatella** H.-S. n. sp.

Insolatella H.-S. (*in litt.*)

Ich sehe die spezifischen Untersehiede gegenüber der sehr nahe verwandten vorigen Art noch nicht recht ein.

Auf den Alpen, im Juli und Anfang August, bis zu beträchtlicher Höhe. Das Oberengadin bei Samaden (Pfaffenzeller); die Glarner Alpen (Mühlebach und Bergli); im Juli und August.

---

12. Genus. HYPERCALLIA.

Hypercallia Steph. — *Curt.* — *Dup.* — *Zell.* — *Sta.* — *H.-S.* — *Lampros p. Tr.* — *Carcina p. Hbn.*

Caput laeve, postice capillis suberectis; ocelli nulli; antennae articulis subdentatis, ♂ pilosis; haustellum breve, squamatum; palpi maxillares nulli, labiales magni, compressi, articulo secundo longo, parum curvato, tertio tenui, acuminato. Alae latae, tortriciformes, poster. trapeziformes, ciliis mediocribus; alarum anter. vena apicalis furcata supra et infra apicem exit, infra eam rami quinque simplices, quintus valde curvatus; subdorsalis basi furcata; poster. vena apicalis simplex, infra eam rami duo, mediana trifida. — *Cf. Sta.*

Durch die breiten, wicklerartigen Flügel von den vorhergehenden Geschlechtern ausgezeichnet, von dem vorigen Genus noch durch die weniger rauh behaarten, mehr aufgerichteten Palpen.

Es ist nur eine einzige Spezies bekannt, deren Larvenzustände noch verborgen sind.

1. **H. Christiernana** L. (Hbn. Tin. Tab. 69 fig. 452 und Tort. Tab. 24 fig. 152).

Christiernana L. — *Fab.* — *S. V.* — *Hbn.* — *Don.* — *Steph.* — *Dup.* — *Christiernini Zell.* — *Lien.* — *H.-S.* — *Christiernella Hbn.* — *Tr.* — *Eversm.*

Palpis luteis, apice saturatiore, capite ac thorace flavis, hoc linea media purpurea scapulisque purpureo-marginatis; alis anter. luteis, fasciis confluentibus punctisque purpureis. — $8^1/_2$‴.

Weit verbreitet, aber in vielen Gegenden fehlend. Schweden, Kurland, England, das südliche Deutschland bis Oberkrain, Ungarn und Toskana. Juni und Juli.

Bei Zürich an Waldrändern und lichten Waldstellen; in manchen Jahren nicht sehr selten. Lausanne (Laharpe), der Jura (Rothenbach in litt.).

---

13. Genus. ANCHINIA.

Anchinia H.-S. — p. Hbn. — Zell. — Fugia p. Dup. — Palpula p. et Phycis p. Tr.

Capilli depressi; ocelli nulli; antennae articulis dentatis, pubescentibus; haustellum mediocre, squamatum; palpi maxillares nulli, labiales permagni, articulo secundo recto, compresso, pilis hirsutis, supra et infra convergentibus, tertio brevissimo, adscendenti, aculeiformi, subhirsuto. Alae latiusculae, tortriciformes, breviter ciliatae; alarum anter. cellula discoidalis brevior, vena apicalis longe furcata supra et in apicem exit, infra eam venae quinque simplices, quarum penultima et ultima ex eodem puncto prodeunt, ultima valde curvata; subdorsalis basi furcata; poster. vena apicalis simplex, infra eam rami duo, mediana trifida.

Durch die breiten, wicklerartigen Flügel von den vorhergehenden Geschlechtern ausgezeichnet und nur darin mit Hypercallia übereinstimmend, ebenso mit eigenthümlichen Lippentastern. Ihr zweites Glied ist gerade, stark seitlich comprimirt, die Schuppenhaare liegen an den Seiten mehr an, während sie sich über den beiden Kanten zu einer Schneide vereinigen. Das dritte Glied hat ein Fünftheil der Länge des zweiten, ist etwas rauh beschuppt und steigt schief aus dem Ende des zweiten hervor. An den Vorderflügeln fällt eine verkürzte, aber breite Discoidalzelle und eine sehr lang gespaltene Apicalvene, ebenso die bogenförmig gekrümmte letzte Hinterrandsader auf.

Die Larven leben wicklerartig in zusammengesponnenen Blättern. Die Verpuppung erfolgt ganz frei ohne Gewebe. Die breite, stumpfe Puppe erinnert an diejenigen mancher Tagfalter.

Die Artenzahl ist gering, bisher nur 4 betragend.*) Drei erschei-

---

*) Balucella F. R. (Palpella Haw.) dürfte nicht hierher gehören, sondern ein besonderes Genus, Aplota Sta., bilden.

nen im Faunengebiete, und eine als hochalpine Spezies. Zu ihnen kommt eine vierte neue Art, gleichfalls aus den Alpen hinzu.

1. A. Daphnella S. V. (Hbn. Tab. 12 fig. 81).

Daphnella S. V. — Fab. — Vill. — Hbn. — Tr. — Dup. — Zell. — H.-S

Capite, thorace palpisque flavo-albidis, his externe fuscescentibus; alis anter. luteo-albidis, ochreo-nebulosis, costa purpurascente, punctis duobus nigris, albo-cinctis ante medium, tertio pone medium, macula magna nigrescente separatis punctisque apicis marginisque postici nigris. — 12½‴.

Die Larve lebt im Mai an Daphne Mezereum in Wäldern. Nach Tischer ist sie gedrungen, nach den Enden etwas verschmälert, fleischfarben mit weisser Rückenlinie und zwei breiten braunen Längsstreifen an den Seiten des Rückens, in welchen auf jedem Ringe ein weisses Fleckchen liegt. Der Kopf ist gelb mit einigen braunen Punkten, der Nackenschild schwarzbraun mit weissen Strichen, Brustbeine schwarzbraun.

Der Falter von Ende Juni an und im Juli, wenig verbreitet in Deutschland (z. B. Weimar, Augsburg, Wien, Oberkrain und Istrien; hier in ziemlicher Höhe) und in Ungarn.

In der Schweiz selten und sehr vereinzelt vorkommend. Vor langen Jahren im Sihlwalde bei Zürich gefangen. Auch von Neuveville (Couleru).

2. A. Grisescens n. sp.

Palpis, capite, thorace albidis; alis anter. albido-griseis, fusconebulosis, costa fusca, punctulo atque strigula plicae ante, puncto pone medium nigris, margine postico nigro-punctato. — 10½‴.

Ich besitze nur ein einziges, männliches Exemplar dieser ausgezeichneten Spezies. Leider ist es etwas abgeflogen.

Der Kopf zeigt eine weissliche Beschuppung. Die Fühler grau mit leicht braunen Ringen und ziemlich starker Behaarung. Die Taster, in der charakterischen Gestalt der Anchinien, sind weisslich, das Mittelglied nach aussen leicht bräunlich. Die Brust weisslich, der Bauch grau, am After mit gelblicher Behaarung. Die Beine gelblich-grauweiss, das erste Paar an der Lichtseite ziemlich dunkel angelaufen.

Die Vorderflügel, schmäler und länger, mit mehr vorstehender Spitze als bei der vorigen Spezies, haben als Grundfarbe ein sehr weissliches Hellgrau. Die Costa ist von der Wurzel bis zur Spitze ziemlich tief braun angelaufen. Dieser braune Vorderrand verlängert sich viermal wolkig und unbestimmt in eine Art von Querbinde über den Flügel. Dicht an der Wurzel läuft die erste. Hinter ihr steht ein sehr kleines, rundes, schwarzes Pünktchen und dann nach hinten und unten ein kurzer, schwarzbrauner Längsstrich in der Falte. Noch vor der Mitte liegt die zweite nebelförmige Querbinde und in einiger Entfernung die dritte. In der zwischen beiden befindlichen lichten Stelle erscheint ein grösserer Punkt. Die letzte (und deutlichste) dunklere Binde läuft dicht vor dem Hinterrande her, nimmt die ganze Flügelspitze, ebenso den Hinterrand ein und setzt sich über den Afterwinkel noch eine Strecke weit längs des Innenrandes fort. Sie ist nach der Wurzel stark concav und hier durch die schmal und bindenartig hervortretende Grundfarbe des Flügels begrenzt. Der Hinterrand zeigt schwarze Punkte, die Franzen sind weisslich.

Hinterflügel weissgrau mit weisslichen Franzen.

Das einzige Exemplar, welches ebenfalls Herrich-Schäffer für neu erklärte, erhielt ich Ende Juli 1853 bei Samaden im Oberengadin in einem Nadelholzwalde in ungefährer Höhe von 5500′.

3. **A. Verrucella** S. V. (Hbn. Tab. 46 fig. 315).

Verrucella S. V. — Göze. — Tr. — Zell. — Dup. — H.-S. — Cneorella Hbn. — ? Hepaticella Hbn.

Capite, thorace et palpis rufo-griseis, horum articulo terminali late nigro-cincto; alis anter. griseo-ferrugineis, basi ac fascia transversa ante medium lateritio-purpureis, dimidio apicali saturatiore, violaceo-fuscescente, strigula transversa scabra ante punctoque laevi pone medium nigris, apice et margine postico nigro-punctatis. — 8⅓ – 7‴.

Die Raupe lebt im April und Mai in den zusammengesponnenen obersten Blättern von Daphne Mezereum. Ich habe sie häufig erzogen, leider aber eine Beschreibung unterlassen. Sie hat einen braungrauen Kopf, einen ähnlichen, getheilten Nackenschild, einen trübgelben Körper mit rothbraunen Längslinien und einen dunkleren breiten Streifen in den Seiten. (Treitschke.)

Die Schabe erscheint im Juli, lebt aber sehr versteckt.

In Deutschland nur an einzelnen Stellen; Weimar, Dessau, Bayern, Wien.

Für die Schweiz bisher nur bei Zürich, aber häufig durch die Erziehung erhalten. Zweite Junihälfte und Juli.

4. A. **Laureolella** Zell. (H.-S. Tab. 59 fig. 421).

Laureolella Zell. — H.-S.

Capite ac thorace grisescentibus, squamis lateritiis intermixtis, palpis griseis, externe saturatioribus, articulo terminali late nigro-cincto; alis anter. griseo-ferrugineis, basi ac fascia transversa ante medium lateritiis, apicem versus fascia squamarum grisearum marginatis, apice saturatiore, strigula transversa scabra ante punctoque laevi post medium nigris, apice et margine postico nigro-punctatis. — 7‴.

Ich besitze nur ein Exemplar dieser der Verrucella nahe verwandten Art, welche von ihr durch bedeutendere Kleinheit, mehr ziegelartiges Roth und durch zwei nicht unansehnliche, aschgrau aufgehellte, querbindenartige Stellen der Vorderflügel verschieden ist.

A. Laureolella ist ein hochalpines Insekt. Sie wurde in den östreichischen Gebirgen am Pasterzgletscher im August aufgefunden. Ich erhielt mein Exemplar in den ersten Augusttagen im Heuthal auf dem Berninapasse im Oberengadin. In andern Theilen der Alpen kam sie bisher noch nicht vor.

---

14. Genus. HARPELLA.

Harpella Schr. — Zell. — Sta. — Lampros p. et Enicostoma Dup. — Recurvaria p. Haw. — Adela p. et Lampros p. Tr. — Lampros p. H.-S. — Alabonia Steph. — p. Hbn.

Caput laeve; ocelli nulli; antennae filiformes, articulis subdentatis, ♂ ciliatae; haustellum breve, squamatum; palpi maxillares nulli; palpi labiales permagni, articulo secundo compresso, parum curvato, pilis appressis, tertio tenui, acuto, adscendente. Alae elongatae; anter. cellula discoidalis brevis, vena apicalis furcata supra et in apicem exit; infra eam rami quinque simplices, quorum ultimus et penultimus spatio mediocri separati; submediana apicem versus incrassata; subdorsalis basi furcata; poster. vena apicalis simplex aut furcata, infra eam rami duo simplices, mediana trifida.*)

Vom vorigen Genus durch das weniger behaarte, mehr gebogene zweite und das ansehnlichere dritte Palpenglied verschieden, ebenso durch die schmäleren schabenartigen Flügel. Im Aderverlauf durch die kürzere Discoidalzelle der Vorderflügel, durch den etwas unterhalb der Flügelspitze endigenden unteren Zweig der Apicalvene, sowie dadurch, dass die letzte Hinterrandsader weiter nach hinten entspringt und nicht mehr aus demselben Punkte mit der vorletzten.

Die wenigen Arten des Genus sind ansehnliche bunte, prachtvolle Thiere, welche zum Theil bei Tage fliegen.

Ihre Larven scheinen, wenn man die vorhandenen Beobachtungen generalisiren darf, in faulendem Holze zu leben.

Wir kennen als schweizerisch 4 Spezies, alle aus dem flacheren Lande. Keine scheint in die Alpenzone einzutreten.

1. **H. Proboscidella** Sulz. (Hbn. Tab. 18 fig. 120. — H.-S. Tab. 57 fig. 407. Var.).

Proboscidella Sulz. — Schr. — Zell. — H.-S. — Majorella S. V. — Hbn. — Göze. — Tr. — Forficella Scop. — Flavella Fab.

Palpis, capite, scapulis flavis, thorace medio fusco; alis anter. cinnamomeo-fuscis, punctis duobus disci nigris, striga longitudinali magna, curvata, a basi usque ad angulum analem producta flava, macula costali flava ante apicem, ciliis flavis, anguli analis fuscis. — 11–10‴.

Var. a. Apice toto flavo.

Die Larve lebt im Frühling unter der Rinde faulender Baumstämme oder im Holze selbst (Birken, Haseln, Eichen, Erlen) und wohnt in seidenartig ausgekleideten Gängen. Sie ist erwachsen glasartig, hellgrau, der Kopf bräunlich mit dunklerer Zeichnung. Der Nackenschild und die Afterklappe dunkelgrau, die Brustfüsse gelbbraun, die Bauchfüsse von der Farbe des Körpers. Ueber den Rücken gehen zwei feine graue Linien; in den Seiten der Ringe erscheinen zwei Reihen aschgrauer ovaler Flecke, welche schwarze Wärzchen mit einem weissen Haare tragen. Tiefer unten an den Füssen zeigen sich noch andere derartige Wärzchen. Die Stigmata sind schwarz (cf. Treitschke.).

---

*) So nach Untersuchungen von H. Proboscidella und Geoffrella.

Die Schabe, welche im Gebirge ziemlich aufsteigt, erscheint im Juli und August. Sie ist weit verbreitet; Lievland, Nordfrankreich, Deutschland bis Istrien, Italien (Toskana); in England fehlend.

In der Schweiz selten; Zürich Ende Juli und Anfang August; Lausanne (Laharpe); Schüpfen (Rothenbach in litt.: »selten«).

2. **H. Geoffrella** L. (H.-S. Tab. 54 fig. 377).

Geoffrella L. — Fab. — Zell. — Sta. — H.-S. — Geoffroyella ? Fab. — Steph. — Sta. (ol.) — Geoffroyi Haw. — Gruneriella Mann

Palporum articulo secundo fusco, tertio albo, capite ac thorace flavis, in medio fuscis; alis anter. fusco-luteis, basi flavida, postice nigro-venosis, maculis duabus pallidis oppositis, lineis coeruleo-plumbeis ad basim. — *Cf. Zell.* — 9–8½‴.

Es ist eins der vielen Verdienste Zeller's, zuerst darauf aufmerksam gemacht zu haben, dass unter dem Namen Geoffrella zwei nahe verwandte Arten zusammengefasst waren, die eigentliche Geoffrella L. und eine andere Spezies, welche von ihm Staintoniella genannt wurde.

H. Geoffrella, deren erste Stände unbekannt, findet sich an einzelnen Stellen Deutschlands, bei Cassel, Frankfurt am Main; in England und in Toskana; in letzterm Lande sehr gemein. Ihre Flugzeit ist der Mai und Juni.

In der Schweiz selten; bisher nur von Lausanne (Laharpe).

3. **H. Bracteella** L. (Hbn. Tab. 23 fig. 156).

Bracteella L. — Füssly. — Fab. — Hbn — Göze. — Tr. — Dup. — Zell. — H.-S.

Palpis fuscis, capite ac thorace flavis; alis anter. dimidio basali minore flavo, costa metallice coerulea, dimidio apicali majore nigro-fusco, vitta interna transversa, punctis duobus et margine postico metallice-coeruleis, gutta ante apicem costali flava. — 7½–7‴.

In Schweden, Oestreich, Ungarn, einzelnen Stellen Deutschlands (Berlin, Frankfurt am Main, Freiburg, Augsburg), in Frankreich und Toskana. Juni; selten.

Die Larve soll nach Fabricius unter der Rinde von Carpinus Betulus leben.

In mehreren Exemplaren, von Burgdorf herstammend, in den Sammlungen der Herrn Laharpe und Rothenbach. Nach Herrn Bremi soll diese Spezies bei Chur vorkommen. Füssly scheint sie im vorigen Jahrhundert auch bei Zürich gefunden zu haben.

VII. Familie. OECOPHORIDEN.

Gelechidae p. Sta.

Caput laeve, obtusum, interdum retractum; ocelli nulli; palpi maxillares plerisque nulli, labiales breviores, laevigati, reflexi; haustellum mediocre vel longiusculum. Alae anter. elongatae (raro oblongae), poster. lanceolatae aut elongatae, non emarginatae, longe ciliatae.

Eine ziemlich scharf abgeschnittene Gruppe, die letzte Familie der höher stehenden Tineen, ausgezeichnet durch den breiten, stumpfen, glatten, oftmals in den Prothorax etwas eingezogenen Kopf, durch die Abwesenheit der Ocellen und fast immer auch der Kiefertaster, durch viel kleinere, weniger aufgekrümmte Lippentaster, als sie bei den Gelechiden vorkamen, mit deren Genus Harpella übrigens das erste Oecophoridengeschlecht Dasycera nahe verwandt ist. Die Flügel werden schmäler, die hintern oftmals ganz lanzettförmig. Die Franzen in der Regel ansehnlich. Der Aderverlauf fällt bei allen Geschlechtern sehr ähnlich aus. Die für die typischen Gelechiden so charakteristische Ausrandung des Hinterflügels fehlt durchaus.

Die Larven, in mancher Hinsicht an die gewisser Tineiden erinnernd, leben vielfach in faulem Holz, von trocknen Thier- und Pflanzenstoffen, andere aber auch von frischen Blättern.

Wir haben zur Zeit 5 Genera, von welchen eins (Oecogonia Guenée) in unserer Fauna nicht vertreten ist. Die Zahl der Geschlechter wird aber in der Folge vergrössert werden müssen.

1. Genus. DASYCERA.

Dasycera (us) Haw. — Sta. — Oecophora Curt. — Steph. — Adela p. Tr. — Dasycera et Stenoptera Dup. — Oecophora p. Zell. — Lampros p. H.-S.

Caput laevigatum; ocelli nulli; antennae articulis elongatis, infra ciliatis, dimidio basali squamis incrassato, apice nudo; palpi maxillares nulli, labiales recurvati, squamis appressis, articulo tertio longiusculo, tenui, acuto; haustellum mediocre, squamatum. Alae modice elongatae, poster. ovatae, ciliis mediocribus; anter. vena apicalis furcata supra apicem exit, infra eam rami quinque simplices; subdorsalis basi furcata; poster. vena apicalis simplex, infra eam rami duo e venula transversa, mediana trifida.

Dieses erste Genus der Oecophoriden unterscheidet sich von den letzten Geschlechtern der Gelechiden-Familie durch die kleineren glattbeschuppten Taster; von den eigentlichen typischen Gelechien, gleich allen Thieren unserer Familie, durch die nicht mehr ausgeschnittenen Hinterflügel. Ganz eigenthümlich ist die (an Adela erinnernde) durch aufgelagerte Schuppen entstandene Verdickung der untern Fühlerhälften. In den bunten, prachtvollen Zeichnungen der Vorderflügel erinnert unser Genus sehr an das letzte der Gelechiden, an Harpella, mit welchem es auch in den Larvenzuständen, durch die in faulendem Holze lebende Raupe, übereinstimmt.

Es sind 2 Spezies in unserm Welttheile bekannt, von welchen die eine, D. Sulphurella Fab., in England, Frankreich und Italien vorkommt, die andere in ausgedehnterer Verbreitung erscheint und der schweizerischen Fauna nicht fehlt.

1. D. Oliviella Fab. (Hbn. Tab. 32 fig. 222).

Oliviella Fab. — Latr. — Curt. — Steph. — Dup. — Zell. — Sta. — H.-S. — Olivieri Haw. — Aemulella Hbn. — Tr.

Antennis nigris, ante apicem late albis, palpis luteis, capite, thorace alisque anter. nigris; his postice flavido-conspersis, macula triangulari baseos, fascia transversa media, ad dorsum dilatata, costam non tangentibus, flavis, strigis duabus metallice-violaceis transversis (una post maculam triangularem, altera post fasciam transversam flavidam), ciliis metallice-violaceis. — 8–7‴.

D. Oliviella, in den ersten Ständen noch nicht gekannt, fliegt vom Juni an den Juli hindurch um Eichen.

England; Nordfrankreich, Paris; in verschiedenen Gegenden

Deutschlands (Sachsen, Frankfurt am Main, Grossherzogthum Baden, Bayern); Italien (das Toskanesische und Neapolitanische?).

In der Schweiz, wie es scheint, sehr selten und wenig verbreitet. Ein Exemplar von Laharpe, welches Mitte Juni in den Umgebungen von Lausanne vorkam.

---

2. Genus. OECOPHORA.

Oecophora Sta. — p. Zell. — p. Dup. — Recurvaria p. Haw. — Lampros p. Tr. — p. H.-S. — Anacampsis p. et Batia Steph. — Panculia p. et Batia Curt.

Caput laeve, fronte lata; ocelli nulli; antennae filiformes, articulis cylindricis, ♂ ciliatis; palpi labiales reflexi, compressi, laeves, articulo tertio tenui, longiusculo, acuto; haustellum mediocre, squamatum. Alae elongatae, ciliis longiusculus; anter. cellula discoidalis modica, vena apicalis furcata supra apicem exit, infra eam rami quinque simplices; subdorsalis basi furcata; poster. vena apicalis simplex supra apicem exit, infra eam rami duo, mediana trifida.*)

Von Dasycera unterscheidet sich Oecophora durch die nicht mehr verdickten Fühler, sowie durch etwas schmälere und länger befranzte Flügel. Der Aderverlauf ist aber ganz ähnlich, wie denn auch beiderlei Geschlechter von Herrich-Schäffer in seinem, besonders auf das Geäder gegründeten, systematischen Entwurfe zusammengezogen werden.

Auch die Lebensweise mancher Oecophorenlarven im faulenden Holze und unter der Rinde (?) stimmt mit derjenigen des vorigen Genus überein. Andere aber leben in Säcken oder verzehren nach Art des Geschlechtes Tinea die verschiedenartigsten getrockneten Gegenstände.

Die Zahl der in Europa beobachteten Oecophoren ist nicht ganz unbeträchtlich. 17 derselben erscheinen allein in der brittischen Fauna. 11 sind bisher in der Schweiz angetroffen worden, wovon eine neu ist und 2 die Alpenzone erreichen.

---

*) Mit dem von Stainton abgebildeten Aderverlaufe der O. Pseudospretella stimmt im Wesentlichen derjenige von O. Minutella überein, nur ist die Discoidalzelle der Vorderflügel etwas länger und die der Hinterflügel nicht ganz von einer Querader, wie es scheint, geschlossen.

1. **O. Minutella** L. (Hbn. Tab. 21 fig. 141).

Minutella L. — S. V. — Zell. — Dup. — Lien. — Sta. — H-S. — Oppositella Fab. — Göze. — Hbn. — Haw. — Tr. — Steph. — Dup.

Palpis lutescentibus, capite, thorace alisque anter. nigro-fuscis; his maculis duabus posticis oppositis (una costae, altera dorsi) luteis. — $6^2/_3 - 5'''$.

Die Larve scheint verschiedenartige Stoffe zu verzehren. Stainton erzog sie von Selleri während des Winters.

Die gemeine Schabe in Häusern im Mai und Juni. Ihre geographische Verbreitung ist sehr ausgedehnt. Schweden, Lievland, England, Nordfrankreich, Deutschland, Toskana, die Ukräne.

In der Schweiz bisher bei Zürich bemerkt. Sie ist in Häusern gemein; in Scharen finde ich sie jährlich mit G. Affinis auf dem Dachboden des Universitätsgebäudes; Schüpfen (Rothenbach in litt.); Bremgarten (Boll).

2. **O. Sulphurella** Hbn. (Hbn. Tab. 22 fig. 150 und Tab. 49 fig. 336. Var. Tigrella).

Sulphurella Hbn. — Tr. — Zell. — Dup. — Lien. — H.-S. — Var. Tigrella Hbn.

Capite luteo, palpis lutescentibus, nigro-squamatis; alis anter. sulphureis, nigro-adspersis, maculis tribus magnis, diffluentibus, flavis, una longitudinali ad basim, altera ad angulum analem, tertia costali apicem versus. — $7 - 6^1/_2'''$.

O. Sulphurella erscheint im Juni um Nadelholz. In Deutschland weit verbreitet; nördlich bis Lievland bemerkt; südlich in Toskana; nach Osten bis Ungarn.

Bei Zürich kam sie uns bisher noch nicht vor; dagegen wurde sie bei Schüpfen (Rothenbach) und Lausanne auf dem Jorat (Laharpe) beobachtet; ebenso erhielt sie Herr Pfaffenzeller im Oberengadin bei Samaden in 5362′ Meereshöhe; auch in den westlichen Alpen kommt sie vor (Laharpe).

3. **O. Rhaetica** n sp.

Palpis nigris, capite sulphureo, thorace nigro, squamis sulphureis intermixtis; alis anter. nigris, macula irregulari triangulari ad basim, striga recta transversa in medio, punctulo disci pone medium, maculis duabus oppositis posticis (majore costae, minore dorsi) punctoque marginis postici subapicali, omnibus sulphureis. — 6½‴.

Ich besitze nur ein männliches Exemplar der ausgezeichneten Spezies, welche auch von Herrich-Schäffer, dem ich sie früher einschickte, für neu erklärt wurde. Dasselbe ist ganz rein und frisch, so dass ich nach ihm die Beschreibung liefere.

Fühler schwarz, Grundglied einfarbig, Geisel weiss geringelt und wie bei den verwandten Arten ziemlich stark pubescirend; Palpen ziemlich lang und schwarz, Kopf und Stirne schwefelgelb; Rücken und Schulterdecken schwarz mit einzelnen gelben Schuppen untermischt, Hinterleib schwarzgrau. Beine schwarz, Schienen und Tarsen weiss gefleckt, Hinterbeine mit ziemlich lang behaarten Schienen, weissen Dornen und weiss gefleckten Tarsengliedern.

Vorderflügel tief glänzendschwarz, ziemlich schmal, mit schwefelgelben Zeichnungen und eine gewisse Aehnlichkeit mit denjenigen der O. Augustella darbietend. Nahe an der Wurzel erscheint der erste Fleck. Er hat die Gestalt eines unregelmässigen Dreieckes, dessen Basis auf dem Dorsalrande ruht, während die Spitze nach der Costa und die concave Fläche nach hinten gerichtet ist. An der Spitze setzen sich die gelben Schuppen als ein kleines Querstreifchen nach hinten fort, erreichen aber ebenso wenig als die Spitze den Costalrand selbst. In der Mitte steht eine fast gerade Querbinde, welche, vom Vorderrande etwas entfernt, mit einer gewissen Verbreiterung aufhört und am Dorsalrande durch einzelne gelbe Schüppchen mit dem Dreieck der Basis zusammenfliesst. Etwas nach aussen von ihr und wenig unter der Mitte steht ein undeutliches, gelbes, schwaches Pünktchen. Am Costalrande, ungefähr in ¾ der Flügellänge und zwar ihn erreichend, erscheint ein grosser gelber Fleck von nierenartiger Gestalt, die Concavität nach der Wurzel gerichtet. Er erstreckt sich weit gegen den Afterwinkel. An diesem etwas wurzelwärts steht noch ein kleines stumpfes Dreieck. Die Franzen sind schwarz und haben unter der Flügelspitze ein gelbes, kleines Fleckchen. Die Hinterflügel schwarzgrau; ebenso die zeichnungslose Unterseite.

Im Engadin bei Samaden von Herrn Pfaffenzeller gefunden; ferner kommt sie auch nach brieflicher Mittheilung bei Sils vor.

4. O. Augustella Hbn. (Hbn. Tab. 26 fig. 177 und Tab. 70 fig. 465).

Augustella Hbn. — Zell. — Sta. — H.-S. — Angustella Steph. — Augusta Haw. — Moestella Hbn. — Var. Albimaculea Haw. — Steph. — Sta. — Funestella Dup. — Luctuosella Dup.

Palpis nigris, apice articuli secundi et ultimi albido, fronte lutescente, capite, thorace alisque anter. nigris; his fasciis duabus transversis, ad dorsum latioribus maculisque duabus posticis oppositis (costae majore, dorsi minore), luteis. — $5^3/_4 - 4^3/_4$'''.

Die Larve der variirenden, schönen Oecophore dürfte nach A. Schmid wohl im faulenden Holze (der Pappeln und Apfelbäume?) vorkommen.

In England, häufiger als weisse Varietät; im nördlichen und südlichen Deutschland (bei Frankfurt am Main ist sie in der zweiten Maihälfte an Pappeln und Apfelbäumen häufig); in Frankreich.

Für die Schweiz ist nur die Gegend von Zürich als Fundstelle bekannt, wo unsere Spezies vor längeren Jahren von Herrn Bremi erhalten wurde; sie scheint hier eine Seltenheit zu sein.

5. O. **Procerella** S. V. (Hbn. Tab. 20 fig. 137).

Procerella S. V. — Hbn. — Dup. — Zell. — Lien. — H.-S.

Capite et thorace nigris, palpis et alis anter. ochreo-rufis; his strigula transversa ad basim et linea semicirculari ante medium plumbeis, strigis duabus posticis oppositis (una costae, altera dorsi) apiceque nigro-fuscis. — $6 - 5^1/_2$'''.

Die Larvenzustände der schönen, selteneren Spezies sind nicht näher bekannt. Herr Schmid erzog sie zufällig an eingetragenen Flechten von Obstbäumen. Sie ist im Uebrigen ziemlich verbreitet und erscheint im Juli, theils an Obst-, theils an Waldbäumen. Liev-land; verschiedene Gegenden des nördlichen und südlichen Deutschlands (Berlin, Frankfurt an der Oder und am Main, Dessau, Bonn, Carlsruhe, Regensburg, Wien); in Nordfrankreich und in Toskana; England fehlend.

Für die Schweiz: Zürich im Juli an Waldrändern des Uetli-berges, selten; Umgegend von Lausanne (Laharpe) und Schüpfen (Rothenbach in litt.: »sehr selten«).

6. O. **Formosella** S. V. (Hbn. Tab. 36 fig. 248).

Formosella S. V. — Fab. — Hbn. — Tr. — Dup. — Zell. — Sta. — H.-S. — Venustella Koll.

Palporum articulo secundo rufo, tertio nigro, albido-squamato, capite, thorace alisque anter. saturate ochreo-luteis; his maculis duabus obliquis ante medium (minore dorsi, maxima costae) rufis, utrimque albido-marginatis maculaque costae apicem versus rufa. — $6^{1}/_{3}-5^{1}/_{2}'''$.

Die Larvenzustände noch unbekannt. England; in Deutschland weit verbreitet von Mecklenburg südwärts, bei Frankfurt am Main öfter; Ungarn. Vom Juni an bis in den August; an Pappelstämmen sitzend (A. Schmid).

Die Schweiz, und zwar Genf, findet sich bei Hübner als Vaterland angegeben; auch Herrich-Schäffer citirt sie. Mir und meinen entomologischen Freunden kam diese Art noch nicht vor.

7. O. **Lunaris** Haw.*) (H.-S. Tab. 57 fig. 408).

Lunaris Haw. — Steph. — Curt. — Sta. — H.-S. — Metznerella Tr. — Zell — H.-S. — ? Begrandella Dup. — ? Arcuella Costa.

Alis anter. dilute luteis, costa dorsoque anguste, margine postico late saturate luteis, costa ipsa usque pone medium saturate fusca, macula dorsi pone medium triangulari, apice postice producto, nigra. — *Sta.* — $5'''$.

In weiter Verbreitung. England; Frankreich (?); das nördliche und südliche Deutschland; Oestreich, Ungarn, Toskana und (gehört Costa's Arcuella hierher, wie Zeller vermuthet) das Neapolitanische; im Juni. Die Schweiz nach Herrich-Schäffer.

8. O. **Fulviguttella** F. R.

Fulviguttella F. R. — Zell. — H.-S. — ? Flavimaculella Sta.

Alis anter. fuscis, maculis duabus flavidis, una media dorsi, altera posteriore disci circulari. — $4^{3}/_{4}'''$.

Diese Art ist in verschiedenen Gegenden Deutschlands beobachtet, in Preussen, Oestreich; ebenso in Toskana vorkommend. Gehört Flavimaculella Sta., was ich für sehr wahrscheinlich halte, hierher, dann findet sich die Spezies auch in England.

Für die Schweiz bisher nur bei Zürich im August an Waldrändern beobachtet und von Herrich-Schäffer bestimmt; selten und nur in einigen abgeflogenen Exemplaren.

---

*) Ich kenne diese Art nicht in Natur und nehme sie nur nach einer Angabe von Herrich-Schäffer auf; ebenso wenig bin ich über die Synonymik sicher, da Herrich-Schäffer in seinem Index zweimal Metznerella, und zwar bei Lunaris Haw. und Lambdella Don., als Synonym citirt.

9. O. **Tinctella** Hbn. (Hbn. Tab. 31 fig. 214).

Tinctella Hbn. — Tr. — Zell. — Dup. — Lien. — H.-S. — ? Sta. — ? Lutarella Steph. — ? Arietella Sta. ol.

Capite, thorace palpisque luteis, his capite duplo longioribus; alis anter. ochreo-fuscis. — 6–5½‴.

Die Raupe lebt nach A. Schmid im Mai an Baumflechten und in faulendem Holze.

Die Schabe in Lievland, England (?), Nordfrankreich, in Deutschland, von Ende Mai durch den Juni. Ebenso hat man sie bei Pisa in Toskana getroffen.

In der Schweiz bisher nur sehr einzeln beobachtet, indem ich sie nur von Schüpfen aus der Rothenbach'schen Sammlung sah.

10. O. **Arietella** Zell. (H.-S. Tab. 57 fig. 411).

Arietella Zell. — H.-S. — Tinctella ? Steph. — ? Sta. — ? Fuscoaurella Haw.

Capite, thorace palpisque luteis, his capite triplo longioribus; alis anter. ochreo-cinnamomeis. — 6¾‴.

England (?), Ungarn, Berlin, Frankfurt am Main (Schmid).

Irre ich nicht, so gehört ein Rothenbach'sches Stück von Schüpfen hierher.

11. O. **Flavifrontella** S. V. (Hbn. Tab. 18 fig. 126).

Flavifrontella S. V. — ? Fab. — Hbn. — Tr. — Zell. — Dup. — Steph. — Lien. — Sta. — H.-S.

Capillis luteis, palpis fuscis; alis anter. rufo-cinereis, punctis tribus obsoletis, obscurioribus, ciliis fuscescentibus. — 9½‴.

Die Larve ist eine Sackträgerin, welche man am Boden unter dürrem Laub gefunden hat.

Diese grosse, einfarbige Oecophore kommt in weiter Verbreitung durch Europa vor.

Lievland in Morästen; England; Deutschland, in der Ebene wie im Gebirge, bis an die Grenze von Oberkrain und Istrien; östlich bis Ungarn, südlich bis Toskana beobachtet. Juni.

In der Schweiz bisher nicht häufig vorgekommen; Zürich; ebenso von Schüpfen (Rothenbach: »selten«).

3. Genus. BUTALIS.

Butalis Tr. — Zell. — p. Sta. — p. Dup. — Oecophora et Chionodes H.-S. — Astyages p. Steph. — Oecophora p. Zell. (ol.) — Oxybelia p. et Galanthia p. Hbn.

Caput obtusum, latum, retractum, capilli depressi; ocelli nulli; antennae filiformes, articulis plerumque confertis, ♂ pubescente-ciliatis; palpi labiales breviusculi, reflexi, acuminati, squamis modice appressis; haustellum longiusculum, ad basim squamatum. Alae anter. elongatae, angustae, acuminatae; poster. lanceolatae, longe ciliatae; anter. cellula discoidalis angusta, elongata; vena apicalis furcata supra et infra apicem exit, infra eam rami quatuor simplices, quorum ultimus a penultimo remotus; vena submediana apicem versus incrassata; subdorsalis simplex (raro ad basim furcata); poster. vena apicalis simplex, infra eam venae duae vel una, mediana trifida.*) — *Cf. Sta.*

Die Butaliden, deren Eigenthümlichkeiten die voranstehende Diagnose ergibt, bestehen zum grössten Theile aus einfarbigen, sehr ähnlichen Thieren, deren Unterscheidung höchst schwierig ist. Zeller (Lin. entom. Band X.) in einer meisterhaften Monographie macht namentlich auf die Wichtigkeit des männlichen Genitalapparates für die Diagnose aufmerksam. Die Bedeutung des helleren Fleckes auf der Unterseite des Abdomen beim Weibchen in dieser Hinsicht ist schon länger bekannt gewesen.

Die plumpen, mit eigenthümlich um den Leib gefalteten Flügeln sitzenden Insekten erscheinen mit einer überraschenden Artenmenge durch unsern Welttheil. Zeller führt über 40 Spezies auf.

---

*) Der Aderverlauf fällt bei B. Armatella und Amphonycella identisch mit dem von Stainton gezeichneten der B. Grandipennis aus. Hier gehen zwei Venen unter der Apicalader der Hinterflügel vom Queräderchen, was Stainton gezeichnet, aber nicht in der Charakteristik des Genus benützt hat. — Herrich-Schäffer hat B. Scopolella Hbn. in ein besonderes Genus, Chionodes, gebracht; aber mit Ausnahme etwas längerer Fühlerglieder, welche übrigens auch schon bei Amphonycella vorkommen, einer an der Wurzel gegabelten Subdorsalader der Vorderflügel und einer einzigen Hinterrandsader aus der Quervene des Hinterflügels sehe ich keine Verschiedenheit. Dieses dürfte kaum einen generischen Unterschied begründen.

Die Artenzahl in unserm Faunengebiete ist bisher eine höchst unbedeutende, nur 8 betragend. Sie wird sich gewiss in der Folge sehr bedeutend vermehren lassen, wie ich auch aus einigen Sammlungen mehrfach in einzelnen, oft abgeflogenen Stücken andere Spezies gesehen habe.

Ueber die Larvenzustände ist noch sehr wenig bekannt; doch leben unsere Thiere, abweichend von den andern Oecophoriden, von frischen Pflanzentheilen, indem sie zwischen Blättern in leichten Geweben wohnen.

1. **B. Productella** Zell.

Productella Zell. — Dup. — H.-S.

Alis anter. elongatis olivaceis, virescenti-nitentibus, posteriores latitudine multo superantibus; poster. sensim acuminatis; ♀ abdomine supra ante apicem ochraceo, subtus fascia ochracea notato. — *Zell.* — $8^1/_2$‴.

Diese Art erscheint Ende Mai und im Juni in gebirgigen Theilen Deutschlands, im Riesengebirge, den östreichischen Alpen, so an der Grenze von Oberkrain und Istrien, im Schwarzwald und in Ungarn.

Irre ich nicht, so gehört ein von Dr. E. Suter im Juni bei Zürich gefangenes Stück hierher, welches ich früher zur Ansicht hatte.

2. **B. Amphonycella** Hbn. (Hbn. Tab. 71 fig. 473).

Amphonycella Hbn. — H.-S. — Zell. — Viridatella H.-S.

Abdomine fusco–nigricante, ♂ gracili, ♀ immaculato; alis anter. elongatis, viridi–aeneis, valde nitidis, poster. angustioribus, a medio acuminatis, cinereis, postice obscurioribus; abdomine ♂ et ♀ fusco-nigricante. — *Zell.* — $8-5^1/_3$‴.

Eine alpine Art, welche in Tyrol am Gross-Glockner vorkommt und von mir 1853 im Oberengadin bei Samaden gefunden wurde, wo sie auch in den folgenden Jahren Herr Pfaffenzeller erhielt. Sie fliegt vom Thale von Samaden aufwärts in den Nadelholzwaldungen bis zu ungefähr 6000′ Meereshöhe an trockenen Grasstellen, namentlich um Thymus Serpyllum. Frisch fand ich sie in der zweiten Julihälfte und zu Anfang August; sie war nicht gerade selten.

3. **B. Fallacella** Schläg. (H.-S. Tab. 115 fig. 932).

Fallacella Schläg. — Zell. — Armatella H.-S. — ? Fallacella H.-S.

Alis anter. subelongatis, olivaceis, flavo-virenti- vel virescenti-nitidulis; poster. paulo angustioribus, a medio acuminatis, nigricantibus; abdomine ♂ crasso, fasciculo anali tumido rotundato, ♀ ventre ante apicem late ochraceo. — *Zell.* — ♀ 6½‴.

Diese Spezies, welche Ende Mai und im Juni und wieder im August fliegend getroffen wurde, ist in einigen Theilen Deutschlands, bei Jena und Regensburg, gefunden.

In der Schweiz bisher nur auf dem Lägernberg bei Baden an trocknen, heissen Stellen (12. Juni) beobachtet. In den Alpen unseres Landes fanden wir sie noch nicht, dagegen kommt sie in denjenigen der östreichischen Monarchie vor.

Unsere Stücke sind von Herrich-Schäffer als Armatella bestimmt. Ein von diesem als Fallacella determinirtes Exemplar sah ich früher aus Laharpe's Sammlung von Lausanne.

4. **B. Senescens** Sta. (H.-S. Tab. 115 fig. 933).

Senescens Sta. — H.-S. — Zell.

Abdomine crassiusculo, pedibus dilutis; alis anter. subelongatis, acutis, violaceo-fuscis, subnitidis,*) plerumque squamis longis flavidis inspersis; poster. vix angustioribus, subito acuminatis; ♂ ventre griseo, fasciculo anali brevi, debili, attenuato, ♀ ventre niveo, interne canescente. — *Zell.* — 5½‴.

In England, im Juli; in einigen Gegenden Deutschlands, bei Jena, im Salzburgischen, bei Regensburg.

Für die Schweiz von der zweiten Junihälfte an bis in den Juli bei Zürich, selten; Bremgarten (Boll) und aus dem Berner Oberlande (derselbe).

5. **B. Parvella** H.-S. (H.-S. Tab. 115 fig. 938 ?).

Parvella H.-S. — Zell.

Palpis breviusculis, adscendentibus; alis anter. oblongis, subacutis, viridi-fuscis, nitidis, laevigatis; poster. angustis, longe

---

*) Zwei von Herrn Stainton erhaltene Exemplare haben einen gewissen Glanz der Vorderflügel.

attenuatis, obscure cinereis; ♂ abdomine subgracili, utrimque nigricanti, fasciculo anali brevi depauperato, ♀ ventris macula apicali lutescenti, fusco-conspersa. — *Zell.* — $4^1/_2'''$.

Diese bei Regensburg vorkommende Spezies ist in den Umgebungen Zürichs gleichfalls vorhanden. Ein Exemplar in der Sammlung der Herrn Zeller ist von Herrich-Schäffer bestimmt.

Ich glaube ein männliches Exemplar hierher ziehen zu müssen, welches ich im Juni am Uetliberge fing.

6. **B. Laminella** H.-S. (H.-S. Tab. 115 fig. 935).

Laminella H.-S. — Zell. — ? Hbn.

Palpis breviusculis, adscendentibus; alis anter. oblongis subacutis, cupreo-nigris, nitidis, laevigatis; poster. angustis, longe attenuatis, obscure cinereis; ♂ abdomine robustiore utrimque nigricanti, fasciculo anali longiore spisso, ♀ macula ventris ante apicem flava. — *Zell.* — $5'''$.

Im nördlichen Deutschland (Glogau, Braunschweig, im Harze, dem Riesengebirge); ebenso in dem südlichen (im Salzburgischen, bei Ischl, in den steyermärkischen Alpen).

Für die Schweiz die Umgebungen Zürichs (von Herrich-Schäffer bestimmt); sie fliegt hier von Mitte Juni an bis in den Juli hinein auf trockneren Waldwiesen des Uetliberges und ist nicht selten.

Ich besitze hier unstreitig die von Zeller beschriebene Spezies.

7. **B. Scopolella** Hbn. (F. R. Tab. 72 fig. 3 a—d).

Scopolella Hbn. — Zell. — Triguttella F. R. — Dup. — H.-S.

Alis anter. nigro-olivaceis, nitidulis, pustulis ♂ tribus, ♀ quatuor determinatis, emarginatis, albis; ♀ ventre ante apicem exalbido. — *Cf. F. R.* — $7-5^1/_2'''$.

Erscheint in beschränkterer Verbreitung in der Ebene und im Gebirge; dort im Mai und Juni, hier erst im Juli.

In Deutschland (Sachsen bei Dresden, Meissen, Weissenfels; Frankfurt am Main, Regensburg, Grossherzogthum Baden, Freiburg, Schwarzwald).

Aus den westlichen Alpen, dem Berner Oberlande, von der Furka (Laharpe); auf der Südseite des Simplon bei Domodossola in Sardinien ebenfalls. In den östlichen Alpen kam sie mir noch niemals vor.

3. B. Chenopodiella Hbn. (Hbn. Tab. 32 fig. 218 und Tab. 46 fig. 320. — F. R. Tab. 71 und 72 fig. 1 a—b).

Chenopodiella Hbn. — F. R. — Zell. — Dup. — Sta. — H.-S. — Tristella Tr. — ? Hbn. — Variella S. V. — Limbella Zetterst. — ? Cylindrella Steph. — ? Cylindrea Haw.

Alis anter elongatis acuminatis aut testaceis, costa dilutiore, maculis tribus dorsalibus irregularibus, nigris aut olivaceo-fuscis, maculis tribus pallide ochraceis; poster. angustis, acuminatis, linea baseos logitudinali subhyalina. — *Cf. Zell.* — 7‴.

Die Raupe der sehr variirenden Tinee, nach Fischer von Röslerstamm vom Frühling bis zu Ende des Sommers vorkommend, lebt unter einem Gewebe an Atriplex und Chenopodium an öden verlassenen Lokalitäten, an Mauern, Gartenplanken. Sie ist matt grünlichgrau mit fünf gelblichweissen, schmalen Längsstreifen, einem mittleren und je zwei seitlichen, über den Rücken, und mit schwarzen, ein dunkles Haar tragenden, gelblich geringelten Wärzchen. Der Kopf und getheilte Nackenschild schwarz; die Brustbeine schwarz und grünlich gefleckt. Kurz vor der Verwandlung sah ich die Larve über den Rücken braunroth werden.

Erscheint vom Mai an bis in den Spätsommer in grosser Ausdehnung durch Europa. Im Norden bis Petersburg, Schweden; in England, Frankreich, Deutschland; im Süden bis Sizilien beobachtet. Für die Schweiz bei Zürich und nicht häufig angetroffen.

---

4. Genus. PANCALIA.

Pancalia Sta. — H.-S. — p. Curt. — p. Steph. — Oecophora p. Tr. — p. Dup. — p. Zell.

Caput laeve, retractum, frons lata obtusa; ocelli nulli; antennae articulis brevioribus, ♂ dense ciliatae, raro squamis erectis in medio incrassatae; haustellum longiusculum, nudum; palpi labiales laeves, reflexi, articulo medio compresso, tertio longiusculo, acuto. Alae elongatae; anter. cellula discoidalis elongata, angusta; vena apicalis furcata supra apicem exit, infra eam venae quinque simplices; subdorsalis basi furcata, sed ramus inferior tantum indicatus; poster. vena apicalis simplex ante apicem exit, infra eam ramus unus, mediana trifida.

Die Fühlerglieder sind dicker und kürzer als bei den letzten Butaliden, dicht gewimpert. Die Palpen zeigen das Mittelglied etwas mehr gekrümmt, das Endglied länger. Die Mittelzelle der Vorderflügel ist auch hier noch lang und schmal, aber doch kürzer als beim vorigen Geschlechte. Die Apicalvene ist ebenfalls gegabelt, an der Spitze endigend. Die Zahl der Hinterrandsadern ist um eine grösser, fünf betragend. Die Gabel der Subdorsalader ist nur angedeutet. Die Hinterflügel haben unter der einfachen Apicalader nur eine einzige Vene, vom Queräderchen entspringend, und die Medianader ist in gewöhnlicher Weise dreigespalten.

Es kommen in unserm Genus nur 4 Spezies vor, lebhaft gefärbte, bei Tage im Gras fliegende Schaben, deren Larvenzustände wir noch nicht kennen. Es erscheinen 2 derselben in unserer Fauna.

1. P. **Latreillella** Curt.

Latreillella Curt. — Steph. — Sta. — H.-S.

Antennis nigris, capite palpisque aeneis, nitidis; alis anter. aurantio-fuscis, costa, apice ac ciliis saturatioribus, nigrescentibus, fascia oblique-transversa basali, maculis duabus costae, duabus dorsi atque striga anguli analis, argenteis. — 6‴.

Eine seltenere und wenig verbreitete Spezies. In England selten; in einigen Theilen Deutschlands, bei Dresden, Laibach, Regensburg; im Mai (»nicht selten auf Wiesen«, H.-S.).

In der Schweiz wurde sie nur im Engadin angetroffen. Herr Pfaffenzeller erhielt sie bei Samaden in sehr bedeutender Höhe im Juli (»bis 8000′«).

2. P. **Leeuwenhoekella** L. (Hbn. Tab. 38 fig. 261).

Leeuwenhoekella L. — S. V. — Fab. — Haw. — Steph. — Zell. — Zetterst. — Lien. — Sta. — H.-S. — Schmidtella Tr. — Dup.

Antennis nigris, ante apicem annulo lato albo, capite et palpis aeneis; alis anter. aurantio-fuscis, costa, apice ac ciliis saturatioribus, nigrescentibus, fascia oblique transversa basali (saepe interrupta) maculis duabus costae, duabus dorsi atque strigula anguli analis, argenteis. — 5½–5‴.

Mit Ausnahme des weissen Gürtels vor der Fühlerspitze und etwas plumperer, kürzerer Flügel mit der vorigen Spezies ganz übereinstimmend.

P. Leeuwenhoekella erscheint in zwei Generationen, einer im April und Mai und einer zweiten im Hochsommer wohl über ganz Europa verbreitet.

Schweden, Lievland, England, Deutschland, Ungarn, Italien, das Toskanesische (hier traf sie Mann noch in 7000' Höhe auf dem Monte Falterone) und Sizilien bei Messina.

---

5. Genus. ENDROSIS.

Endrosis Sta. — H.-S. — p. Hbn. — Oecophora p. Zell. — Scardia p. Tr. — Lita p. Dup.

Caput laeve, frons lata; ocelli nulli; antennae filiformes, basim versus ♂ ciliatae, articulo primo incrassato; haustellum mediocre, squamatum; palpi maxillares breves, labiales reflexi, compressi, articulo terminali tenui, acuto. Alae elongatae, longe ciliatae; alarum anter. cellula discoidalis elongata, vena apicalis furcata supra apicem, infra eam rami quinque simplices, quorum ultimus a penultimo remotus; subdorsalis furcata, sed ramus inferior tantum indicatus; poster. macula nuda ad basim, cellula discoidalis brevis, vena apicalis simplex, infra eam ramus unus, mediana trifida. — *Cf. Sta.*

Ein mehrfach eigenthümliches, von den übrigen Oecophoriden abweichendes Genus. Auffallend ist das Vorkommen kurzer Maxillartaster und einer nackten, schuppenlosen Stelle am Grunde der Hinterflügel. Der abgeschuppte Vorderflügel zeigt an dem Costalrande eine lange, ausgedehnte, stigmaartige Verdunkelung. Von den letzten Geschlechtern weicht der Aderverlauf insofern ab, als die Apicalvene vor der Spitze der Vorderflügel gablig endet. Die fünf Hinterrandsadern verhalten sich wie bei Pancalia (die zweite und dritte entspringen in geringem Abstande von einander, aber nicht mit gemeinsamem Stamme, wie es von Stainton dargestellt wurde). Die Hinterflügel sind ungefähr in der Hälfte des Vorderrandes stark eingebogen und haben eine überaus verkürzte, quer abgeschnittene Mittelzelle; die Medianvene ist dreigetheilt, der vorderste Ast erst in halber Länge vom mittleren sich abzweigend, wie es auch bei B. Scopolella vorkommt.

Es ist nur eine einzige Spezies bekannt, mit einer von den verschiedensten animalischen und pflanzlichen, trockenen Stoffen lebenden Larve.

1. E. Lacteella S. V. (Hbn. Tab. 3 fig. 20 und Tab. 67 fig. 448).

Lacteella S. V. — Zell. — Lien. — H.-S. — Betulinella Hbn. — Tr. — Dup. — Eversm. — ? Sarcitella L. — Fenestrella Sta. — ? Scop.

Palpis albis, nigro-annulatis, capite, thorace et basi alarum anter. albidis; bis fusco-griseis, fusco-nebulosis, punctis nigris. — 8½–7‴.

Die Larve ist gelblichweiss, fein behaart, mit bräunlichem Kopf und zweigetheiltem Nackenschild, gelbbrauner Afterklappe und gelblichweissen Füssen. Sie lebt in faulem Holze, in Schwämmen, Papier, Erbsen etc. Ich habe sie in Zürich fast das ganze Jahr hindurch häufig in Töpfen mit Kleie gefunden, welche Mehlwurmlarven enthielten.

Die Schabe vom ersten Frühling an bis im November und Dezember; im Freien selten.

E. Lacteella fliegt wohl durch ganz Europa.

Zürich, Bremgarten, Lausanne, Schüpfen und gewiss die ganze Schweiz. In der Alpenzone kam sie mir noch nicht vor.

VIII. Familie. GLYPHIPTERYGIDEN.

Glyphipterygidae Sta.

Caput laeve (raro superne hirsutum); ocelli palpique maxillares plerisque distincti; palpi labiales breves; haustellum mediocre (interdum nullum). Alae anter. elongatae vel oblongae, saepe metallice nitentes, poster. ovatae vel lanceolatae; larva foliorum cuniculatrix vel in gemmis vivens; volatus plerumque diurnus.

Die Glyphipterygiden, so genannt von dem Geschlechte Glyphipteryx, dem Genus, in welchem sie gewissermassen ihre typische Form erlangt haben, bilden eine der natürlichsten Tineenfamilien. Als bezeichnend haben wir einen glatten breiten Kopf, mit Ocellen, unentwickelten Kiefertastern und kurzen Labialpalpen versehen. Die Vorderflügel erscheinen mehr oder weniger länglich, metallglänzend, oftmals durch die Franzen des Hinterrandes auffallend verbreitert. Die Hinterflügel sind schmal, lanzettförmig. Der Flug findet bei vielen bei Tage im Sonnenschein statt und die Schabe macht sitzend eigenthümliche vibrirende Bewegungen mit den Flügeln. Die Larven sind noch wenig bekannt; wo man sie bisher beobachtet hat, leben sie entweder blattminirend oder in Knospen.

Im Uebrigen zeigt die Familie in den einzelnen Geschlechtern eine gewisse Manchfaltigkeit. Ein Genus, Acrolepia, durch etwas rauhen Kopf und abendlichen Flug erinnert an die Argyresthien. Bei ihm, wie bei Glyphipteryx, ist das Geäder auch des Hinterflügels noch von ziemlicher Ausbildung. Bei andern Geschlechtern, namentlich Tinagma, Perittia und Heliozela, erscheint eine beträchtliche Vereinfachung desselben, namentlich am Hinterflügel. Solche Verhältnisse lehren, dass die Glyphipterygiden die erste Familie der niedriger stehenden Schaben herstellen.

Unsere Familie lässt zur Zeit etwa 8 Genera erkennen, von welchen indessen zwei, Roesslerstammia (in Stainton's Auffassung) und Douglasia (Sta.), nicht in unserer Fauna vertreten sind.

1. Genus. ACROLEPIA.

Acrolepia Curt. — Sta. — Roeslerstammia H.-S. — p. Zell.

Capilli antrorsus appressi, superne hirsuti; antennae filiformes, articulis subdentatis; ocelli distincti (aut nulli?); haustellum longiusculum, nudum; palpi maxillares brevissimi, labiales arcuati, breves, subhirsuti, articulo ultimo medium longitudine fere superante, acuminato. Alae lanceolatae (interdum latiores), mediocriter ciliatae; anter. vena apicalis simplex supra apicem exit, infra eam venae sex simplices, quarum quarta et quinta valde curvae; vena subdorsalis ad basim furcata; cellula secundaria distincta; stigma distinctum; poster. vena apicalis furcata, infra eam ramus unus bifidus, vena mediana trifida. Larva plerumque foliorum cuniculatrix. — *Cf. Sta.*

Die das Geschlecht Acrolepia bildenden Schaben, welche zuerst Zeller im Genus Roeslerstammia vereinigt hatte, stehen neben den typischen Glyphipterygiden eigenthümlich da, indem sie weder die glänzende Beschuppung, noch den Flug im Sonnenschein wie diese besitzen, ebenso wenig im Sitzen die schwingende Bewegung der Flügel darbieten, welche diese Thiere so sehr charakterisirt.

Ebenso sind die Flügel länger, gestreckter und an der Spitze viel abgerundeter. Wie Zeller hervorgehoben hat, grenzen sie auf der einen Seite an die vorhergehende Familie der Oecophoriden an, von welchen glattköpfigen Thieren sie sich aber durch den rauhbehaarten Hinterkopf auszeichnen, während sie andererseits von den nahe verwandten Argyresthiden (mit welchen sie auch ein einigermassen ausgebildetes Stigma theilen) durch die viel glattere Beschuppung des Kopfes unterschieden werden können.

Wie eben bemerkt, ist dieser glatt; nur nach hinten sind die Haare aufgerichtet und rauh; die Fühler von mässiger Länge, jedes zweite Glied zahnförmig vorspringend; Ocellen, welche Herrich-Schäffer angibt, Stainton läugnet, sehe ich wenigstens bei A. Granitella deutlich, während ich sie bei A. Cariosella nicht zu finden vermag. Die Kiefertaster sind sehr klein, die Labialpalpen ziemlich kurz, aufgekrümmt, etwas rauh; das Endglied ungefähr ebenso lang als das mittlere. Die Zunge erscheint nackt, von einigermassen beträchtlicher Länge. Der Aderverlauf, dessen Eigenthümlichkeiten die Diagnose anführt, ist bei A. Granitella und Cariosella identisch und für erstere Schabe von Stainton gut abgebildet. Die Franzen sind von mässiger Länge. Die Form der Flügel ist in der Regel ziemlich gestreckt, bei einer Spezies aber mehr breit.

Die Larven leben gewöhnlich minirend in den Blättern niederer Pflanzen; eine Art aber auch in Pflanzenstielen.

Die Falter, mit dem abendlichen Fluge der meisten Tineen, scheinen in doppelter Generation vorzukommen. Die Thiere der letzten Brut überwintern alsdann (ob bei allen Spezies, steht noch anhin).

Der Artenreichthum ist gering, indem man 5 europäische Spezies zur Zeit kennt. Eine derselben (A. Vesperella Koll.) ist südeuropäisch, die andern 4 kommen in einer gewissen Ausdehnung durch unsern Welttheil vor und sind zu 3 im schweizerischen Faunengebiete vertreten. Eine Art erscheint noch in bedeutender Höhe auf den Alpen.

1. A. Perlepidella Sta. (H.-S. Tab. 84 fig. 643).

Perlepidella Sta. — Ruficeps Wocke. — H.-S.

Capillis rufis, palpis flavidis; alis latiusculis, anter. laete fuscis, basi, costa et margine postico violaceo-nigrescentibus, fascia transversa ante medium lutea, obliqua, squamis violaceis interrupta pone medium maculisque duabus costae posticis luteis. — 5–4½'''.

Das reizende Insekt wurde als eine Seltenheit in England im Mai und Juni und dann wiederum zu Ende August gefunden, ebenso von Wocke im Riesengebirge.

Ende Mai oder Anfang Juni 1853 erhielt ich zwei Exemplare bei Zürich an einem Waldrande des Uetliberges, welche Herrich-Schäffer bestimmte. Im verflossenen Sommer traf Herr Boll ein Stück bei Bremgarten.

2. A. Granitella Tr. (F. R. Tab. 8 a-l).

Granitella Tr. — F. R. — Zell. — Sta. — H.-S. — ? Dup.

Capillis fuscis, palpis cinereis, articulo terminali bis nigrocincto; alis anter. fuscis, albido-rivulatis, macula dorsali fusca, utrimque albido-marginata ante medium, fascia transversa lata, fusca pone medium. — 6'''.

Die Larve, von Fischer von Röslerstamm abgebildet, lebt minirend in den Blättern von Inula dysenterica und Helenium, ebenso in Gärten auf Buphthalmum cordifolium. Sie ist nach F. R.'s richtiger Beschreibung hellgrün, fast zeichnungslos, nach hinten zugespitzt, in den Seiten schwarz punktirt; der Kopf glasartig mit bräunlichem Gebisse. Sie findet sich im Juni; die Mine ist flach und hellbräunlich. Die Verpuppung erfolgt unter netzartigem Gewebe.

Die Schabe, Ende Juni und im Juli sich entwickelnd und von da an durch den Herbst und Winter bis zum Frühling vorkommend, ist weit durch Europa verbreitet. England, verschiedene Theile des nördlichen und südlichen Deutschlands, Toskana und Sizilien.

In der Schweiz bisher bei Zürich beobachtet, wo sie nicht selten, namentlich im Larvenzustande, vorkommt. Aus andern Theilen des Landes erhielt ich bisher noch kein Exemplar.

3. A. Cariosella Zell. (Hbn. Tab. 25 fig. 171 [schlecht]).

Cariosella Zell — Tr. — Dup. — H.-S. - Reticulella Hbn. — Tr.

Capite palpisque albidis; alis anter. albidis, fusco-irroratis, macula dorsali fusca ante medium, fascia obliqua pone medium maculisque nonnullis fuscis posticis, ciliis albidis, linea duplici fusca divisis. — $6^1/_3 - 5^1/_2$'''.

Die Larvenzustände dieser Schabe sind zur Zeit noch unbekannt. Sie fliegt im Mai und Juni und dann wieder im August so wohl an trocknen als nassen Grasplätzen der Wälder, in der Ebene wie im Gebirge. In Deutschland (Schlesien, Sachsen, bei Frankfurt am Main, Freiburg etc.); südlich im Toskanesischen auf dem Apeninn.

Für die Schweiz: bei Zürich zu Anfang Juni öfter; Würenlos im Limmatthale (Ende Juli) und Bremgarten (Boll). Ende Juli 1853 traf ich sie auf dem Berninapass in Graubündten in ungefährer Höhe von 7000′. Die Generation ist hier natürlich eine einfache.

---

2. Genus. GLYPHIPTERYX.

Glyphipteryx Sta. — Glyphipteryx et Aechmia p. Zell. — Glyphipteryx et Aechmia H.-S. — p. Hbn. — Aechmia p. Tr. — Dup.

Caput obtusum, frons lata, laevis; antennae filiformes subdentatae, infra ciliatae; ocelli distincti; haustellum longum, nudum; palpi maxillares nulli, labiales porrecti, breves, hirsuti vel infra setis instructi. Alae latiusculae aut angustae, apice prominente; poster. ovato-lanceolatae vel lanceolatae, mediocriter aut longe ciliatae; anter. vena apicalis supra apicem exit, infra eam rami sex simplices, quorum ultimus a penultimo remotus; subdorsalis ad basim furcata; cellula secundaria indicata; stigma adest; poster. vena apicalis simplex supra apicem, infra eam rami duo simplices, mediana trifida. Volatus diurnus.

Die Geschlechter Glyphipteryx Zell. und Aechmia in der Herrich-Schäffer'schen Begrenzung haben wir unbedenklich in ein einziges Genus zusammengezogen, welchem der erstere Namen zu bleiben hat. Allerdings erscheinen die hierher gehörigen Tineen auf den ersten Blick manchfach verschieden, indem namentlich die Form der Flügel einem beträchtlichen Wechsel unterworfen ist. Bei G. Bergstraesserella sind die vorderen breit mit convexem Hinterrand, ohne vorspringende Spitze und ohne Einkerbung; ebenso sind sind die hinteren breit, oval, stumpf mit wenig entwickeltem Afterwinkel; endlich zeichnen sich die Franzen durch ihre Kürze aus. Umgekehrt ist es bei andern Spezies, bei G. Equitella und ihren Verwandten, wo die Flügel schmal und die hinteren ganz lanzettförmig erscheinen und wo an dem Vorderflügel eine vorspringende Spitze und eine Auskerbung des Hinterrandes als auszeichnende Eigenthümlichkeit hervortritt, ebenso die Franzen eine beträchtliche Länge erreichen. Indessen bildet G. Fuscoviridella Haw. (welche ich der Güte Stainton's verdanke) in der Flügelform und

Franzenlänge einen Uebergang zu G. Thrasonella und diese wiederum eine Brücke zu G. Equitella, so dass schon durch diese Betrachtung des beschuppten Insektes die generische Verschiedenheit zweifelhaft werden muss.

Noch mehr ist es bei der Untersuchung des Aderverlaufes der Fall. Dieser, von Stainton für G. Fuscoviridella gezeichnet, wiederholt sich in derselben Weise unabhängig von der Form des Flügels bei Bergstraesserella, Thrasonella, Equitella und Roeslerstammella. Mit dieser Identität des Geäders stimmen auch die übrige Körperbildung, der glatte, breite Kopf und die breite Stirne, die ansehnlichen Ocellen, die lange, nackte Zunge, die fehlenden Kiefer- und die rauh beschuppten kleineren Lippentaster. Die Fühler, mit mehr oder weniger deutlicher Zähnelung der Glieder, sind bei einigen Thieren ziemlich stark, bei anderen Arten überaus zart bewimpert.

Der Habitus, der anders gestaltete Kopf, die Abwesenheit der Kiefertaster, die nur angedeutete Nebenzelle des Vorder- und der Aderverlauf des Hinterflügels ergeben die Unterschiede gegenüber dem vorhergehenden Genus.

Während die Acrolepien abendliche Thiere sind, fliegen die Glyphipteryx-Arten bei Tage im hellen Sonnenschein. Sie erinnern hierin an Adela und Nemotois. Sitzend vibriren sie mit den Flügeln. Die Lebensweise der Larven ist höchst ungenügend bekannt. Die bisher beobachteten miniren nicht, sondern wurden im Innern von Knospen und Pflanzenspitzen angetroffen.

Für die europäische Fauna kennen wir gegenwärtig 8 Spezies dieser zierlichen Schaben, won welchen eine auf das östliche Europa beschränkt ist, die übrigen zum Theil in weitester Verbreitung erscheinen. 6 derselben finden sich in der brittischen Fauna, 5 in der schweizerischen; eine derselben, als alpine Form, erreicht eine ansehnliche Höhenverbreitung. Sie scheinen in dem nördlichen Europa rasch abzunehmen, indem die Fauna Lievlands nur noch 2 Spezies enthält.

1. **G. Bergstraesserella** Fab. (F. R. Tab. 81 fig. 2 a—c. — Hbn. Tort. Tab. 14 fig. 84 und Tin. Tab. 65 fig. 436.

Bergstraesserella Fab. — F. R. — Dup. — H.-S. — Linneana Hbn. — Zell. — Linneella Hbn. — Dup. — Treitschkeana Frölich.

Alis anter. nitidis, aureo-fuscis, strigulis sex costae, tribus dorsi punctisque disci et marginis postici argenteis, coeruleo-micantibus, interdum cum strigulis cohaerentibus, ciliorum apice albido. — 6½—6‴.

Das prächtige Insekt, welches in der Zeichnung manchfach ändert, so dass man leicht einige Varietäten aufstellen könnte, fliegt von den letzten Maitagen durch den Juni an lichten Waldstellen zwischen Nadel- und Laubholz.

Es wurde in verschiedenen Lokalitäten Deutschlands bemerkt. Schlesisches Gebirge, Sachsen, Böhmen, Taunus bei Frankfurt am Main, Regensburg, Wien, Grossherzogthum Baden und, nach Herrich-Schäffer, auch in den Alpen.

2. **G. Thrasonella** Scop. (F. R. Tab. 83 fig. 1 a–d).

Thrasonella Scop. — Dup. — F. R. — Zell. — Lien. — Sta. — H.-S. — Fueslella (Fyeslella) Fab. — Seppella Hbn. — Aillyella Hbn. — Equitella Tr. — Triguttella Don.

Alis anter. nitidis, saturate fusco-aeneis, strigulis quinque costae, duabus dorsi (prima media fere obsoleta) coeruleo-argenteis, macula oblonga anguli analis atra, puncta tria violaceo-argentea includente, apicis obtusi puncto magno, ciliis griseis. — *Cf. Sta.* — $6^1/_3 - 5'''$.

Eine der gemeinsten, im Juni auf nassen Wiesen um Binsen fliegenden Arten, deren Larve wohl in dieser Pflanze vorkommen mag. Gleich der vorhergehenden Spezies ist sie manchfachen Abänderungen unterworfen.

Lievland, England, Deutschland bis zur Grenze von Istrien, Frankreich (Dép. du Nord) und in Italien das Toskanesische, wo sie schon im Mai fliegt.

Gewiss in der ganzen Schweiz verbreitet, ohne jedoch, wie es scheint, im Gebirge bedeutend aufzusteigen. Zürich, Baden, Bremgarten (Boll), Schüpfen (Rothenbach). Auf den Glarner Alpen traf ich sie Anfang August bis etwa 4000′ Höhe.

3. **G. Oculatella** Zell (H.-S. Tab. 39 fig. 265 [nicht gut]).

Oculatella (Mann) Zell. — Sta. — H.-S. — ? Lucasella Dup.

Palpis albidis; alis anter. caudatis, nigro-fuscis, macula in medio dorsi subcurvata, distinctiore, alba, strigulis posticis quinque costae, una dorsali ad angulum analem albis, apicibus argenteis, maculis tribus supra angulum analem coeruleo-argenteis, puncto apicis atro, argenteo-pupillato. — $5 - 4^1/_2'''$.

Von der allgemein bekannten folgenden Art durch die rein weissen Lippentaster, die breiteren Vorderflügel mit kleinerem Franzenschwänzchen, den viel weniger schief stehenden ersten Dorsalfleck und vor allem durch die silberglänzende Pupille des schwarzen Punktes in der Flügelspitze verschieden.

G. Oculatella, welche wohl manchfach mit G. Equitella verwechselt sein mag, ist in nicht unbeträchtlicher Ausdehnung durch unsern Welttheil beobachtet worden.

England; Norddeutschland bei Braunschweig; in Süddeutschland bei Freiburg, Wien, an der Grenze von Krain und Istrien; in Toskana bei Pisa, wo das Insekt von Mann entdeckt wurde.

Für die Schweiz wurde sie bei Zürich beobachtet. Sie ist hier im Mai und Juni an lichten, grasreichen Waldstellen in manchen Jahren gemein. Auch von Bremgarten (Boll), aus den Umgebungen Schüpfens (Rothenbach) und von Lausanne (Laharpe). In den Alpen kam sie uns niemals vor.

4. **G. Equitella** Scop. (F. R. Tab. 82 fig. 2 a—d).

Equitella Scop. — F. R. — Zell. — Sta. — H-S. — ? Dup. — Forsterella Fab. — Klemannella Fab.

Palpis albidis, annulis quatuor nigris; alis anter. caudatis, nigro-fuscis, strigula curvata in medio dorsi strigulaque opposita obliqua costae, distinctioribus albis, strigulis posticis quatuor costae, una dorsi ad angulum analem albis, apicibus argenteis, maculis tribus supra angulum analem coeruleo-argenteis, puncto apicis atro, ciliis albidis. — *Cf. Sta.* — 4‴.

Var. **Majorella** *Mann. H.-S.* Multo major; strigulis costae posticis interdum quinque. — 6½–5‴.

Eine gleichfalls häufigere Spezies, welche in der Regel im Juni und Juli oft, aber nicht immer, um Sedum, in deren Knospe die Larve im Mai lebt (Sta.), angetroffen wird.

Die geographische Verbreitung ist ziemlich ausgedehnt. Lievland, England, Frankreich bei Paris (wenn, wie ich glaube, Duponchel's Equitella hierher zu ziehen ist); das nördliche und südliche Deutschland bis Oberkrain.

Für die Schweiz in der Ebene seltener bemerkt; so bei Bremgarten (Boll) und Schüpfen (Rothenbach). Sie wird hier gewissermassen durch die vorhergehende Spezies, G. Oculatella, ersetzt. Dagegen in den Alpen häufiger. Zahlreich im Oberengadin bei

Samaden in 5362′ Höhe an den Kalkfelsen auf dem Wege nach Celerina, aber auch höher hinauf, zu Ende Juli. Die eingesammelten Exemplare zeigen die unverkennbarsten Uebergänge zur Varietät Majorella, welche untermischt mit jener vorkam.

5. G. Fischeriella Zell. (F. R. Tab. 82 fig. 3 a—e).

Fischeriella Zell. — Sta. — H.-S. — Roeslerstammiella F. R. (Text.) — Dup. — Desiderella F. R. (Abbild.) — ? Desideratella Dup. — ? Forsterella Steph. — ? Haw. — ? Simplicella Steph. — ? Cognatella Steph.

Palpis albidis, annulis quatuor nigris; alis anter. caudatis, nigro-fuscis, strigulis quinque costae, duabus dorsi (prima in medio curvata) albis, apicibus argenteo-micantibus, macula supra angulum analem coeruleo-argentea, puncto apicis atro. — $3^{1}/_{2}-3'''$.

Var. Strigula prima dorsi nulla.

Durch bedeutende Kleinheit und das weniger deutliche erste Innenrandshäkchen, welches bei schweizerischen Exemplaren häufig fehlt, von der vorhergehenden Art am leichtesten zu unterscheiden.

In England, dem nördlichen und südlichen Deutschland und in Toskana; Mai und Juni bis in den Juli an lichten Waldstellen, auf Waldwiesen oft in Scharen.

Für die Schweiz bisher nur im ebneren Theile des Landes angetroffen. Zürich, sehr gemein; ebenso Bremgarten und gewiss überall.

---

3. Genus. AECHMIA.

Aechmia Sta. — Aechmia (Tinagma) p. Zell. — Tinagma p. H.-S.

Caput laeve; frons lata; ocelli nulli; antennae filiformes, subdentatae, ciliis microscopicis instructae; haustellum mediocre; palpi maxillares conniventes, labiales penduli, subhirsuti, articulo tertio obtuso. Alae longe ciliatae, anter. ciliis valde dilatatae, margine dorsali dentem squamarum gerente; poster. lanceolato-ovatae; anter. cellula discoidalis obtusa, cellula secundaria indicata; vena apicalis simplex ante apicem exit, infra eam venae sex, quarum prima cum apicali ex eodem puncto oritur; subdorsalis ad basim furcata (submediana nulla); poster. vena apicalis simplex in apicem exit, infra eam venae duae simplices, mediana trifida. — Volatus diurnus.

Stainton's Abbildung des Aderverlaufes ist genauer als seine Charakteristik, aber die angedeutete Nebenzelle ist übersehen worden.

Der Aderverlauf erinnert im Wesentlichen noch an Glyphipteryx; der des Hinterflügels ist fast identisch mit demjenigen des vorigen Genus. Die Abwesenheit der Ocellen, die anders gestalteten Palpen ergeben die hauptsächlichsten Differenzen.

Es gehört möglicherweise nur eine einzige Spezies hierher, welche in abendlichem Fluge an Waldrändern im Juni und Juli erscheint.

1. A. Dentella Zell. (F. R. Tab. 83 fig. 3 a—c).

Dentella Zell. — F. R. — Sta. — H.-S. — Subdentella Sta. (ol.) — ? Atrella Steph.

Alis anter. saturate nigro-fuscis, albido-irroratis, maculis duabus dorsi obsoletis dilutioribus, dente e medio dorsi nigrofusco. — *Cf. Sta.* — $4^2/_3$‴.

Die Schabe fliegt im Juni und Anfang Juli an lichten Stellen und den Rändern der Wälder. Zeller traf sie gesellschaftlich auf Chaerophyllum bulbosum. In England und verschiedenen Theilen Deutschlands (Glogau, Berlin, in Sachsen, bei Wien).

Für die Schweiz bisher zur angegebenen Zeit allein bei Zürich am Uetliberge und den angrenzenden Waldungen bemerkt. Ich erhielt sie hier öfters, aber nicht häufig.

---

4. Genus. PERITTIA.

Perittia Sta. — Tinagma p. H.-S.

Caput laeve, frons lata; ocelli nulli; antennae filiformes, subdentatae; haustellum mediocre, nudum vel squamatum; palpi maxillares nulli, labiales mediocres, tenues, penduli, subhirsuti, articulo tertio acuminato. Alae longe ciliatae, anter. elongatae, poster. lanceolatae; anter. cellula discoidalis acuta, cellula secundaria nulla; vena apicalis bifida vel trifida *), infra eam venae tres; sudmedianae apex incrassatus; subdorsalis ad basim furcata; poster. cellula costalis perangusta, brevissima; vena subcostalis furcata in et infra apicem exit, mediana trifida. Larva foliorum cuniculatrix. — *Cf. Sta.*

Die Abwesenheit der Kiefertaster, das Fehlen der Nebenzelle, die geringere Zahl der Hinterrandsvenen, die gespaltene Apicalader der Vorderflügel geben hinreichende Trennungsmerkmale. Das Geäder der Hinterflügel wird sehr einfach, indem zwischen der zweitheiligen Subcostalader und der dreigetheilten Medianvene keine Hinterrandsadern mehr vorkommen, eine Vereinfachung, welche auch für die zwei letzten Geschlechter der Familie bezeichnend erscheint.

Die Larven der beiden Spezies sind bekannt und leben, sehr ähnlich im Spätsommer minirend, in breiter flacher Mine an Loniceren. Sie verlassen das Blatt, um sich ausserhalb in breitem, flachem Gewebe zu verpuppen. Die Entwicklung erfolgt im nächsten Frühling.

1. **P. Herrichiella** v. Heyd. (H.-S. Tab. 52 fig. 361).

Herrichiella (um) v. Heyd. — H.-S.

Alis anter. nitidis, nigris, subscabris, macula dorsali in medio flavescente, ciliorum linea nigra. — 4‴.

Die Larve lebt im August und September auf Lonicera Xylosteum in breiter, flacher, gelbbräunlicher Mine. Sie ist derjenigen einer Lithocolletis ähnlich gebildet, braunroth, mit leichten Grübchen auf jedem Ringe und mit kleinerem, dunklerem Kopf. Sie verpuppt sich in kleinem kreisförmigen Gewebe.

Bisher nur in einigen Theilen Deutschlands bemerkt, bei Frankfurt am Main und Freiburg, selten.

Bei Zürich nicht gemein. Ich erzog sie öfters und fing ein Exemplar an einem Juniabend an einem Waldrande.

---

*) Die dreigetheilte Apicalvene bei P. Herrichiella ist die einzige Eigenthümlichkeit des Aderverlaufes gegenüber P. Obscurepunctella Sta.

5. Genus. TINAGMA.

Tinagma p. H.-S. — Aechmia (Tinagma) p. Zell.

Caput latum; ocelli distincti; antennae dentatae, non pubescentes; haustellum breve, nudum; palpi labiales penduli, brevissimi, hirsuti. Alae longe ciliatae, anter. postice ciliis dilatatis, poster. lanceolatae; alarum anter. cellula discoidalis acuta (cellula secundaria nulla); vena apicalis trifida supra et infra apicem exit, infra eam rami quatuor simplices; subdorsalis ad basim longe furcata; poster. cellula costalis angusta, brevis; vena subcostalis furcata in et infra apicem exit, ramum brevem in costam, venam longam in marginem posticum emittens; mediana simplex.*) — Volatus diurnus.

Als Repräsentanten des Genus Tinagma betrachten wir T. Perdicellum, eine Schabe, welche zur voranstehenden Charakteristik gedient hat. Unter den übrigen Tinagmen werden sich durch genauere Untersuchung des Geäders wohl noch eine oder die andere Art als hierher gehörig ergeben. Es ist uns leider aus Mangel an Material nicht möglich gewesen, diese Frage entscheiden zu können.

1. T. Perdicellum Ti. (F. R. Tab. 83 fig. 2 a—e).

Perdicellum (a) Ti. — Zell. — F. R. — Dup. — Lien. — H.-S.

Capite griseo, palpis antennisque lutescentibus, his fusco-annulatis; alis anter. scabris, nigrescentibus, squamis albidis irroratis, fascia media, postice albo-marginata, nube postica pustulaque apicis obsoleta nigris. — $5\frac{1}{2} - 4\frac{1}{3}$‴.

Die lebhafte Schabe fliegt während der mittlern Tageszeit im Mai und Juni an lichten Waldstellen, häufig um Erdbeeren und Himbeeren in kleinen Gesellschaften.

Lievland; das nördliche (Schlesien, Sachsen, Böhmen, Göttingen) und südliche Deutschland (Wien, Bayern, Freiburg); südlich bis gegen das adriatische Meer und in Toskana beobachtet; der brittischen Fauna fehlend.

---

*) Das Genus Douglasia scheint im Baue der Hinterflügel sehr verwandt.

Für die Schweiz: bei Zürich an beiden Seeufern an lichten Waldstellen, oft sehr häufig; bei Bremgarten (Boll); die Umgebungen von Lausanne (Laharpe); in den Graubündner Alpen; im Oberengadin, so auf Alp Murailg bei Samaden 6777′, und auf dem Berninapasse, im Juli und Anfang August über der Baumgrenze um kurzes Gras fliegend.

---

6. Genus. HELIOZELA.

Heliozela H.-S. — Aechmia (Tinagma) p. Zell. — Tinagma Dup. — Sta. — Microsetia p. Steph.

Caput laeve, frons lata; ocelli nulli; antennae breves, crassiusculae, articulis confertis, dentatis, cilia minima gerentibus; haustellum mediocre, nudum; palpi maxillares brevissimi, labiales hirsuti, penduli, breves, articulo tertio praecedente duplum longiore, acuminato. Alae longe ciliatae, anter. metallice nitentes, postice ciliis dilatatis, poster. lanceolatae; alarum anter. cellula discoidalis acuta, cellula secundaria nulla; vena apicalis furcata in apicem exit (sed rami vix indicati), infra eam rami tres in marginem posticum; subdorsalis ad basim simplex; poster. cellula costalis angusta, brevis; vena simplex in apicem exit, infra eam vena una (basim versus cum praecedente confluens), subdorsalis simplex. — Volatus diurnus.

Die kürzeren Fühler und Taster, der einfachere Aderverlauf der Vorderflügel und noch viel mehr des hinteren Flügelpaares ergeben die Unterscheidungsmerkmale von Perittia. Durch das Fehlen der Ocellen, die kürzeren Fühler ist Heliozela von Tinagma verschieden, bei welchem ferner, im Gegensatze zu ihr, an den Vorderflügeln eine Hinterrandsvene mehr und eine gegabelte Subdorsalader vorkommt, und an den noch mit ausgebildeterem Geäder versehenen Hinterflügeln eine Gabelader in die Spitze ausläuft.

Die Larven sind unbekannt. Die kleinen Tineen fliegen bei Tage, oft gesellschaftlich.

Man kennt mehrere, sehr ähnliche Arten, von denen nur eine zur Zeit in der Schweiz beobachtet worden ist.

1. **H. Metallicella** Zell. (F. R. Tab. 84 fig. 2).

Metallicella (um) Zell. — F. R. — Dup. — Lien. — H.-S. — Sericiellum Haw. — Sta.

Alis anter. nitidis, aeneo-griseis, gutta dorsali pone medium albida, subobsoleta. — $3^1/_3-3'''$.

Die Generation der um Eichen oft gesellig fliegenden kleinen Schabe ist doppelt, im Frühling (April und Mai) und im Sommer (Juli), und die geographische Verbreitung eine ausgedehnte.

Lievland, England, im nördlichen und südlichen Deutschland; südwärts bis Messina gehend.

Bisher nur bei Zürich beobachtet und anderwärts bei ihrer Kleinheit wohl übersehen. Sie fliegt hier gerade nicht häufig, namentlich in kleinen Gesellschaften im Frühling. Die Sommergeneration ist viel seltener.

IX. Familie. ARGYRESTHIDEN.

Argyresthien Zell. — Argyresthidae Sta.

Caput superne hirsutum, epistomio laevigato; ocelli nulli; antennae alis anter. breviores; haustellum breve vel nullum; palpi maxillares nulli, labiales breves, penduli, articulo tertio subacuto vel obtuso (interdum brevissimi); alae anter. stigmate instructae, elongatae, poster. lanceolatae, ciliis longiusculis. Larva plerumque in gemmis vivens.

Gleich der vorhergehenden Glyphipterygidenfamilie bilden auch die Argyresthiden eine überaus natürliche Gruppe, ausgezeichnet durch den nach vorne bis zur Fühlerwurzel rauhen Kopf und das glatte Gesicht, durch kleinere oder sehr kleine Labialpalpen beim Mangel der Kiefertaster, unentwickelten oder fehlenden Saugrüssel, die Abwesenheit der Ocellen. Ihre schmalen Vorderflügel, noch mehr die lanzettförmigen Hinterflügel mit ziemlich vereinfachtem Aderverlaufe, lehren, das wir niedriger stehende Tineen in dieser Gruppe vor uns haben. Das Stigma auf den Vorderflügeln kommt, mit Ausnahme des Genus Zelleria, überall ausgebildet vor, ist aber bei seinem häufigen Erscheinen auch in den früheren Familien ohne diagnostischen Werth. Die Larven leben in der Regel in Blattknospen, können aber auch in freiem Gewebe zwischen

Fichtennadeln und, wie eine Beobachtung der jüngsten Zeit gelehrt hat, selbst in Beeren vorkommen. Die Generation ist fast immer einfach. — Auffallend ist bei einem Theile die sonderbare Haltung des vollendeten Insektes, welches im Zustande der Ruhe den Kopf leicht senkt, den Hinterkörper hoch aufrichtet und die beiden vorderen Beinpaare abstehen lässt, während das letzte Paar an dem Körper anliegt, so dass dieser nur von den vier Vorderbeinen getragen wird.

Die typischen Formen bilden das Geschlecht Argyresthia, ein an Arten ziemlich reiches Genus. Ihm schliessen sich als nahe verwandt die Genera Cedestis und Ocnerostoma an, während schon vielfach fremdartig das Genus Zelleria, eine Uebergangsform zu den Gracilarien, erscheint. Gleichfalls mehr abweichend erscheint auch das Genus Calantica v. Heyd., welches in unserer Fauna nicht vertreten ist. Was die weitere Verwandtschaft zu andern Familien betrifft, so grenzt Argyresthia in mancher Hinsicht an die Hyponomeutiden, namentlich die Geschlechter Swammerdammia und Scythropia, mit welchen es auch in der Existenz des Pterostigma übereinstimmt, während weniger der Aderverlauf, als die lanzettförmigen Hinterflügel und die Lebensweise der Larven, den hauptsächlichen Unterschied bilden.

Mit dem Genus Acrolepia der Glyphipterygidenfamilie existirt ebenfalls eine gewisse Verwandtschaft. Aber auch dieses steht durch das Flügelgeäder und die Hinterflügel unverkennbar auf einer höheren Stufe, wie denn auch die typischen Formen dieser Familie wenig Gemeinschaftliches mehr mit unseren Thieren zeigen.

1. Genus. CEDESTIS.

Cedestis Zell. — Sta. — H.-S.

Caput superne hirsutum, epistomio laevi; ocelli nulli; antennae alis anter. breviores, articulo basali elongato; haustellum subnullum; palpi maxillares nulli, labiales penduli, breviusculi, incrassati, subhirsuti; ♀ oviductus absconditus. Alae elongatae, ciliis longiusculis, poster. lanceolatae; anter. stigma distinctum; cellula discoidalis elongata (secundaria nulla) ramos quinque vel quatuor in marginem costalem emittit, quorum ultimus, vena apicalis, simplex ante apicem exit; infra eum rami quatuor vel quinque, quorum tertius et quartus ex eodem puncto prodeunt, quintus remotus; vena submediana apicem versus incrassata; subdorsalis ad basim simplex; poster. vena apicalis simplex ante apicem exit, infra eam venae tres simplices e venula transversa. Larva intra telum vivens. — *Cf. Zell. Sta.*.

Die beiden nahe verwandten, einzigen Spezies differiren auffallend in dem Aderverlaufe, indem bei C. Gysseleniella die Vorderflügel zwei Adern mehr als bei C. Farinatella besitzen; die Discoidalzelle des vordern wie des hintern Flügels ist aber bei beiden deutlich durch ein zartes Queräderchen geschlossen. Die kürzeren Taster, das Verschwinden der Zunge (doch scheint es nicht ganz vollständig, indem ich bei C. Gysseleniella ein Rudiment derselben glaube gesehen zu haben), ergeben den generischen Unterschied von Argyresthia. Ebenso ist nach Beobachtungen von A. Schmid die Lebensweise der Larve wesentlich von derjenigen der knospenbewohnenden Argyresthien verschieden, indem C. Gysseleniella in dieser Periode zwischen den Kiefernadeln frei in einem Gewebe vorkommt.

Die beiden Arten erscheinen in weiter Verbreitung mit einfacher Generation und sind in unserm Faunengebiete ebenfalls vorhanden.

1. C. Gysseleniella Kuhlwein. (F. R. Tab. 74 fig. 3 a—c).

Gysseleniella Kuhlwein. — Zell. — F. R. — Lien. — Sta. — H.-S. — Gysselinella Dup. — Sta.

Capite ac thorace griseis; alis anter. subopacis griseis, obscurius pulveratis, fascia lata obsoleta ad basim, fascia ante medium distinctiore nebulisque posticis rufo-luteis. — 6'''.

Die Larve (wohl im Frühling?) zwischen den Nadeln von Pinus sylvestris in einem weissen Gewebe.

Der Falter fliegt vom Juni bis tief in den August. Ruhend zeigt er, gleich den einfarbigen Argyresthien, die gewöhnliche Haltung der Tineen.

Lievland; in England sehr selten; in verschiedenen Theilen Deutschlands, Schlesien, Böhmen, Sachsen, Jena, bei Frankfurt am Main, Freiburg; südlich bis Toskana (auf dem Apeninn) bemerkt.

Für die Schweiz bei Zürich an beiden Seeufern; auch von Tannen geklopft, nicht häufig; ebenso aus der Umgegend von Lausanne (Laharpe).

2. C. Farinatella Zell. (F. R. Tab. 74 fig. 4 a und b).

Farinatella Zell. — Dup. — F. R. — Lien. — Sta. — H.-S. — ?Subfasciella Steph.

Capite ac thorace griseis; alis anter. subopacis griseis, obscurius pulveratis, fascia ante, nube lata subfasciata post medium apiceque fuscescentibus. — *Cf. F. R.* — $4^2/_3$–$4^1/_3'''$.

Kleiner, dunkler, ohne das röthlichgelbe Kolorit der Binden; ebenfalls um Kiefern gleichzeitig vorkommend.

England gemein, Lievland, Deutschland (Mecklenburg, Schlesien, Böhmen, Sachsen, Wien, Frankfurt am Main, Carlsruhe).

Für die Schweiz bisher nur bei Zürich, seltener als vorhergehende Art, beobachtet.

---

2. Genus. ARGYRESTHIA.

Argyresthia Sta. — H.-S. — p. Hbn. — p. Zell. — p. Dup. — Ederesa (et Argyrosetia) Curt. — Erminea p. et Tinea p. Haw. — Ismene et Argyrosetia Steph. — Oecophora p. Tr. — p. Dup. (ol.) — Zellerst.

Caput superne hirsutum, epistomio laevi; ocelli nulli; antennae alis anter. breviores, articulo basali incrassato; haustellum breve, nudum; palpi maxillares nulli, labiales tenues, laeves, articulo tertio subacuto; oviductus ♀ plerumque exsertus. Alae elongatae, ciliis longiusculis, poster. lanceolatae; anter. stigma distinctum; cellula discoidalis elongata (secundaria nulla) ramos quinque in marginem costalem emittit, quorum ultimus, vena apicalis, simplex ante (interdum furcata supra et infra) apicem exit; infra eum rami sex (interdum quinque vel quatuor) simplices; vena submediana apicem versus incrassata; subdorsalis ad basim simplex; poster. vena apicalis simplex ante apicem exit, infra eam vena furcata et venae duae simplices e venula transversa.*) — *Cf. Sta.*

*) Bei den bunten Argyresthien fällt das Geäder höchst ähnlich aus; auch bei A. Goedartella und Andereggiella ist es wie bei den von Zeller und Stainton untersuchten Arten. — Von einfarbigen Arten habe ich nur A. Laevigatella v. Heyd. gemustert; ihr Geäder stimmt mit dem von Zeller untersuchten der A. Arceuthina vollständig überein.

Die Argyresthien bilden ein ziemlich artenreiches Genus, in welchem theils buntgezeichnete, theils zeichnungslose einfarbige Arten enthalten sind, welche aber unter einander, abgesehen von der gabligen oder einfachen Apicalader der Vorderflügel, zu nahe verwandt sind, um eine Zerlegung zu erfordern.

Die Larven leben in den Knospen der Laub- und Nadelhölzer; eine Art (A. Glaucinella Zell.) hat man neuerdings in England aus den Beeren von Sorbus Aucuparia erzogen. Das vollendete Insekt kommt wohl durchgehends nur in einfacher Generation vor, zeichnet sich aber durch eine sehr lange Flugzeit und Lebensdauer aus (manche Spezies, z. B. A. Nitidella, Andereggiella etc., sind in dieser Periode ihres Lebens fast ein Vierteljahr lang vorhanden). Die Flugzeit ist der Abend, die Erscheinungsperiode der mittlere Sommer.

Es sind zur Zeit 30 bis 35 Spezies der Argyresthien in unserm Welttheile bekannt, welche bei ihrer meist ausgedehnten geographischen Verbreitung auch in den Lokalfaunen mit ziemlich starkem Contingente erscheinen. Zwar fand Mad. Lienig für die Fauna Liev- und Kurlands nur 11 Spezies und Reutti für das Grossherzogthum Baden 13; für Grossbritannien führt Stainton dagegen 24 auf, von welchen indessen einige wenige Spezies zweifelhaft bleiben. Für unser schweizerisches Faunengebiet kenne ich zur Zeit 19 sichere Argyresthien, von welchen eine bisher ausschliesslich in den Bündtner Alpen getroffen worden ist. Im Uebrigen geht die Mehrzahl unserer Thiere bei ihrer Lebensweise in den Knospen der Laubhölzer nicht hoch im Gebirge hinauf; nur A. Sorbiella erreicht Höhen bis gegen 6000′. Höher im Allgemeinen steigen die an Nadelhölzern lebenden Arten empor.

1. A. Ephippella Fab. (Hbn. Tab. 26 fig. 175. — H.-S. Tab. 85 fig. 652).

Ephippella Fab. — Göze. — Sta. — H.-S. — Pruniella ? L. — Hbn. — Tr. — Dup. — Zell. — Zetterst. — Eversm. — Lien. — Tetrapodella Steph. — Comella Scop. — Ephippium Fab.

Capite, thorace palpisque niveis; alis anter. nitidis, ferrugineo-ochraceis, costa punctulata, strigulis ante apicem tribus vel quatuor albidis, dorso niveo, pone medium fascia parum obliqua, cinnamomea interrupto. — *Cf. Zell.* — 5⅓–5‴.

Die Larve der gemeinen Art lebt im Frühling in den Blattknospen des Haselstrauches und des Kirschbaumes, aus welchen beiden ich sie erzogen habe. Gewiss lebt sie noch vielfach in andern Laubhölzern. Sie ist wie die aller Argyresthien ziemlich kurz und dick, weisslich, mit bräunlichem Kopf, wenig dunklerem, weisslichem Nackenschild und dunkleren Brustfüssen.

A. Ephippella ist gewiss über den grössten Theil Europas verbreitet. Lappland, Schweden (?), Lievland, England, Deutschland, das Kasan'sche, Frankreich, Toskana. Sie fliegt in unsern Breiten vom Juni an.

In der Schweiz sicher überall im flacheren Theile. Bei Zürich gemein, aber weniger als die folgende A. Nitidella. Im Gebirge scheint sie wenig hoch aufzusteigen. Ich habe sie nur etwa bis 3000′ Höhe beobachtet; sie erscheint daher in den niederen Voralpen, nicht aber in der höhern Alpenzone. Im Vorder-Wäggithal, Canton Schwyz, in 2278′ flog sie Anfang August 1855 frisch in Menge.

2. A. **Nitidella** Fab. (H.-S. Tab. 85 fig. 651 und Var. 650).

Nitidella Fab. — Zell. — Lien. — Sta. — H.-S. — ?S. V. — Maritella F. R. — Pruni Haw. — Pruniella Steph.

Capite, thorace palpisque niveis; alis anter. nitidis, dilutissime ochreis, apice obscuriore, strigulis ante apicem tribus albidis, striga longitudinali basali cinnamomea, dorso niveo, pone medium fascia valde obliqua, in apicem conversa, cinnamomea interrupto. — *Cf. Sta.* — $5\frac{1}{2}-4\frac{2}{3}'''$.

Var. **Ossea** *Haw. — Steph. — Sta. — Denudatella F. R. — Zell. — H.-S.*

Alis anter. pallidis, apice, striga basali fasciaque obliqua dilutis, plus minusve obsoletis.

Die Larve lebt in den Knospen von Crataegus Oxyacantha im Frühling. Sie gleicht derjenigen der vorhergehenden Art sehr.

Eine gleichfalls gemeine, verbreitete Argyresthie. Lievland, England, Deutschland, Südfrankreich (Lyon) und Toskana.

In der Schweiz wohl überall; bei Zürich gemeiner als jede andere Art, etwas früher, schon von Ende Mai, erscheinend und bis in den Spätsommer vorhanden.

Die Varietät Ossea habe ich von Weissdornraupen, untermischt mit der Stammart, und zwar nicht selten und in verschiedenen Abstufungen des Hellen erzogen.

3. A. **Spiniella** F. R. (H.-S. Tab. 85 fig. 648).

Spiniella F. R. — Zell. — Dup. — Lien. — Sta. — H.-S.

Capillis et thorace niveis, epistomio et palpis flavescentibus; alis anter. violaceo-cinnamomeis, strigulis duabus ante apicem albidis, subobsoletis, dorso niveo, semel distinctissime interrupto. — *Zell.* — 5⅔'''.

Eine seltene, in ihren Larvenzuständen noch unbekannte Spezies. Lievland; im nördlichen Theile von England und in Schottland um Sorbus Aucuparia; in einzelnen Gegenden Deutschlands, Schlesisches Gebirge, bei Dessau, Frankfurt am Main, in Böhmen, bei Freiburg und Wien. Als Flugzeit werden Mai bis August und September angeführt. Sollte die Generation wirklich eine doppelte sein?

Für die Schweiz eine Seltenheit; das einzige bekannte Exemplar erhielt ich den 21. Juli 1855 am Uetliberg durch das Beklopfen eines Haselbusches.

4. A. Semitestacella Curt. (H.-S. Tab. 79 fig. 602 und 603).

Semitestacella Curt. — Steph. — Sta. — H.-S. — Semipurpurella v. Heinemann in litt. — H.-S. — Parenthesella Zinck.

Capite niveo, squamis luteis intermixtis, thorace niveo, palpis lutescentibus; alis anter. ochreo-brunneis, dilute purpureo-micantibus, dorso saepe ultra medium niveo, fascia obscuriore pone medium interrupto vel terminato. — 6⅔–6'''.

Ich verdanke der Güte Herrn Stainton's zwei Stücke seiner A. Semitestacella. Sie sind identisch mit Exemplaren, welche hier gefangen und von Herrich-Schäffer, der sie sah und im Text erwähnte, zu seiner A. Semipurpurella gezogen wurden, eine Ansicht, welche auch Stainton, der schweizerische Exemplare sah, theilt. Ich ziehe desshalb unbedenklich beide Namen zusammen, um so mehr, als eine grössere Zahl von Exemplaren, welche ich hier mit einander fing, eine nicht unansehnliche Verschiedenheit erkennen lassen, so dass ich Stücke besitze, welche mit Herrich-Schäffer's A. Semitestacella, und andere, die mit seiner A. Semipurpurella vollkommen übereinstimmen. Ich gebe desshalb eine ausführlichere Beschreibung.

Kopf und Rückenschild schneeweiss, die Schulterdecken mehr oder weniger zimmtbraun; um den oberen Rand der Augen stehen gelblich rostbraune Haare. Gesicht weiss mit Rostbraun gemischt. Taster weisslich, nach oben gelblich, nach unten rostbraun. Wurzelglied der Fühler gelblich, die Geisel weiss mit dunkelschwarzen, scharf ausgesprochenen Ringen. Beine weisslich; das vorderste Paar an der Innenseite dunkelgrau; die folgenden Paare bleiben heller und ihre Tarsen sind deutlich schwarz gefleckt oder geringelt. Hinterleib dunkelgrau, auf der Bauchseite weisslich. Die Afterspitze und die Legeröhre gelblich.

Die Vorderflügel erinnern in Kolorit und Zeichnung am meisten an diejenigen der folgenden Spezies, A. Albistria, welcher in vergrösserter Gestalt unsere Art überhaupt und auch in dem Mangel einer scharfen, dunklen Binde der Vorderflügel nahe steht; doch sind diese länger und gestreckter als bei jener und der dunkle Innenrandfleck schmäler. Die Farbe ist wie bei A. Albistria, ein lebhaftes, glänzendes Rost- oder Zimmtbraun, aber mit viel schwächer purpurfarbenem Schimmer, bei den einzelnen Exemplaren bald heller, bald dunkler. Der Costalrand ist sehr schmal und weisslich (bei einem sehr dunkel gefärbten Weibe fast ganz verschwunden), und mit zahlreichen, äusserst verloschenen, dunkleren Strichelchen gezeichnet. Vor der Flügelspitze erscheinen bei manchen Exemplaren zwei, seltener drei, helle, gelblichweisse Strichelchen; bei andern können es mehrere werden. Der Innenrand ist in verschiedener Länge und Breite schneeweiss. Bei einem Weibchen ist er besonders schmal und nur über ein Drittel der Flügellänge sich erstreckend. Dann erreicht etwas verdunkelt die Grundfarbe des Vorderflügels den Innenrand und nur gegen den Afterwinkel hin liegen nochmals, aber spärlich, weissliche Schüppchen. — Bei andern Exemplaren zeigt sich der weisse Dorsalrand breiter und bis zum Afterwinkel hin verlängert, sowie nur in der letzten Hälfte mit einzelnen bräunlichen Schüppchen besprengt. Bei andern Stücken erscheint endlich der dunkel rostbraune Innenrandfleck, welcher die weisse Dorsalbinde theilt; er ist schmal und weiter gegen den Hinterrand zu angebracht als bei A. Albistria. Bei einem hellgefärbten Weibchen ist der weisse Innenrandstreifen nach vorne gegen die Flügelfalte hin breit, dunkelbraun begrenzt, und der braune Innenrandfleck besonders gegen die Costa hin entwickelt, während er den Innenrand nicht erreicht und abgerundet aufhört.

Die beträchtliche Variabilität, welche die Vorderflügel in Kolorit und Zeichnung erkennen lassen, kehrt auch an ihren Franzen wieder. Um die Flügelspitze herum sind sie bräunlich, mit doppelter, dunkelbrauner Linie umzogen, welche sich bald verliert. Die Hinterrandsfranzen erscheinen gewöhnlich mässig dunkelgrau, können aber einen weissen Strahl bekommen und gegen den Afterwinkel hin schwärzlichgrau werden, oder sie erhalten einen bräunlichen Anflug.

Hinterflügel glänzend grau mit etwas helleren Franzen.

Die Unterseite der Vorderflügel ist glänzend dunkelgrau. Am Vorderrand eine gelbliche Linie, welche bis zur Flügelspitze läuft, allmälig immer breiter wird und an dieser plötzlich aufhört. Bei andern Stücken ist die ganze Flügelspitze breit gelblich umzogen. Franzen an der Flügelspitze bräunlich weiss, dann grau.

In England im August und September um Buchen; in Deutschland bei Braunschweig; ebenso im schlesischen Gebirge häufig (Zeller in litt.).

Für die Schweiz bei Zürich an Waldrändern um Buchen, von den letzten Tagen des Juli an durch den August, aber nicht gemein; ein abgeflogenes Exemplar aus der Gegend von Lausanne theilte mir Laharpe mit.

5. A. Albistria Haw. (H.-S. Tab. 85 fig. 653).

Albistria Haw. — Steph. — Sta. — Fagetella Moritz. — Zell. — H.-S. — ? Dup.

Capite ac thorace niveis, palpis niveis (interdum lutescentibus); alis anter. saturate ochreo-brunneis, purpureo-micantibus, dorso angustius niveo, semel fusco-interrupto. — $5^1/_3 - 4^2/_3$‴.

Der vorigen Art ähnlich, aber dunkler, lebhafter purpurglänzend und viel kleiner.

Die Larve erzog Stainton aus den Knospen von Prunus spinosa.

In England; verschiedenen Theilen des nördlichen und südlichen Deutschlands, unter andern auch bei Frankfurt am Main, Göttingen und Bonn; ebenfalls in Toskana; nicht mehr nach Lievland nordwärts verbreitet.

Bei Zürich nicht sehr häufig, aber überall, um Schlehen und Buchen im Juni und Juli; im August nur noch in alten abgeflogenen Stücken vorkommend; Bremgarten (Boll).

6. A. Pulchella Lien. (H.-S. Tab. 79 fig. 604 [nicht gut]).

Pulchella Lien. — Zell. — H.-S.

Capite, thorace palpisque niveis; alis anter. violaceis, vitta dorsali postice incrassata et abrupte desinenti nivea, strigula costae ante apicem tenui alba una vel duabus. — *Cf. Zell.* — $5^2/_3 - 5$‴.

Eine seltene, durch die tief violette (an reinen, frischen Stücken keineswegs ins Bräunliche spielende) Farbe ausgezeichnete Art.

In Lievland, in einzelnen Theilen Deutschlands (bei Regensburg und Gastein); in England nicht beobachtet.

Für die Schweiz ist nur die Umgebung Zürichs als Fundstelle bekannt; an beiden Seeufern im Juli und zu Anfang August, sehr selten.

Am 14. Juli 1855 erhielt ich an einem Waldrand des Uetliberges durch Beklopfen eines Haselstrauches fast gleichzeitig 5 ganz frische Exemplare. Ich vermuthe auf diesem die Raupe.

7. A. **Mendica** Haw. (H.-S. Tab. 85 fig. 646).

Mendica Haw. — Sta. — Mendicella Steph. — H.-S. (Text.) — Tetrapodella Zell. — Lien. — H.-S. (Tafeln) — ? L. — ? Dup. — Pruniella Zetterst. — Spinosella Sta. (ol.) — Caesiella Tr. p. (Schabe.)

Capite niveo, palpis luteo-albidis, thorace niveo, scapulis lutescentibus; alis anter. cinereo-violaceis, basi lutea, costa albo-maculata, dorso niveo, fascia violacea interrupto. — $5\frac{1}{2}-4\frac{2}{3}'''$.

Die Larve von Ende April und im Mai in den Knospen der Schlehen. Sie ist gelblich, mit granatrothen Flecken in der Mitte und den Seiten der Ringe, ziemlich kurz und dick, mit kleinem schwarzen Kopfe; der Nackenschild ist braun, durch eine helle, über die Mitte verlaufende Längslinie getheilt. Der Afterschild hellbräunlich, glänzend. Die Brustbeine braun gefleckt (cf. Zell.).

Die Schabe, wohl am frühesten unter den verwandten Arten erscheinend, in unsern Gegenden schon von Ende Mai an fliegend, kommt in Lievland, in England, Frankreich (?), Deutschland bis Oberkrain und in Toskana als gemeines Insekt vor.

Gewiss über das ganze Flachland den Schweiz verbreitet. Bei Zürich sehr gemein um Schlehen; auch von Bremgarten und Lausanne.

8. A. **Retinella** Zell. (?F. R. Tab. 15 fig. 4).

Retinella Zell. — Dup. — Sta. — H.-S. — ? Fundella F. R. — ? Ocellea Steph. — ? Cornella Eversm.

Palpis albidis, capite ac thorace niveis; alis anter. albis, nitidulis, fuscescenti transverse striolatis, striolis in disco, praecipue post medium et in apice congestis, puncto apicis nigro-fusco. — *Cf. Zell.* — $4\frac{1}{2}-4'''$.

Die zarte Schabe, mit einer andern um Nadelholz erscheinenden Art, A. Fundella Ti., sehr nahe verwandt, fliegt im Juni und Juli um Birken und Sahlweiden.

England; verschiedene Gegenden Deutschlands, Danzig, Glogau, Riesengebirge, in Sachsen, bei Regensburg und Freiburg.

Für die Schweiz bisher nur bei Zürich beobachtet. Hier namentlich im Juni an Sahlweiden nicht gerade selten, an trocknen wie feuchten Lokalitäten der Waldränder.

9. A. **Abdominalis** Zell. (H.-S. Tab. 86 fig. 661).

Abdominalis Zell. — Lien. — Sta. — H.-S. — Abdominalella Dup.

Antennis albidis, dilute fusco-annulatis, capillis, thorace palpisque niveis; abdomine rufescente; alis anter. albis, luteo-maculatis, lineis duabus ex basi, macula obliqua pone medium dorsi luteis, squamis apicis atris. — 4½'''.

Die Larve scheint an Juniperus communis zu leben, an welchem Mad. Lienig das Püppchen fand und die Schabe angetroffen wird.

Lievland, England, Deutschland (Glogau, Frankfurt am Main, Gastein, Regensburg). Sie wurde bis ins Toskanesische bemerkt. Die Flugzeit ist Juni und Juli.

Für die Schweiz bisher nur in einem einzigen Exemplar von Boll bei Bremgarten aufgefunden.

10. A. **Dilectella** Zell. (H.-S. Tab. 84 fig. 638).

Dilectella Zell. — Sta. — H.-S.

Antennis albidis, distincte nigro-annulatis, palpis luteis; abdomine rufescente; alis anter. aureis, postice dilutissime violaceo-suffusis, maculis marginalibus albidis obsoletis, puncto apicis nigro. — *Cf. Zell.* — 4½'''.

Die Schabe fliegt nach Stainton ebenfalls um Wachholder, an welchem man die Larve gefunden hat.

England gemein, Deutschland bei Glogau.

In der Schweiz bisher nur bei Zürich bemerkt; am Uetliberg 1855 Anfangs Juli ein Exemplar, welches Herrich-Schäffer bestimmte.

11. A. **Sorbiella** Ti. (F. R. Tab. 15. fig. 2 a und b [nicht gut]).

Sorbiella Ti. — Tr. — F. R. — Zell. — Lien. — Sta. — H.-S. — ? Dup.

Palpis albidis, externe fuscescentibus; alis anter. nitidis albidis, pallide vel obscurius brunneo-strigulatis, macula dorsali ante medium, strigula obliqua, in apicem flexa, pone medium maculaque parva ad angulum analem, dilute vel obscurius brunnescentibus. — *Cf. Zell. et Sta.* — 6–5‴.

Eine in Grösse, der Häufigkeit oder Spärlichkeit der bräunlichen Zeichnungen, ebenso im Kolorite der letztern sehr wechselnde Art.

Die Larve lebt im Frühling in den Knospen von Sorbus Aucuparia und S. Aria, in den Alpen gewiss noch an Amelanchier (und Coteneaster?). Sie ist nach Lienig erwachsen trüb beinfarben, Kopf, Halsschild (dieser durch eine weisse Längslinie getheilt), Brustfüsse und Afterklappe schwarz. Vor dieser, auf dem vorletzten Ringe, stehen vier schwarze Pünktchen.

In weiter Verbreitung durch Europa im Juni und Juli, in den Alpen mehr im August. Lievland, England, in Deutschland im Gebirge, Schlesien, Sachsen, Salzburg; südlich bis Pisa beobachtet.

Bei Zürich nicht gemein. Ich erzog einige Stücke, die auffallend hell goldgelb sind, von Pyrus Aria und fing im Juni die gleiche Schabe. In den Alpen in dunkleren (oft auffallend dunklen) und stark gezeichneten grösseren Stücken; so im Oberengadin bei Samaden von 5362′ Höhe an häufig, auch in den Alpen der Westschweiz; ich sah ein daher stammendes Stück von Rothenbach.

12. A. Curvella L. (F. R. Tab. 15 fig. 3 a—c).

Curvella L. — Steph. — Sta. — Curva Haw. — Cornella Fab. — Tr. F. R. — Dup. — Zell. — Eversm. — H.-S. — Sparsella S. V. — Zell. (ol.)

Capite, palpis, thorace alisque anter. niveis; his subnitidis, fusco-reticulatis, macula parva dorsali ante medium, fascia in medio obliqua, apicem versus flexa, maculaque anguli analis fuscis. — $5^1/_2$‴.

Ein ziemlich gemeines, in Obstgärten und an Waldrändern vorkommendes Insekt.

Erzogen habe ich es aus Blattknospen des Apfelbaumes; wahrscheinlich kommt die Larve auch an Schlehen vor.

England, Schweden; in Lievland fehlend (?); im nördlichen und südlichen Deutschland; östlich ins Kasan'sche und Oremburg'sche gehend. Südlich von den Alpen scheint man sie noch nicht angetroffen zu haben.

Bei Zürich an Apfelbäumen, seltener Birnbäumen, an Schlehen und Hasel häufig im Juni und Juli. Ebenso bei Bremgarten (Boll); auch von Schüpfen (Rothenbach).

13. A. Andereggiella F. R. (F. R. Tab. 74 fig. 2 a und b. — H.-S. Tab. 85 fig. 654).

Andereggiella F. R. — Dup. — Zell. — Sta. — H.-S. — J-V-ella Haw. — Steph.

Palpis albis, vix flavescentibus, capite, thorace alisque anter. niveis; his macula transversali, quadrangulari in medio dorsi, postice ad costam oblique producta, fascia tenui obliqua apicem versus, striolam in apicem emittente, vel aureo-, vel obscure brunneis.*) — *Cf. Sta.* — $5^1/_2$–5‴.

Da das vollendete Insekt stets an Haselbüschen oder wilden Apfelbäumen vorkommt, so ist zweifelsohne in deren Knospen die Larve zu finden.

Die Schabe ist in England und in der Schweiz beobachtet worden. Sie wurde im Oberwallis bei Brieg von Anderegg entdeckt; Herr Bremi erhielt ein Stück vor längeren Jahren an der Teufelsbrücke in 4344′ Höhe. In Laharpe's Sammlung ist ein Exemplar aus der Umgebung von Lausanne.

Bei Zürich fanden wir am 2. Juli 1854 an Waldrändern des Uetliberges die ersten Stücke; sie waren aber selten; 1855 erschien sie dagegen ziemlich gemein in grosser Ausdehnung durch die angrenzenden Wälder und in noch viel grösserer Menge erhielt ich sie bei Bremgarten. Die Flugzeit beginnt Ende Juni und erstreckt sich bis Ende August und in den September. Die Sitten des Thieres sind wie bei andern Argyresthien.

14. A. Pygmaeella Hbn. (Hbn. Tab. 51 fig. 353. — F. R. Tab. 15 fig. 1 a und b. [nicht gut]).

Pygmaeella Hbn. — Tr. — F. R. — Zell. — Dup. — Lien. — Sta. — H.-S. — Semifasciella Haw. — Steph.

---

*) Ich habe aus der Vergleichung einer grossen Zahl von Exemplaren erfahren, dass A. Andereggiella in der Gestalt der Zeichnungen sehr wenig variirt, wohl aber in der Farbe derselben, indem diese von einem lichten Goldbraun bis zum tiefsten Dunkelbraun ändert. Ebenso ist der Costalrand bald mit bräunlichen Stäubchen besprengt, bald nicht.

Capite, palpis ac thorace flavidis; alis anter. metallicis, nitidissimis, pallide flavidis, signis costam non attingentibus, macula dorsali ante medium, fascia obliqua in medio maculaque marginis postici aureo-brunnescentibus. — $6\frac{1}{2}-5\frac{2}{3}$‴.

Die Raupe der gleichfalls häufigeren Art lebt im Mai in den Knospen der Salix caprea. Sie ist schmutzig weiss, später leicht grünlich, Kopf und Nackenschild (dieser durch eine helle Längslinie getheilt) schwärzlich oder bräunlich, ebenso die Brustfüsse, während die Bauchfüsse die Farbe des Körpers besitzen (F. R. und Lien.).

In weiter Verbreitung. Lievland, England, das nördliche und südliche Deutschland. In Italien hat man sie noch nicht beobachtet.

Für die Schweiz bei Zürich. Sie erscheint von den ersten Tagen des Juni an durch den Juli und ist häufig; auch bei Schüpfen kommt sie nach brieflicher Mittheilung Rothenbach's vor.

15. A. **Goedartella** L. (Hbn. Tab. 20 fig. 133).

Goedartella L. — Fab. — S. V. — Göze. — Hbn. — Haw. — Tr. — Lien. — Zetterst. — Eversm. — Steph. — Dup. — Zell. — Sta. — H.-S. — Semiargentella Don.

Palpis et epistomio albis, capite ac thorace flavidis; alis anter. niveis albis; fasciis tribus aureis, nitidissimis, prima integra prope basim, secunda media, costam versus late bifurcata, tertia apicali, maculas duas parvas albas includente. — $5\frac{1}{3}$‴.

Var. Alis anter. aureo-suffusis, fasciis obsoletis.

Die Raupe lebt in den Kätzchen der Birken und Erlen im ersten Frühling und findet sich schon im April zur Verpuppung bereit unter der Rinde dieser Bäume. Nach Treitschke ist sie röthlich- oder einfach grün, in den Ringen röthlich, mit sehr kleinen, fein behaarten Wärzchen. Der Kopf ist glänzend dunkelbraun, der Nackenschild bräunlich, entweder mit zwei kleinen schwarzen Längsstrichen oder mit einem fast dreieckigeren dunkleren, durch eine hellere Längslinie getheilten Flecke. Brustfüsse schwarzbraun; der Bauch und die falschen Füsse heller als der Rücken.

Die Schabe, in unsern Gegenden mit Anfang Juni erscheinend, aber auch noch frisch in der zweiten Julihälfte vorkommend, ist weit verbreitet.

Lappland, Schweden, Lievland, England, Deutschland, Frankreich; östlich geht sie bis zur Wolga. Ob sie südwärts die Alpen überschreitet, steht noch anhin.

In der Schweiz bisher bei Zürich, und keineswegs häufig, beobachtet, sowohl in der typischen Form als in der fast einfarbig goldenen Varietät; auch bei Schüpfen (Rothenbach in litt.).

16. A. Brockeella Hbn. (Hbn. Tab. 53 fig. 362).

Brockeella Hbn. — Tr. — Steph. — Dup. — Zell. — Lien. — Sta. — H.-S. — J-W-ella Haw. — Var. Aurivitella Haw. — Steph.

Palpis albidis, capite ac thorace niveis; alis anter. metallicis, nitidissimis, aureis, fascia transversa baseos, altera ante medium, maculis tribus costae, una majore ad angulum analem, niveis. — $5^1/_3$ '''.

Auch von dieser Spezins lebt die Raupe im ersten Frühling in den Kätzchen der Birken. Mad. Lienig traf sie indessen auch zwischen den Nadeln der Fichten. Sie ist grün mit rosenrothem Anfluge, Kopf und Brustbeine bräunlich, die Oberseite des ersten Brustringes bräunlich, von weisser Längslinie getheilt.

A. Brockeella, welche mit der vorigen Spezies auch die Flugzeit im Juni und Juli theilt, verbreitet sich weniger nordwärts, nur bis Lievland, und kommt in England, Frankreich und Deutschland vor.

Für die Schweiz selten; im Juni bei Zürich an den Vorhölzern des Uetliberges beobachtet.

17. A. Certella Zell. (H.-S. Tab. 86 fig. 656).

Certella Zell. — H.-S.

Antennis albo- fuscoque annulatis, capillis ochraceis, palpis flavidis; alis anter. nitidissimis, dilute orichalceis. — $5^1/_3$ '''.

Von Zeller im schlesischen Gebirge bei Reinerz im Juli entdeckt; auch bei Regensburg beobachtet.

Im Juni einmal bei Zürich getroffen (Dr. E. Suter); auch vom Simplon (Laharpe) in einem zweiten, Mitte Juni gefangenen Exemplare.

18. A. Illuminatella F. R. (H.-S. Tab. 86 fig. 655).

Illuminatella F. R. — Zell. — Dup. — Lien. — H.-S. — Bergiella Ratzeburg.

Antennis albidis, fusco-annulatis, capite ochraceo, palpis flavidis, thorace alisque anter. nitidis, dilute ochreo-plumbeis. — 5⅓‴.

Die Larve lebt über den Winter bis zum ersten Frühling in den Knospen unserer Nadelhölzer, meistens jüngerer Bäume. Sie ist durchscheinend, ganz leicht röthlichgrau gefärbt, mit sehr kurzen Härchen und etwas dunklerer Rückenlinie, schwarzem Kopfe, dunklerem, hell getheiltem Nackenschilde und schwarz geringelten Brustfüssen. An der Basis der Nachschieber ein schwarzer Fleck und über dem After auf dem Rücken ein schwarzes, halbmondförmiges Schildchen (Ratzeburg).

Die Schabe fliegt in Nadelholzwaldungen im Mai, Juni und Juli, in der Ebene und ziemlich hoch im Gebirge (im Harze bis 2200′); Lievland, Deutschland, dem nördlichen wie südlichen; auch in den Alpen nach Herrich-Schäffer.

In der Schweiz selten und einzeln; ich fing sie öfter bei Zürich; auch von Bremgarten (Boll).

19. A. Laevigatella v. Heyd.

Laevigatella v. Heyd. — H.-S.

Antennis cinereis, albido-annulatis, capite, palpis et thorace cinereis; alis anter. nitidissimis, cinereo-plumbeis. — 5⅓‴.

Fühler schwärzlichgrau, nach oben schwarz geringelt, leicht gewimpert unter dem Mikroskop erscheinend; Palpen und Kopf dunkel bleiglänzend. Beine glänzend grau, das Hinterpaar mit hellgrauen, fast weisslichen Haaren an den Schienen und dergleichen Dornen. Vorderflügel ebenso, gleich dem Kopfe ohne Spur jeder gelblichen Zumischung, bedeutend dunkler als bei A. Illuminatella (welcher sie übrigens in der Körperform nahe kommt); Franzen wenig lichter. Auch die Hinterflügel haben als Grundfarbe ein ziemlich stark glänzendes Dunkelgrau, ihre Franzen sind etwas lichter.

Diese neue Argyresthie wurde vor einigen Jahren durch von Heyden im Oberengadin bei St. Moriz um Pinus Larix entdeckt. Ich besitze ein Originalexemplar, nach welchem die voranstehende Beschreibung entworfen wurde. Ein zweites Stück sah ich von Samaden durch Pfaffenzeller.

3. Genus. OCNEROSTOMA.

Ocnerostoma Zell. — Sta. — H. S.

Caput superne hirsutum, epistomio laevi; ocelli nulli; antennae alis anter. breviores, articulis subdentatis, basali crassiusculo; haustellum brevissimum; palpi maxillares nulli, labiales brevissimi, bulbilliformes, hirsuti. Alae elongatae, lanceolatae, ciliis mediocribus; anter. stigma distinctum, cellula discoidalis acuta, postice imperfecta; vena subcostalis trifida supra et infra apicem, mediana trifida in marginem posticum exit; subdorsalis simplex; poster. vena apicalis simplex ante apicem exit, infra eam venae duae bifidae.

Durch die ganz verkümmerten Lippentaster, durch das unvollkommene Geäder der Flügel (die Discoidalzelle des vorderen wie des hinteren Paares bleibt offen), auch durch die Lebensart der Larve, welche bei einer Art nach A. Schmid die Kiefernadeln minirt, ausgezeichnet.

Es gehören zwei Spezies hierher, von welchen die eine, längst bekannt, mehr in der Ebene vorkommt, die andere, eine Entdeckung der neuern Zeit, ein alpines Insekt darstellt. Erstere erscheint in doppelter, letztere natürlich nur in einfacher Generation.

1. O. Piniariella Zell. (H.-S. Tab. 86 fig. 659 und 660).

Piniariella Zell. — Sta. — H.-S. — Var. Argentella Zell. — Dup. — Lien. — ? L. — Galactitella Eversm. — Dup.

Antennae et capilli cinerei; alae anter. lanceolatae, nitidae, cinereae vel albidae. — 5–4 ⅔‴.

Die Larve minirt die Nadeln von Pinus sylvestris (A. Schmid). Die Schabe erscheint auch bei uns sicher in zwei Generationen, im April und Juli.

England, gemein; Lievland; Deutschland, meist keine Seltenheit. — Bei Zürich nicht gerade häufig. In andern Theilen der Schweiz noch nicht beobachtet.

2. O. Copiosella v. Heyd.

Copiosella v. Heyd. (in litt.)

Antennis albidis, capillis alisque anter. albido-griseis; his minus lanceolatis, ciliis dilutioribus. — 4⅔–4‴.

Vorstehendes Insekt, von Heyden gleichzeitig mit A. Laevigatella im Oberengadin bei St. Moriz entdeckt und mir später häufiger aus Samaden zugekommen, ist eine ächte Ocnerostoma in Palpen und Aderverlauf. Sie kommt der vorigen Spezies sehr nahe.

Grösse etwas über dieser; der Körperbau auffallend schlanker, während die Flügel etwas grösser, breiter und an der Spitze abgerundeter erscheinen. Fühler weisslich, Kopf und Thorax weisslichgrau, die verkümmerten Taster ebenso behaart; Hinterleib dunkler grau; Beine weisslich; Vorderflügel ziemlich stark glänzend, zart, bald mehr, bald weniger graulichweiss; ebenso die hinteren. An beiden sind die Franzen heller. Die Unterseite stimmt mit der oberen überein.

Bisher nur im Engadin, bei St. Moriz, und Samaden in 5362' bemerkt. Sie fliegt im Juli um die Arve, Pinus cembra, in deren Nadeln minirend wohl die Larve vorkommen mag.

---

4. Genus. ZELLERIA.

Zelleria Sta. — H.-S.

Caput hirsutum, epistomio laevigato; ocelli nulli; antennae alis anter. breviores, articulis subdentatis, microscopice ciliatis; haustellum mediocre, nudum; palpi maxillares nulli, labiales mediocres, graciliores, subhirsuti, articulo tertio obtuso. Alae elongatae, longe ciliatae, anter. subfalcatae, poster. lanceolatae; anter. stigma fere nullum; cellula discoidalis, elongata, perfecta, ramos quinque in costam emittit, quorum ultimus, vena apicalis, simplex supra apicem exit; in marginem posticum ramos quinque vel sex, quorum quinque vel quatuor e venula transversa (ultimus valde curvus) et sextus vel quintus longe remotus e vena mediana; submediana apicem versus incrassata; subdorsalis simplex; poster. vena apicalis simplex, infra eam rami tres simplices.

Eigenthümliche Thiere mit ziemlich entwickeltem Flügelgeäder,*)

---

*) Z. Hepariella, welche von Stainton untersucht ist, hat nur fünf Hinterrandsadern, während Fasciapennella trotz schmälerer Flügel deren eine mehr besitzt. Die Discoidalzelle beider Flügel ist geschlossen.

welches im Wesentlichen mit Argyresthia übereinstimmt, aber mit nur wenig angedeuteter, stigmaartiger Verdunkelung des Vorderrandes. In ihrer langen, schmalen Flügelform erinnern sie am meisten an die Gracilarien, namentlich die eine sehr schmalflüglige, schlanke Spezies, Z. Fasciapennella; von diesen trennen sie aber der rauhe Kopf, der Mangel der Kiefertaster und die weniger ausgebildeten Labialpalpen.

Es sind 2 (vielleicht 3*) Spezies bekannt; sie erscheinen ebenfalls in unserem Faunengebiete. Ihre Larven sind zur Zeit noch unbekannt.**)

1. **Z. Insignipennella** Sta.

Insignipennella Sta. — H.-S.

Capite palpisque lutescentibus; alis anter. rufo-ochreis (dorso interdum dilutiore), postice saturatioribus, nebula fuscescente disci pone medium. — *Sta.* — 7 – 6½‴.

Ich erhielt drei Exemplare dieser Spezies (eins derselben sah Herr Stainton) bei Zürich.

Der Schopf lebhaft ockergelb, Gesicht graugelb, Taster aussen und an der Spitze gelb, nach innen grau. Die Fühler braun, schwarz geringelt. Rücken von der Farbe der Vorderflügel; Hinterleib oben dunkelgrau, unten heller. Beine hellgrau, an der Lichtseite dunkler, Tarsen nicht gefleckt.

Die Vorderflügel zeigen als Grundfarbe ein mattes, glanzloses Ockerroth oder Ockerbraun, welches am Costalrande und gegen die Flügelspitze am dunkelsten ist, während es gegen den Innenrand beträchtlich heller wird. Bei dem einen meiner Exemplare beginnt an der Flügelwurzel, aber dem Costalrande viel näher als dem inneren, ein breiter, gelbweisser Längsstreifen, welcher in seinem Verlaufe allmälig feiner wird und nachdem er ein Drittel der Flügellänge erreicht hat, sich verliert. Nach aussen von ihm gegen den Costalrand stehen einige schwärzliche Schüppchen. Etwas jenseits der Flügelhälfte, aber dem Innenrande ziemlich nahe, erscheint ein grösserer schwärzlicher Punkt; vor diesem, schief nach aussen gegen die Flügelspitze, ein zweiter, welcher bei dem einen Stücke deutlich hervortritt, während er bei dem andern kaum angedeutet

---

*) Stainton hält Z. Hepariella und Z. Insignipennella möglicherweise für eine Spezies.

**) Stainton erzog Z. Hepariella aus einer unbeachteten Raupe, vielleicht von Eschenblättern. Der Cocon war dick und weiss.

ist. Die Franzen sind um die Flügelspitze ockergelb (von der Farbe des Kopfes), dann dunkelgrau. Ueber ihre Wurzel hin läuft eine hellere, gelbliche Saumlinie. Die Hinterflügel dunkelgrau, die Franzen etwas lichter. Auf der Unterseite sind die Vorderflügel glänzend braungrau, der Costalrand fein weisslichgelb; die Franzen um die Spitze gelb, weiter nach innen gegen den Afterwinkel hin grau. Die Hinterflügel erscheinen wie auf der obern Seite.

In England, im Herbste und nach der Ueberwinterung im Frühling.

Für die Schweiz bisher nur bei Zürich beobachtet; selten, im April und Mai, sowie zu Anfang Juni.

2. Z. **Fasciapennella** Log. (H.-S. Tab. 51 fig. 359 [unkenntlich]).

Fasciapennella Log. — Sta. — H.-S. — Alpicella F. R. — H.-S.

Antennis cinereis, albido-annulatis, capillis palpisque griseis; alis anter. dilute griseis, obscurius nebulosis, atomis nigris in seriebus quatuor longitudinalibus dispositis, fascia obliqua ante medium fusca. — *Sta.* — $7\frac{1}{2}$–7 ‴.

Auch hier sah Herr Stainton eins meiner Exemplare, ebenso erklärte Herr Herrich-Schäffer ein anderes für identisch mit Alpicella F. R.

Z. Fasciapennella, wenn ich nach 7 Exemplaren urtheilen darf, ist ziemlich variirend. Die schiefe bindenartige Verdunklung der Vorderflügel, welche bald mehr weiss, bald mehr grau erscheinen, ist bei einigen Stücken besonders deutlich; bei einem andern Exemplare wird sie undeutlicher und bei einem besonders grauen Männchen fehlt sie ganz. Durch die Franzen des Hinterrandes laufen zwei dunkle Querlinien. Die eine, innere, beginnt an der Flügelspitze und umzieht diese, verliert sich aber gegen den Afterwinkel hin früher als die zweite, äussere, welche nur die Hinterrandsfranzen einfasst; die innere Franzenlinie ist überhaupt dunkler, breiter, aus abgesetzten Strichelchen bestehend (bei einem Exemplare sogar aus einer Reihe von Pünktchen), als die äussere, welche nicht unterbrochen erscheint.

Z. Fasciapennella ist in Schottland auf den Pentland's Bergen im September und Oktober um Vaccinium Myrtillus gefunden worden; ebenso erscheint sie, aber in den Sommermonaten, in den östreichischen Alpen und zwar bis in die südlichsten, gegen den Nordrand des adriatischen Meeres abfallenden.

Für die Schweiz bisher nur im Oberengadin bemerkt. Ich erhielt sie hier Ende Juli 1853 zwischen Samaden und Celerina an den Kalkfelsen der Strasse sitzend; später, in den folgenden Jahren, kam sie daselbst auch Herrn Pfaffenzeller vor.

X. Familie. COLEOPHORIDEN.

Coleophoridae Sta. — Coleophoren Zell.

Caput superne ac in fronte laevigatum; ocelli nulli; antennae articulo basali plerumque penicillato, in quiete porrectae; palpi maxillares nulli, labiales tenues, subporrecti, articulo terminali acuminato. Alae elongatae, lanceolatae, longe ciliatae; cellula discoidalis alarum anter. (cellula secundaria nulla) venas octo vel septem in marginem emittit; pterostigma nullum. Larva saccophora; metamorphosis vel intra vel extra saccum.

Die Coleophoriden bilden ebenfalls eine sehr naturgemässe Familie sacktragender Schaben. Sie zerfallen in zwei höchst ungleiche Geschlechter, Coleophora Hbn. und Goniodoma Zell. Während letzteres nur aus einer einzigen Spezies besteht, ist ersteres an Arten überaus reich und nächst Gelechia das grösste und umfangreichste Genus der Tineen. Die Verpuppung geschieht bei allen eigentlichen Coleophoren innerhalb des Sackes, nicht so aber bei Goniodoma. Da das letzte Genus noch nicht in unserm Faunengebiete aufgefunden ist, handelt es sich also nur im Folgenden um Coleophora.

1. Genus. COLEOPHORA.

Coleophora Hbn. — Zell. — Dup. — Sta. — H.-S. — Porrectaria p. Haw. — Ornix p. Tr. — Damophila et Porrectaria Curt. — Ornix et Gracillaria p. Dup. — Astyages p., Metallosetia et Porrectaria Steph.

Caput laeve; ocelli nulli; antennae filiformes, articulo basali incrassato, elongato, saepe penicillo squamarum instructo, vel nudae vel squamis incrassatae (interdum ad medium usque); haustellum longiusculum, squamatum; palpi labiales, subporrecti, tenues, articulo medio magno, fasciculo tenui producto, tertio breviore, acuminato. Alae elongatae, lanceolatae, angustae, longe ciliatae; anter. cellula discoidalis angusta, valde elongata, perfecta; vena subcostalis, basim versus tenuissima, ramos tres in costam emittit; vena apicalis furcata supra et infra apicem exit; infra eam rami duo; subdorsalis ad basim longe furcata; poster. vena apicalis furcata supra et infra apicem exit, mediana simplex, subdorsalis furcata. Larva sedecim pedibus instructa, saccophora; metamorphosis intra saccum. — *Cf. Sta.*

Sehr charakteristisch durch die langen, schmalen Vorderflügel, die ebenfalls sehr schmalen Hinterflügel, welche beide beträchtlich lange Franzen zeigen. Der Kopf ziemlich schmal, ganz glatt beschuppt, ohne Nebenaugen und Kiefertaster. Die Labialpalpen ziemlich vorstehend, leicht gekrümmt; das mittlere Glied länger als das schlanke Endglied. Die Fühler besitzen ein verdicktes und verlängertes Wurzelglied, welches sehr häufig abstehende, pinselartige Beschuppung zeigt. Die Geisel ist entweder nackt oder von ihrer Wurzel aus in verschiedener Länge, manchmal bis zur Mitte, beschuppt und dadurch verdickt erscheinend.

Die Vorderflügel mit langer und schmaler Discoidalzelle. Die Subcostalader ist wurzelwärts sehr verloschen. Sie sendet aus ihrer zweiten Hälfte drei Adern zur Costa und geht gegabelt vor und unter der Flügelspitze aus. Unter ihr eine Vene, eine zweite ist das Ende der Medianader. Die Submedianvene ist eine Falte, welche sich hinterwärts nicht verdickt; die Subdorsalader mit starker Gabelspaltung an der Wurzel. An den Hinterflügeln geht eine Gabelader in und unter der Spitze aus; darunter eine zarte, einfache Ader und eine zwei- oder dreigegabelte Subdorsalvene.*)

Die Larven miniren zum grossen Theil in frühester Jugend,

---

*) Das Geäder der Vorderflügel scheint überall sehr einförmig auszufallen. Die Vorderflügel haben in ihrer langen Discoidalzelle öfters eine, sie der Länge nach theilende, höchst zarte Ader, und jene selbst ist deutlich, aber fein geschlossen. Die Subcostalader der Hinterflügel scheint überall gleich zu bleiben. Die Subdorsalvene ist gewöhnlich in zwei Aeste getheilt, doch können auch drei derselben vorkommen; so sehe ich es wenigstens bei C. Ornatipennella und Hemerobiella. Immerhin bleibt diese Einförmigkeit des Geäders in einem so grossen Genus auffallend. Die Gelechien verhalten sich (siehe oben) in dieser Hinsicht ganz anders.

bilden sich dann später bald von einem ausgeschnittenen Blattstück oder durch ein Gewebe einen verschieden geformten Sack. Aber auch in dieser Periode ernähren sie sich noch nach Art der Minirer vom Blattgrün, indem sie die Oberhäute schonen. Durch eine kleine Oeffnung der Hypodermis dringt zu diesem Behufe die Raupe mit dem Vorderkörper ein. Diese Oeffnung beurkundet die Gegenwart einer Coleophore. Andere Coleophorenlarven zehren von Samen. — Die Larvenzeit dauert sehr lange, viele überwintern. Die Verpuppung erfolgt innerhalb des Sackes; beim Ausschlüpfen der Schabe dringt die Puppenhülse nicht hervor.

Die Schaben, wohl alle nur in einfacher Generation vorkommend, sind abendliche, bei Tag versteckte Thiere. Im Zustande der Ruhe sitzen sie eigenthümlich mit anliegenden Beinen und senkrecht vorgestreckten Fühlern, wie es bei den Plutelliden vorkam.

Bei der grossen Artenmenge und den oft höchst zarten Unterscheidungsmerkmalen ist ihre Systematik mit grossen Schwierigkeiten verbunden. Auch hier hat Zeller (Lin. entom. Band IV.) eine bahnbrechende Monographie geliefert.

Wie eben bemerkt, ist der Artenreichthum des Geschlechtes Coleophora ein ganz ausserordentlicher. Zeller im Jahre 1849 führt 105 Arten auf, von welchen vielleicht einige, als nicht hinreichend begründet, in der Folge eingehen müssen. Herrich-Schäffer im Jahre 1854 erreichte 113 Arten, welche er genauer kannte. Die Schwierigkeit der Beobachtung, die verborgene Lebensweise des vollendeten Insektes tragen die Schuld, dass die Zahl der in der Schweiz bemerkten Spezies nicht bedeutend ist. Während Herrich-Schäffer in den Umgebungen von Regensburg 60 Coleophoren antraf, ist das Geschlecht Coleophora bisher nur mit einigen 40 Spezies in unserm Faunengebiete vertreten, wohl kaum der Hälfte der wirklich vorkommenden Formen. Für England hat Stainton ebenfalls nur etwas über 40 Arten.

1. C. Deauratella Lien. (H.-S. Tab. 87 fig. 664).

Deauratella Zell. — Lien. — Tengst. — Sta. — H.-S.) — Alcedinella F. R.*

Antennis supra articulum basalem per squamas breviter incrassatis, ceterum nigris, apice albo; alis anter. orichalceis, nitidis, apice cupreo, — *Zell.* — $6^1/_2{}'''$.

Diese Art, deren Larvenzustände noch unbekannt sind, findet

*) Der von Herrich-Schäffer erwähnte Sack, welchen ich erzog, gehört nicht hierher, sondern zu C. Alcyonipennella.

sich im nördlichen Europa, Schweden, Finnland, Lievland und in mehreren Gegenden Deutschlands (z. B. Jena, Posen, Bonn, Glogau, Wien, bei Freiburg), ebenso in Frankreich (Lyon) und in Korsika.

In der Schweiz bisher nur bei Zürich beobachtet. Selten und einzeln auf Waldwiesen von Mitte April und im Mai. Eine zweite Generation soll im Juli vorkommen. Einstens, am 1. und 3. Mai 1849, traf ich sie in Menge auf einem Brachfelde um Capsella Bursa pastoris in beiden Geschlechtern. Stainton gibt »um Klee« an.

2. C. **Fuscicornis** Zell.

Fuscicornis Zell. — *H.-S.*

Antennis supra articulum basalem per squamas violaceas breviter levissime incrassatis, ceterum fuscis totis; alis anter. orichalceis nitidis, apice vix cupreo. — *Zell.* — $6\frac{1}{2}'''$.

Wenn C. Fuscicornis wirklich eine eigene, von C. Deauratella abzutrennende Art ist, was allerdings mit Herrich-Schäffer bezweifelt werden kann, so dürfte ein Exemplar hierher gehören, welches ich im Juni auf einer Waldwiese des Uetliberges fing. Sonst nur aus Kleinasien.

3. C. **Alcyonipennella** Koll. (H.-S. Tab. 87 fig. 663. Tab. 113 fig. 920 c. der Sack).

Alcyonipennella Koll. — *Zell.* — *Dup.* — *Sta.* — *Dougl.* — *H.-S.*

Antennis articulo basali incrassato, articulis sequentibus vix incrassatis, saturate viridi-aeneis, septem ultimis albis; alis anter. viridi-aeneis. — $6\frac{1}{2}-5\frac{1}{2}'''$.

Meine erzogenen Exemplare zeigen Kopf, Fühler und Palpen ungemein dunkel, fast blauschwarz. Die Vorderflügel des Weibchens sind schmäler und viel zugespitzter als beim männlichen Geschlechte.

Die Raupe lebt nach den englischen Entomologen an Centaurea nigra im April und Mai. Ich fand sie auf Centaurea Jacea und C. Scabiosa im April, aber nicht häufig.

Der Sack ist etwa $4'''$ lang, gerade und schlank, ziemlich fest, schwärzlichgrau, nach hinten dreikantig zugespitzt, nach vorne dicht vor der Mündung plötzlich umgebogen. Die Oeffnung ist kreisrund mit scharfem Rande. In den Rücken laufen zwei weisslichgelbe Längsstreifen, welche von zwei eingedrückten Linien durchzogen sind und vor dem dreikantigen Ende sich umbiegen.

Die Raupe hat nach Douglas einen schwärzlichen oder braunschwarzen Kopf, einen gelblichweissen Körper und braun geringelte Brustfüsse. Die drei Brustgürtel schwarz gefleckt, ebenso das Aftersegment.

Diese in ganz Europa vorkommende, von Uleaborg in Finnland bis Neapel beobachtete Art fliegt bei Zürich im Juni, aber ziemlich selten, auf Bergwiesen. Nach Zeller gibt es im Juli und August eine zweite Generation, was ich aber bei der langen Larvendauer sowohl für diese, als alle übrigen Coleophoren, bezweifeln möchte.

4. C. Wockeella Zell. (H.-S. Tab. 93 fig. 710).

Wockeella Zell. — Sta. — H.-S.

Antennis albis, nigro-annulatis, apice albo, dimidio basali in dorso longius piloso-cristato, articuli basali penicillo griseo; alis anter. brunneis, apice producto, venis albidis, costa tenuissime alba, postice dilute ochrea. — *Sta.* — 9‴.

Die Raupe der C. Wockeella ist polyphag; an Stachys hirta (A. Schmid in litt.), an Betonica officinalis und Ranunkeln auf lichten Waldstellen. Sie überwintert und ist im Frühling (Mai) erwachsen. Der Sack ist etwa 8‴ lang, dunkelbraun, mit Härchen und abgenagten Blattstücken bekleidet; vorne wenig, nach hinten, wo er umgebogen und abgerundet aufhört, stark comprimirt; die Mündung etwas schief stehend, rundlich. Herrich-Schäffer's Bild ist gut.

C. Wockeella, bei Breslau entdeckt, wurde bei Frankfurt am Main und in England beobachtet.

Bei Zürich, namentlich am rechten Seeufer, Ende Juni und im Juli nicht häufig.

5. C. Ornatipennella Hbn. (H.-S. Tab. 93 fig. 712).

Ornatipennella Hbn. — Tr. — Zell. — Lien. — Eversm. — H.-S. — ? Dup.

Antennarum articulis decem supra basim in dorso parce pilosis; alis anter. apice longe producto, incurvo, dilute sulphureis, longitudinaliter argenteo-lineatis. — *Zell.* — 10‴.

Die Larve findet sich im ersten Frühling auf trockenen Waldwiesen, wo sie an den eben hervorsprossenden Halmen verschiedener Gräser lebt. Sie ist in dieser Periode leicht aufzufinden. Später lebt sie verborgen und ist nur am späten Abend einzeln anzutreffen. Die Erziehung ist übrigens schwierig. Ich habe von der Raupe, welche grosse, weisse Flecke an den Grasblättern ausfrisst, keine Beschreibung genommen. Sie ist dunkelbraun, mit schwärzlichem Kopfe und scharfem Gebisse.

Der Sack ist etwa 6''' gross, breit und dick, unregelmässig cylindrisch, hinten abgestutzt, vorne mit rundlicher, schiefer Mündung ohne verdickten Rand. Er hat eine Menge von Längslinien und eine bis drei Längskanten. In der Jugend ist er gelblichweiss und deutlich als ein ausgeschnittenes, zusammengeheftetes Stück eines Grasblattes zu erkennen; später wird er dunkler braun.

C. Ornatipenella lebt im mittlern und südlichen Deutschland, in Istrien, in Ungarn, Ostrussland, Frankreich; in England fehlend.

Bei Zürich und in den Nachbarorten sehr gemein, gewöhnlich an trockenen Grasplätzen, im Juni und Juli; auch in den Alpen weit verbreitet bis über 5000' Höhe, häufig in kleineren Exemplaren. Ich besitze ein männliches Exemplar aus dem Engadin von Samaden, bei dem die Silberlinien alle mit schwarzen Schuppen, gerade wie bei C. Lixella, eingefasst sind, welches aber durch die weniger behaarten Fühler und die geringer zugespitzten Vorderflügel, sowie den dunkleren Leib von dieser Art sich unterscheidet.

6. C. **Lixella** Zell. (H.-S. Tab. 93 fig. 713).

Lixella Zell. — Sta. — H.-S — Ornatea Haw. — Ornatipennella Steph.

Antennarum articulis quatuordecim supra basim in dorso crebrius pilosis; alis anter. apice longe producto, incurvo, flavidis, longitudinaliter argenteo-lineatis, lineis omnibus fusco-marginatis. — *Zell.* — $8^1/_2$'''.

Die Larve an Holcus lanatus im Juni. Der Sack 5''' lang, ziemlich schlank, cylindrisch, wenig ausgebaucht, nach hinten abgestutzt, nach vorne mit aufgeworfenem Rande um die schief stehende Mündung. Gleich demjenigen der C. Ornatipennella ist er von zahlreichen Längslinien durchzogen und besteht, in seiner Farbe einem Stücke getrockneten Schilfes gleichend, wohl aus einem Grasblattstück, welches auf dem Rücken vereinigt ist (Zeller).

C. Lixella, der vorigen Art ähnlich und wohl oft mit ihr verwechselt, fliegt später, im Juli und August.

England, viele Gegenden Deutschlands.

Bei Zürich fehlend, dagegen bei Pfäffikon Anfang August von Dr. E. Suter und im Tessin von Herrn Zeller erbeutet.

7. **C. Conspicuella** Mann (H.-S. Tab. 92 fig. 705).

Conspicuella Mann. — Zell. — Sta. — H.-S.

Antennis albis, articuli basalis penicillo longo albido; alis anter. dilute luteis, linea prope costam a basi usque ad apicem, lineola angustata disci (spatio interjecto brunnescente), linea plicae dorsoque anguste argenteis. — *Sta.* — 7‴.

Die Larve im Mai und Juni an Centaurea nigra und Scabiosa (Sta.), ebenso an Centaurea Jacea. Die Erziehung ist sehr langwierig und misslich.

Der Sack, 7‴ gross, in Farbe und Material demjenigen der C. Vibicella verwandt, ist schwarz, säbelförmig gekrümmt mit scharfer Bauchkante, nach hinten sehr zusammengedrückt und abgerundet, vorne mehr cylindrisch, mit sehr schief stehender rundlicher Mündung.

C. Conspicuella, in England, in einigen Gegenden Deutschlands (Frankfurt am Main, Regensburg, Wien) beobachtet, kommt bei Zürich selten im Juli vor.

8. **C. Valesianella** v. Heyd.

Valesianella v. Heyd. — Zell. — H.-S.

Antennis albis nudis, penicillo longo flavescenti; alis anter. pallidis, lineis tribus argenteis, prima costali, basim non attingente, intus abrupta, secunda disci postica (spatio interjecto fuscescenti, pallide squamato), tertia in plica. — *Zell.* — 10½‴.

Herrich-Schäffer, welcher das Heyden'sche Exemplar gleichfalls untersuchte, ist geneigt, es zu C. Caelebipennella Ti. zu ziehen.

Im Wallis einmal von Heyden gefunden. Mir unbekannt.

9. **C. Albicosta** Haw. (H.-S. Tab. 113 fig. 917 und 918).

Albicosta Haw. — Steph. — Curt. — Zell. — Sta. — H.-S.

Antennis albis, fusco-annulatis, articuli basalis penicillo brevi ochreo; alis anter. dilute griseo-ochreis, costam versus saturatioribus, costa, lineola fere recta disci lineaque plicae albis. — *Sta.* — 6½‴.

Ich fing zwei Exemplare, welche mit dem von Herrich-Schäffer fig. 917 abgebildeten Stücke meiner Sammlung (von Göttingen) identisch sind, am 12. Juni bei Würenlos auf einer mit Heidekraut und Genisten dicht bewachsenen Waldstelle. Sonst aus England (»sehr gemein um Ginster Ende Mai und im Juni«, Sta.).

10. C. Serenella Ti. (H.-S. Tab. 90 fig. 692).

Serenella (Gallipennella) Tr. — ? Dup. — Zell. — H.-S.

Antennis albis, fusco-annulatis, supra basim breviter pilosis, articulo basali penicillum longitudine superante; alis anter. dilute flavis, postice saturatis, lineis tribus niveis, nitidulis, tenuissimis, costali latiore. — *Zell.* — 6'''.

Der Sack ist nach hinten stark schneckenförmig gekrümmt mit einer Rückenkante und abgerundetem Ende. Der mittlere Theil mit zahlreichen, weit vorstehenden Blattstücken bedeckt, der Hals ohne dieselben (wie auch das Ende) und quergeringelt. Die Mündung schief. Man findet ihn an Colutea arborescens, aber auch an Astragalus glycyphyllos. Im September ist er klein, überwintert dann am Stiele der Futterpflanze, wobei er die Blattstücke verliert, und beginnt erst spät im Frühling sich mit neuen Blattfragmenten zu bekleiden. Die Raupe frisst erst im Mai wieder und macht weisse Flecke am Blatte.

Toskana und in mehreren Theilen Deutschlands (Wien, Regensburg, Frankfurt am Main, Hannover).

Für die Schweiz bisher nur bei Zürich auf Colutea in einer Anlage, aber in grosser Menge, gefunden. Entwicklung im Juni.

11. C. Tiliella Schr. (H.-S. Tab. 112 fig. 907).

Tiliella Schr. — Zell. — Lien. - Sta. — H.-S. — Anatipennella Hbn. — Tr. — Steph. — Sta. — Anatipennis Haw.

Antennis albis, fuscescenti-annulatis, articulorum flagelli inferiorum dorso albo, penicillo longiore, grisescente; alis anter. albis, apicem versus fuscescenti-pulverosis, ciliis fusco-cinereis. — *Zell.* — 8'''.

Die Raupe dieser Art, welche auch fast ohne alle dunklere Schuppen auf den Vorderflügeln vorkommt, ist polyphag, im Frühling an Schlehen, Weissdorn, Birken, Erlen, Kirschbäumen, Espen, Linden und Salweiden lebend. Der Sack, 4''' gross, sehr eigenthümlich. Er ist schwarz, nach hinten umgebogen und mit sehr scharfer Rückenkante. Hier kommen zwei gewölbte, höckerige, mässig grosse Klappen vor. Nach vorne ist er rauh durch Quervorsprünge, cylindrisch und mit etwas schief stehender kreisförmiger Mündung, die von einem scharfen, umgebogenen Rande umgeben wird.

C. Tiliella ist weit durch Europa verbreitet. Schweden, Lievland, England, Frankreich, Deutschland.

Bei Zürich nicht gerade häufig. Ich erzog das Thierchen Mitte Juni von Salweiden.

12. C. Palliatella Zinck. (H.-S. Tab. 112 fig. 908 [Falter und Sack]).

Palliatella Zinck. — Zell. — Dup. — Sta. — H.-S. — Palliipennella Tr. — ? Dup.

Antennis albis, fusco-annulatis, basi alba, penicillo longiore externe flavido-griseo; alis anter. albis, in apice obsoletius luteo-fuscescenti venosis. — *Zell.* — 8‴.

Die Raupe im Frühling polyphag an Eichen, Birken, Schlehen, Haseln, Salweiden, Obstbäumen (und Ahorn?). Der Sack, dem der vorigen Art verwandt, ist etwas grösser und mit zwei viel stärkeren schuppenförmigen Ansichten versehen, welche den hinteren Theil desselben gänzlich einhüllen.

Verbreitet in England, Frankreich, Toskana, vielen Gegenden Deutschlands. Juni und Juli.

Bei Zürich nicht häufig. Ich erzog sie Mitte Juli.

13. C. Currucipennella F. R. (H.-S. Tab. 111 fig. 894 [Falter und Sack]).

Currucipennella F. R. - Dup. — Zell. — Sta. — H.-S.

Antennis albis, fusco-annulatis, flagelli basi alba, penicillo longiore griseo; alis anter. albis, venis late luteis, apicem versus obscurioribus, dilatatis, subconfluentibus. — *Zell.* — 6½‴.

Die Larve lebt im Mai an Eichen und Carpinus Betulus. Der Sack ist demjenigen der C. Tiliella verwandt, etwas kleiner, schwarz, und mit zwei ziemlich grossen schuppenförmigen Anhängen, sowie einer hervorragenden Platte jederseits versehen.

Der Falter, nicht häufig, ist weit verbreitet, in England, Frankreich und vielen Gegenden Deutschlands beobachtet.

Bei Zürich selten; in der zweiten Julihälfte mehrmals erhalten. Früher von Herrn Bremi beobachtet.

14. C. Auricella Bosc. (H.-S. Tab. 93 fig. 715 [Falter und Sack]).

Auricella Bosc. — Fab. — Zell. — H.-S. — Barbatella F. R.

Antennis albis, penicillo mediocri grisescente; alis anter. acuminatis niveis, venis frequentibus tenuibus, luteis, distinctis; poster. canis. — *Zell.* — $7\frac{1}{2}'''$.

Die Larve lebt Ende Mai an Stachys recta. Der Sack ist ockerfarben, bis 7''' messend, von cylindrischer Form, an der Rückenseite mit einigen ungleichen Erhöhungen, am Bauche mit einer Naht, über seine Oberfläche, mit kurzen wolligen Härchen bekleidet und mit schief stehender Mündung (Zell).

Ich besitze ein unzweifelhaftes Exemplar unserer Spezies, welches ich von Laharpe aus Lausanne erhielt, an dessen Nadel sich der von Zeller beschriebene Sack findet. Sehr auffallend verschieden sind Säcke, welche ich im ersten Frühling an Betonica officinalis fand und die, wie ich sah, aus einem Blattstücke ausgeschnitten werden. Sie sind etwas über 4''' gross, seitlich comprimirt, mit scharfer Rücken- und Bauchkante, nach hinten abgerundet, nach vorne mit etwas verengtem Hals und schief stehender Mündung. Die Farbe ockerbraun oder schmutzig weisslich, mit feinen Härchen über die Oberfläche. Die Exemplare des Falters, welche ich erzog, sind mit gefangenen Stücken identisch, nur etwas kleiner.

C. Auricella, gefunden bei Paris, bei Wien, Regensburg, Frankfurt am Main, zu Wippach in Oberkrain, ist häufig bei Zürich, namentlich auf nassen Waldwiesen im Juni; auch in der Westschweiz.

15. C. Niveicostella F. R. (H.-S. Tab. 89 fig. 681).

Niveicostella F. R. — Zell. — Sta. — H.-S. — ? Dup.

Antennis albis, articulo basali incrassato, non penicillato, subochraceo, palporum fasciculo articulum terminalem subaequante; alis anter. luteo-ochraceis, linea costali ex basi tenui, postice ampliata, nivea. — *Zell.* — 6'''.

C. Niveicostella ist in vielen Theilen Deutschlands, auch in den östreichischen Voralpenregionen und bei Wippach in Oberkrain bemerkt, ebenso in England angetroffen.

Bei Zürich zu Anfang Juni, untermischt mit C. Discordella, auf Waldwiesen gefangen; aber auch am 3. August, doch wohl kaum in zwei Generationen.

16. C. Discordella Zell.

Discordella Zell. — Sta. — H.-S.

Antennis albis, fuscescenti-annulatis, articulo basali incrassato, grisescenti, articuli palporum secundi fasciculo brevi; alis anter. luteo-ochraceis, linea costae ex basi tenui, postice ampliata lineaque plicae tenuissima niveis. — *Zell.* — 6–5½‴.

Die Unterschiede dieser Art gegenüber der vorigen hat Zeller angegeben. Ich möchte nur noch die einfach grauen Hinterflügelfranzen gegenüber den bräunlichgrauen der C. Niveicostella hinzufügen.

Die Larve lebt nach den Beobachtungen der Engländer (welche ich bestätigen kann) an Lotus corniculatus und verursacht ähnliche weisse Flecke an den Blättern, wie diejenige der C. Serenella an Colutea arborescens. Der Sack ist etwa 4‴ gross, braunschwarz, seitlich zusammengedrückt, mit scharfer Rücken- und Bauchkante, nach hinten hakenförmig umgebogen. Dicht aufgelegte Blattsücke geben ihm ein gefaltetes Ansehen. Die untersten an der Mündung befindlichen sind gewöhnlich noch blassgrün, während die obersten braunschwarz werden und nur an den Rändern heller braun erscheinen. Nach Stainton überwintert der Sack und erscheint erwachsen im Mai. Ich fand Ende Mai zahlreiche Säcke, aber auch in der zweiten Septemberhälfte.

C. Discordella, eine im Allgemeinen seltenere Art, ist gefunden in England und in mehreren Theilen Deutschlands (Schlesien, Wien, Frankfurt am Main, Freiburg).

Bei Zürich in der zweiten Maihälfte und im Juni, aber auch rein und frisch am 14. August, doch kaum in zwei Generationen, auf trocknen Waldwiesen. Im Juni 1854 an einer Stelle des Uetliberges ziemlich häufig.

17. C. **Rectilineella** F. R. (H.-S. Tab. 91 fig. 697 a und b).
Rectilineella F. R. — Zell. — H.-S.

Antennis albis, (♂ subtus fusco annulatis) infra subincrassatis, penicillo nullo, palporum articulo ultimo fasciculum multo excedente; alis anter. apice elongato luteo-fuscescentibus, lineis tribus albis, prima costae lata, secunda disci longa, postice furcata, tertia plicae integra. — *Zell.* — 8½‴.

Irre ich nicht, so gehört ein etwas abgeflogenes Exemplar hierher, welches ich am 6. August 1855 auf Berglialp im Kanton Glarus in einer ungefähren Höhe von 5000′ fing. Sonst aus den östreichischen Alpen.

18. C. Tractella v. Heyd.

Tractella v. Heyd. — Zell. — H.-S.

Antennis albis, fusco-annulatis, penicillo nullo, palporum articulo ultimo fasciculum multo excedente; alis anter. apice elongato obscurius luteo-fuscescentibus, lineis tribus albis, primae costae, secunda disci longa tenui, postice attenuata, tertia plicae attenuata — *Zell.* — $7^2/_3-6^1/_2'''$.

Diese Art wurde durch von Heyden im Wallis entdeckt. Mir unbekannt.

19. C. Nubivagella v. Heyd.

Nubivagella v. Heyd. — Zell.

»Etwas kleiner als C. Tractella ♀, mit dieser aber gleichgestaltet. Fühler und Taster gleich. Wurzelglied der ersteren, Kopf und Taster weisslichgrau. Vorderflügel sehr hell in einer Mischung aus Lehmgelblich und sehr reichlichem Weissgrau. Vorderrandlinie gleich. Discoidallinie weiter einwärts verlängert, hinten einfach und fein auslaufend, ohne den Hinterrand zu berühren. Faltenlinie sehr fein, vollständig. Ausserdem zeigt sich noch eine äusserst feine, aber verloschene, schneeweissliche Linie zwischen der Discoidal- und Vorderrandlinie; sie fängt in einiger Entfernung von der Basis an, convergirt gegen den Vorderrand und endigt nahe an demselben beim Anfang der Vorderrandfranzen. Hinterflügel hellgrau. Unterseite der Vorderflügel mit heller weiss gefärbten Vorderrandfranzen.« (Zell.)

Von Heyden auf dem Col de Balme (Wallis) gefunden in einem einzigen weiblichen Exemplare. Herrich-Schäffer bezweifelt die Verschiedenheit von C. Tractella.

20. C. Therinella Tengst. (H.-S. Tab. 110 fig. 888).

Therinella Tengst. — Zell. — Sta. — H.-S. — ? Trochilella Dup.

Antennis albidis, griseo-annulatis, apice albido, articulo basali crassiusculo sine penicillo, palporum fasciculo dimidium articulum terminalem subaequante; alis anter. angustulis albidis, impunctatis, costa anguste alba, venis lutescentibus dilatatis, apicem versus subconfluentibus. — *Zell.* — $7^1/_2'''$.

Von dieser, in Finnland, vielen Gegenden Deutschlands bis gegen den Nordrand des adriatischen Meeres, auch in England beobachteten, im Juni und Juli vorkommenden Art sandte mir Laharpe ein durch Herrich-Schäffer bestimmtes Exemplar von Bellinzona im Kanton Tessin. Bei Zürich bisher noch nicht aufgefunden.

21. C. **Troglodytella** F. R. (H.-S. Tab. 111 fig. 893 [Falter und Sack]).

Antennis albis vel albo- fuscoque annulatis, apice albido, articulo basali crassiusculo sine penicillo, palporum fasciculo dimidium articulum terminalem aequante; alis anter. latiusculis albidis, impunctatis, costa anguste alba, venis lutescentibus, dilatatis. — $6^1/_2'''$.

Var. a. **Troglodytella** *Dup.* — *Zell.* — *Sta.* — *H.-S.* Antennis annulatis.

Var. b. **Ramosella** *Zell.* — *H.-S.* Antennis albis.

Nach der Untersuchung einer beträchtlichen Menge von Exemplaren dieser Coleophora, welche ich aus den gleichen Säcken von Eupatorium cannabinum und Inula dysenterica erzogen habe, ziehe ich unbedenklich die Varietäten a und b zusammen, indem die Farbe von dem Lehmgelben ins Dottergelbe bei beiderlei Exemplaren übergeht, ebenso die Fühler bald schwärzlich, bald bräunlich, bald ungeringelt erscheinen. Auch die von Herrich-Schäffer hervorgehobene grössere Länge des Bartes am zweiten Palpengliede bei Ramosella scheint nicht stichhaltig zu sein. Ebenso wenig vermag ich an meinen schweizerischen Inula-Exemplaren die grössere Schmalheit der Vorderflügel zu bemerken, welche Stainton einem Theile der in England an dieser Pflanze erzogenen Stücke zuschreibt.

Die Raupe im Herbst und nach der Ueberwinterung Ende Mai und im Juni an Eupatorium cannabinum und an Inula dysenterica. Nach Mann soll sie auch an Artemisia vorkommen und nach Heyden, wie es scheint, an Tanacetum vulgare. Bei Zürich an Eupatorium cannabinum an lichten Waldstellen oft sehr gemein, dagegen an Inula viel seltener. Die Raupe schmutzig grüngelb, mit schwarzbraunem Afterschild und Kopf; an letzterm 2 Ocellenflecke; die Mundtheile heller. Brustbeine bräunlich geringelt und gekrallt. Zwei schwarze Flecke auf der Oberfläche und in den Seiten eines jeden Brustgürtels ein schiefer Strich über der Insertion der Beine. Bauchfüsse von der Farbe des Körpers. — Der Sack, gerade und schlank cylindrisch, ist 5''' lang, von der Farbe abgestorbenen Schilfes, mit Längslinien versehen, einer dreiklappigen Afteröffnung, nach vorne ein wenig gekrümmt und mit kreisförmiger Mündung.

In Deutschland und Finnland, ebenso in Ungarn. Bei Zürich im Juni und Juli, im Freien selten anzutreffen.

22. C. Murinipennella F. R. (H.-S. Tab. 110 fig. 881).

Murinipennella Dup. — Zell. — Sta. — H.-S. — Otidipennelle Zell. (ol.)

Antennis albis, fusco-annulatis, ♀ apice albido, articulo basali albido sine penicillo, palporum fasciculo dimidium articulum terminalem breviusculum paulo excedente; alis anter. angustulis, sordide albis, impunctatis, venis dilatatis, dilute fuscescentibus, costa anguste alba. — *Zell.* — 5'''.

In mehreren Gegenden Deutschlands und in England bemerkt. In der Schweiz bei Zürich im April und Mai sehr häufig und ziemlich variirend; auch von Samaden im Oberengadin 5362' hoch Ende Juli.

23. C. Caespitiella Zell. (H.-S. Tab. 110 fig. 877 und 878 [Falter und Säcke]).

Caespitiella Zell. — Dup. — Sta. — H.-S. — Scirpicolella Koll.

Antennis albis, nigro-annulatis apice albido, articulo basali pallide grisescente sine penicillo, palporum fasciculo tenui dimidium articulum terminalem subaequante; alis anter. sublaevigatis, lutescentibus, venis postice subobscurioribus, costa dimidia ex basi angustissime alba. — *Zell.* — 6–5½'''.

Var. **Alticolella** Mann.

Alticolella Mann. — Zell.

Antennis albis sine annulis obscurioribus.

Die Raupe lebt an den Spirren der Binse, Juncus conglomeratus im Herbste und verzehrt die Samen. Sie ist ziemlich kurz und plump gebaut, von einer röthlich braunen Farbe; der Kopf, ebenso die Rückenfläche des ersten und zweiten Brustringes, sowie des Aftergürtels kastanienbraun. Auf dem ersten Brustringe ein breites Schildchen, durch eine helle Längslinie getheilt. Auf dem zweiten nach hinten ein schildartiger Fleck, vor demselben und an der Seite noch je zwei kleinere Flecke. Brustfüsse braunschwarz geringelt, Bauchfüsse sehr klein mit dunkleren Häkchen, Nachschieber aussen bräunlich. Der Sack cylindrisch, etwas über 2‴ gross, weisslichgelb, mit dreiklappiger Afteröffnung. Die Mündung weit und rundlich.

Diese Coleophore, beobachtet sowohl im Gebirge als in der Ebene, findet sich in Lievland, England, mehreren Gegenden Deutschlands und Toskana. Sie fliegt im Juni und Juli.

Bei Zürich an späten Abenden stellenweise in Unzahl; darunter auch die Varietät Alticolella; ebenso von Bremgarten. Gewiss in weiter Verbreitung durch das Faunengebiet.

24. C. Minusculella H.-S. (H.-S. Tab. 88 fig. 679*).
Minusculella H.-S.

Ich besitze nur ein von Herrich-Schäffer bestimmtes Exemplar dieser neuen Art und gebe desshalb weder eine Diagnose noch eine genauere eigene Beschreibung.

Grösse etwas unter derjenigen der C. Caespitiella, 5‴. Von ihr namentlich durch glatte, nicht so faltige Vorderflügel leicht zu unterscheiden. Die Stirne breit, zwischen den Augen weit vorstehend; die Fühler, dicker und dunkler als bei C. Caespitiella, haben eine bis zur Spitze deutlich schwarz geringelte Geisel, die Ringe gleich breit. Die Palpen lang, weisslich. Das dritte Glied ist über halb so lang als das spitz und kurz gebartete zweite. Nach unten sollen sie oft schwärzlich sein. Die Hintertarsen sind (gelblich) grau mit (gelblich) weissen Enden der Glieder.

Die Vorderflügel sind sehr lang und schmal mit beträchtlicher Zuspitzung. Sie glänzen ziemlich stark und haben ein glänzendes, bräunliches Grau (H.-S. sagt »röthliches Grau«) mit sehr feinem lichten Vorderrand (»der bis zur Flügelspitze geht« H.-S). Die Franzen heller, aber im gleichen Farbentone. Hinterflügel denjenigen der C. Caespitiella gleich.

Bei Regensburg Ende Mai und im Juni in Gesellschaft der C. Caespitiella. Herrich-Schäffer erzog ein Exemplar aus einem mit Weidenkätzchen nach Hause gebrachten Sacke.

Bei Zürich ein reines Männchen Ende des Sommers gefangen.

25. C. Annulatella (Nylander) Tengst. (H.-S. Tab. 112 fig. 901 [Falter und Sack]).
Annulatella Tengst. — Zell. — Sta. — H.-S.

---

*) Die Vorderflügel erscheinen viel zu stumpf und breit.

Antennis albis, fusco-annulatis, articulo basali griseo, incrassato sine penicillo, palporum fasciculo tertiam articuli ultimi partem aequante; alis anter. longius acuminatis, cinereo-gilvescentibus, inter venas passim nigro-squamulatis, costa anguste exalbida. — *Zell.* — 7‴.

Die Larve dieser Art erscheint von Ende August durch den Herbst an Chenopodium und Atriplex, von den Samen lebend. Sie ist kurz und dick, aber mit sehr langen Brustfüssen versehen, blass wachsgelb mit sehr zarten Härchen in den Seiten, welche am ersten Brustringe am zahlreichsten vorkommen. Das Aftersegment ist oberwärts braun. Kopf und Mundtheile sind bräunlich, ersterer mit zwei schwarzen Ocellenflecken. Die Brustbeine sind hellbraun mit dunkleren Krallen; die drei Brustgürtel mit unbestimmten braunen Flecken auf dem Rücken und einem schärfer begrenzten an den Seiten. – Der Sack ist kurz und dick, cylindrisch, höchstens 3‴ lang, mit dreiklappiger Afteröffnung, einem etwas umgebogenen Hals und kreisrunder Mündung. Er hat eine hellbräunliche Färbung mit einigen, ziemlich wechselnden, dunkeln Längsstreifen, wovon gewöhnlich zwei an der Bauchfläche und je einer an der Seite bemerkt werden. Die Rauhigkeit des Sackes rührt – den gewöhnlichen Angabe entgegen – nicht von Sandkörnchen, sondern von Pflanzentheilen her.

Der Falter erscheint nach Ueberwinterung der Larve in weiter geographischer Verbreitung im Juli und August. Finnland, England, viele Gegenden Deutschlands.

Für die Schweiz bei Zürich häufig; dann auch von Lausanne, von Sitten im Wallis und von Samaden im Oberengadin, 5362′.

26. C. Fulvosquamella H.-S. (H.-S. Tab. 113 fig. 912 [gut]).
Fulvosquamella H.-S.

Antennis albidis, nigro-annulatis, articulo basali griseo sine penicillo, palporum fasciculo parvo; alis anter. acuminatis, fusco-griseis, luteo-squamatis, linea costali tenui, strigis apicis tribus perangustis, linea disci curvata albidis. — 7 – 6½‴.

Ich beschreibe diese neue Art nach fünf männlichen Exemplaren, welche theils von mir, theils von Herrn Pfaffenzeller im Engadin gesammelt wurden.

Die Grösse ziemlich constant. Kopf und Rückenschild bräunlich grau, Fühler graulich weiss, bis zur Spitze sehr deutlich schwarz geringelt; das Wurzelglied doppelt so lang als breit, ohne Haarbusch, oben grau, nach aussen und unten rostfarben. Die Palpen schlank, weisslich grau, das zweite Glied, von der doppelten Länge der Fühlerwurzel, mit einem kurzen Haarbusch, das dritte Glied, halb so lang als das vorhergehende, spitz. Die Beine hell aschgrau, die Tarsen dunkel gefleckt, die Hinterschienen mit lichten, gelblich grauen Haaren. Hinterleib tief grau mit hellerem Afterbusch.

Die Vorderflügel, mässig breit mit sichelförmig gekrümmter Spitze, haben bei glatter Beschuppung ein tief braungraues Kolorit mit zahlreich aufgelegten, rostfarbenen Schuppen und ganz vereinzelten schwärzlichen. Der Innenrand fast ohne weisse Beschuppung; nur an der Flügelwurzel liegen hier einzelne helle Stäubchen. Dagegen beginnt von der Wurzel am Aussenrand eine feine, scharfe, weissliche Linie, welche die Flügelspitze und den ganzen Hinterrand umzieht. An sie lehnen sich in der Flügelspitze drei sehr feine weisse Schrägstreifen. Zwischen Median- und Subcostalader erscheint eine weissliche Linie, welche beträchtlich vor der Flügelhälfte beginnt, später einen sehr stumpfen Winkel bildet und in die Flügelspitze verläuft, ohne sich mit der Hinterrandslinie zu verbinden. Die weissliche Faltenlinie ist breit, an ihrer Wurzel höchst undeutlich doppelt. Die Vorderrandsfranzen von der Farbe des Flügels, diejenigen des Hinterrandes mehr aschgrau. — Die Hinterflügel grau mit kaum helleren Franzen.

Auf der Unterseite sind die Vorderflügel tief schwarzgrau mit gelblicher Vorderrandslinie.

Diese Spezies entdeckte ich Ende Juli 1853 bei Samaden im Oberengadin. Sie flog einzeln in einer Höhe bis zu etwa 6500′. Später fand sie Herr Pfaffenzeller ebendaselbst. Das Weibchen blieb unbekannt.

27. C. Albicans Zell. (H.-S. Tab. 111 fig. 900).

Albicans Zell. — H.-S. — ? Granulatella Zell. — Obscenella F. R.

Antennis totis albis sine penicillo, palporum fasciculo tertiam articuli terminalis partem aequante; alis anter. albidis, passim fusco-squamulatis, venis omnibus dilatatis, obsoletius lutescentibus, apice subobscuriore, interstitiis obsoletis, linea costae tenui albidiore. — *Zell.* — 7‴.

Um Solidago Virgaurea fliegt an lichten Waldstellen Ende Juli und im August bei Zürich nicht gerade selten eine Coleophora, welche die Merkmale der C. Albicans besitzt und von Herrich-Schäffer dafür erklärt wurde. Ihre Fühler sind bei manchen

Exemplaren ungeringelt, wie es die Charakteristik, welche Zeller lieferte, angibt; bei andern bräunlich und weiss geringelt, was seiner C. Granulatella zukäme; bei einigen Exemplaren, welche ich mit den andern zusammen erhielt, fast schwarz und weiss geringelt.

Die Raupe (H.-S. Tab. 113 fig. 920 e) soll auf Artemisia vulgaris leben, was aber nicht ausschliesslich der Fall sein möchte, da die Pflanze bei Zürich fehlt.

28. C. **Hemerobiella** Scop. (H.-S. Tab. 112 fig. 908 [Falter und Säcke]. — F. R. Tab. 69 und 70 fig. 1).

Hemerobiella Scop. — Göze. — Zell. — F. R. — Dup. — Sta. — H.-S. — Anseripennella Hbn. — Tr. — Dup.

Antennis albidis, griseo-subannulatis, articulo basali incrassato sine penicillo; alis anter. albis, fusco-pulverulentis, puncto postico fusco. — *Cf. Zell.* — 8'''.

Var. a. Puncto postico nullo.

Die Raupe lebt im Mai und Juni auf Obstbäumen, dem Apfel-, Birn- und Kirschbaum. Ich traf sie auch auf Weissdorn und sogar je einen Sack auf Erlen und Eichen (doch wohl nur zufällig). Der Sack, anfänglich gekrümmt, später gerade bis gegen 6''' lang, cylindrisch, dunkelbraun, bald glatt (Birnen, Crataegus), bald haarig (Apfelbaum), mit dreikantiger Afteröffnung und kreisrunder, ziemlich senkrechter Mündung.

Der Falter in England, Frankreich, Deutschland; sehr häufig im Juli bei Zürich (und gewiss in der ganzen Schweiz) in Gärten und an Waldrändern.

29. C. **Laricella** Hbn. (H.-S. Tab. 87 fig. 667 [Falter und Sack]).

Laricella Hbn. — Dup. — Zell. — Ratzeburg. — Sta. — H.-S. — Argyropennella Tr.

Antennis unicoloribus, fusco-cinereis (♀ obscurioribus, annulatis), articulo basali subincrassato sine penicillo; alis anter. fuscescenti-cinereis, nitidulis. — *Zell.* — 4½–4'''.

Die Raupe im Herbst und Frühling an Pinus Larix, die Nadeln aushöhlend. Sack 2''' lang, cylindrisch, gedrungen, gelblich, mit Längsrippen, Afteröffnung mit zwei stumpfen Klappen, Hals etwas verengt, Mündung senkrecht und kreisrund.

Der Falter im Juni von Finnland und England an wohl durch ganz Deutschland verbreitet.

Gemein bei Zürich, namentlich in Menge im botanischen Garten.

30. C. Infantinella v. Heyd. (H.-S. Tab. 87 fig. 666 [Sack]).
Infantinella v. Heyd. — H.-S. — Juncicolella Sta.

Antennis griseis, nigro-annulatis, articulo basali sine penicillo; alis anter. angustis cinereis, nitidis. — 3'''.

Eine höchst auffallende, zwergartig verkümmerte Coleophore. Ich besitze nur zwei etwas abgewischte Exemplare, ein Weibchen von Frankfurt und einen schweizerischen Mann. Kleiner und mit schmäleren Flügeln als C. Laricella. Fühler grau mit schwarzen, bis zur Spitze gehenden Ringen, das Wurzelglied verkehrt kegelförmig, länger als breit; Palpen hängend, scheinen glatt. Tarsengeäder der Beine hellgrau, dunkler gefleckt, Hinterschienen mit langen weisslichgrauen Haaren. Flügel tief grau, mässig glänzend. Nach Herrich-Schäffer soll die Spitze der vorderen grobschuppig sein. Als Larve gefunden von Herrn A. Schmid bei Frankfurt am Main auf Calluna vulgaris.

Vom Entdecker übersandte Säcke aus Frankfurt am Main sind bis 1½''' gross, bräunlich, auf dem Rücken mit vier dachziegelartigen Vorsprüngen, nach hinten zugespitzt, mit dreitheiliger, rundlicher Afterklappe, nach vorne gleichfalls verengt mit schief stehender, kleiner, rundlicher Mündung.

In England und Deutschland, hier bisher bei Frankfurt am Main und Regensburg.

Am 12. Juni 1855 ein Exemplar auf Calluna vulgaris bei Würenlos gefangen.

31. C. Albitarsella Zell. (H.-S. Tab. 87 fig. 668 [Falter und Sack]).
Albitarsella Zell. — Sta, — H.-S.

Antennis albis, fusco-annulatis, apice longe albo, articulo basali breviter penicillato flagellique basi nigris nitidis, pedibus fuscis, tarsis sericeo-exalbidis; alis anter. violaceo-nigris nitidis. — 6–5'''.

Ehe ich C. Albitarsella im entwickelten Zustande beobachtet hatte, stand ich nicht an, sie als schweizerisch zu bezeichnen, da ich die kleinen Säcke auf Glechoma hederacea bei Zürich im letzten Herbste gefunden hatte.

Der Sack etwa 5''' lang, cylindrisch, glatt, braunschwarz, wenig gekrümmt mit schief stehender kreisrunder Mündung. Nach hinten wird er durch seitliche Compression schmal und zieht sich in eine leistenartige Bauchkante dicht vor der zweiklappigen Afteröffnung aus. Er kommt auch an Origanum vor.

In mehreren Gegenden Deutschlands (Schlesien, Frankfurt am Main, Ischl, Regensburg) und in England. Juni und Juli.

Für die Schweiz bei Zürich bisher allein beobachtet; ich erzog sie Ende März im Zimmer.

32. C. Coracipennella Hbn. (H.-S. Tab. 87 fig. 671 [Falter und Sack]).

Coracipennella Hbn. — *Tr.* — *Zell.* — *Lien.* — *H.-S.* — *Nigricella Steph.* — *Sta.* — *Coracipennis Haw.*

Antennis totis albo-nigroque annulatis, articulo basali murino, palpis crassiusculis, tibiis posticis externe cum ciliis griseis, interne cum tarsis pallidis; alis anter. nigris. — *Cf. Zell.* — 6–$5^1/_2$‴.

Eine in der Grösse, der Tiefe des Schwarzen auf den Oberflügeln, ebenso in der Lebensweise der Larve und der dadurch bedingten Form des Sackes ziemlich ändernde Art. Sie unterscheidet sich durch das reine, nicht bräunlich gemischte Schwarz von der folgenden C. Fuscedinella und ebenso in der Regel — aber nicht ausnahmelos — durch die bis zur Spitze schwarz und weiss geringelten Fühler. (Es kommen nämlich einzelne Exemplare der C. Fuscedinella, wie mich die Erziehung lehrte, mit bis ans Ende geringelten Fühlern gleichfalls vor).

Am dunkelsten ist ein Exemplar, welches ich von Kirschbaum erzog; es schliessen sich dann mehrere Stücke an, von welchen ich die Säcke an einem fremden Prunus-Strauche im hiesigen botanischen Garten traf. Heller sind die Exemplare vom Apfelbaume und vom Weissdorn. Letztere sind die grössten und, wie es scheint, mit etwas glatter beschuppten und breiteren Vorderflügeln versehen.

Die Säcke, etwa 3‴ gross, sind plump, cylindrisch, mit dreiklappiger Afteröffnung und kreisförmiger, etwas schief stehender Mündung. Die Säcke von Kirschen haben einen gezackten Rückenkamm (den Rand des Kirschblattes) und sind glatt; die von Apfelbäumen sind mehr rauh, mit feinen Härchen besetzt; die von dem eben erwähnten Pyrus erhaltenen ohne Rückenkante sind mit schief überlaufenden, gebogenen, vorspringenden Linien versehen. Neben den angeführten Nahrungspflanzen ist noch die Birke (nach Zeller) und Ulme (A. Schmid) zu bemerken. Die Larve im Frühling. Der Sack anfänglich hakenartig gekrümmt.

England, Lievland; viele Gegenden Deutschlands bis Oberkrain; Toskana. — Zürich, namentlich an Crataegus Oxyacantha, wo sie ganze Hecken verderben kann, sehr gemein. — Flugzeit Juni und Juli.

33. C. Fuscedinella Zell (H.-S. Tab. 87 fig. 669 [Falter und Sack]).

Fuscedinella Zell. — Sta. — H.-S.

Antennis albidis, fusco-annulatis, apice albido, articulo basali brevi, incrassato, fusco; alis anter. fuscis vel fusco-nigris. — 6–5½‴.

Der vorigen Art nahe verwandt, aber durch das mehr oder weniger in das Bräunliche ziehende Schwarz der Vorderflügel, sowie durch die weisslichen, nicht bis zur Spitze geringelten Fühlerenden zu unterscheiden.

Ich erzog C. Fuscedinella von Birken, Carpinus Betulus und Haseln in beiden Geschlechtern. Die weiblichen Exemplare sind etwas, aber nicht beträchtlich, heller braun als die männlichen. (Bei einem meiner drei von Hainbuchen erzogenen Weibchen sind die Fühler bis zur Spitze dunkel geringelt, bei den andern nicht. Ein dazu gehöriges Männchen hat ebenfalls braune Ringe bis an das Ende der Geisel.)

Die Säcke, denjenigen der C. Coracipennella ähnlich, zeigen gewisse Unterschiede nach der Futterpflanze. Der Sack an Birken ist glatt, nicht runzlig, etwas körnig, an seiner Oberfläche mit wenig entwickelter Rückenkante. Etwas kleiner, mehr rothbraun sind die Säcke von Corylus. Ihre Dorsalkante ist stärker und manchmal mit drei bis fünf Blattzähnen besetzt. Am hellsten, grünlich- oder graulichbraun, sind die Hainbuchensäcke, mit einer Menge schief laufender leistenartiger Vorsprünge besetzt. Die Dorsalkante stark entwickelt, mit scharfen zahnförmigen Vorsprüngen, deren ich von vier grossen bis zehn meistens kleinere zähle. — Andere Nahrungspflanzen sind noch die Rüster und Erle.*)

Für die Schweiz: Zürich und Schüpfen (Rothenbach).

34. C. Binderella Koll.

Binderella Koll. — Dup. — Zell. — H.-S. — Lusciniaepennella Zell. (ol.) — Lien. — Tengst.

---

*) Es wird, wie auch bei C. Coracipennella, noch genauerer Beobachtungen, namentlich der Raupen selbst bedürfen, um zu bestimmen, ob auf so verschiedenen Pflanzen wirklich eine und dieselbe Spezies vorkommt, oder ob, was ich für wahrscheinlich halte, C. Coracipennella und Fuscedinella Collectivnamen sind.

Antennis albidis, annulis fuscis ante apicem evanescentibus, articulo basali brevi, incrassato, fusco; alis anter. luteo-fuscis vel brunneo-luteis. — 5½‴.

Ob C. Binderella eine eigene Art und nicht vielleicht nur eine ins Lehmbraune gefärbte C. Fuscedinella sei — dieses zu entscheiden, wird genauerer Beobachtungen, namentlich der Larven bedürfen. Exemplare, welche ich aus Wien von Mann erhalten, ebenso ein Pärchen, was ich in Göttingen gefangen habe, scheinen für die Artrechte zu sprechen. In Zürich erzog ich von Alnus incana aus rothbraunen, etwas rauhen und nur mit ganz stumpfen Dorsalzähnen versehenen Säcken mehrere Exemplare, welche ich im männlichen Geschlechte nicht von C. Fuscedinella zu unterscheiden vermag, während das Weibchen ganz hell lehmbraun, wie die östreichische C. Binderella, erscheint. Gefangen habe ich derartige helle weibliche Exemplare mehrfach bei Zürich. Eins derselben sah Herrich-Schäffer und bestimmte es ebenfalls als C. Binderella.

Lievland, Finnland, mehrere Gegenden Deutschlands. — Für die Schweiz allein die Umgebungen von Zürich, im Juli.

35. C. Orbitella Zell. (H.-S. Tab. 87 fig. 670 [Falter und Sack]).

Orbitella H.-S. — ? Sta. — Viminetella Sta. — Lusciniaepennella Mann.

Antennnis albidis, fusco-annulatis, articulo basali brevi, incrassato, fusco; alis anter. luteo-fuscis vel brunneo luteis, grossius squamatis. — 6½–5½‴.

Zeller schreibt der C. Orbitella weit vor der Fühlerspitze verlöschende bräunliche Ringe zu; indessen mit Unrecht. Unter neun von mir erzogenen Exemplaren hat nur eins (♀) dieses Merkmal, alle übrigen sind mit bis zur Spitze geringelten Fühlern versehen; ein Männchen, dasselbe, was Herrich-Schäffer in seinem Texte erwähnt, ist mit durchaus schwarz geringelten Antennen versehen; auch englische Exemplare verhalten sich ebenso, wie Herrich-Schäffer fand.

Die Raupe lebt im Herbste und Frühling an Wollweiden und Salix viminalis, in Wäldern selten, in einer Anlage bei Zürich in Menge. Nach Herrich-Schäffer bewohnt C. Orbitella auch Birken.

Der Sack, von Herrich-Schäffer gut dargestellt, grösser als bei den verwandten Arten, 5‴ lang, ist durch bedeutende seitliche Compression hoch und schmal mit scharfen Kanten; das Ende ist nach unten gekrümmt, gegen die sehr schiefe Mündung mit zwei grossen, flügelförmig aufliegenden Anhängen versehen. Es sind abgeschnittene Blattstücke. Der Sack von Salix viminalis ist glatt und unbehaart, von Wollweiden ganz wollig und haarig. Nach Scott soll die Larve im nördlichen Schottland auch an Myrica Gale leben.

Unsere Spezies ist in England, mehreren Theilen Deutschlands (Glogau, Wien, Regensburg, Frankfurt am Main) beobachtet.

Für die Schweiz die Umgebungen Zürichs. Erzogen Ende Juni und im Juli.

36. C. **Lusciniaepennella** Tr. (H.-S. Tab. 88 fig. 673 und 674 [Falter und Sack]).

Lusciniaepennella Tr. — Zell. — Schläg. — H.-S. — Gryphipennella Bouché. — Sta. — ? Flavipennella Dup. — Serratella Steph.

Antennis niveis, nigro-annulatis totis, articulo basali fuscescenti; alis laevigatis, ♂ obscure violaceo-griseis, ♀ dilutius ochraceo-griseis. — $6^1/_2 - 6'''$.

Die Larve vom September an durch den Herbst und wieder im Frühling auf Garten-, seltener auf Heckenrosen. Sie ist honiggelb oder bräunlich, Kopf tiefbraun; ebenso der Nackenschild auf dem ersten und ein kleinerer zweigetheilter Schild auf dem zweiten Brustring. Auch das Aftersegment oben braunschwarz. Brustbeine braun gefleckt, im Uebrigen von der Farbe des Körpers.

Der hohe und schmale Sack im Herbste ist ein ausgeschnittenes und zusammengeheftetes Rosenblattstück, dessen Blattrand die gezahnte Rückenkante gibt.*) Im Frühling erscheint er in gänzlich verändertem Ansehen, den Säcken der C. Coracipennella und Fuscedinella ähnlich, cylindrisch, ziemlich dick, bräunlichgrau, bald mit drei stumpfen kleinen Afterklappen, bald nur mit zweien versehen. Nach vorne verengt er sich, um in die kreisrunde, ziemlich schief stehende und enge Mündung auszugehen.

England und viele Gegenden Deutschlands; bald seltener, bald häufiger.

Bei Zürich in einem Garten sehr häufig, sonst sparsam, im Juni. Auch aus dem Engadin von Samaden in einem kleineren weiblichen Exemplare.

---

*) Genauere Angaben über die Bildung des Sackes bei Stainton.

37. C. Lutipennella Zell. (H.-S. Tab. 88 fig. 676).

Lutipennella Zell. — Dup. — Sta. — H.-S. — Elongella Zetterst.

Antennis albis, brunneo fusco nigrove annulatis totis, articulo basali incrassato, brevi flagellisque basi lutescentibus; alis anter. grosse squamatis vel omnino luteo-ochraceis, vel costa pallidiore; poster. griseis, ciliis dilutioribus. — $5\frac{1}{2}'''$.

Der Sack gerade cylindrisch, gelblichbraun, nach hinten dreikantig, dem der C. Fuscedinella ähnlich. An Eichen (und Birken, Sta.).

Der Falter in Schweden, Frankreich, England, vielen Gegenden Deutschlands.

Bei Zürich im Juli an Waldrändern, nicht gerade selten.

38. C. Flavipennella F. R. (H.-S. Tab. 88 fig. 675).

Flavipennella F. R. — H.-S.

Ich kenne diese Art, welche Herr Bremi aus einem Sacke vom Birnbaume erzogen hat, nicht aus eigener Anschauung und nehme sie nur auf Herrich-Schäffer's Autorität in die Reihe der schweizerischen Coleophoren auf, indem ich seiner Beschreibung folge.

Grösser als C. Lutipennella, mit deutlich breiteren Flügeln; die Farbe bleich rothgrau, viel bräunlicher als bei der eben bemerkten Spezies. Die Beschuppung glatter, die Hinterflügel grauer. Die Fühler sind dünner, das Wurzelglied ist etwas länger als breit, verkehrt konisch, vorne grobschuppig; die folgenden zwei oder drei Glieder sind durch gelbgraue Beschuppung verdickt; die Geisel ist bis zur Spitze scharf schwarz und weiss geringelt. Das zweite Palpenglied ist wenig länger als die Fühlerwurzel, am Ende mit einem spitzen Barte versehen; das dritte etwas über halb so lang als das vorige; die Schienen lang behaart. Auf der Unterseite haben die Vorderflügel an der Wurzel lichtere Franzen und eine lichtere Spitze.

Der Sack auf Pyrus communis ist lang cylindrisch, dunkel kirschbraun, mit schwacher Rückenkante, etwas schräg runzelig. Vor der fast gerade vorwärts stehenden Mündung und dem scharf dreikantigen Afterrande ist er etwas verengt.

Der Falter im Juni und Juli bei Wien und Regensburg beobachtet.

Bisher nur von Zürich.

39. C. **Solitariella** Zell. (H.-S. Tab. 87 fig. 672).

Solitariella Zell. — Sta. — H.-S.

Antennis niveo- nigroque annulatis totis, articulo basali incrassato luteo sine penicillo; alis anter. luteis, ciliis circa angulum posticum alisque poster. obscure cinereis. — *Zell.* — $5^1/_2$‴.

Die Larve an Stellaria holostea, vom Spätherbst bis in den Frühling.

Wahrscheinlicherweise gehören zwei Exemplare hierher, welche ich in etwas abgeflogenem Zustande Ende Juli im Oberengadin bei Samaden sammelte.

40. C. **Albisquamella** H.-S.

Albisquamella H.-S.

Ich fand diese Art in einem Exemplare im Oberengadin bei Samaden zu Ende des Juli 1855. Es diente dieses zur Beschreibung, welche Herrich-Schäffer lieferte, blieb aber in Regensburg. Ich führe daher dieselbe wörtlich auf:

»Sehr ausgezeichnet, mäusegrau, an der Saumhälfte mit vielen eingemengten weissen Schuppen. Fühler ziemlich dick, scharf schwarz und weiss geringelt, Wurzel noch einmal so lang als breit. Palpen lang, Glied drei über halb so lang als zwei.«

41. C. **Badiipennella** (F. R.) Zell. (H.-S. Tab. 88 fig. 680).

Badiipennella Zell. — Sta. — H.-S. — ? Dup.

Antennis albo- fuscoque annulatis totis, articulo basali brevi incrassato; alis anter. fuscescenti-luteis, costa vittae instar alba. — *Zell.* — $5-4^1/_2$‴.

Der Sack, $2^1/_2-2$‴ lang, dunkelbraun, cylindrisch, ziemlich kurz mit plötzlich gekrümmtem Halse und runder Mündung und zweiklappiger Afteröffnung, findet sich im Frühling an Rüstern und Eschen (Sta.), sowie an Ahorn (Mann).

C. Badiipennella, in Toskana, Deutschland und England beobachtet, ist bei Zürich gerade nicht häufig im Juli.

42. C. **Milvipennis** Zell.

Milvipennis Zell. — H.-S.

Antennis albo- fuscoque annulatis, apice albido, articulo basali brevi incrassato sine penicillo; alis. anter. luteo-ochraceis, sublaevibus, costa vittae instar alba, ciliis pallide griseis. — *Zell.* — 5‴.

Die Fühlerspitze bei meinem Exemplare ist weiss.

In Schlesien, bei Wien, Braunschweig und Freiburg.

Für die Schweiz bei Zürich; Anfang Juni auf einer lichten Stelle in Laubholz gefangen.

43. C. **Limosipennella** (F. R.) Dup. (H.-S. Tab. 88 fig. 677).

Limosipennella F. R. — Dup. — Zell. — H.-S. — Sta.

Antennis albis, fusco-annulatis, apice albido, articulo basali incrassato brevi; alis anter. brunneo-luteis, costa vittae angustae instar albida. — 6‴.

Die Raupe, welche an Rüstern und Erlen vorkommt, findet sich vom September bis in den Juli; schlank, fleischroth, Kopf kastanienbraun, an den Seiten dunkler mit schwarzem Ocellenfleck. Auf dem ersten und zweiten Brustring steht ein ansehnlicher braunschwarzer, schildartiger Fleck. Derjenige des Prothorax nimmt die ganze Oberfläche des Ringes ein; der folgende ist viel kleiner, nur ein schmaler Querstreif. Afterschild von derselben Farbe. Brustfüsse schwärzlich geringelt und gekrallt, die kleinen Bauchfüsse von der Farbe des Körpers, die Nachschieber braun.

Der Sack, ein abgeschnittenes und zusammengeheftetes Blattstück, ist ganz schmal, mehr oder weniger gekrümmt, mit gezähnter Rückenkante. Er endet, nach hinten etwas erweitert, plötzlich abgestutzt mit zweitheiliger Aftermündung. Der Ausgang des Sackes ist ganz nach unten gerichtett, rund und klein.

C. Limosipennella, in England, Frankreich, einigen Theilen Deutschlands bemerkt, wurde bei Zürich auf Alnus incana angetroffen. Juli. Nicht häufig.

44. C. **Ochripennella** Schläg. (H.-S. Tab. 88 fig. 678 [Falter und Sack]).

Ochripennella Schläg. — Zell. — H.-S.

Antennis albo- fuscoque annulatis, apice ipso albido, articulo basali incrassato, non penicillato ac flagelli articulis primis duobus ochraceis, palporum articulo secundo fasciculato; alis anter. luteis, costa vittae instar flavescente. — *Zell.* — 6½–6‴.

Die Larve vom September bis Mai an Hecken und Waldrändern auf Stachys sylvatica, Ballota nigra, Lamium purpureum und album, auch an Glechoma hederacea, mit grossen bräunlichen Flecken minirend. Sie ist schmutzig weiss mit braunem Kopfe, einem ansehnlichen braunen Rückenschild auf dem ersten und einem kleinen schildartigen Querflecke auf dem zweiten Brustgürtel, sowie einem gleichen Flecke auf dem Aftersegmente. An den Seiten der Brustringe finden sich noch drei Paar schwärzlicher, punktartiger Flecke. Die Brustbeine aussen schwärzlich getupft.

Der Sack 6—5''' lang, stark von oben und unten komprimirt, dunkel braunschwarz, zweischneidig, nach hinten abgerundet, die Mündung querstehend, rundlich.

Am obern Drittheil ist der Sack ziemlich glatt, dann erscheinen sehr wechselnd an beiden Seiten flügelförmige Anhänge oder Spitzen, welche bei jüngeren Säcken verhältnissmässig am ansehnlichsten sind, bei älteren kleiner werden und manchmal wenig hervortreten (ein solches Exemplar hat Herrich-Schäffer abgebildet). Ganz nach unten um die Mündung erscheinen, wohl von aufgelegten Blattstücken herrührend, Querfalten. Meine Säcke von Stachys sind reichlich in der unteren Hälfte mit hellbraunen Haaren besetzt.

Diese Art ist in manchen Gegenden Deutschlands beobachtet; Stettin, Jena, Frankfurt am Main (häufig).

Für die Schweiz bei Zürich ebenfalls ziemlich gemein. Zweite Maihälfte und Juni. Am späten Abend frei fliegend gefangen.

XI. Familie. GRACILARIDEN.

Gracilaridae (Ornichidae) Sta. — Gracilarien Zell.

Caput laeve vel hirsutum; ocelli nulli; antennae longae, tenues, filiformes; haustellum longum, nudum; palpi maxillares longiusculi, penduli, subhirsuti; palpi labiales tenues, recurvati, articulo medio interdum fasciculo pilorum instructo, tertio acuminato. Alae longae, angustae, poster. lanceolatae, ciliis longis.

Eine gleichfalls sehr natürliche Familie schlanker, schmalflügliger, niedrig stehender Schaben, welche nur in ganz äusserlichen Merkmalen des vollendeten Insektes an die Coleophoren erinnern, mit welchen sie übrigens wenig Gemeinschaftliches in Wirklichkeit besitzen.

Die Gracilarien zeichnen sich aus durch dünne, lange Fühler, welche in ihrer Länge derjenigen der Vorderflügel gleich kommen, durch eine ansehnliche Zunge, durch wohl entwickelte, etwas rauhhaarige, fadenförmig hängende Kiefertaster und ebenfalls ansehnlichere, schlanke Lippenpalpen, welche leicht aufgekrümmt sind, gewöhnlich glatt erscheinen und nur bei einem Genus am Mittelglied einen rauhen Haarbusch zeigen. Die Flügel, sehr verschmälert und lang befranzt, zeigen im vorderen Paare eine geschlossene, lange und schmale Mittelzelle, aus deren hinterem Ende eine wechselnde Zahl von Adern abgeht, welche bis auf neun sich erheben kann, oftmals aber geringer bleibt; an den Hinterflügeln erscheint eine sehr ausgezogene Spitze und die Mittelzelle bleibt gegen den Hinterrand offen.

Sehr ausgezeichnet sind die Gracilarien durch die starke, rauhhaarige Beschuppung der Mittelschienen und die theilweise damit zusammenfallende Haltung der Schabe im Zustande der Ruhe.

Während nämlich die Argyresthien (wenigstens in ihrer Mehrzahl) im Sitzen den Kopf senken und den Hinterleib beträchtlich erheben, ruht die Gracilarie, gerade entgegengesetzt, bei ansehnlich aufgerichtetem Vorderkörper mit der Spitze des Leibes auf, während jener von den beiden vorderen, abstehenden Beinpaaren getragen wird und die rauhschuppige Mittelschiene sehr ins Auge fällt. Auch von den flach sitzenden und ihre Fühler gerade vorstreckenden Coleophoren unterscheiden sich unsere Thiere durch diese Sitte leicht.

Die vierzehnbeinigen Larven sind schon in höherem Grade zu Minirern geworden, als es bei den Coleophoren der Fall ist. Während diese nur in frühester Jugend das Blattinnere bewohnen, kommen die Gracilarien längere Zeit hindurch in der Mine vor, manche fast ihre ganze oder wirklich vollständig ihre Larvenzeit hindurch. Die Mehrzahl verlässt später das Blattinnere, um in eingerollten, dutenförmigen Blattenden oder in umgebogenen versponnenen Blatträndern zu wohnen. Aber auch diejenigen, welche gänzlich zu Minirern geworden sind, verlassen ihren Wohnsitz, um sich eine neue Minirwohnung anzulegen. In dieser Beziehung kommen sie mit der folgenden Familie der Elachisten, grösstentheils überein, während sie sich dadurch von den eigentlichen Minirern, den Schabengeschlechtern Lithocolletis und Nepticula sehr unterscheiden, bei welchen die Larve das ganze Leben lang dieselbe Mine bewohnt und, aus derselben herausgenommen oder schon bei Verletzung der Epidermis, zu Grunde geht.

Die Gracilariden, eine mässig grosse Familie, zerfallen in drei sehr nahe verwandte Geschlechter: Gracilaria mit glattem Kopf und glatten Labialpalpen; Coriscium, wo das Mittelglied der Palpen gebartet erscheint, während der Kopf glatt bleibt, und Ornix, welchem bei glatt beschuppten Lippentastern ein rauhaariger Kopf zukommt.

1. Genus. GRACILARIA.

Gracilaria (Gracillaria) Haw. — Zell. — Dup. — Sta. — Gracilaria p. et Euspilapteryx Steph. — Gracilaria et Euspilapteryx H.-S. — Ornix p. Tr.

Caput laeve; antennae longae, filiformes, articulis elongatis, parum prominentibus, basali incrassato; haustellum longiusculum, nudum; palpi maxillares filiformes, squamis suberectis, penduli; labiales incurvati, articulo secundo laevi, tertio acuminato. Alae elongatae, longe ciliatae; anter. angustae, vena subcostalis basim versus valde attenuata; cellula costalis angusta, longa e parte poster. ramos quatuor in costam emittit, quorum ultimus, vena apicalis, simplex ante apicem exit; infra eam rami quinque aut quatuor (quorum secundus et tertius saepe ex eodem puncto prodeunt) in marginem posticum; subdorsalis simplex; poster. lanceolatae; vena apicalis simplex ante apicem exit, infra eam vena furcata, basim versus attenuata, mediana trifida, cellula discoidalis imperfecta.*)

---

*) Zeller hat das Flügelgeäder von G. Stigmatella, Elongella und Ononidis theilweise abgebildet; Stainton dasjenige des ersteren Thieres und der G. Omissella. Ich habe den Aderverlauf von G. Elongella, Rufipennella, Stigmatella, Syringella, Auroguttella und Phasianipennella untersucht. Es ergibt sich hieraus: Die Hinterflügel bleiben überall gleich; mit dem Geäder des Vorderflügels von G. Stigmatella, wie es Zeller im Allgemeinen richtig gezeichnet hat (bei Stainton ist die Apicalader irrthümlich gegabelt und die Subdorsalvene weggeblieben), stimmt Rufipennella vollkommen überein. Die zweite und dritte Hinterrandsader entspringen aus demselben Punkte; die vierte in geringem Abstande entfernt. Bei G. Elongella und Syringella entspringen die zweite und dritte Ader getrennt. Bei G. Auroguttella und Phasianipennella kommen Ader zwei und drei wieder aus demselben Punkte, aber

Die Gracilarien, meistens bunte, lebhaft gefärbte Thiere, deren Larven gewöhnlich in doppelter Generation an unsern Laubhölzern, selten an niedern Pflanzen, namentlich einjährigen, vorkommen, mögen zur Zeit mit fast 30 Arten in Europa vorhanden sein. Da ein Theil in sehr grosser Verbreitung vorkommt, sind sie in den Einzelfaunen ziemlich stark vertreten. Stainton zählt für die brittische Fauna 15 auf; Reutti für das Grossherzogthum Baden 16—18; in den Breiten von Liev- und Kurland kommen nach Lienig noch 9 derselben vor. Mann fand in Toskana 15 Arten. Für unser Faunengebiet kenne ich gegenwärtig ebenfalls 15 Spezies; höher in die Alpen geht nur eine noch hinauf.

1. G. Franckella Hbn. (Hbn. Tab. 56 fig. 379).

Franckella Hbn. — Zell. — Lien. — Sta. — Dougl. — Hilaripennella Tr. — Dup. — Thunbergella Steph. — ? Fab. — Thunbergii Haw. — Swederella Schalén. — Sta. — Alchimiella Scop.

Antennis albidis, dilute nigro-annulatis, palpis luteis; alis anter. rufis, violaceo-nitidis, triangulo costali maximo, ad costam producto, dorsoque ad basim flavis. — *Zell.* — 5½–5'''.

Die Larve des schönen Thierchens lebt im Herbste und auch wohl im Frühsommer in einer dutenförmig umgebogenen Blattecke der Eiche. Sie ist nach Douglas grünlich weiss, halb durchsichtig, fein behaart, mit dunkel durchschimmerndem Verdauungskanal, gelblichem Kopf mit dunkleren Fresswerkzeugen und zwei braunen Flecken an den Seiten. Beine von der Farbe des Körpers.

Die Schabe im Frühling und im Juli und August um Eichen, in weiter Ausdehnung durch unsern Welttheil. Lievland, England, Frankreich, Deutschland und Ungarn; südlich bis gegen das adriatische Meer hin und in Toskana.

Bei Zürich nicht gerade gemein. April und Mai, sowie zweite Augusthälfte; ebenso von Lausanne (Laharpe).

---

die Zahl der Hinterrandsvenen ist um eine geringer, nur vier betragend. Bei G. Omissella beträgt nach Stainton die Zahl der Vorderrandsvenen eine weniger als sonst, indem die letzte und vorletzte zur langgestielten Gabelader verwachsen sind. Einen Grund, die kleineren Gracilarien als Genus Euspilapteryx abzutrennen, sehe ich nicht. — Herrich-Schäffer irrt übrigens, wenn er G. Syringella nur eilf Adern der Vorderflügel zuschreibt, da sie deren zwölf besitzt.

2. G. Stigmatella Fab. (Hbn. Tab. 30 fig. 203).

Stigmatella Fab. — Schr. — Zell. — Steph. — Dup. — Lien. — Sta. — Dougl. — H.-S. — Upupaepennella Hbn. — Tr. — Dup. — Zetterst. — Eversm. — Triangulella Panz. — Trigona Haw. — Ochracea Haw. — ? Purpurea Haw. — ? Steph.

Antennis albidis, nigro-annulatis, palpis albido-griseis, articulo terminali nigrescente, apice albido; alis anter. purpureo-rufis (interdum ochraceis), triangulo costali exalbido, plicam tangente, apice postice producto. — $6^1/_3 - 5^1/_2$‴.

Die Larve findet sich in ähnlicher Zeit und Lebensweise an breit- und schmalblättrigen Weiden, an Populus tremula und pyramidalis.

Nach Douglas ist sie grünlich weiss mit kurzen weissen Härchen, Kopf gelblich mit braunen Mundtheilen und zwei Seitenflecken. Die sämmtlichen Beine von der Körperfarbe.*)

Wohl über ganz Europa verbreitet, ziemlich hoch nach Norden gehend, bis Schweden und Lievland, westlich bis England, südlich bis Toskana und ostwärts bis gegen die Wolga beobachtet.

Wohl in der ganzen Schweiz verbreitet. Von Zürich, wo das Thierchen vom August bis Ende Oktober und auch nach der Ueberwinterung noch im ersten Frühling öfter vorkommt; von Bremgarten (Boll).

3. G. Semifascia Haw. (H.-S. Tab. 104 fig. 822 und 824).

Semifascia Haw. — Steph. — Sta. — Picipennella F. R. — Zell. — H.-S.

Antennis fuscescentibus vel grisescentibus, nigro-annulatis, palpis fuscis, apice albo vel flavescente; alis anter. luteo-fuscis, striga costae obliqua ante medium, plicam transeunte, albida, punctis costae fuscis albidisque alternantibus. — 6 – 5‴.

Var. a. Strigula alisque anter. flavidis, his costam apicemque versus obscure brunneis. 1 ♂

Var. b. Alis anter. dilute fuscis, strigula flavida, costam apicemque versus obscure brunneis. 1 ♂

Var. c. Alis anter. obscure brunneis, strigula luteo-albida in plica, apicem versus prolongata, costa vix albo-punctata. 2 ♂

---

*) Etwas abweichend hiervon ist die Larvenbeschreibung, welche Mad. Lienig gibt.

Eine sehr veränderliche Gracilarie, welche nach Stainton, der eins meiner Exemplare sah, die Haworth'sche Spezies ist.

Herr Zeller hat sie unverkennbar, aber nur nach einem einzigen hell gezeichneten Männchen beschrieben. Bei Herrich-Schäffer ist ein lebhaft rothes Stück mit grossem, gelblichem Costaldreieck fig. 824 abgebildet, welches seiner Meinung nach hierher gehört; seine fig. 822 als Inconstans bezeichnet und später im Texte für eine neue, zwischen G. Falconipennella und Semifascia in der Mitte stehende, Spezies genommen, ist eine getreue Abbildung eines hell gezeichneten Exemplares der letzten Art. Unter Allen hat Herr Stainton vorliegende Gracilarie am besten beschrieben.

Für die hell gezeichneten Stücke, welche mir bisher nur im weiblichen Geschlechte vorgekommen sind, ist die Zeller'sche Beschreibung getreu; ich habe sie als Stammart angesehen.

Diese geht allmälig von hell bräunlichen in dunkler kastanienbraun gezeichnete Stücke über, wobei das Braun nach innen von den Schrägstreifen, ebenso nach aussen über den Vorderrand bis gegen die Flügelspitze überhand nimmt und in dem Vorderrand weisse Pünktchen erscheinen, während der heller bleibende Dorsalrand braunschwarz punktirt, und zwar von der Wurzel bis zum Afterwinkel, erscheinen kann.

Indem das Braun des Vorderrandes sich noch schärfer abgrenzt und der hellere Theil des Vorderflügels gelblich wird, wobei der Schrägstrich dieselbe, nur mehr schwefelgelbe, Grundfarbe zeigt, kommt es zu Varietät a. Scheitel und Schulterdecken sind dabei gelblich geworden.

Varietät b zeigt als Grundfarbe ein blasses Braun (etwa das Kolorit von Milchkaffee), an welchem Scheitel und Rücken Antheil genommen haben. Die braunen Flecke bleiben wie bei der vorhergehenden Erscheinungsform; der Schrägstrich ist schwefelgelb, sehr scharf hervortretend.

Varietät c, die eigenthümlichste von allen, zeigt uns bei hell braungrauem Scheitel tief dunkelbraune, fast ganz einfarbige Flügel mit weissgelbem Schrägstreifen, dessen Spitze in der Falte eine Strecke weit nach dem Innenrand winklig verlängert ist. Gegen die Flügelspitze erscheinen am Vorderrand ein Paar verloschene weissliche, punktförmige Flecke und ein ähnlicher am Afterwinkel. Auch die Franzen haben das gleichmässige Dunkelbraun des Flügels.

Die Palpen des Thieres behalten überall ihre charakteristische Zeichnung, erscheinen aber bald heller, bald dunkler.

G. Semifascia, deren Larvenzustände noch unbekannt sind, wurde als seltenere Art in einigen Theilen Englands, ebenso im südlichen Deutschland bei Wien und Freiburg gefunden.

Für die Schweiz ist als Fundstelle nur die Umgebung Zürichs bekannt. Die Generation ist entschieden eine doppelte, da die Schabe frisch in der zweiten Aprilhälfte und im Mai, ebenso im August erscheint; selten an Waldrändern des rechten Seeufers, niemals um Nadelholz bemerkt. Ich habe acht Exemplare allmälig gefunden.

4. G. Populetorum Zell. (H.-S. Tab. 95 fig. 726).

Populetorum Zell. — Lien. — Sta. — H.-S. — Tetraonipennella Dup. — ? Violacea Haw. — ? Steph.

Antennis albidis, fusco-annulatis, palpis albidis, articuli secundi apice fusco, tertio fusco-annulato; alis anter. osseis, griseo-nebulosis, puncto costali pone medium uno duobusque distantibus in plica nigris, ciliis apicis fuscis. — *Cf. Zell.* — 6‴.

Die Raupe in doppelter Generation im Juni und August an Birken und Zitterpappeln. Ich habe sie von beiden Bäumen erzogen, leider aber die Beschreibung versäumt.

In ziemlicher Verbreitung durch Europa. Lievland, England, Deutschland (Frankfurt an der Oder und am Main, Glogau, Böhmen, Carlsruhe, Freiburg); südlich von den Alpen noch nicht beobachtet.

Für die Schweiz bei Zürich im Juli und September, aber selten.

5. G. Rufipennella Hbn. (Hbn. Tab. 30 fig. 204. — H.-S. Tab. 95 fig. 731).

Rufipennella Hbn. — Tr. — Zell. — Zetterst. — Dup. — Sta. — H.-S.

Antennis griseis, obscurius annulatis, palpis rufescentibus, interne dilutioribus, femoribus tibiisque quatuor anter. nigro-fuscis, femorum poster. basi albida; alis anter rufis, purpurascentibus, interdum nigro-punctatis. — $6-5^{1}/_{3}$‴.

Var. a. Alis anter. fusco-aurantiis, punctis nigris carentibus, apicem versus rufescentibus.

Var. b. Alis anter. fusco-aurantiis, nigro-punctatis, apicem versus rufescentibus.

Var. c. Alis anter. fusco-aurantiis, nigro-punctatis, striga longitudinali costae fusca, a basi ad apicem usque producta.

Var. d. Alis anter. dilute fuscis, striga longitudinali nigrofusca, a basi ad apicem usque producta, strigula dorsi basali.

Var. e. Alis anter. cinnamomeis, punctis nigris carentibus.

Ich habe in dem verflossenen Jahre über fünfzig Exemplare erzogen und dabei die angeführten Varietäten erhalten, welche wieder manchfach in einander übergehen und hierdurch eine überaus grosse Veränderlichkeit unserer Art beurkunden.

Die Larve lebt in eingerollter Blattecke auf Ahorn. Ich erzog sie von Acer Pseudoplatanus im August. Sie ist äusserst fein behaart, grünlich weiss, mit dunkelgrün durchschimmerndem Verdauungskanal und Beinen von der Körperfarbe. Der Kopf gelblich, mit rostbraunem Gebisse und zwei Seitenflecken.

Diese Gracilarie scheint ein mehr beschränktes Vorkommen als die verwandten Arten zu besitzen. In England und Lievland fehlend, in Finnland (?), in einigen Theilen Deutschlands (Böhmen, Bayern, Baden); südlich bis Toskana.

In dem Flachlande der Schweiz selten, so bei Zürich, wohl in doppelter Generation; ich erzog sie im September. In den Alpenthälern an Acer Pseudoplatanus theilweise in kolossaler Menge. Anfang August bei Matt im Kanton Glarus zu Tausenden an jedem Baume; ebenso im Schächenthale (Bremi), auch in den westlichen Alpen (Laharpe).

Das von Herrich-Schäffer unter G. Straminella angeführte Bremi'sche Exemplar gehört zweifelsohne hierher.

6. G. Taxi H.-S.

Herrich-Schäffer beschreibt diese, mir in Natur unbekannte, neue Spezies folgendermassen:

„Lateritia, antennis, palpis, vertice et linea e media basi alarum anter. niveis, harum disco versus apicem pedibusque nigricantibus.

Kleiner als G. Elongella, mehr ziegelroth, Fühler, Scheitelhaare und Palpen innen schneeweiss, letztere aussen schwärzlich, mit eiförmig verdicktem Endgliede, welches am Ende röthlich. Die Vorderflügel mit veilröthlichem Discus gegen die Spitze und weisslicher Mittellinie aus der Wurzel. Brust und Beine weiss, Schenkel gegen das Ende schwärzlich, in gewisser Richtung ganz schwarz. Vorderschienen und Tarsen tief schwarz, Mittelschienen zimmtröthlich, gegen die Wurzel dunkler; Mitteltarsen weiss; Hinterschienen und Tarsen oben grau.

Herr Bremi entdeckte diese schöne Art bei Zürich Anfang August auf Taxus.«

7. **G. Elongella** L. (Hbn. Tab. 29 fig. 196. — H.-S. Tab. 95 fig. 730 Var.).

Elongella L. — Fab. — Zell — Steph. — Zetterst. — Lien. — Dup. — Sta. — H.-S. — Punctella L. — Fab. — Signipennella Hbn. — Tr. — Dup. — Zetterst. — Hemidactyla Haw. — Roscipennella Tr. — Dup. — Eversm. — Hbn. — Inconstans Sta. — ? Rufipennella Steph. — Ochrodactyla S. V.

Antennis albidis, fusco-annulatis, palpis rufis, interne lutescentibus, femoribus tibiisque quatuor anter. brunneo- vel cinereo-rufis, coxis posticis apice albidis; alis anter. rufis, postice purpurascentibus, interdum punctis duobos vel tribus fuscis disci. — *Cf. Zell.* — $8\frac{1}{2}-6\frac{1}{2}'''$.

Var. a. Alis anter. punctis multis fuscis, potissimum ad dorsum conspersis.

Var. b. Alis anter. rufis, triangulo costali rufo-luteo, obsoleto, dilutiore, obscurius marginato.

Eine nicht minder veränderliche Art als G. Rufipennella. Von dieser durch bedeutendere Grösse, schmälere Vorderflügel und die abweichenden Beine verschieden. Die angeführte Stammart und die beiden Varietäten kommen als schweizerisch vor. Andere Abweichungen noch auffallenderer Art haben Zeller und Herrich-Schäffer, ebenso Stainton beschrieben.

Die Larve lebt in zusammengerollten Erlenblättern, ebenfalls an Birken, im Mai und im August (Stainton). Letztere Zeit kann ich bestätigen. Mad. Lienig, welche sie näher beobachtete, fand sie bald mehr glasartig, bald undurchsichtig weisslich, bald zart grün mit einzelnen weisslichen Härchen. Der blasse oder weissliche Kopf hat braune Fresswerkzeuge und ein Paar zusammenhängender brauner Seitenpünktchen.

Die Schabe, im Frühsommer und September (mit nachfolgender Ueberwinterung) fliegend, kommt in weitester Verbreitung durch Europa vor.

Schweden, Lievland, England, Frankreich, Deutschland, Ungarn und Toskana.

Auch wohl durch die ganze Schweiz verbreitet. Als Fundstellen kenne ich Zürich, Bremgarten (Boll), Schüpfen (Rothenbach) und Lausanne (Laharpe).

8. G. Puncticostella H.-S. (H.-S. Tab. 95 fig. 732).

Puncticostella H.-S. (*Text.*) — *Roscipennella H.-S.* (*Tafeln*). — *? Zell.*

Auch diese, mir in Natur unbekannte, Spezies nehme ich aus Herrich-Schäffer's Text wörtlich auf:

„Rufa aut luteo-olivacea, antennis albis, palpis ante apicem summum album parum fuscescentibus.

Lehmgelblich, fast ins Olivengrünliche, gleichmässig schwärzlich gesprenkelt, besonders scharf an dem fein weisslichen Vorderrande. Die Fühler ganz weiss, die Palpen aussen etwas braun bestäubt. Die vier Vorderschenkel und Schienen grau mit schwarzen Ringen, die Hinterschenkel schwarz, am Enddrittheil weiss.« — Oder roth, der G. Elongella sehr nahe kommend, mit gleichfalls sehr feinem, weissem, schwarzpunktirtem Vorderrand; die Franzen am Ende entschieden eisenschwarz mit noch schwärzerer solcher Linie davor. Der Hinterleib schwärzlich, ebenso die Schenkel und Schienen; die Schenkel der Hinterbeine an der kleineren Endhälte, die Schienen ganz weiss. Die Tarsen grau, mit weissen Enden der Glieder. Die schwärzlichen vier Vorderschenkel mit drei weisslichen Ringen, die Schienen mit einem.

Die Larve dieser Art lebt vielleicht an Chenopodium (A. Schmid).

Von Frankfurt am Main, aus dem Grossherzogthum Baden; ebenso aus der westlichen Schweiz von Laharpe.

9. G. Tringipennella Zell. (H.-S. Tab. 95 fig. 733).

Tringipennella Zell. — *Dup.* — *Sta.* — *H.-S.* — *? Fringilella Dup.* — *? Roscipennis Haw.* — *? Roscipennella Steph.*

Antennis albidis, dilute fusco-annulatis, palpis cinereo-albidis, articulo terminali externe nigrescenti, tibiis quatuor anter. fusco-nigris; alis anter. dilute ochreo-griseis, punctis nigris conspersis, costa dilutiore albida. — 6–5‴.

Die Larve minirt die Oberseite der Blätter von Plantago lanceolata im Juni und Juli und dann wieder im Oktober bis in den April und Mai.

Die Schabe, im April und Mai und wieder im Sommer im August auf trocknen Waldwiesen fliegend, kommt vor in England, verschiedenen Gegenden Deutschlands (Glogau, Böhmen, Frankfurt am Main, Freiburg, Regensburg, Wien, Oberkrain) und in Toskana.

Für die Schweiz bei Zürich in den angegebenen Zeiten, mässig selten; die Sommergeneration sehr einzeln; von Bremgarten (Boll).

10. G. Syringella Fab. (H.-S. Tab. 96 fig. 741).

Syringella Fab. — Schr. — Steph. — Zell. — Dup. — Lien. — Sta. — H.-S. — Ardeaepennella Tr. — Dup. — Anastomosis Haw. — Curt.

Antennis albidis, fusco-annulatis, palpis albidis, externe fusco-maculatis, tibiis quatuor anter. fusco-nigris; alis anter. fuscis, albido-marmoratis, fasciis duabus dilutis costae ante medium, strigulis duabus ante apicem, macula obsoleta ad angulum analem, albidis, ciliis albido-griseis, bis nigro-cinctis. — 6‴.

Die Larve der allgemein bekannten häufigen Gracilarie lebt an Syringa vulgaris, durch deren Verwüstungen sie sich manchmal kund gibt, an Ligustrum vulgare und, wenigstens bei uns, noch auf Eschen, Fraxinus excelsior, mit welcher sie im Gebirge zu mässiger Höhe aufsteigt. Sie ist weisslich, halb durchsichtig, mit zarten, feinen Härchen, gelblichem Kopfe, bräunlichem Gebisse und einen oder zwei Seitenflecken. Sie erscheint im Juni und wieder im Spätsommer bis in den September.

Die Schabe im Frühling, bei uns von Mitte April an und dann durch den Juli und August, ist weit durch Europa verbreitet.

Finnland, Liefland, Polen, England, Frankreich, Deutschland, südlich zur Zeit bis Toskana beobachtet.

Für die Schweiz in der Ebene gemein, namentlich an Liguster und Eschen; Zürich, Bremgarten (Boll), Lausanne (Laharpe), Schüpfen (Rothenbach); auch in den niederen Alpen kommt sie vor, so in den untern Regionen des Rigi (Bremi) an Eschen.

11. G. Simploniella Bsdvl. (F. R. Tab. 70 fig. 3 a und b).

Simploniella Bsdvl. — F. R. — Dup. — Zell. — H.-S

Antennis albidis, dilutissime obscurius annulatis, palpis albis; alis anter. niveis, fascia prope basim, fascia media, postice angulata strigisque tribus vel quatuor posticis subconfluentibus luteis, nigro-marginatis. — $5^1/_2$‴.

Eine sehr beschränkt vorkommende Art. Ich kenne für Deutschland als Fundstelle nur die Umgebungen von Frankfurt am Main, wo die Schabe Ende Juli an schattigen Waldstellen fliegt (von Heyden und A. Schmid), und von wo ich ein Exemplar besitze.

G. Simploniella wurde in der Schweiz und zwar im Oberwallis am Fusse des Simplon durch Anderegg aufgefunden. Sie fliegt daselbst häufig von Mitte bis Ende Juni um Weissdorn-, Weiden- und Birkensträucher. — Aus andern Theilen der Schweiz sah ich sie noch nicht.

12. G. Auroguttella Steph. (H.-S. Tab. 96 fig. 738).

Auroguttella Steph. — Sta. — Dougl. — Lacertella F. R. — Zell. — Dup. — H.-S. — ? Stipella Haw.

Antennis nigrescentibus (interdum apice albido), palpis metallice nigris; alis anter. violaceo-nigris, nitidis, maculis quatuor aureis, una basali ad dorsum, altera costali ante medium, tertia ad angulum analem, quarta ante apicem. — *Cf. Sta.* — $4^1/_3-3^1/_2$‴.

Var. a. Maculis duabus aureis costae obsoletissimis. 1 ♂

Die Larve des schönen Thierchens an Hypericum perforatum und humifusum; in der Jugend, einer Lithocolletis gleich, in schmaler Mine das Blatt minirend, später nach Art anderer Gracilarien in dutenförmig eingerollter Wohnung. Sie erscheint zu Anfang Juli und dann von der zweiten Septemberhälfte an bis in den Oktober hinein. Sie hat ein gelbliches Köpfchen, einen grünlich weissen, glasartigen Körper, durch welchen der Verdauungskanal grün hindurch schimmert, zarte Härchen über den Körper und die Beine mit letzterem gleichfarbig. So nach den Angaben von Douglas, welche ich bestätigen kann.

Die Schabe im Frühling, bei uns oft von Mitte April an durch den Mai und Juni und dann wieder Ende Juli und im August. Sie ist weit durch unsern Welttheil verbreitet.

Lievland, England, Deutschland und Italien, so in Toskana und auf Sizilien (Messina).

Auch in der Schweiz wohl überall; bei Zürich nicht selten; bei Bremgarten (Boll) und aus der Gegend von Schüpfen (Rothenbach).

13. G. Phasanipennella Hbn. (Hbn. Tab. 47 fig. 321. — H.-S. Tab. 96 fig. 739 und 736 Var.).

Phasanipennella Hbn. — Tr. — Zell. — Dup. — Sta. — H.-S.

Antennis dilute fuscis, obscurius annulatis, palpis fuscis; alis anter. nitidulis fuscis, guttis duabus dorsi, duabus vel tribus costae luteis, interdum nigro-marginatis. — 5–4²/₃‴.

Var. a. Guttis brunneis, evanescentibus.

Var. b. Guttis quatuor oblongis sulphureis, pectore sulpureo-maculato.

G. Quadruplella Zell. — Lien. — Dup. — Sta — H.-S.

Die Raupe an Polygonum Hydropiper und Persicaria, sowie an Rumex Acetosella und obtusifolius. Anfänglich minirt sie gleich der vorhergehenden Spezies, später trennt sie einen immer breiter werdenden und zuletzt bis zur Mittelrippe gelangenden Blattstreifen los, welchen sie zum dutenförmigen, nach unten gekehrten Gehäuse einrollt. Sie ist nach Zeller schmutzig graugrün, auf der Rückenseite etwas dunkler mit durchschimmerndem Verdauungskanal, mit ziemlich langen Härchen über den Körper, welche auf kleinen braunen Wärzchen stehen; mit glänzendem, gelblichem Nackenschild, welcher durch eine helle Längslinie getheilt wird und am Hinterrand zwei schwarzbraune Flecke hat. Der Afterschild ein dunkler Fleck, Brustfüsse bräunlich gelb, aussen dunkler. Der Kopf glänzend honiggelb mit dunklerem Gebiss, oberwärts schwarzfleckig mit scharf umschriebenem Stirndreieck.

Die Schabe von Ende August an bis in den Oktober und wohl auch überwinternd; Lievland, Schottland, England; im nördlichen und südlichen Deutschland; in Südfrankreich bei Lyon; in Toskana.

In der Schweiz bei Zürich oft an Polygonum persicaria; bei Bremgarten, auch als Varietät Quadruplella (Boll); bei Schüpfen (Rothenbach).

14. G. Pavoniella Metz. (H.-S. Tab. 94 fig. 721).

Pavoniella Metz. — Zell. — H.-S.

Capillis palpisque albis, antennis griseo-fuscescentibus, vix obscurius annulatis, tarsis albis, nigro-annulatis; alis. anter. subcaudulatis nitidulis, aureo-fuscis, strigulis quatuor costae, tribus dorsi lineolaque ex media basi argenteis, fusco-marginatis, puncto apicis nigro, pupilla argentea. — 4¹/₂‴.

Ich habe das schöne Thierchen öfter erzogen.*) Man findet vom August bis in den Spätherbst die Blätter von Margarita Belli-

*) Die Anregung hierzu verdanke ich Herrn Bremi, welcher die Mine kannte, ohne jedoch zu wissen, was aus der Larve würde.

diastrum in eigenthümlicher Weise minirt. Es sind grosse, rothe Flecke, welche an der Oberseite des Blattes sehr in das Auge fallen. Die Mittelrippe des Blattes wird hierbei überschritten. In der Nähe der letzteren, äusserlich nicht sichtbar, pflegt sich das vierzehnfüssige Räupchen aufzuhalten. Dieses ist citronengelb, walzenförmig, nach hinten etwas zugespitzt, mit kleinem Kopfe und scharf abgesetzten Ringen. Der Kopf ist leicht gebräunt, die Mundtheile dunkel kastanienbraun; über ihnen beginnen zwei Linien, welche weiter nach hinten auf dem Scheitel in einen spitzen Winkel zusammentreffen. An den Körpergürteln stehen seitlich je zwei weissliche Härchen und der Darmkanal schimmert als dunkler Rückenstreif durch die dünne, zarte Haut. Die sämmtlichen Beine sind citronengelb. Die Larve hat viel Aehnliches mit einer Lithocolletisraupe, für welche ich sie anfänglich nahm.

Nur wenige Räupchen verpuppen sich schon im Oktober. Die grössere Mehrzahl verbringt, ganz abweichend von andern Gracilarien, unverwandelt in der Mine den Winter und verlässt diese erst im Frühling, um sich am Boden oder an einem umgebogenen Blattrande in weissen, halb durchsichtigen Gewebe zu verpuppen. Die Entwicklung zum Falter erfolgt nach einigen Wochen.

An wenigen Orten Deutschlands; bei Wien und Breisach im Grossherzogthum Baden.

Für die Schweiz bei Zürich an den Waldrändern beider Seeufer, aber nur an sehr wenigen Stellen. Ein Exemplar erzog ich im Oktober; alle übrigen im geheizten Zimmer zu Anfang März. Reutti fing ein Stück im Juli.

15. G. Ononidis Zell. (H.-S. Tab. 96 fig. 735).

Ononidis Zell. — Lien. — Sta. — H.-S. (Tafeln.) — Ononidella H.-S. (Text.) — Ononiella Dup. — Argentipunctella Sta. (ol.) — Moniliella Tengst.

Antennis albidis, fusco-annulatis, palpis albis, externe fuscescentibus; alis anter. fuscis, guttulis (costae quatuor, dorsi quatuor, una apicis) argenteis. — *Cf. Zell.* — 4'''.

Die Larve der zierlichen kleinen Gracilarie minirt oberseitig die älteren Blätter von Ononis spinosa im April und Mai. Der Kopf ist honiggelb mit bräunlichen Mundtheilen und grossen schwarzen Punkten an der Seite. Der Körper hell grünlichgelb, mit scharf abgesetzten Ringen und sehr feinen seitlichen Härchen, welche gegen die Körperenden länger und zahlreicher werden. Die Brustfüsse sind klein (Zell).

Die Schabe im Juni, Juli und August in Lievland, England, verschiedenen Gegenden Deutschlands (Glogau, Böhmen, Frankfurt am Main, Regensburg, an der Nordgrenze Istriens; südlich bis Toskana beobachtet

In der Schweiz bisher nur in der Gegend von Bremgarten (Boll) im Juli angetroffen; selten.

---

2. Genus. CORISCIUM.

Coriscium Zell. — Dup. — Sta. — H.-S. — Gracillaria p. Haw. — Steph. — Elachista p. Dup. — Ornix p. Tr.

Caput laeve; antennae longae, filiformes, articulis elongatis, parum prominentibus, basali incrassato; haustellum longiusculum, nudum; palpi maxillares filiformes, squamis suberectis, penduli; labiales tenues, adscendentes, articulo medio infra fasciculo pilorum instructo, tertio laevi, tenui, acuminato. Alae elongatae, longe ciliatae; anter. angustae, vena subcostalis basim versus valde attenuata; cellula discoidalis angusta, longa e parte poster. ramos quatuor in costam emittit (quorum ultimus, vena apicalis, simplex ante apicem exit), in marginem posticum ramos quinque vel tres; subdorsalis simplex; poster. vena apicalis simplex ante apicem exit, infra eam vena bifida, mediana trifida, cellula costalis imperfecta.

Die Schaben des Geschlechtes Coriscium unterscheiden sich allein durch den Haarbusch am zweiten Gliede der Lippentaster vom vorigen Genus. Der Aderverlauf der Vorderflügel kommt bei C. Alaudellum vollkommen mit demjenigen der grösseren Gracilarien überein, während er bei C. Brongniardellum, durch eine Hinterrandsader weniger, an den von G. Phasianipennella und Auroguttella sich anreiht. Auffallend verhält er sich nach Stainton's Untersuchungen bei letzterem Thiere darin, dass von den vier Hinterrandsvenen die erste und zweite zur langgestielten Gabelader verschmolzen sind, so dass nur drei Hinterrandsvenen, die gegabelte und die zwei einfachen folgenden, vorkommen. Die hinteren Flügel sind wie beim vorigen Genus.

Die Larven leben theils in dutenförmig aufgerollten Blattenden, theils bleiben sie bis zu Ende ihres Lebens Minirer.

Es sind 3 Spezies bekannt, welche sämmtlich in unserm Faunengebiete erscheinen.

1. C. **Sulphurellum** Haw. (F. R. Tab. 70 fig. 2).

Sulphurellum (a) Haw. — Sta. — ? Steph. — Citrinellum (a) F. R. — Zell. — Lien. — H.-S. — Leucapennella Steph.

Antennis flavidis, dilute nigro-annulatis, capillis palpisque flavis, horum articulo medio externe fusco-squamato; alis anter. sulphureis, atomis numerosis disci, interdum in maculas nebulosas confluentibus. — 7‴.

C. Sulphurellum scheint in doppelter Generation vorzukommen, indem ich frische Exemplare im April und wieder Ende Juli fing. Nach Stainton erscheint sie im Herbste und nach der Ueberwinterung im Frühling.

Sie ist, in der Regel als seltenere Art, weit über Europa verbreitet. Lievland, England (hier öfters), Frankreich, Deutschland (Frankfurt an der Oder und am Main, Böhmen, Wien, Freiburg); südlich bis Toskana beobachtet.

In der Schweiz selten; Zürich im Juli am Uetliberg, Bremgarten (Boll) und die Umgebungen von Lausanne (Laharpe); je ein Stück.

2. C. **Cuculipennellum** Hbn. (H.-S. Tab. 94 fig. 718).

Cuculipennellum (a) Hbn. — Tr. — Eversm. — Sta. — H.-S. (Text.) — Cinerea Haw. — Steph. — Alaudellum (a) Dup. — Zell. — H.-S. (Tafeln). — Ligustrinellum Zell. (ol.) — Dup. — Lien.

Antennis albido-cinereis, fusco-annulatis, palpis fuscescentibus, superne albidis; alis anter. albidis vel griseis, fusco-maculatis et nebulosis, fasciis tribus obliquis fuscis. — 6‴.

Die Larve, von Hübner gut abgebildet, lebt in einem dutenförmig eingerollten Blattrande des Ligusters.

Die Schabe kommt in unsern Gegenden von Ende Juli bis in den September vor.

Lievland, England, Frankreich, mehrere Gegenden Deutschlands bis Oberkrain und in Toskana.

In der Schweiz bei Zürich nicht selten, ebenso von Bremgarten (Boll). Ich sah ferner Exemplare von Schüpfen und Lausanne aus den Sammlungen von Rothenbach und Laharpe.

3. C. **Brongniardellum** Fab. (H.-S. Tab. 94 fig. 719).

Brongniardellum (a) Fab. — Sta. — H.-S. (Text.) — Quercetellum (a) Zell. — ? Dup. — Sta. — H.-S. (Tafeln.) — Substriga Haw. — Steph. — Curtisella Dup.

Antennis griseis, nigro-annulatis; palpis griseo-fuscis, infra nigrescentibus; alis anter. luteo-fuscis, strigis quatuor costae, duabus dorsi obliquis albidis, interne nigro-marginatis; primo pari in fasciam angulatam conjuncto, ciliis apicis in caudulam nigram productis. — $5-4^{1}/_{2}'''$.

Die Raupe lebt in grosser, flacher, unregelmässiger Mine an Eichen im Mai und zu Anfang August.

Die Schabe, im Frühjahr, dann im Spätsommer und Herbste vorkommend, ist beobachtet in England, Frankreich, Deutschland (Glogau, Berlin, Frankfurt an der Oder und am Main, Dessau, Bonn, im Grossherzogthum Baden) und in Toskana.

In der Schweiz stellenweise häufiger; so bei Bremgarten (Boll); bei Zürich selten, z. B. auf der Spitze des 2687' hohen Uetliberges; auch von Lausanne (Laharpe) und Schüpfen (Rothenbach).

3. Genus. ORNIX.

Ornix Zell. — Dup. — Sta. — H.-S. — p. Tr.

Capilli superne hirsuti, in fronte appressi; antennae longae, filiformes, articulis elongatis, parum prominentibus, basali incrassato; haustellum longiusculum, nudum; palpi maxillares filiformes, squamis suberectis, penduli; labiales tenues, vix adscendentes, articulo medio laevi, tertio tenui, acuminato. Alae elongatae, longe ciliatae; anter. minus angustae, ciliis dilatatae; vena subcostalis basim versus valde attenuata; cellula discoidalis angusta, longa e parte poster. ramos quatuor in costam emittit, quorum ultimus, vena apicalis, furcata supra et infra apicem exit; infra eam rami tres simplices in marginem posticum (quorum primus et secundus interdum ex eodem puncto prodeunt); subdorsalis simplex; poster. lanceolatae, vena apicalis simplex ante apicem exit, infra eam vena furcata, mediana trifida, cellula discoidalis imperfecta. — *Cf. Sta.*

Durch den rauhen Kopf unterscheiden sich die Thiere unseres Genus von den beiden vorigen Geschlechtern. Die Vorderflügel sind an sich etwas breiter und erscheinen am Hinterrand durch die Schuppenhaare noch überdiess beträchtlich verbreitert. Auch der Aderverlauf derselben ist durch die gabelförmige Apicalader, unter welcher nur drei Hinterrandsadern vorkommen (so wenigstens bei O. Scoticella und Guttea), eigenthümlich.

Auch hier kommen, wenigstens häufig, zwei Generationen vor, von welchen aber die letzte im Puppenzustande überwintert, während bei den Gracilarien (und Coriscien?) die Winterruhe das vollständige Insekt betrifft.

Die Larven sind oft in höherem Grade Minirerinnen, als bei den vorigen Geschlechtern, indem sie den grösseren Theil ihres Lebens eine Mine bewohnen und im Zustande der Reife eine Blattecke umbiegen und verspinnen, deren Parenchym sie alsdann verzehren.

Ein Theil der in nicht unbeträchtlicher Artenzahl vorkommenden Ornichiden zeichnet sich noch durch lebhafte Zeichnungen aus. Andere werden unscheinbar grau und einander überaus ähnlich. Die Unterscheidung dieser, früher mit dem Collektivnamen der O. Meleagripennella versehenen, Geschöpfe gehört gegenwärtig noch zu den schwierigsten Partien der Mikrolepidopterologie.

1. O. Guttea Haw. (H.-S. Tab. 94 fig. 723).

Guttea Haw. — Steph. — Sta. — Guttiferella Zell. — Dup. — Lien. H.-S. — Malinella Hbn.

Antennis cinereis, nigro-annulatis, capillis ferrugineis, palpis lutescentibus; alis anter. violaceo-nigrescentibus, guttis tribus costae, duabus dorsi albidis (primo pari interdum in strigam conjuncto) strigulisque ante apicem duabus vel una parvis — $6-5^1/_2'''$.

Die Larve (von Hübner als Malinella abgebildet) lebt im Spätsommer, Juli und August, an Apfelbäumen, in dem ziemlich langen, umgebogenen Randtheile des Blattes, welchen sie fest verspinnt und dessen Chlorophyll sie allmälig aufzehrt, so dass die minirte Stelle sehr auffällt. Die Verpuppung erfolgt ausserhalb in bräunlichem, papierartigen Gewebe. Das Räupchen ist hochgelb oder, nach Tischer, auch glasartig blassgrün.

Die Schabe in einfacher Generation im Frühling, Mai und Juni (bisweilen schon in der zweiten Aprilhälfte), in weiter Verbreitung und oft häufig. Lievland, England, Deutschland, Frankreich; südlich bis Toskana.

Zürich, Bremgarten (Boll), Schüpfen (Rothenbach in litt.); nirgends aber gemein.

2. **O. Pfaffenzelleri** n. sp.

Antennis obscure griseis, nigro-annulatis, capillis fuscis, nigromixtis, palpis albidis; alis anter. nigris, fascia transversa ad basim, strigis costae sex, dorsi tribus argenteis, puncto apicis nigerrimo. — 5‴.

Eine höchst ausgezeichnete, prachtvolle Spezies, von welcher ich nur ein einziges, aber ganz frisches und reines männliches Exemplar besitze. Sie steht zwischen O. Guttea und der (mir übrigens in Natur unbekannten) O. Interruptella Zetterst. (H.-S. Tab. 122 fig. 1003), erinnert an erstere durch die Färbung der Vorderflügel, während die Zahl und Stellung der silberglänzenden Flecke und Häkchen dem letzteren Thierchen sich anschliesst.

Grösse und Köperform von O. Scoticella.

Gesicht schwarzgrau, Palpen weisslich, ungefleckt. Stirnbusch bräunlich, mit schwarzen Härchen reichlich gemischt. Rücken bräunlich, Schulterdecken schwarz. Leib schwärzlichgrau mit bräunlichem Afterbusch. Beine schwarz mit weisslichen Ringen an den Fussgliedern; Dornen der Hinterbeine weiss. Fühler schwarzgrau mit tiefschwarzen Ringen. Die Vorderflügel zeigen ein ziemlich tiefes glänzendes Kohlschwarz, sie sind ziemlich breit, an ihrer Spitze abgerundeter als bei O. Guttea, denjenigen der O. Scoticella (siehe unten) in der Form sehr nahe kommend. Etwa ein Fünftel von der Flügelinsertion entfernt, geht, schief nach hinten und innen gerichtet, eine gerade silberne Binde, welche jedoch den Dorsalrand nicht erreicht. Es folgen an der Costa drei silberne, schief stehende Flecke oder Häkchen; der erste ist klein, der zweite gross und breit, abgerundet, der dritte nach innen gegen die Wurzel convex, nach aussen gegen den Hinterrand concav. Gegen die Flügelspitze hin folgen dann dicht auf einander noch drei ziemlich lange, schlanke, silberne Häkchen. Die Flügelspitze zeigt einen tief schwarzen, ansehnlichen Punkt. Die Franzen, grau an der Spitze, werden gegen den Innenwinkel schwärzlich. Ein silberner Strahl, welcher mit seiner Spitze das äusserste Vorderrandshäkchen erreicht, läuft etwa in der Mitte des Hinterrandes mit gleichen Franzen aus. Ueber die Franzen geht eine doppelte, schwarze Linie, die eine an der Wurzel, die andere an der Spitze. Sie ist bis zu dem oben angeführten, silberglänzenden Franzenstrahl deutlich, hört hier auf, um gegen den Afterwinkel wieder, aber weniger deutlich, sichtbar zu werden. Am Innenrand vor der Hälfte ein ansehnliches, silbernes Häkchen, welches mit seiner Spitze zwischen das erste und zweite Costalhäkchen ragt; dann vor dem Afterwinkel liegen drei Häufchen unbestimmt abgegrenzter Silberschuppen, von welchen das hinterste in die grauen Dorsalfranzen etwas hereinragt. Hinterflügel grau mit etwas lichteren Franzen.

Unterseite der Vorderflügel schwärzlichgrau; nur die drei Häkchen der Flügelspitze schimmern durch, die übrigen silbernen Zeichnungen der Oberseite nicht.

Gefangen zu Anfang des Juni 1855 durch Herrn Pfaffenzeller im Puschlav, Kanton Graubünden; später erhielt ich ein abgeflogenes Exemplar von Samaden.

3. O. Scoticella Sta.*)

Scoticella Sta. — H.-S. — Torquillella p. H.-S.

Capillis albidis, fusco-intermixtis, fronte palpisque albis; alis anter. saturate griseis, basi dorsoque albo-farinatis, strigulis numerosis costae albis, maculis duabus plicae, una disci poster. nigris, puncto apicis atro, ciliis albidis, externe bis nigro-cinctis. — *Cf. Sta.* — 5–4½'''.

Eine auffallende Art.**) Zu ihrer Erkennung dienen die zwei gekrümmten schwärzlichen Linien, welche über die an der Wurzel weissen Vorderflügelfranzen verlaufen und auch an der etwas abgerundeten Flügelspitze getrennt bleiben; ebenso die rein weissen

---

*) Die Untersuchungen über die folgenden Spezies, über O. Meleagripennella und ihre Verwandten, gehören, wie schon oben bemerkt, zu den schwierigsten, welche es geben kann. Einmal sind die hierher gehörigen Tineen höchst ähnliche, nur durch zarte Unterscheidungsmerkmale in einer Mehrzahl von erzogenen Exemplaren sicher zu erkennende Geschöpfe, dann fehlt es uns noch sehr an der Kenntniss ihrer Larvenzustände. Zeller stellte 4 Arten auf; eine viel grössere Zahl Stainton. Es ist zu bedauern, dass die Beschreibungen des so gründlichen brittischen Mikropterologen gerade für diese schwierigen Spezies etwas zu kurz sind. Doch glaube ich über eine Anzahl seiner Arten in das Reine gekommen zu sein. Ich beschreibe in Folgendem 7 derselben und lasse einige andere Exemplare, welche zu andern Spezies gehören dürften, weg.

**) Ueber diese Spezies bin ich im Reinen. Sie lässt sich einmal nach der von Stainton gegebenen Beschreibung erkennen. Dann verdanke ich der Güte desselben brittische Originalexemplare. Ebenso sah Herr Stainton schweizerische Stücke. Sie ist von Herrich-Schäffer, welchem ich sie früher sandte, unter O. Torquillella erwähnt.

Taster und das gleichfarbige Gesicht. Die Tarsen der beiden vordersten Beinpaare sind weisslich mit schwarzen Flecken. Die Fussglieder des letzten Paares werden dagegen fast ganz bräunlich, da die weissen Stellen nur sehr verloschen und beschränkt übrig bleiben.

Der Kopf zeigt uns weisslich graue, durchaus nicht in das Ockerfarbene spielende, Scheitelhaare, welche nach vorne oft ziemlich stark mit dunkelbraunen Härchen untermischt sind. Rückenschild und Schulterdecken von der Kopffarbe. Die Farbe der nicht ganz schmalen Vorderflügel ist gewöhnlich ein ziemlich tiefes, schwach ins Violette spielendes Dunkelgrau, welches nach hinten an der Costa und Flügelmitte am stärksten hervortritt, während die Basis und der Dorsalrand durch eine bald stärkere, bald schwächere, weissliche Beschuppung aufgehellt sind. In der Flügelspitze liegt ein runder, tief schwarzer Punkt, welcher von dem letzten stark ausgebildeten Vorderrandshäkchen nach innen begrenzt wird. Letzteres setzt sich bogenartig gekrümmt als weisser Wisch in die Hinterrandsfranzen fort. Dann folgen von diesem äussersten Vorderrandshäkchen nach der Wurzel noch etwa sieben, welche allmälig an Grösse abnehmen. Unterhalb des vierten und fünften liegt ein einziges, kleines, weisses Fleckchen, welches bei manchen Exemplaren (wie auch Herrich-Schäffer hervorhebt) halbmondförmig mit nach hinten gerichteter Concavität erscheinen kann. Die zwei schwarzen Längsstriche der Falte bleiben durch einen ansehnlichen, weisslichen Zwischenraum getrennt.

Die Larve (ich weiss ebenfalls nicht, ob eine Sommergeneration existirt) fand ich im September und Anfang Oktober. Bei uns lebt sie gewöhnlich in langer schmaler Mine, am meisten an Sorbus Aucuparia, seltener an Sorbus Aria oder an Betula alba, an welch' letzterem Baume die Mine kürzer ausfällt.

Der Kopf ist leicht schwärzlich braun, an den Rändern etwas dunkler, ohne die dunklen ocellenartigen Flecke, welche bei andern Arten (siehe unten) vorkommen. Der Körper ist blassgrün, die Brustbeine schwärzlich; falsche Füsse und Nachschieber von der Farbe des Körpers. — Charakteristisch für sie aber ist vor allen Dingen die Zeichnung des ersten Brustgürtels. Dieser trägt zwei schwarze Flecke in Form gleichschenkliger Dreiecke, welche ihre Basen einander zukehren und durch einen schmalen Zwischenraum der Körperfarbe getrennt bleiben.

Ich habe diese Art bisher nur einmal im Freien, Ende Mai oder Anfang Juni, gefangen. Stainton gibt den Juni als Flugzeit an.

In Schottland um Sorbus häufig; aus Deutschland noch nicht.

Für die Schweiz bisher nur bei Zürich, aber durchaus nicht selten, angetroffen, namentlich in den Gebirgswaldungen des rechten Seeufers.

4. O. **Finitimella** Zell. (H.-S. Tab. 94 fig. 725).

Finitimella Zell. — H.-S.

Capillis lutescentibus, fusco-intermixtis, epistomio fusco, palporum articulo medio apicem versus nigro, tertio annulo lato, nigro, fere perfecto; alis anter. saturate griseis, glaucescentibus, basi dorsoque albo-farinatis, strigulis costae numerosis albis, maculis duabus plicae, una disci poster. nigris, puncto apicis atro, ciliis albidis, bis nigro-cinctis. — $4^1/_3-4'''$.

Auch über diese, von Zeller und Herrich-Schäffer beschriebene, mit viel violetteren Vorderflügeln als die vorhergehende Spezies versehene, Art glaube ich im Reinen zu sein. Sie hat nach innen und unten von den Fühlern auffallend schwarze Haarbüschel, die Stirne ist tief braun; die grauen Taster haben am letzten Gliede einen breiten dunklen Ring, der aber oberwärts nicht ganz geschlossen bleibt; am Ende des zweiten Gliedes kommt öfters eine dunkle Beschuppung vor. Die Franzenlinie der Vorderflügel ist doppelt, die Hintertarsen stark weiss geringelt.

Die Larve lebt bei uns (wohl in doppelter Generation) an Schlehen.*) Ich fand sie häufiger an Waldrändern im September und Oktober. Sie kommt der vorigen Spezies nahe. Ihr Kopf ist blassbräunlich mit vier schwarzen, ocellenartigen Flecken. Der Körper ist grünlich weiss, glasartig, halb durchsichtig; die Brustbeine schwarz, die übrigen von der Farbe des Körpers. Auf dem Prothorax steht hier ein doppeltes Fleckenpaar in einer Querreihe, das grössere nach innen und das kleinere nach aussen.

O. Finitimella fliegt nach Zeller im Juni; sie findet sich in einigen Gegenden Deutschlands (Glogau, Jena, im Grossherzogthum Baden); der brittischen Fauna fehlt sie.

Für die Schweiz bisher allein von Zürich.

5. O. **Anglicella** Sta.

Anglicella Sta. — H.-S.

*) Herrich-Schäffer führt auffallender Weise Corylus und Crataegus als Nahrungspflanzen an.

Capillis ochreis, fusco-intermixtis, epistomio cinereo, palporum articulo medio apicem versus nigro, tertio annulo lato, nigro, perfecto; alis anter. griseis, glaucescentibus, basi dorsoque albido-farinatis, strigulis costae numerosis albidis, maculis duabus plicae, una disci poster. nigris, puncto apicis atro, ciliis albidis, bis nigro-cinctis (apice ciliorum apicalium albo). — 5‴.

Vier von Herrn Stainton erhaltene Originalexemplare setzen mich in den Stand, diese Spezies sicher zu erkennen. Sie scheinen nicht erzogen und sind identisch mit mehreren Stücken, welche ich im Frühling um Crataegus Oxyacantha gefangen habe. Diese letzteren vereinige ich unbedenklich mit den von diesem Strauche erzogenen Stücken.

Zu den von Stainton und Herrich-Schäffer gelieferten Beschreibungen füge ich noch folgendes hinzu:

Der Schopf heller bräunlich, ockerartiger, als bei der vorhergehenden Spezies, weniger mit dunkelbraunen Haaren gemischt; die Stirne nicht braun, sondern grau. Die Palpen zeigen am zweiten Gliede bei frischen Exemplaren (doch ist die Zahl der mir zu Gebote stehenden nicht sehr gross) einen breiten geschlossenen Ring. Die Vorderflügel sind heller, mehr bräunlich violett als beim vorigen Thiere, aber viel dunkler als bei der folgenden O. Avellanella und an der Wurzel, sowie dem Innenrande, bei weitem nicht so aufgehellt. Die Vorderrandsstrichelchen weniger schief und deutlich als bei O. Finitimella; das äusserste der Spitze setzt sich manchmal um den schwarzen Punkt bogenartig bis in die Hinterrandfranzen fort, aber keineswegs immer. Auch hebt Herrich-Schäffer mit Recht hervor, dass die beiden schwarzen Faltenstriche bei unserer Art beträchtlich länger erscheinen als bei O. Avellanella. Die Franzen sind weisslich, nach dem Innenwinkel etwas weniger, und von zwei schwarzen Linien umzogen. Die äusserste geht bis dicht an die Flügelspitze; hier aber hört sie plötzlich auf, indem die Franzenspitzen rein weiss werden. Die Hintertarsen deutlich weiss geringelt, die braunschwarze Farbe heller als bei O. Finitimella.

Die Raupe lebt in doppelter Generation, einer im Juli und einer zweiten im September und Oktober, an Crataegus Oxyacantha und, nach Stainton, in England auch an Schlehen.

Die Larve ist derjenigen der vorhergehenden Spezies sehr ähnlich, grünlich (etwas heller grün als bei der folgenden Art). Kopf hellbräunlich mit vier ocellenartigen Flecken; der Prothorax wie bei O. Finitimella gezeichnet; ebenso die Brustbeine schwärzlich, während die falschen Füsse das Grün der Körperfarbe haben.

In England gemein zu Ende April und im Mai, dann seltener im August. Aus der Gegend von Göttingen.

In der gleichen Zeit bei Zürich häufig. Die am frühesten erscheinende Art unter den Verwandten.

6. O. Avellanella Sta.

Avellanella Sta. — H.-S. — Meleagripennella ? Zell. — Sta. (ol.)

Capillis griseo-albidis, vix fusco-intermixtis, epistomio dilute griseo, palporum articulo medio apicem versus nigro, tertio annulo ante apicem nigro, perfecto; alis anter. dilute griseis, dorso albo-farinato, strigulis numerosis costae albidis, maculis duabus plicae, una poster. disci nigris, puncto apicis atro, ciliis albidis, bis nigro-cinctis. — *Cf. Sta.* — $5-4^1/_2{}'''$

Rückenschild und Schopf viel heller als bei vorhergehender Art, ersterer licht grau ohne allen gelblichen Anflug, nur spärlich mit einzelnen braunen Härchen gemischt. Stirne grau. Palpen am Ende des Mittelgliedes schwarz gefleckt und am Endgliede mit einem schwarzen, nach oben geschlossenen Ringe. Die Vorderflügel sehr licht grau, heller als bei irgend einer vorhergehenden Art, und dadurch namentlich von den beiden letzten Spezies sehr auffallend verschieden. Die Vorderrandsstrichelchen, an sich schon matt weisslich, treten darum wenig hervor. Die beiden Faltenstriche kurz. Die Franzen sind weisslich und mit deutlich doppelter, schwarzer Linie umzogen, ohne die weissen Enden der an der Flügelspitze stehenden, welche O. Anglicella besitzt; die Hintertarsen weiss geringelt, das Braun sehr licht.

Die Raupe in der gewöhnlichen doppelten Generation an Corylus Avellana. Sie ist etwas lebhafter grün als diejenige der O. Anglicella; die Zeichnungen des ersten Brustringes, ebenso die Färbungen der Beine dieselben. Dagegen ist der Kopf etwas dunkler braun, namentlich nach hinten und an seiner Basis. Er hat nicht die vier ocellenartigen Flecke der vorhergehenden Arten.

Die Schabe im Frühling und August, gewiss sehr gemein und weit verbreitet. Bei der Schwierigkeit der Unterscheidung lassen sich als sichere Lokalitäten anziehen:

England gemein; in Deutschland bei Frankfurt am Main und Regensburg.

In der Schweiz bei Zürich sehr häufig. Ein paar Stücke von Bradford in Yorkshire, welche ich hier erzogen habe, sind etwas grösser und dunkler, als meine schweizerischen Exemplare, aber sonst identisch.

7. O. **Betulae** Sta.

Betulae Sta. — *? H.-S.*

Capillis albidis, fusco-intermixtis, epistomio griseo-albido, palpis albidis, articulo tertio annulo ante apicem nigro; alis anter. griseis, basi dorsoque albido-farinatis, strigulis numerosis costae albis, maculis duabus plicae (externa magna), una disci posteriore nigris, puncto apicis nigro, ciliis griseis, bis nigro-cinctis (linea externa nigra infra apicem nulla), ciliis apicis externe albis. — *Cf. Sta.* — 4'''.

Aus einem Birkenblatte erzog ich im Frühling 1854 unter O. Scoticella ein weibliches Exemplar, welches einer andern Spezies angehört und mit der von Stainton aufgestellten O. Betulae in den wesentlichen Merkmalen übereinstimmt.

Die Scheitelhaare weiss, mässig braun gemischt; der Rückenschild sehr hell, weisslichgrau; ebenso die Stirne; die Taster weiss mit einem schwarzen Gürtel am dritten Glied. Die Vorderflügel ziemlich hellgrau, die Vorderrandsstrichelchen deutlicher hervortretend als bei O. Avellanella. Von den beiden Faltenstrichen ist der innere deutlich und scharf, durch einen etwas ansehnlicheren Raum als bei O. Avellanella von dem hinteren getrennt. Dieser ist lang und breit, überhaupt sehr gross, schiefer hervortretend als bei einer andern Art. Auch das dritte Strichelchen des Discus ist ungewöhnlich deutlich, und unter dem drittletzten Vorderrandshäkchen haben sich abermals schwärzliche Schüppchen zum Striche gehäuft. Die Franzen grau; die innere Theilungslinie derselben ist fein und vollständig; die äussere hört in einiger Entfernung unter dem schwarzen Punkte der Flügelspitze auf und die Franzen treten hier rein weiss hervor, in grösserer Länge, als es bei O. Anglicella vorkommt. Hintertarsen wie bei O. Avellanella.

In England; bei Zürich.

8. O. **Anguliferella** Zell. (H.-S. Tab. 94 fig. 724).

Anguliferella Zell. — *H.-S.*

Capillis luteo-griseis, epistomio griseo, palpis albidis, articulo tertio infra nigro-maculato; alis anter. cinereis, dorso albido-farinato, striola disci ante apicem albida, linea anguli analis albida, ciliis apicis convexioribus, externe bis fusco-cinctis. — *Cf. Zell.* — $5^{1}/_{3}-5'''$.

In einigen Gegenden Deutschlands; in Schlesien, Baden, bei Wien.

Es dürften zwei meiner Exemplare hierher gehören, von welchen das eine an Schlehen erzogen ist, während das andere im Juni bei Zürich gefangen wurde.

9. ?O. Devoniella Sta. — ?Spec. propr.

? Devoniella Sta. — H.-S.

Capillis griseis, fusco-intermixtis, epistomio griseo, palpis dilute luteis, articulo terminali infra nigro-maculato; alis anter. saturate griseis, lutescentibus, dorso luteo-farinato, strigulis numerosis costae lutescentibus, maculis duabus plicae nigris, puncto apicis atro, ciliis lutescentibus, bis nigro-cinctis. — $5^{1}/_{3}-5'''$.

Herr Stainton beschreibt diese Art nach einem einzigen Exemplare. Ich bin desshalb sehr in Zweifel, ob drei männliche Stücke, welche ich bei Zürich gefunden habe, hierher gezogen werden müssen oder nicht. Auch Herrich-Schäffer, welchem ich diese Art zur Ansicht mittheilte, führt sie fragweise unter O. Devoniella auf. Leider sind meine Exemplare gefangen und desshalb nicht mit wünschenswerther Genauigkeit zu beschreiben, da diese zarten Geschöpfe schon nach kürzerem Fluge manchfach anders ausfallen.

Auffallend gross und gelblich, mit undeutlichen Zeichnungen der Vorderflügel. Scheitelhaare grau mit bräunlicher Zumischung, Fühler grau, bräunlich geringelt. Stirne dunkler grau als der Schopf. Palpen hellgelb. Das dritte Glied unterwärts und aussen mit einem wenig entwickelten schwärzlichen Fleck. Beine mit oberwärts grauen, schwach gefleckten, unterwärts gelblichen Fussspitzen.

Die Vorderflügel haben ein mattes violettliches Grau, welches am Dorsalrande breit, und in noch grösserer Ausdehnung am Afterwinkel, ein lebhaftes Graugelb geworden ist, was diese Art sehr charakterisirt; ebenso sind auch die Franzen gefärbt. Die Vorderrandsstrichelchen sind etwas verloschen, klein, gelblich (bei einem

Exemplare gelblichweiss). Das äusserste Strichelchen umgibt bogenartig (aber undeutlich) den schwarzen Punkt der Spitze. Die beiden schwärzlichen Flecke der Falte sind klein, wenig deutlich (das innere ist bei einem Stück kaum zu erkennen und desshalb auch vielleicht bei Stainton in der Beschreibung seiner O. Devoniella nicht angeführt). Ein drittes schwärzliches Fleckchen vor der Falte sehe ich nicht. Die Franzen mit vollkommen doppelter Linie umzogen. Die Hinterflügel ziemlich hellgrau, ihre Franzen noch lichter gelblichgrau.*)

Bei Zürich im April und Mai in drei Exemplaren an einer gemischten Hecke gefangen.

XII. Familie. ELACHISTIDEN.

Elachistidae Sta.

Caput laevigatum (raro subhirsutum vel hirsutum); ocelli nulli; palpi maxillares nulli, labiales tenues, filiformes, acuminati, plerisque longiusculi; alae longe ciliatae, angustae vel angustissimae, poster. lanceolatae vel lineari-lanceolatae.

Wir folgen in der Auffassung und Begrenzung der Elachistiden-Familie im Wesentlichen dem Vorgange Stainton's; weniger jedoch aus dem Grunde, dass wir diese Gruppe für besonders naturgemäss hielten, als vielmehr darum, weil unserer Meinung nach erst in der Folge, nach genauer Behandlung der verschiedenen Genera und einem sorgsamen Studium ihrer Larvenzustände, eine wirklich sichere Begründung möglich sein wird. Manche Geschlechter unserer Familie werden dann vermuthlich eine ganz andere Stellung finden.

Als bezeichnend sind drei Merkmale namentlich hervorzuheben, nämlich die Abwesenheit der Ocellen, der Mangel der Kiefertaster und die langbefranzten, bedeutend schmalen Flügel, namentlich die hinteren, welche oft linienartig lanzettförmig werden. Als den meisten zukommend finden wir einen glatten Kopf mit stumpfer Stirne, welcher aber bei einigen Geschlechtern in verschiedener Art rauh

*) Nimmt man an, Stainton habe ein kleines, etwas verwischtes Stück beschrieben und statt ockergrau die Farbe »ockergelb« genannt, so stimmt seine Angabe ziemlich überein.

wird (nach vorne bei Genus Oinophila*), nach hinten bei Tischeria und durchaus bei Bedellia). Ebenso sind die Taster meistens von einer mässigen Länge, gekrümmt und mit zugespitztem Endgliede. Sie werden nach einer Seite hin sehr ansehnlich (so namentlich bei Stathmopoda und Cosmopteryx), während sie anderen Theiles bei gewissen Geschlechtern klein oder selbst verkümmert erscheinen (so bei Oinophila, Bedellia, Heliodines, Antispila und Tischeria).

Die Flügel sind bei einigen Geschlechtern, namentlich Bedellia, Stathmopoda, Batrachedra und Cosmopteryx in hohem Grade schmal geworden und der Aderverlauf auf den linienartigen hinteren Flügeln gestaltet sich alsdann bei gewissen dieser Genera höchst einfach. Umgekehrt treffen wir bei andern Elachistiden-Geschlechtern die Flügel breiter, namentlich die vorderen, und diese dann mit einem noch ansehnlich ausgebildeten Flügelgeäder versehen; so bei Chauliodus und dem nahe verwandten Genus Ochromolopis, welche an die Glyphipterygiden erinnern. Auch Heliodines, Chrysoclista, Schreckensteinia und Laverna können noch hierher gerechnet werden, obgleich schon theilweise sehr vereinfachtes Geäder auf dem Hinterflügel vorkommt. Dagegen stehen in ihrem Aderverlaufe entschieden niedrig die Geschlechter Antispila, Elachista und Tischeria.

Nicht minder different zeigt sich die Lebensweise der Larven. In der Regel leben diese allerdings als Minirer in niederen Pflanzen und Gräsern, um später ausserhalb der Mine sich zu verpuppen. Das Genus Elachista ist, wie es scheint, ausschliesslich auf das Miniren letzterer Gewächse beschränkt. Andererseits finden wir aber manche Elachistenlarven mit ganz anderer Lebensweise; so leben wicklerartig zwischen Blättern diejenigen des Geschlechtes Batrachedra; in Knospen wohnen manche Raupen von Laverna; unter Rinde eine Art des Geschlechtes Chrysoclista. Frei erscheinen die Larven von Schreckensteinia und Heliodines. Sackträger finden wir im Geschlechte Antispila; an dem Schimmel der Weinfässer und dem Kork der Weinflaschen in unsern Kellern haust die Larve des Geschlechtes Oinophila. Nicht allein als Raupe, sondern auch als Puppe, in der Minirwohnung, verbleibend treffen wir die Thiere des Geschlechtes Tischeria.

In der folgenden Betrachtung behandeln wir zunächst die besonders schmalflügligen Elachistiden, welche noch an die Gracilariden erinnern, die Geschlechter Batrachedra, Cosmopteryx, Stathmopoda und Bedellia, welche eine Unterabtheilung bilden dürften. Dann reihen wir die übrigen Genera, die in unserm Faunengebiete vertreten sind, so an, dass wir von den höher ausgebil-

---

*) Dieses fehlt in unserm Faunengebiete.

deten, wie Chauliodus und den Verwandten, zu dem niedrigeren allmälig übergehen. Allerdings ist auch hier, da manche Genera, wie namentlich Schreckensteinia und Heliodines, immer fremdartig erscheinen, keine Stufenleiter und keine wahrhaft natürliche Gruppirung möglich.

1. Genus. BATRACHEDRA.

Batrachedra Sta. — H.-S. — Cosmopteryx p. Zell. — p. Dup. — Gracillaria p. Haw. — p. Steph.

Caput laeve; ocelli nulli; antennae filiformes, articulis apicem versus subdentatis, basali incrassato, oviformi; palpi maxillares nulli, labiales magni, recurvati, articulo medio apicem versus incrassato, tertio laevi acuto; haustellum mediocre, squamatum. Alae valde angustae, longissime ciliatae; anter. lanceolatae, poster. lineari-lancolatae; anter. cellula discoidalis elongata, angustissima, plica longitudinali divisa et venula tenuissima clausa, e parte poster. ramos quatuor in costam emittit, quorum ultimus simplex ante apicem exit; infra eum venae tres, secunda et tertia brevissimae; subdorsalis longa, basim versus obsoleta; poster. cellula costalis angustissima, venae duae obsoletae (una apicem versus, altera ad marginem posticum), simplices.*)
Larva inter folia vivens.

Das erste der schmalflügligen, mit fast verschwindendem Hinterflügelgeäder versehenen, Elachistidengeschlechter. Wir kennen zur Zeit 3 Arten, von welchen 2 in ausgedehnterer Verbreitung durch Europa vorkommen, während die dritte Spezies ein südeuropäisches Insekt ist. Die beiden erstern erscheinen in unserer Fauna. Die Larvenzustände sind noch wenig bekannt.

1. B. Praeangusta Haw. (H.-S. Tab. 121 fig. 995).

Praeangusta Haw. — Steph. — Sta. — Turdipennella Tr. — Dup. — Zell. — Lien. — H.-S.

---

*) Stainton's Abbildung des Flügelgeäders von B. Praeangusta ist gut; nur konnte ich mich nicht davon überzeugen, dass die Subdorsalader der Vorderflügel an der Wurzel verloschen gegabelt sei. Die Discoidalzelle ist durch ein kaum erkennbares Queräderchen geschlossen.

Capillis fusco-griseis, antennis albis, fusco-annulatis, palpis albido-griseis, articulo terminali nigro-bicincto; alis anter. albido-cinereis, fusco-irroratis, strigis tribus longitudinalibus nigris, lutescenti-cinctis. — 8–7‴.

Die Larve lebt nach gewissen Angaben in den Kätzchen der Zitterpappeln; nach den Beobachtungen von Mad. Lienig dagegen zwischen den zusammengesponnenen Blättern dieses Baumes, oft paarweise, im Mai. Sie ist schlank mit scharf abgesetzten Segmenten, über den Rücken bräunlich mit bläulich weisser Längslinie, Bauch und Bauchfüsse weiss, Brustbeine bräunlich, Kopf und Nackenschild schwarzbraun. Sie verpuppt sich unter einem filzigen, den Körper dicht umhüllenden, Gewebe.

Die Schabe, im Juli und August an den verschiedenen Arten der Pappeln und an manchen Orten häufig vorkommend, findet sich in Lievland, England, in verschiedenen Gegenden Deutschlands (Berlin, Glogau, Salzbrunn, Frankfurt an der Oder und am Main, Göttingen, Wien); südwärts hat man sie bis Toskana beobachtet.

Für die Schweiz bei Zürich nicht häufig.

2. B. **Pinicolella** Zell. (H.-S. Tab. 121 fig. 996).

Pinicolella Zell. — Dup. — Sta. — H.-S.

Capite palpisque dilute lutescentibus, antennis fusco-annulatis; alis anter. ochraceis, sparsim fusco-irroratis, punctis duobus oblongis, nigro-fuscis, uno plicae ante medium, altero supra angulum analem. — 6–5½‴.

Unsere Art, welche um Nadelholz fliegt und von diesem am leichtesten durch Abklopfen erhalten wird, erscheint von Mitte Juni durch den Juli. Sie ist ebenfalls weit verbreitet; Lievland, England, im nördlichen und südlichen Deutschland (z. B. Glogau, Frankfurt am Main, Wien, Freiburg), und wurde für Italien auch in Toskana bemerkt.

Für die Schweiz haben wir B. Pinicolella bisher nur als selteneres Insekt beobachtet. Sie findet sich Ende Juni und Anfang Juli bei Zürich an den Waldrändern des Uetliberges; ebenso sah ich ein Exemplar von Bremgarten (Boll).

2. Genus. COSMOPTERYX.

Cosmopteryx Sta. — H.-S. — p. Hbn. — p. Zell. — p. Dup. — Gracillaria p. Haw. — Glyphipteryx p. Steph

Caput laeve, frons angusta convexa; ocelli nulli; antennae filiformes, articulis confertis, apicem versus subdentatis, basali valde elongato, subclavato; palpi maxillares nulli, labiales magni, graciles, articuli medii apice incrassato, tertio tenui, acuto; haustellum mediocre, squamatum. Alae angustissimae, longissime ciliatae, anter. lanceolatae, poster. lineari-lanceolatae; anter. cellula discoidalis valde angusta, imperfecta, venae tenues vel obsoletae; vena subcostalis postice ramos tres simplices in costam emittit; vena mediana trifida supra et infra apicem exit venasque quatuor in marginem posticum emittit; subdorsalis furcata; poster. cellula costalis angusta, venae obsoletae. Larva foliorum cuniculatrix.

Die Schaben des Genus Cosmopteryx zeichnen sich durch mancherlei Merkmale von dem vorigen Geschlechte aus. Sie sind noch schlanker und ihre Flügel noch schmäler. Der Kopf zeigt uns bei weitem schlankere Lippentaster, welche stark aufgekrümmt sind, und an den Fühlern ist das Grundglied beträchtlich lang, nur nach oben etwas angeschwollen, während es bei Batrachedra kurz und eiförmig mit beträchtlicherer Anschwellung erscheint. Auch der Aderverlauf, welchen ich indessen nicht selbst untersuchen konnte, ergibt an den Vorderflügeln Differenzen. Die Larven sind das ganze Leben hindurch Blattminirer, verlassen aber ihre Minirwohnung zeitweise, um eine neue zu beziehen.

Es sind die schmalflügligsten, aber auch die reizendsten aller Tineen, welche dieses Geschlecht bilden. Zur Zeit kennen wir 4 oder 5 Spezies, von welchen eine (C. Lienigiella) nur im nördlichen Europa vorzukommen scheint, während die 3 oder 4 andern auch in den mittleren Ländern unseres Welttheiles erscheinen und nur durch zarte Merkmale sich unterscheiden lassen.

1. C. Schmidiella n. sp.

Alis anter. atris, fascia oblique transversa, aurea vel orichalcea, post basim atram, fascia media rubra, dorsum versus paullulum attenuata, utrimque aureo-marginata (vitta externa aurea parum obliqua), linea apicis coerulescenti- vel violaceo-argentea continua, fasciam mediam versus producta; abdomine superne aureo-fusco. — 5 – 4½‴.

Eine ausgezeichnete, neue Art, welche ich nach meinem Freunde A. Schmid in Frankfurt am Main, dem fleissigen Mikrolepidopterologen, genannt habe.

Kopf und Thorax erzgrau, stark messingglänzend; namentlich erscheinen die Schulterdecken ganz messingartig. Fühler schwärzlich, wie bei den verwandten Arten, mit allmälig breiter und schärfer gezähnelt hervortretenden Geiselgliedern, welche unten, wo sie wenig heller sind, beschränkt messingartig glänzen können. Ungefähr in drei Viertheil der Fühlerlänge erscheinen sechs bis sieben Glieder schneeweiss, dann folgen eben so viele schwarze, um endlich der rein weissen Fühlerspitze Platz zu machen. Taster sehr schlank, etwas glänzend, gelblich braun, unterwärts am Mittel- und dem schlanken spitzen Endgliede mit einigen dunkleren Schuppen. Beine unterwärts metallglänzend, oberwärts schwärzlich; sämmtliche Fussspitzen weiss; die Hinterschienen mit zwei silbernen Flecken versehen. Der Leib, schwarzgrau, an den Rändern etwas metallglänzend, zeigt uns in charakteristischer Weise die Oberfläche der fünf vorletzen Gürtel mit goldbraunen Schuppen bekleidet, welche beim Weibchen deutlicher und viel mehr in die Breite ausgedehnt erscheinen, als beim Männchen. Sie gehen durch Flug verloren, sind aber an erzogenen Stücken sehr deutlich. Die Afterklappe des Männchens ist wenig heller. Unterwärts ist der Leib stark gelblich-grau, metallglänzend.

Die Vorderflügel erscheinen entschieden breiter als bei C. Druryella*) (Zell.), tief sammetschwarz. Ungefähr bis zu einem Sechs-

*) Es unterliegt keinem Zweifel, dass der Name Drurella Fab. auf mehrere Arten bei der ungenügenden Beschreibung mit gleichem Rechte bezogen werden kann und — wie ich glaube – in der That auch bezogen worden ist. — Von unserer Spezies scharf geschieden ist jedenfalls die von Zeller (Entomol. Ztg. 1850) beschriebene C. Druryella, von welcher ich ein schlesisches Originalexemplar durch die Güte des Glogauer Entomologen besitze. Sie ist entschieden schmalflügliger als meine C. Schmidiella, mit einfach braungrauem Hinterleib. Den Kopf sehe ich stärker metallglänzend und dann ist die ganze Flügelbasis in bedeutender Länge rein messingglänzend. Die äussere, den rothen Mittelfleck einfassende, Goldbinde ist sehr beträchtlich schief gestellt und jener desshalb fast zum Dreieck geworden. Die Linie der Flügelspitze ist continuirlich. Die Larve dieser C. Druryella dürfte nach Zeller's Ansicht den Hopfen unzweifelhaft miniren. — Irre ich mich nicht, so

theile der ganzen Flügellänge bleibt die Wurzel rein schwarz, dann erscheint eine messingartige oder blassgoldene Querbinde. Sie ist beträchtlich schmäler, als die schwarze Flügelwurzel, beginnt an der Costa in voller Breite und geht schief nach hinten und aussen, um gewöhnlich dicht vor dem Dorsalrande aufzuhören. Durch die Flügelfalte erscheint sie wie getheilt, ohne jedoch in Wirklichkeit unterbrochen zu sein. Daran schliesst sich wiederum in ansehnlicher Breite die schwarze Grundfarbe; dann ungefähr am Anfang der zweiten Flügelhälfte zeigt sich der charakteristische, jederseits mit goldener Binde versehene Querfleck. Die äussere der beiden Gold- oder Messingbinden verläuft ganz unmerklich schief nach hinten und innen und ist auswärts scharf schwarz gerandet. Der grosse, breite Mittelfleck ist nur bei geflogenen Stücken orangefarben, bei reinen, erzogenen Exemplaren entschieden roth, tief zinnoberfarben. Da die äussere ihn begrenzende Goldbinde viel weniger schief gestellt ist, als bei den verwandten Arten, so ist der rothe Fleck ein Viereck, dessen Costalrand etwas, aber nicht auffallend, breiter erscheint, als die Dorsallinie. Die äussere Messingbinde steht schief (bei manchen Stücken ganz unmerklich von der senkrechten Stellung

---

ist sowohl von der Zeller'schen C. Druryella als meiner C. Schmidiella wiederum spezifisch verschieden die Stainton'sche C. Drurella (Ins. brit.). — Sie kommt meiner Spezies sehr nahe, unterscheidet sich aber doch durch gewisse Merkmale, welche auch Herrn Stainton hinreichend scheinen, einen spezifischen Unterschied anzunehmen (briefliche Mittheilung). Ihre Larve soll ebenfalls in Hopfen leben. Zu den wichtigsten Differenzen, soweit ich nach der Kenntniss zweier Stainton'scher Originalexemplare urtheilen kann, gehört einmal der nicht oberwärts braune Leib. Die Vorderflügel sind ebenso breit als bei C. Schmidiella, an ihrer Wurzel meiner Spezies ganz gleich; dann ist aber die äussere, den roth orangefarbenen Querfleck einfassende Goldbinde, zwar weniger schief als bei Zeller's Art, aber doch entschieden schiefer als bei C. Schmidiella stehend. Endlich, und dieses ist vielleicht das beste Merkmal, ist die Linie der Flügelspitze in beträchtlicher Länge unterbrochen, so dass nur in der Flügelspitze und über dem Afterwinkel zwei kurze Strichelchen vorhanden sind (wie Stainton in seiner Diagnose gut hervorhebt). Mit dieser brittischen Spezies identisch ist ein von A. Schmid gesandtes, aus den Umgebungen Frankfurts vermuthlich abstammendes Exemplar. — Sonach hätten wir drei sehr nahe verwandte Spezies, deren Vorkommen und Synonymik zur Zeit nicht näher zu bestimmen ist. Zu ihnen kommt als eine leichter zu unterscheidende vierte Art Heyden's C. Scribaïella (Zeller, entomol. Ztg. 1850). — Die von Herrich-Schäffer (Tab. 121 fig. 999) abgebildete C. Druryella ist, wie ich annehme, die Stainton'sche Spezies.

abweichend) und ist ununterbrochen, sowie nach innen schwarz gerandet. An der Costa hört sie meistens mit einigen weisslichen Schüppchen auf. Die Apicalpartie des Vorderflügels ist wiederum tief schwarz mit schwarzgrauen Franzen und für unsere Spezies charakteristisch gezeichnet. In der Flügelspitze liegt auch hier das weisse Strichelchen der verwandten Arten. Es setzt sich aber bei C. Schmidiella unmittelbar in eine lange, nicht gebogene Linie fort, welche schief nach dem Afterwinkel verläuft. Sie glänzt sehr lebhaft bläulich- oder violettsilbern und erhöht nicht wenig die Schönheit des reizenden Thierchens. — Die Hinterflügel schwarzgrau, sehr langfranzig.

Unten sind die Vorderflügel tief schwarzgrau, das weissliche Fleckchen der Flügelspitze und der weissliche Anfang der äussern, den rothen Fleck begrenzenden Goldbinde sind allein ausgedrückt.

Die Larve dieser Spezies lebt bei uns von der zweiten Augusthälfte den ganzen September hindurch minirend an Vicia sepium. Die Mine ist flach, breit, unterseitig, über das ganze Blatt gehend und das Chlorophyll wird vollständig verzehrt. Hierdurch fällt sie sehr leicht in das Auge; schwieriger ist es dagegen, das Räupchen zu erkennen, namentlich wenn es sich, wie gewöhnlich, an der Mittelrippe des Blattes aufhält. Fundplätze sind lichte Waldstellen oder die Ränder der Laubholzwaldungen. Stellenweise kommt es hier sehr häufig vor und manchmal beherbergt eine Pflanze eine ganze Kolonie.

Die Larve hat das Ausmass einer grösseren Lithocolletisraupe. Sie ist schlank, mit scharf abgesetzten Gürteln, nach hinten zugespitzt und mit kleinem Kopf versehen. In der Jugend ist sie gelbgrün, schlank, mit dunkelgrün durchschimmerndem Verdauungskanale, einem bräunlichen, an den Rändern schwärzlichen Kopfe, einem schwarzen, durch eine Längslinie getheilten Nackenschilde und Beinen von der Farbe des Körpers. — Vor der Verwandlung treten die Mundtheile etwas dunkler hervor, die Farbe des Körpers ist in ein blasses Orangegelb verändert und über jenen verlaufen drei purpurrothe Längslinien, welche aus abgesetzten Fleckenreihen bestehen. Die mittlere Linie beginnt auf dem zweiten Brustgürtel mit einigen kleinen Fleckchen, welche über die folgenden Ringe allmälig grösser und näher sich berührend erscheinen. Die seitliche Linie beginnt schwach schon am ersten Brustgürtel, um am zweiten deutlicher zu werden. Sie ist überhaupt stärker als die Mittellinie und die sie bildenden Fleckchen treten schärfer und deutlicher hervor.

Die Verpuppung erfolgt am Boden in einem länglichen, die Puppe lose umhüllenden, weisslichen, halb durchsichtigen Gewebe, in welchem die Raupe den ganzen Winter unverwandelt liegen bleibt, um erst im Frühling zu einem schlanken, gelbbräunlichen Püppchen zu werden.

Die Schabe an den Wohnplätzen der Raupe von der zweiten Junihälfte an in den Juli hinein; eigentlich nicht selten, aber flüchtig und schwer zu bemerken.

Bisher nur in der Schweiz, und zwar bei Zürich sowie bei Bremgarten (Boll) gefunden.

---

3. Genus. STATHMOPODA.

Stathmopoda Zell. — Sta. — H.-S. — Cosmopteryx p. Hbn. — p. Zell. (ol.) — p. Dup. — Ornix p. Tr. — Elachista p. Dup. (ol.)

Caput laeve, frons obtusa; ocelli nulli; antennae filiformes, articulis elongatis, ♂ longe ciliatis, basali elongato, apicem versus incrassato; palpi maxillares nulli, labiales magni, recurvati, articulo tertio acuto; haustellum breve, squamatum. Alae valde angustae, longissime ciliatae, anter. lanceolatae, poster. lineari-lanceolatae; anter. cellula discoidalis elongata, angustissima, postice imperfecta, e parte poster. ramos quatuor in costam emittit, quorum ultimus, vena apicalis, furcatus supra et infra apicem exit; infra eum rami tres simplices; submediana apicem versus incrassata; subdorsalis simplex; poster. vena furcata supra et infra apicem exit; mediana venas quatuor in marginem posticum emittit. — *Cf. Sta.*

Die weniger schmalen, nicht mit metallisch glänzenden Zeichnungen versehenen Vorderflügel, das entwickeltere Geäder der Hinterflügel, die mit sehr zarten, langen Härchen besetzten Antennen, die kürzeren Palpen und Zunge unterscheiden das Genus von dem vorhergehenden.

Es ist nur eine einzige Spezies bekannt, deren Larvenzustände noch verborgen sind.

1. S. Pedella L. (Hbn. Tab. 29 fig. 197).

Pedella L. — Zell. — Dup. — Sta. — H.-S. — Angustipennella Hbn. — Tr. — Dup. (ol.) — Cylindricus Fab. — Panz. — Cylindrella Fab. — ? Alucitella S. V.

Alis anter. flavis, costa et apice fuscescentibus, maculis tribus dorsi fuscis, una basali, altera media, tertia pone medium (secunda et tertia linea fusca conjunctis). — *Cf. Sta.* — $5\frac{1}{2}'''$.

In weiter Verbreitung: Schweden, Lievland, England, Frankreich (bei Paris), Deutschland (Berlin, Glogau, Frankfurt an der Oder, Bonn, im Grossherzogthum Baden, Wien).

Sie ist bald häufiger, bald seltener, und fliegt namentlich um Erlen im Juni und Juli (nach Duponchel noch im August).

In der Schweiz bisher nur bei Lausanne (Laharpe) bemerkt. Bei Zürich scheint sie zu fehlen. Ersterer Ort würde, da die Schabe nicht in Italien bemerkt ist, die Südgrenze der Verbreitung sein.

---

4. Genus. BEDELLIA.

Bedellia Sta. — H.-S. — Lyonetia p. Zell. (ol.)

Caput superne ac in fronte hirsutum, pilis oculos tegentibus, epistomio laevi; ocelli nulli; antennae filiformes, articulis subdentatis, basali elongato, incrassato; palpi maxillares nulli, labiales breves, subporrecti, articulo terminali acuto; haustellum nudum. Alae valde angustae, longe ciliatae, anter. lanceolatae, poster. lineari-lanceolatae; anter. cellula discoidalis elongata, postice acuta, e parte posteriore ramos tres in costam emittit, quorum ultimus, vena apicalis, quatrifidus supra et infra apicem exit; infra eum vena unica in marginem posticum; subdorsalis simplex, tenuissima, apicem versus vix distincta; poster. cellula costalis angustissima; apicem versus vena simplex tenuissima e basi prodit; subdorsalis brevis distincta. Larva foliorum cuniculatrix. — *Cf. Sta.*

Das Geschlecht Bedellia ist das letzte der schmalflügligen Elachistengenera, ausgezeichnet durch einen rauhbehaarten Kopf, an welchem nur das Epistomium glatt bleibt. Es wird nur von einer einzigen Spezies, einem gracilarienartigen Insekte, gebildet, welches in weiter Verbreitung durch unsern Welttheil vorkommt und durch die Beobachtungen der Engländer auch in seinen Larvenzuständen auf das Genaueste bekannt ist. — Der Aderverlauf ist, wie ich mich überzeugt habe, von **Stainton** gut und richtig dargestellt worden.

1. B. Somnulentella Zell. (H.-S. Tab. 104 fig. 819).

Somnulentella Zell. — Dougl. — Sta. — H.-S. — Convolvulella Mann.

Capillis luteis vel dilute rufescentibus, antennis griseis, obscurius annulatis, palpis luteo-griseis; alis anter. ochreo-griseis, obscurius pulverulentis, dorso dilutiore. — *Cf. Zell.* — $5^1/_3 - 4^1/_2$'''.

Die Raupe minirt mit flacher, breiter, weisslicher Mine die Blätter der Winden, in der Regel des Convolvulus arvensis, viel seltener von C. sepium; namentlich solcher Pflanzen, welche an Hecken wachsen. Sie hat das Eigenthümliche, durch eine Oeffnung der Raupenwohnung die Excremente zu entlehren und vertauscht, gleich der Larve des Genus Cosmopteryx, die Mine mit einer andern. Sie findet sich zweimal im Jahre, zu Anfang August und dann wieder in der zweiten Septemberhälfte. Sie ist, nach **Douglas**, sechszehnfüssig, mit blassgrünem Körper, schmalem, gelblichem Kopfe, welcher mit dunkleren Malen, einem V-förmigen Flecke in der Mitte und einem anderen Flecke an den Seiten versehen ist. Der Körper hat eine purpurne Rückenlinie und eine Doppelreihe purpurner Flecke über die Seiten. Auf den Flecken der oberen Reihe, welche mit weissen Pupillen geziert sind, stehen feine, weisse Härchen.

Die Verpuppung erfolgt, ganz abweichend von derjenigen der anderen schmalflügligen Elachistidengeschlechter, aber ähnlich wie beim Genus Elachista, frei an der Unterseite des Blattes in sehr zartem, dürftigem Gewebe. Die manchen Tagfaltern gleiche Puppe ist durch einige Fäden wie in einer Hängematte befestigt.

Die verborgen lebende Schabe erscheint ebenfalls zweimal, im Spätsommer (Ende August und Anfang September) und dann im Herbste (wohl mit nachfolgender Ueberwinterung). Sie ist in manchen Jahren häufig, in anderen selten.

England, Deutschland (Frankfurt am Main, Wien); südlich noch in Sizilien beobachtet.

Für die Schweiz bisher nur aus den Umgebungen Zürichs (Bremi; Vögeli). In den letzten Jahren war sie selten.

5. Genus. OCHROMOLOPIS.

Ochromolopis H.-S. — Elachista p. Zell. — p. Dup. — Ornix p. Tr.

Caput laeve, obtusum; ocelli nulli; antennae setaceae, basim versus squamis nonnullis incrassatae, dense ciliatae, articulis elongatis, basali magno, incrassato; palpi maxillares nulli, labiales mediocres, recurvati, subhirsuti, articulo tertio brevi, subacuto; haustellum mediocre, nudum (?). Alae elongatae, angustae, posteriores fere lineari-lanceolatae, ciliis longis; anter. cellula discoidalis longa, postice dilatata, cellula secundaria indicata; e parte posteriore illius rami quatuor in costam prodeunt, primus longus, quartus, vena apicalis, bifurcatus; infra eum rami quatuor in marginem posticum; mediana longa, submediana nulla; vena subdorsalis ad basim furcata, sed ramus superior obsoletus; alarum poster. cellula costalis longissima, angustissima; sub apice vena bifida, basim versus attenuata, infra eam vena obsoleta; vena mediana trifida.

Das Genus wird zur Zeit nur von einer einzigen, in der Körperform einigermassen an B. Pinicolella erinnernden Spezies hergestellt, welche aber von dieser durch ein entwickelteres Flügelgeäder verschieden ist.

Kopf glatt, Fühler dicht bewimpert, mit cylindrischen, länglichen Gliedern. Das Wurzelglied dick und gross; dann folgen die untersten Geiselglieder, durch etwas abstehende Schuppen ein wenig verdickt. Palpen ziemlich klein und plump, mit mehr rauher Beschuppung und kurzem Endgliede. Die Zunge scheint von mittlerer Grösse und nackt zu sein. Die Vorderflügel haben eine sehr grosse, lange, nach hinten verbreiterte und durch ein zartes Aederchen fast quer abgeschnittene Mittelzelle, mit langer, durch eine zarte Faltenlinie abgegrenzten Nebenzelle. Die Subcostalader sendet nach hinten drei einfache, sehr schief laufende Venen, deren vorderste weit gegen die Basis entspringt und demnach sehr lang ist. Als vierte Ader zeigt sich, aber schon vom Queräderchen kommend, die gespaltene Apicalvene. Unter ihr gehen vier horizontal gerichtete Venen zum Hinterrande, deren unterste die unmittelbare Fortsetzung der Medianader ist. Eine Submedianfalte sehe ich nicht.

Die Subdorsalader ist ziemlich kurz, an ihrer Basis stark gegabelt, aber der obere Ast ist sehr fein. Die Hinterflügel haben eine lanzettartige, schmale Form, und werden nur gegen den Innenwinkel hin etwas breiter. Die Costalzelle ist an der Wurzel ziemlich schmal, um plötzlich sehr bedeutend verschmälert, weit gegen die Flügelspitze sich zu erstrecken. Eine lange Gabelader, wurzelwärts sehr fein werdend, endigt in und unter der Spitze. Darunter zeigt sich eine sehr verloschene zarte Ader und die deutlich ausgebildete Medianvene mit drei Aesten. Die Discoidalzelle scheint durch ein sehr zartes, winklig gebogenes Queräderchen geschlossen zu sein.

1. O. Ictella Hbn. (Hbn. Tab. 53 fig. 361).

Ictella Hbn. — Zell. — Dup. — H.-S. — Ictipennella Tr.

Capite, thorace, antennis, palpis et alis anter. ferreo-cinereis, subnitidis; his strigis duabus longitudinalibus ochreis, una baseos dorsali breviore, altera pone costam majore et posteriore, in apicem usque producta et nigro-punctata. — 5½–5‴.

Eine in ihren Larvenzuständen*) unbekannte Art, deren geographische Verbreitung nicht wenig ausgedehnt zu sein scheint. Sie findet sich im südlichen Deutschland, bei Frankfurt am Main, Regensburg, bei Wien, in Oberkrain, z. B. auf dem Nanos; in Ungarn; ebenso in Toskana bei Pratovecchio; sie fliegt demnach in der Ebene wie im Gebirge von Mitte Mai an und im Juni an Grasplätzen.

Für die Schweiz selten und vereinzelt; ein Exemplar aus den Umgebungen von Lausanne (Laharpe); im Kanton Glarus fanden Herr Boll und ich Anfang August auf Berglialp noch in ziemlicher Höhe, etwa 5000′, zwei Exemplare; auch von der Gemmi (Rothenbach in litt.: »2. August«).

---

*) Schläger vermuthet die Larve auf Spartium scoparium; doch könnte sie unmöglich allein auf dieser Pflanze leben, welche z. B. bei uns in der Schweiz fast überall fehlt. Auffallend bleibt die Zeit, in welcher er die Falter erzog, nämlich Ende August.

6. Genus. CHAULIODUS.

Chauliodus Tr. — Dup. — Sta. — Lophonotus Steph. — Elachista p. Zell. — Calotrypis et Tichotripis H.-S.

Caput obtusum, laeve; ocelli nulli; antennae setaceae, articulis aut confertis aut modice elongatis, subdentatis, dense ciliatis, basali elongato; palpi maxillares nulli, labiales mediocres, recurvati, crassiusculi, apicem versus subhirsuti, articulo medio magno, tertio brevi, subacuto; haustellum vel breve, vel mediocre, nudum. Alae longe ciliatae, anter. elongatae, lanceolatae, dorso dentibus squamarum instructo; anter cellula discoidalis elongata, cellula secundaria longa indicata; e cellulae discoidalis parte poster. rami quatuor in costam prodeunt, quorum ultimus, vena apicalis, simplex supra apicem exit (interdum furcatus supra et infra apicem), infra eum rami tres (interdum duo) simplices; vena mediana trifida (ramus tertius longe remotus); subdorsalis saepe, aut longa aut brevis, ad basim furcata; poster. cellula costalis angusta, elongata, postice sensim coarctata; cellula discoidalis perfecta, vena apicalis simplex, infra eam rami duo, mediana trifida.

Grosse, mit entwickeltem Flügelgeäder versehene Schaben mit Schuppenzähnen am Innenrand der Vorderflügel, welche an die Glyphipterygiden angrenzen und namentlich mit dem Genus Aechmia nahe verwandt sind. Der Kopf breit und stumpf mit glatter Beschuppung, die Fühler sehr stark bewimpert, ihre Glieder bald mässig lang (Ch. Pontificellus), bald breiter und kürzer (Ch. Chaerophyllellus und Scurellus). Die Zunge kürzer oder länger, die Lippentaster stark gekrümmt, aber kurz und dick, das zweite Glied an seiner Spitze, ebenso das Endglied, etwas rauh beschuppt. Die Vorderflügel haben am Dorsalrande Schuppenzähne und wechseln bei den einzelnen Arten, indem sie bald breiter (Ch. Pontificellus und Scurellus), bald schmäler (Ch. Illigerellus und Chaerophyllellus) erscheinen. Hiernach fällt auch der Aderverlauf etwas verschieden aus. Bei Ch. Pontificellus, Scurellus und Dentosellus entspringen aus dem hinteren Theile der ansehnlichen und breiten, hinterwärts quer abgeschnittenen Discoidalzelle vier einfache Aeste, deren letzter als Apicalader in den Vorderrand noch ausläuft. Unter ihnen entspringen aus dem Queräderchen drei einfache Venen zu dem

Hinterrande; die Medianader ist dreigetheilt, ihr letzter Ast weit entfernt vom mittleren entspringend. Oder wir sehen die erste Hinterrandsader, mit der letzten Costalvene zur Gabelader verbunden, die Flügelspitze umfassen und die Zahl der Hinterrandsvenen desshalb um eine geringer werden. Dieses kommt vor bei Ch. Chaerophyllellus, dessen Flügelgeäder hierdurch sich einigermassen an dasjenige des Genus Ochromolopis anreiht. Die Submedianfalte verdickt sich bei Ch. Pontificellus und Scurellus deutlich zur Ader. Sehr auffallende Verschiedenheiten zeigt die an ihrer Wurzel stark gegabelte Subdorsalader, indem sie bei Ch. Pontificellus auffallend lang, bei den drei andern oben erwähnten Spezies sehr kurz erscheint. Die Nebenzelle ist lang, aber nur durch eine Faltenlinie von der Discoidalzelle abgegrenzt. An den Hinterflügeln ist, wenigstens bei Ch. Pontificellus und Scurellus, die Discoidalzelle geschlossen. Vom Vorderrand der Hinterflügel nicht weit entfernt und mit diesem gebogen, verläuft eine einfache Ader und bildet so eine lange, schmale Costalzelle. In die Flügelspitze geht eine einfache Vene, welche wurzelwärts sich beträchtlich verfeinert. Aus dem Queräderchen der Discoidalzelle treten zwei Aeste zum Hinterrande und ihre Medianader ist dreigespalten.

Die Larven, so weit sie zur Zeit bekannt sind, leben wicklerartig an den Blättern der Umbelliferen; nur in früher Jugend miniren sie. Die Verpuppung erfolgt am Boden.

Der Artenreichthum in unserm Genus ist nicht beträchtlich, nur 5 betragend. Wir haben 4 Spezies im Faunengebiete, eine derselben als hochalpine Schabe.

1. Ch. Chaerophyllellus Göze (Hbn. Tab. 47 fig. 326).

Chaerophyllellus (a) Göze. — Sta. — Chaerophylli Retz. — Testaceella Hbn. — Zell. — Dup. — H.-S. — Fasciculellus Steph.

Alis anter. testaceo-marmoratis, fascia media lata, nigro-fuscescente, pone quam punctum disci album, margine dorsali dentibus tribus vel quatuor squamarum nigrarum, quorum primus major. — 6‴.

Die Larve lebt nach Stainton gesellig in den versponnenen Blättern verschiedener Umbelliferen in doppelter Generation, zu Ende Juni und Anfang des September. Sie wurde von ihm gefunden an Anthriscus sylvestris, Torilis Anthriscus, Lison Amomum, Heracleum Spondylium und Angelica sylvestris.

Die Schabe, im Juli und August und dann im Spätherbste mit nachfolgender Ueberwinterung erscheinend, findet sich in England,

Lievland, im nördlichen und südlichen Deutschland (z. B. bei Glogau, Freiburg, Heidelberg); sie hat eine bedeutende Südverbreitung, indem sie in Toskana und sogar noch auf Sizilien bei Syrakus vorkommt.

In der Schweiz bisher nur sehr vereinzelt angetroffen. Ein Stück erhielt ich Ende Juli an einem Waldrande bei Zürich; ein anderes, sehr beschädigtes, sah ich aus den Umgebungen Bremgartens (Boll).

2. Ch. Illigerellus Hbn. (Hbn. Tab. 48 fig. 333).

Illigerellus (a) Hbn. — Tr. — Zell. — Eversm. — Sta. — H.-S. — Falciformis Haw. — Steph. — Curt.

Alis anter. ochreis, fusco-nebulosis, basi et apice fuscescentibus, strigula obsoleta transversa ante medium, punctis duobus disci (uno ante, altero post medium) dentibusque duobus dorsi nigris. — 6'''.

Die Larve der bekannten Art lebt Ende Mai an feuchten Stellen der Wälder in den eingesponnenen Blättern des Aegopodium Podagraria, aber nicht gesellig, wie die der vorhergehenden Spezies. Sie ist nach Fischer von Röslerstamm träge, dick, halb durchsichtig, mit hellem Rückenstreifen und glasartigen, bräunlich behaarten Wärzchen über den Körper. Der Kopf entweder dunkler oder hell honiggelb. Der Nackenschild manchmal mit einigen schwärzlichen Flecken versehen. Sie verwandelt sich Ende Mai am Boden in einem leichten Gewebe.

Die Schabe erscheint im Mai und im Juli in nicht unbeträchtlicher Verbreitung durch unsern Welttheil.

In Lievland, England, im nördlichen und südlichen Deutschland (Stettin, Glogau, Böhmen, Hannover, in den Umgebungen von Frankfurt am Main und Freiburg).

In der Schweiz bisher nur sehr einzeln und selten vorgekommen. Aus den Umgebungen Zürichs schon vor längerer Zeit durch Herrn Bremi; auch von Burgdorf im Kanton Bern (Rothenbach).

3. Ch. Pontificellus Hbn. (Hbn. Tab. 26 fig. 181).

Pontificellus (a) Hbn. — Tr. — Zell. — Dup. — H.-S.

Alis anter. fusco-aurantiis, costa apiceque nigro-fuscis, strigula curvata ante apicem costali, baseos parte dorsali maculaque medii dorsi lutescentibus, linea transversa ante medium, maculis duabus (una in medio, altera pone medium) plumbeis, dente ante medium dorsi obtuso, nigrofusco, ciliis fuscis. — 7–6‴.

Die schöne, in ihren Larvenzuständen unbekannte, Schabe fliegt von der zweiten Maihälfte an in den Juli hinein.

Sie findet sich im mittleren und südlichen Deutschland, bei Jena, Regensburg, Wien, in dem östreichischen Gebirge, so bei Wippach in Oberkrain, und in Ungarn; südwärts hat man sie noch auf dem Apennin im Grossherzogthum Toskana beobachtet.

In der Schweiz bisher nur bei Zürich beobachtet und zwar allein auf den Waldwiesen des Uetliberges, wo sie selten und an sehr beschränkten Stellen frei, mehr am Tage als Abends, fliegt.

4. Ch. Scurellus F. R. (H.-S. Tab. 118 fig. 968 [nicht gut]).
Scurellus (a) F. R. — H.-S.

Alis anter. testaceis, basi nigro-squamata et punctata, fascia irregulariter transversa latissima, dilute fusca, maculam triangularem dorsalem et alteram minorem disci pone medium (in qua punctum nigrum) includente, apice nigro-fusco, dente ante medium dorsi nigro-fusco, obtuso, ciliis marginis postici albidis, apicis angulique analis fuscis. — 6‴.

Ch. Scurella, welche ziemlich variirt und leider aus Mangel genügenden Materiales hier nicht ausführlich beschrieben werden kann, wurde auf den östreichischen Alpen (dem Schneeberge) entdeckt und scheint auch über die schweizerischen weit verbreitet zu sein.

Aus den Alpen der Westschweiz (Laharpe), aus dem Berner-Oberland (Boll), von der Krayalp, Kanton St. Gallen, 5541′, und auf den Bergen des Engadin. Ich erhielt sie hier in nicht unbeträchtlicher Höhe, auf Alp Murailg bei Samaden in 6672′ Höhe, auf dem Berninapass, 6344′, zu Ende Juli und Anfang August. Sie hatte die Sitten der vorhergehenden Spezies. In niederen Lokalitäten der Alpen traf ich sie niemals an.

---

7. Genus. CHRYSOCLISTA.

Chrysoclista Sta. — Elachista p. Zell. — p. Dup. — Psacophora et Tebenna p. H.-S. — Glyphipteryx p. Curt. — Steph. — Tinea p. Haw.

Caput laeve, frons obtusa; ocelli nulli; antennae setaceae, articulis confertis, vix dentatis, parce ciliatis, basali elongato, claviformi; palpi maxillares nulli, labiales mediocres, incurvati, squamis appressis, articulo tertio acuto; haustellum mediocre, squamatum. Alae elongatae, longe ciliatae; poster. lanceolatae; anter. cellula discoidalis magna, postice latior, secundaria indicata; e parte poster. illius rami quatuor in costam, quorum ultimus, vena apicalis, furcatus supra et in apicem exit; infra eum rami quatuor; subdorsalis ad basim breviter furcata; poster. cellula costalis angusta longa; supra et infra apicem vena trifida, basim versus valde attenuata (aut vena apicalis simplex et infra eam vena bifida infra eam rami tres; cellula discoidalis aut perfecta aut imperfecte clausa. — *Cf. Sta.*

Eine geringe Zahl prachtvoller Thiere, meistens mit erhabenen Metalltropfen auf den Vorderflügeln, bildet dieses Elachistengenus. Die Discoidalzelle der Vorderflügel ist ansehnlich, eine Nebenzelle vorhanden, aber nur durch eine Faltenlinie von jener abgegrenzt; die Apicalader gegabelt und unter ihr vier einfache Hinterrandsvenen; die Subdorsalvene an der Basis gegabelt. Auffallend weichen die Hinterflügel ab, indem sie entweder eine dreigespaltene Vene zur Flügelspitze darbieten oder die Apicalader einfach sich zeigt und unter ihr eine zweitheilige Gabelader in den Hinterrand ausläuft. Ersteres besitzen nach Stainton Ch. Flavicaput und Schrankella, letzteres kommt bei Ch. Linneella vor, welche gleich Flavicaput etwas breitere, mit einem Afterwinkel versehene, Hinterflügel besitzt.

Die Larven variiren, so weit wir sie zur Zeit kennen, ausserordentlich, indem diejenige von Ch. Linneella unter der Rinde von Linden lebt, während die der Ch. Locupletella in den Blättern von Epilobium minirt. Das Genus ist darum möglicherweise kein natürliches.

- 1. **Ch. Locupletella** S. V. (F. R. Tab. 88 fig. 3 a–D).

Locupletella S. V. — Zell. — F. R. — H.-S. — Schrankella Hbn. — Sta.

Antennis, capite, palpis et thorace nitido-ferreis; alis anter. aurantiis, basi apiceque ferreo-nigris, maculis quatuor ferreis, irregularibus, cum margine cohaerentibus, macula posteriore costae albido-flava. — 5‴.

Nach Stainton lebt die Larve des prachtvollen Thieres im Mai minirend in den Blättern von Epilobium alsinefolium (und gewiss noch anderer verwandter Arten).

Die Schabe, im Juli und August, selbst noch im Anfang des Septembers, fliegt in England, verschiedenen Gegenden Deutschlands, so bei Glogau, in Böhmen, bei Wien und am Schneeberge, im Taunus bei Frankfurt, bei Regensburg und Freiburg.

Bei Zürich an Waldrändern und lichten Waldstellen des rechten Seeufers, an gewissen Lokalitäten alljährlich, stets aber selten; ebenso von Bremgarten (Boll). Ich erhielt sie am meisten durch Beklopfen von Cornus sanguinea, doch nur weil Epilobium in dessen Nähe wuchs.

Die Generation ist bei uns wohl sicher eine doppelte, da ich öfters frische Exemplare im Juni und dann wiederum zu Anfang August einsammelte.

---

8. Genus. SCHRECKENSTEINIA.

Schreckensteinia Hbn. — H.-S. — Chrysocorys Curt — Steph. — Sta. — Elachista p. Zell.

Caput laeve; ocelli nulli; antennae breviores, setaceae, articulis confertis, subdentatis, microscopice ciliatis, basali incrassato, brevi; palpi maxillares nulli, labiales parvi, subcurvi, articulo medio laevi, tertio tenui, acuto; haustellum mediocre, nudum. Alae longe ciliatae, angustae; anter. lanceolatae, costa ante apicem convexa, poster. lanceolatae, sublineares; anter. cellula discoidalis elongata, postice dilatata, imperfecta (cellula secundaria nulla); e parte poster. rami quinque, quorum ultimus, vena apicalis, simplex ante apicem exit; infra eum rami tres simplices; mediana trifida; submediana nulla, subdorsalis simplex; poster. cellula costalis angustissima, valde elongata; cellula discoidalis brevis, perfecta; vena simplex ante apicem exit; infra eam rami tres simplices, mediana trifida.

Gleich dem folgenden Geschlechte wird auch das Genus Schreckensteinia nur von einer einzigen Schabe hergestellt, einem eigenthümlichen, gracilen Geschöpfe mit schmalen Flügeln und langen

Hinterbeinen mit behaarten Schienen und ansehnlichen Dornen, welches ebenfalls in der Lebensweise der Larve Eigenthümlichkeiten darzubieten scheint.

Kopf ganz glatt, mit anliegenden Schuppen besetzt, Fühler kurz, ziemlich dick mit sehr feiner Bewimperung; Lippentaster ziemlich klein, anliegend beschuppt, nur am Ende des Mittelgliedes eine kleine, kaum wahrnehmbare Verdickung. Die Flügel lang und schmal, im Verhältniss zur Körpergrösse des Thieres ansehnlich; die vorderen an der Wurzel sehr schmal, dann hinterwärts etwas breiter werdend, an der Spitze leicht geschweift und diese selbst ziemlich stark vorspringend. Die Franzen ansehnlich lang. Ihr Geäder, ebenso dasjenige der Hinterflügel, zeigt, dass das Genus den höher stehenden Elachistiden zugezählt werden muss.

1. S. **Festaliella** Hbn. (Hbn. Tab. 67 fig. 449 [unkenntlich]. ?Tab. 39 fig. 270).

Festaliella Hbn. — Tr. — Zell. — Dup. — Lien. — Sta. — H.-S. — Scissella Haw. — Curt. — ? Hbn. — Angustipennella Curt. — Steph. — Var. Montandonella Dup.

Capite, thorace alisque anter. subnitidis, aeneo-griseis; his costa fuscescente, linea saturate fusca, e basi ad apicem usque producta, in medio incrassata, altera curvata plicae et marginis postici. — 6‴.

Die Larve, von Hübner dargestellt und neuerlichst durch von Heyden und Stainton wieder beobachtet, lebt frei an Brombeeren und Himbeeren, indem sie bald von der Ober-, bald von der Unterseite das Blatt halb durchlöchert. Nach der von jenem gegebenen, neuerdings als treu anerkannten Abbildung ist das Räupchen mit kleinem, braunem Kopfe und einem grünen Körper versehen, welcher Warzen mit je zwei schwarzen Dornen und schwarze Seitenpunkte führt. Die Verpuppung erfolgt in einem feinen Gewebe und das Püppchen hat kleine Häkchen auf jedem Ringe. Diese früheren Stände scheinen eine gewisse (doch wohl nur entfernte) Aehnlichkeit mit denjenigen der Federmotten aus dem Genus Pterophorus (siehe unten) darzubieten. Die Generation ist wohl doppelt, indem neben dem September die Raupe im Juni und Juli ebenfalls vorkommen muss.

Die Schabe fliegt mit hüpfendem, stossweisen Fluge in Wäldern um Brombeeren; bei uns in zwei Generationen, einer im April und Mai und einer andern im hohen Sommer. Ihre Verbreitung ist eine ausgedehnte.

Lievland, England, das nördliche und südliche Deutschland, und zwar in der Ebene wie im Gebirge; südlich hat man sie bis Pisa beobachtet.

In der Schweiz in den Umgebungen Zürichs gerade nicht selten.

---

9. Genus. HELIODINES.

Heliodines Sta. — Chrysoesthia p. Hbn. — p. H.-S. — Oecophora p. Tr. — p. Dup. — Elachista p. Zell. — p. Dup.

Caput obtusum, laeve; ocelli nulli, setaceae, crassiusculae, articulis brevibus, parum prominentibus, articulo basali brevi, claviformi; palpi maxillares nulli, labiales breves, crassiusculi, leviter recurvati, articulo medio brevi, tertio longiore, subacuto; haustellum mediocre. Alae longe ciliatae angustae, anter. elongatae, lanceolatae, poster. lineari-lanceolatae; anter. cellula discoidalis magna, perfecta (sed venula transversa tenuissima) e parte poster. ramos quatuor in costam emittit, quorum ultimus, vena apicalis, longe furcatus supra et infra apicem exit; infra eum e venula transversa rami duo; mediana bifida, subdorsalis simplex; poster. cellula discoidalis nulla; in et infra apicem vena trifida, basim versus valde attenuata, exit, infra eam vena mediana bifida.*) Larvà libera, intra telum vivens.

Ein eigenthümliches, zur Zeit nur aus einer einzigen Art bestehendes Geschlecht, welches vielleicht erst in der Folge durch die Kenntniss exotischer Spezies zu seiner richtigen Stellung gelangen wird und unter den Elachistiden ziemlich fremdartig erscheint.

Ein plumper, gedrungener Körper mit abgeflachtem Leibe, breitem, stumpfen Kopfe, dicken, aus sehr kurzen, breiten Gliedern bestehende Antennen, kurzen Palpen und mässiger Zunge; schmale, verhältnissmässig kleine, lang befranzte Flügel. Die vorderen, mit Metallflecken geziert, haben eine ziemlich grosse, hin-

*) Stainton's Abbildung ist sehr gut, nur sehe ich die Apicalader der Vorderflügel länger gegabelt und ein deutliches, wenn auch sehr zartes, Queräderchen.

terwärts verbreiterte Mittelzelle ohne Nebenzelle, eine gespaltene Apicalader, unter ihr zwei einfache Aeste und eine zweigetheilte Medianvene. Die Subdorsalader ist ziemlich lang, gebogen, an der Wurzel einfach. Die Hinterflügel, ohne Discoidalzelle, zeigen hinter dem Costalrand eine lange Ader, dann, aus einer Faltenlinie entspringend, eine dreigetheilte Vene, in und unter der Spitze endigend, und eine zweigespaltene Medianader.

1. **H. Roesella** L. (Hbn. Tab. 59 fig. 399 und 400. Tab. 20 fig. 135).

Roesella L. — Fab. — S. V. — Hbn. — Tr. — Haw. — Steph. — Dup. — Zell. — Eversm. — Sta. — H.-S.

Antennis nigrescentibus, apice albo, palpis albidis, capite et thorace nigro-fuscis, metallice nitidis; alis anter. nitidis, aurantiis, apice ciliisque nigrescentibus, macula oblonga basali prope costam, fascia curvata ante medium, maculis tribus parvis costae, una majore dorsi, argenteis, fascia interne nigro-marginata, dorso costaque inter maculas nigrosquamatis. — *Cf. Sta.* — 5'''.

Die Larve, welche sorgfältig von Heeger beschrieben wurde, ist anfänglich licht grün, später gelblichgrün, mit etwas abgeflachtem braunem oder schwarzem Kopfe, braunem, getheilten Nackenschild. Ueber die Rückenfläche der meisten Ringe stehen braune, borstentragende Wärzchen.

Die prachtvolle Schabe erscheint in ansehnlicher Verbreitung durch unsern Welttheil; Schweden, England (selten), Frankreich (bei Paris), Deutschland; südlich hat man sie bis Livorno beobachtet.

Für die Schweiz ist H. Roesella beobachtet bei Zürich, wo sie, nicht gerade häufig, frisch im ersten Frühling, und im Juni und August mir vorkam; Baden, Burgdorf im Kanton Bern (Rothenbach in litt.).

---

10. Genus. STAGMATOPHORA.

Stagmatophora H.-S. — Elachista p. Zell. — p. Dup.

Caput laeve, ocelli nulli; antennae setaceae, articulis brevibus, dentatis, infra ciliatis, basali elongato, claviformi; palpi maxillares nulli, labiales longiusculi, recurvati, articulo medio apicem versus non incrassato, squamis appressis, terminali laevi, acuto; haustellum mediocre. Alae elongatae, longe ciliatae, anter. lanceolatae, interdum angustae, poster. lineari-lanceolatae; anter. cellula discoidalis longa, angusta, postice acuta (perfecta?), secundaria nulla; e parte poster. illius venae quinque in costam, quarum ultima, vena apicalis, trifida supra et infra apicem exit; infra eam rami quatuor, quorum quartus valde remotus; vena subdorsalis ad basim furcata; poster. cellula costalis angusta, brevissima; infra apicem vena bifida, basim versus valde attenuata; infra eam rami quatuor vel tres; cellula discoidalis imperfecta vel nulla.

Ein kleines Genus prachtvoller Thiere, welche sich zunächst an die Chrysoclisten anreihen dürften, von diesen aber durch längere, schlankere Taster, schmälere Vorderflügel ohne Nebenzelle und namentlich überaus schmale, linienförmige, scharf zugespitzte Hinterflügel sich auszeichnen. Der Aderverlauf, von Herrich-Schäffer bei S. Heydeniella, von mir bei S. Albiapicella untersucht, scheint sich ziemlich ähnlich zu verhalten. Bei letzterem Thiere sah ich die Discoidalzelle lang, zugespitzt, vier einfache Adern zur Costa sendend, aber zwischen der letzten und vorletzten offen. Dicht neben der letzten entspringt die dreigetheilte Apicalader. Unter ihr erscheinen vier Aeste, der vierte sehr weit abgerückt, fast in halber Länge von der Medianader entspringend; die Subdorsalvene gegabelt. Die Hinterflügel haben eine sehr schmale, ungemein kurze Costalzelle. In einiger Entfernung vom Costalrande, anfänglich sehr zart, verläuft eine Ader, welche mit zwei Aesten unter der Flügelspitze endigt. In den Dorsalrand laufen noch vier Adern aus, Aeste einer stärkeren, gekrümmten Vene.

Was die Lebensweise der Larve betrifft, so ist diese nur von einer Spezies näher bekannt geworden. Die Raupe von S. Heydeniella, welche in unserm Faunengebiete nicht vorhanden ist, lebt minirend in den Blättern einer niederen Pflanze, der Stachys, und überwintert als Puppe.

Wir haben nur eine Spezies als schweizerisches Insekt.

1. **S. Serratella** Tr. (H.-S. Tab. 119 fig. 978 [sehr schön]).

Serratella Tr. — Zell. — Dup. — Lien. — H.-S.

Capite et palpis niveis; alis anter. nigris, fascia oblique transversa ad basim, maculis duabus majoribus costae, duabus minoribus dorsi, quinque vel sex parvis posticis argenteis, maculis dorsi apicisque rubro-suffusis. — 6‴.

Ein prachtvolles Thierchen, durch die schmalen, silberfleckigen Flügel und namentlich den röthlichen Anflug der Makeln am Dorsalrande und der Spitze ausgezeichnet.

Es findet sich, in ziemlich beschränktem Vorkommen, im Mai und Juni in Sachsen (bei Dresden und Schandau), bei Dessau, Wien und bei Regensburg; ebenso kommt es bei Ofen in Ungarn vor. Ferner wurde S. Serratella in Lievland beobachtet.

Für die Schweiz eine grosse Seltenheit. Ich erhielt ein Exemplar, das einzige bisher im Lande beobachtete, Ende Juni 1852 an einer lichten Waldstelle des linken Seeufers bei Zürich.

---

11. Genus. LAVERNA.

Laverna p. Curt. — Laverna et Anybia Sta. — Mompha, Cyphophora et Tebenna p. H.-S. — Elachista p. Zell.

Caput laeve, frons obtusa; ocelli nulli; antennae filiformes, articulis confertis, basali elongato, claviformi, saepe incrassato; palpi maxillares nulli, labiales mediocres (interdum longiores), articulo medio apicem versus incrassato, tertio acuto; haustellum mediocre, subnudum. Alae longe ciliatae, anter. lanceolatae, cellula secundaria nulla, saepe cum maculis scabris, poster. lineari-lanceolatae; anter. cellulae discoidalis elongatae pars poster. venas quatuor in marginem costalem emittit, quarum quarta, vena apicalis, furcata ante apicem exit (interdum, cum vena prima marginis postici conjuncta, trifida supra et infra apicem); infra eam rami quinque simplices (interdum quatuor vel tres); submediana apicem versus saepe incrassata; subdorsalis ad basim longe furcata (sed ramus inferior interdum tenuis); poster. cellula costalis brevis, subito coarctata, discoidalis perfecta; vena simplex ante apicem exit, infra eam rami duo simplices (interdum unus furcatus); mediana trifida.

Die Lippentaster bald kürzer, bald lang und schlank, das Endglied entweder fast so lang als das mittlere oder bedeutend verkürzt. Der Aderverlauf ist noch ein ziemlich entwickelter, aber bei den einzelnen Spezies etwas wechselnder. Die Vorderflügel, ohne Nebenzelle, mit ansehnlicher Discoidalzelle, welche aber häufig nicht ganz geschlossen zu sein scheint, schicken in der Regel eine Gabelader in die Flügelspitze, und unter ihr kommen fünf einfache Hinterrandsadern vor; so bei L. Miscella nach Stainton, bei L. Idaei nach Herrich-Schäffer, ferner bei L. Decorella, Lacteella und Epilobiella*). Bei der, letzterem Thierchen nahe kommenden L. Langiella**) verbindet sich die erste Hinterrandsvene dicht vor dem Queräderchen mit der Apicalader, welche demnach dreigespalten wird, und die beiden folgenden entspringen aus derselben Stelle. Sehr auffallend erscheinen bei L. Ochracella nach Stainton nur drei Hinterrandsadern. Die Submedianfalte ist öfters (so bei L. Epilobiella und Langiella) nach hinten zur Röhre verdickt und die Subdorsalader mit grosser Gabel an der Wurzel versehen, deren unterer Ast aber manchmal sehr fein erscheint. — Der gewöhnliche Bau der Hinterflügel zeigt uns eine kurze Costalzelle, eine lange, gerade Vene dicht vor der Flügelspitze auslaufend, unter ihr zwei einfache Venen und eine in drei kurze Aeste endigende Medianader. So sehe ich bei deutlich geschlossener Discoidalzelle das Geäder bei L. Epilobiella, Langiella, Lacteella und Decorella; abweichend hiervon verhalten sich nach Stainton's Untersuchungen L. Ochracella und Miscella, wo die zwei ersten Hinterrandsvenen zur langgestielten Gabelader verwachsen und selbst wiederum nur Aeste der vor der Flügelspitze endigenden Venen zu sein scheinen.

Es sind meistens prachtvolle Schaben, welche dieses Genus bilden. Sie leben in der Regel, doch nicht ausnahmelos, minirend in den Blättern niederer Pflanzen, welche sie zum Zwecke der Verpuppung, die in einem Gewebe geschieht, verlassen.

Der Artenreichthum ist nicht ganz unbeträchtlich. In unserem Faunengebiete sind sie mit 11 Spezies vertreten, von welchen nach den bisherigen Beobachtungen nur eine in der Alpenzone vorkommt.

---

*) Stainton schreibt ihr irrthümlich nur vier Hinterrandsvenen zu.

**) Ich kann mich nicht überzeugen, dass L. Langiella, wie Stainton will, Repräsentant eines besonderen Genus Anybia sein soll, da ihr, von dem englischen Entomologen nicht ganz richtig erkanntes, Geäder sie Epilobiella sehr verwandt zeigt, mit welcher sie auch sonst, und namentlich in der Lebensweise der Larve, sehr übereinstimmt.

1. L. Idaei Zell. (H.-S. Tab. 114 fig. 921).

Idaei Zell. — H.-S.

Alis anter. aureo-fuscis, signaturis ferreo-mixtis, punctis duobus scabris ferreo-nitidis (uno plicae ante medium, altero pone medium disci majore), linea fracta ante marginem posticum ferrea, ciliis apicis bis nigro-cinctis. — 10‴.

Durch die bedeutende Grösse und die metallisch eisengrauen Zeichnungen, namentlich die beiden erhabenen Punkte, leicht kenntlich, findet sich L. Idaei in mehreren Gebirgsgegenden im Mai und Juni um Himbeeren; so im schlesischen Gebirge, im Oestreichischen, bei Dessau und Freiburg.

In der Schweiz bisher nur selten und vereinzelt erhalten; ein Stück bei Winterthur von Herrn Vögeli im Juni gefangen, ein anderes aus den Umgebungen von Lausanne durch Laharpe.

2. L. Conturbatella Hbn. (Hbn. Tab. 67 fig. 450).

Conturbatella Hbn. — Tr. — Zell. — H.-S.

Fronte albida; alis anter. nigris, coeruleo-fuscoque intermixtis, punctis tribus scabris dorsi dilutioris, macula alba magna costae ante apicem et minore opposita dorsi punctisque marginis postici et apicis albis. — 7½‴.

Die Raupe lebt nach Fischer von Röslerstamm und Treitschke zu Anfang Mai in den Herzblättern von Epilobium (angustifolium?). Sie ist kurz und dick; der kleine Kopf und der durch eine Längslinie getheilte Nackenschild sind schwarzbraun, ebenso die Schwanzklappe und die Brustbeine. Der Körper ist oberhalb fleischbraun, die untere Seite heller. Kleine, dunklere Wärzchen mit helleren Härchen kommen über jenen vor. Die Verpuppung erfolgt zwischen Blättern in einem doppelten Gewebe.

Auch von dieser, im Juli und August um Epilobium angustifolium fliegenden, grossen Schabe sind zur Zeit nur beschränkte Verbreitungen bekannt. Im schlesischen Gebirge, bei Frankfurt am Main, bei Freiburg, in Bayern, am Schneeberg bei Wien.

In der Schweiz bisher nur in einem einzigen Stücke aus den Umgebungen von Lausanne (Laharpe).

3. L. Propinquella Sta.

Propinquella Sta. — H.-S. (Index).

Capite, thorace palpisque albidis, horum articulo tertio nigrofusco, ante apicem annulato; alis anter. coeruleo-fuscis, ochraceo-marmoratis, macula dorsi basali, fere costam tangente, fascia obliqua postica, interrupta albis, maculis tuberculatis nigris, tribus plicae, tribus disci. — *Cf. Sta.* — $6\frac{1}{3}-5\frac{2}{3}'''$.

Diese in Schottland und England im Juli angetroffene Art, welche Herrich-Schäffer im Index als bei Regensburg vorkommend anführt, fliegt bei Zürich in der zweiten Julihälfte an einem Waldrande zu später Abendstunde. Die Männer sind beträchtlich grösser als die Weiber.

4. L. **Lacteella** Steph. (H.-S. Tab. 119 fig. 971).

Lacteella Steph. — Sta. — Gibbiferella Zell. — Lien. — H.-S.

Capite et fronte dilute-ochreis, palpis dilute ochreis, annulo terminali nigro-maculato; alis anter. coeruleo-fuscis, ochraceo-marmoratis, macula dorsi basali, maculis duabus oppositis ante apicem, dilute ochraceis albidisve, maculis tuberculatis nigris, tribus plicae, tribus disci. — *Sta.* — 5'''.

Die Larve dieser Spezies minirt an Epilobium hirsutum (A. Schmid), von welcher Pflanze sie auch hier erzogen wurde und zwar im August.

In ziemlicher Verbreitung. Als Flugzeit werden Mai, Juni und Juli angegeben.

Lievland, England, an einzelnen Stellen des nördlichen und südlichen Deutschlands (z. B. schlesisches Gebirge, Böhmen, Frankfurt am Main, Carlsruhe, Regensburg und Wien). Auch in Italien hat man bei Pisa die Schabe getroffen.

Für die Schweiz bisher allein bei Zürich erhalten, in einem von Herrich-Schäffer bestimmten Exemplare.

5. L. **Decorella** Steph. (H.-S. Tab. 118 fig. 970).

Decorella Steph. — Sta. — Divisella Wocke. — H.-S.

Capite et thorace carneis, palporum articuli tertii annulo ad basim et apice nigro-fuscis; alis anter. fuscis, dorso late usque pone medium fasciaque obliqua postica albidis, macula majore ante, minore post fasciam brunneis. — *Cf. Sta.* — 5'''.

L. Decorella kommt in einem, von Stainton herrührenden, Originalexemplare der vorigen Spezies, wie ich sie hier bei Zürich erzogen habe, so nahe, dass ich beide als eine Art zusammenzuziehen sehr geneigt bin, während andere schweizerische Stücke der L. Decorella etwas abweichend, dem Herrich-Schäffer'schen Bilde ähnlicher, sich verhalten.

Die Schabe fliegt in einigen Theilen Deutschlands, bei Breslau, Regensburg, Frankfurt am Main; ebenso in England. Sie findet sich im Spätherbste und nach der Ueberwinterung im Frühling, im April und Mai.

Für die Schweiz bei Zürich selten. Ich erhielt sie hier in einem Exemplare im April; zwei andere von Bremgarten (Boll). Ein altes, abgeflogenes Stück aus der Gegend von Schüpfen (Rothenbach) gehört wohl ebenfalls hierher.

6. **L. Subbistrigella** Haw. (H.-S. Tab. 118 fig. 969).

Subbistrigella Haw. — Sta. — Sturnipennella Tr. — Dup. — Zell. — Lien. — H.-S. (Text.) — Permutatella F. R. — H.-S. (Tafeln.)

Fronte et palpis albidis, horum articulo terminali nigrescente; alis anter. nigro-cinereis, fascia triangulari obsoleta, cinereo-albida ante medium strigulisque duabus albis oppositis posticis, interdum in fasciam obliquam confluentibus. — $5^1/_2$–$5'''$.

Auch von dieser bekannteren und verbreiteteren Art lebt die Larve vermuthlich in Epilobiumblättern (E. angustifolium). Die Schabe fliegt um diese Pflanze in lichten, bewachsenen Waldstellen in zwei Generationen, einer im Mai und Juni und einer zweiten im Juli und August.

England, Lievland, das nördliche und südliche Deutschland.

In der Schweiz verbreitet und stellenweise häufig. Zürich, Bremgarten (Boll), Schüpfen (Rothenbach).

7. **L. Langiella** Hbn. (H.-S. Tab. 118 fig. 966).

Langiella Hbn. — Tr. — Zell. — Sta. — H.-S. — Niveipunctella Sta. (ol.) — H.-S. (Tafeln.)

Fronte palporumque articulo medio cinereo-albidis, tertio nigro; alis anter. nigris, metallice nitidis, macula transversa plicae pone medium subtridentata, nivea. — 5–$4^2/_3'''$.

Die Larve des schönen Insektes im Juli und zu Anfang August an Epilobium hirsutum, manchmal, wie Schläger fand und ich ebenfalls sah, an einer Pflanze in grosser Menge; ebenso findet sie sich in England im September und Oktober in den Blättern von Circaea lutetiana, welche sie in spiralförmigen Gängen minirt.

Die Schabe, welche ich im August erzog, im September noch lebend hatte und wiederum mit den Zeichen der Ueberwinterung im ersten Frühling fing, findet sich in England. Sie ist weit durch Deutschland verbreitet und wurde südlich bis Livorno beobachtet.

Für die Schweiz: Zürich, die Umgegend von Winterthur und Bremgarten (Boll).

8. L. Epilobiella S. V. (F. R. Tab. 73 und Tab. 74 fig. 1).

Epilobiella S. V. — Schr. — Tr. — F. R. — Zell. — Dup. — Sta. — H.-S. — Fulvescens Haw. — Steph. — Nebulella Steph.

Alis anter. griseo-luteis, fusco-nebulosis, maculis posticis oppositis, dilutioribus, maculis duabus parvis, tuberculatis, fuscis (una dorsi ante, altera plicae pone medium). — *Cf. Sta.* — 6–5½‴.

Die Raupe lebt im Juni und Juli in den Herzblättern des Epilobium hirsutum und dringt manchmal selbst in den Stiel ein. Sie ist sechszehnfüssig, blass gelbgrün mit einem röthlichgelben, undeutlichen Rückenstreifen, mit kleinen, ein weissliches Haar tragenden Wärzchen. Der Kopf hell- oder schwarzbraun mit weisslicher Stirn und schwarzen Fresswerkzeugen, der Nackenschild braun, durch eine weissliche Längslinie getheilt, und die Brustfüsse manchmal bräunlich, sonst weisslich (F. R.). — Auch an Inula dysenterica soll die Larve leben.

Als Flugzeit der Schabe ist der Frühling bis zum Herbst von den Autoren angegeben. England, wohl ganz Deutschland. Nördlich hat man sie bis Lievland bemerkt. In Italien scheint sie noch nicht gefunden zu sein.

Für die Schweiz bei Zürich, Winterthur, Bremgarten, Lausanne und gewiss noch an vielen Orten. Ich erzog sie nur im Juli und August.

9. L. Raschkiella Ti. (H.-S. Tab 104 fig. 825 und 826).

Raschkiella Ti. — Zell. — Dup. — H.-S.

Capite, fronte palpisque albido-griseis; alis anter. fuscis, ferreo-mixtis, punctis scabris nigris, macula dorsali ad basim, tribus disci obsoletis minoribus, flavis, macula magna costali ante apicem. — 6–4‴.

Die Raupe der prachtvollen Schabe minirt nach A. Schmid ebenfalls in Epilobium hirsutum.

L. Raschkiella, in geringer Verbreitung, fliegt im Oktober und dann im Frühling, dem April, Mai und Juni, an lichten Waldstellen. Im schlesischen Gebirge, bei Frankfurt am Main, bei Regensburg (auch im Juli und August). Ausserhalb Deutschlands bisher allein noch in Toskana bei Pisa beobachtet.

Ich erhielt diese Spezies zweimal, um Mitte April und zu Ende Juni, frisch bei Zürich und zweifle nicht an einer doppelten Generation.

10. L. **Miscella** S. V. (Hbn. Tab. 40 fig. 273. — H.-S. Tab. 119 fig. 975).

*Miscella S. V. — Hbn. — Dup. — H.-S. — Staintoni Sircom. — Sta.**)

Capite palpisque griseis; alis anter. obscure griseis, fusco- et ferrugineo-variegatis, punctis duobus prope dorsum nigris, tuberculatis, maculis duabus costae (una media, altera ante apicem) albido-luteis. — *Cf. Sta.* — 4½–4‴.

Die Larve, ziemlich plump und kurz, minirt im März und April, ebenso wohl auch im Juli, die Blätter von Helianthemum vulgare, verlässt aber die Mine zu Zeiten, um eine neue zu beziehen.

Die Schabe, im Mai und Juni, aber auch wohl im August (Sta.) und selbst im Oktober, fliegt in England, einigen Gegenden Deutschlands (Frankfurt am Main, Regensburg, Freiburg, Oberkrain bei Wippach), und in Toskana.

In der Schweiz bisher nur im Gebirge; so im Oberengadin zwischen Samaden und Bevers Ende Juli im Grase; auch in den westlichen Alpen und vom Jura (Rothenbach).

11. L. **Rhamniella** Zell. (H.-S. Tab. 119 fig. 972).

Rhamniella Zell. — Dup. — H.-S. — Sta. — Lophyrella Dougl.

Capite palpisque griseis, horum articulo terminali fuscescente; alis anter. fusco-griseis, punctis quatuor magnis, scabris, nigris (uno basali, secundo ante medium costae, tertio in medio dorso, quarto supra angulum analem). — *Cf. Sta.* — 5½–5‴.

---

*) Ich besitze durch die Güte Herrn Stainton's zwei Exemplare dieser brittischen Spezies, welche mit L. Miscella identisch sind.

In England, einigen Stellen Deutschlands, z. B. um Glogau, bei Berlin; südlich bis Livorno beobachtet. Sie fliegt um Rhamnus Frangula und catharcticus.

Für die Schweiz bisher nur bei Zürich. Ich erhielt sie hier öfters, aber stets vereinzelt, um Waldränder im Juli und August.

---

12. Genus. ANTISPILA.

Antispila H.-S. — Elachista p. Zell. — p. Sta.

Caput laeve, frons obtusa; ocelli nulli; antennae breviusculae, setaceae articulis subdentatis, basali claviformi; palpi maxillares nulli, labiales mediocres, crassiusculi, subpenduli, articulo tertio brevi subacuto; haustellum (?). Alae longe ciliatae, anter. ovato-lanceolatae, poster. lanceolatae; anter. cellula discoidalis mediocris, plica longitudinali divisa; e parte poster. illius rami tres, quorum ultimus, vena mediana, trifidus supra et infra apicem exit; infra eum venae duae simplices; submediana postice non incrassata, subdorsalis simplex; poster. cellula costalis latiuscula, brevis; supra et infra apicem vena trifida, basim versus attenuata et ramum longum in marginem dorsalem emittens; vena mediana bifida.

Kleine, etwas breitflüglige, glänzende und prachtvoll mit Gold geschmückte Schaben mit dickeren und kürzeren Lippentastern, welche, bei ihrem eigenthümlichen Aderverlaufe und der abweichenden Lebensart der Larven, mit den grasminirenden Arten des Geschlechtes Elachista nicht wohl vereinigt bleiben können, und desshalb mit Recht von Herrich-Schäffer abgetrennt worden sind. — Von zweien Spezies kommt eine, deren Geäder wir untersucht haben, in unserm Faunengebiete vor. Beide leben an Cornus und sind sacktragende Minirer. Eine dritte Art, welche wir vorläufig hierher ziehen, minirt die Blätter von Clinopodium vulgare.

1. A. Pfeifferella Hbn. (Hbn. Tab. 59 fig. 398).

Pfeifferella Hbn. — Zell. — Steph. — Dup. — Schläg. — Sta. — H.-S. — Stadtmüllerella Hbn. — Quadriguttella Haw.

Fronte palpisque aeneo-griseis, capite, thorace et alis anter. metallice nitidis, brunneo-nigrescentibus; his fascia curvata ante medium (apicem versus convexa, in dorso ad basim dilatata), maculis duabus triangularibus, oppositis pone medium (dorsi anteriore) pallide aureis, ciliorum apicibus griseis. — 4–3¾'''.

Die Larve, mit der in unserm Faunengebiete fehlenden A. Treitschkiella in England erzogen, lebt wohl dieser ganz ähnlich an Cornus sanguinea im Sommer und Herbst. (A. Treitschkiella minirt anfänglich mit grünlichen Flecken und schneidet sich dann die beiden Blatthäutchen zu einem flachen, bisquitartigen Sacke aus, in welchem sie an den Boden geht. Sta.)

Die Schabe im Frühling, manchmal schon zu Ende April, gewöhnlich im Mai und zu Anfang des Juni, an Waldrändern, Hecken, lichten Holzungen. Sie fliegt meistens am Abend. Man hat sie gefunden in England; Deutschland (z. B. bei Glogau, Jena, Göttingen, Frankfurt am Main, Wien); südlich bis gegen die Nordgrenze Istriens und in Toskana.

Für die Schweiz bisher allein bei Zürich an beiden Seeufern gefangen, nicht häufig, nur 1855 in Mehrzahl.

2. A. **Brunnichella** Sta. (H.-S. Tab. 123 fig. 1016).

*Brunnichella Sta. — ? L. — ? Vill. — **Magnificella** Zell. — Sta. (ol.) — H.-S. — Stephensella Dougl.*

Antennis nigris, ante apicem latissime albidis, palpis brevibus nigrescentibus, ♂ infra dense ciliatis, fronte aeneo-grisescente, capite, thorace alisque anter. metallice nitidis; his brunneo-nigrescentibus, basi, fascia media, strigula dorsi ad angulum analem strigulaque costali apicis posteriore, omnibus aureis. — 3⅓–3'''.

Die Larve des prächtigen Thierchens minirt im Juli und August die Blätter von Clinopodium vulgare mit braunen Flecken und verlässt, um sich zu verpuppen, die Mine (Sta.).

Die Schabe in England im Mai und August; in Deutschland bei Wien, Regensburg*); in Italien bei Messina schon im März.

---

*) Mann führt eine Magnificella vom Nanos in Oberkrain an, welche wahrscheinlich eine andere Spezies ist, indem ich von ihm früher unter diesem Namen eine Schabe erhielt, die Gleichenella sein dürfte.

Ein einziges männliches Exemplar fing ich am 12. Juni 1855 am Lägernberge bei Baden. Es ist identisch mit zwei brittischen von Herrn Stainton erhaltenen, gleichfalls männlichen Stücken. Auch von Bremgarten durch Herrn Boll.

---

13. Genus. ELACHISTA.

Elachista p. Sta. — p. Zell. — Poeciloptila et Cycnodia H.-S.

Caput laeve, frons obtusa; ocelli nulli; antennae filiformes, articulis confertis, subdentatis, basali incrassato, claviformi; palpi maxillares nulli, labiales mediocres vel longiores, subcurvi, articulo tertio vel longiore vel breviore, acuto; haustellum mediocre nudum. Alae longe vel longissime ciliatae, anter. lanceolatae, postice ciliis dilatatae, poster. lineari-lanceolatae; anter. cellula discoidalis perfecta, acuminata, e parte poster. ramos quatuor vel tres in costam emittit, quorum ultimus, vena apicalis, aut bifidus aut trifidus supra et infra apicem exit; infra eum venae tres vel duae in marginem posticum; submediana interdum apicem versus incrassata et subdorsalis ad basim furcata, sed ramus superior obsoletus; poster. cellula costalis angusta; vena aut simplex, aut bifida vel trifida in apicem exit; subdorsalis trifida, cellula discoidalis interdum clausa. Larva in foliis graminum cuniculos agit.

Der Aderverlauf bietet im Uebrigen bei unseren Thieren mancherlei Differenzen dar, ohne dass man berechtigt sein dürfte, die so ähnlich lebenden Tineen zu trennen. Mit dem von Stainton gezeichneten Geäder seiner E. Obscurella stimmen meine E. Obscurella und Pullella (H.-S.) genau überein, nur ist die in die Spitze des Hinterflügels auslaufende Vene gegabelt. Sehr ähnlich jenen Thieren sind die beiden Flügel der E. Gleichenella, sowie der E. Biatomella, welche aber unter der Apicalader nur zwei einfache Hinterrandsvenen hat. — Während bei den vorhergehenden Schaben eine dreigespaltene Apicalader vorkam, wird sie zweispaltig bei E. Gangabella, wobei der Hinterflügel mit demjenigen von E. Pullella identisch erscheint. Mit sehr ähnlichen Vorderflügeln reihen sich eine Anzahl von Arten an, nämlich E. Cygnipennella, Ochrella, Mühligiella und Anserinella, bei welchen die Submedianfalte gegen den Hinterrand zur Ader wird und die Subdorsalvene an der Basis gegabelt erscheint.

Die Hinterflügel haben bei den drei ersteren Schaben eine schmale Costalzelle, eine dreigespaltene Vene zur Flügelspitze und eine Medianvene mit drei Aesten zum Hinterrand. Ihre Discoidalzelle ist wohl überall geschlossen. — In interessanter Weise dagegen vereinigt E. Anserinella mit dem Vorderflügelgeäder der E. Cygnipennella den Hinterflügelbau der E. Obscurella. — Solche Verhältnisse lehren, dass Herrich-Schäffer mit Unrecht Cygnipennella als Genus Cycnodia von den übrigen Elachisten abgetrennt hat.

Die Larven der Elachisten miniren, aber nicht ganz in gleicher Weise, die verschiedenen Gräser. Dem Fleisse der englischen Entomologen ist es gelungen, in den letzten Jahren eine beträchtliche Zahl zu erziehen. Ich selbst habe bisher nur drei Spezies aus der Larve erhalten. Der Entdecker dieser interessanten Abtheilung der Schaben-Naturgeschichte ist Logan. – Nach den Angaben von Stainton, welchen wir hiermit genau folgen, sehen wir die Raupe im Grasblatte und dessen Stiel herunter miniren. Aber die Art des Minirens ist verschieden, indem manche Arten immer in der Spitze des Grasblattes bleiben, andere gegen die Wurzel herunter fressen. Viele Minen erscheinen ganz flach, bei anderen Elachisten werden sie höckerig. Es kommen in der Regel zwei Generationen vor, eine bald früher, bald später im Frühling und eine zweite zu Ende Juni. — Die Verwandlung erfolgt ausserhalb der Mine und die Puppe selbst ist eckig, an manche Tagfalterpuppe erinnernd. Ueber die Mitte ihres Körpers ist ein Seidenfaden angeheftet, ein anderer ist am Ende zu bemerken.

1. **E. Gleichenella** Sta. (H.-S. Tab. 123 fig. 1013 und 1014).

Gleichenella (Gleichella) Haw. — Steph. — Sta. — ? Fab. — Fractella H.-S. — Trifasciella Tengst.

Antennis nigrescentibus, apicem versus cinereo-annulatis, capite cinereo-nigro, subnitido, palpis griseis; alis anter. nigris, basi, fascia media curvata strigulisque duabus oppositis, oblique transversis (interdum in fasciam angulatam confluentibus), omnibus pallide-aureis (♀ macula tertia apicali), ciliis cinereo-nigris. — $3^1/_2$–$3^1/_3$'''.

Die Larve minirt nach Stainton mit ziemlich kleiner, weisser Mine in Carex, aber auch noch in einem andern Grase.

Die Schabe fliegt auf Grasplätzen in Wäldern im Juni und Juli. In England nicht selten; in einigen Gegenden Deutschlands. Ich besitze sie von Göttingen; bei Wien und Regensburg.

Für die Schweiz: Zürich, öfters, aber selten, im Juli und zu Anfang des folgenden Monates; Würenlos im Limmatthale; Bremgarten (Boll).

2. **E. Nobilella** F. R. (H.-S. Tab. 123 fig. 1012).

Nobilella F. R. — Zell. — Dup. — H.-S.

Antennis nigrescentibus, apicem versus cinereo-annulatis, palpis et capite aeneo-griseis, nitidis; alis anter. fusco-nigris, basi, fascia parum curvata media, maculis duabus oppositis (dorsali vix anteriore) maculaque subapicali, omnibus argenteis. — 3‴.

Schlanker, gestreckter und kleiner, als die vorhergehende Spezies, mit silbernen, nicht mehr blass goldenen Zeichnungen und, wie es wenigstens nach meinen Exemplaren scheint, mit weniger tiefem, mehr bräunlichem Schwarz.

In beschränktem Vorkommen; der brittischen Fauna fehlend. In Schlesien, Böhmen, bei Dessau, Wien und Freiburg; südlich bis Pisa. In unsern Zonen im Juni und zu Anfang Juli an grasigen Stellen der Wälder.

Bei Zürich 1855 vom 17. Juni an öfters zwischen Nadelholz gefangen; ich sah sie noch von keiner andern Lokalität des Landes.

3. **E. Tetragonella** H.-S. n. sp. (H.-S. Tab. 122 fig. 1010).

Tetragonella H.-S.

Capite, antennis, palpis et alis anter. nigerrimis; his punctis quatuor albis, argenteo-nitidis, uno dorsi ante medium, duobus post medium oblique oppositis, quarto apicis, ciliis nigris. — 2½‴.

Ein prächtiges, kleines Geschöpf. Kopf, Fühler, Rückenschild und Abdomen tief schwarz, ebenso das erste Beinpaar. Das zweite gleichfalls, aber mit gelblich geringelten Fussglieder. Auch das dritte Paar hat die allgemeine, dunkelschwarze Färbung, die Schienen sind an ihrem Ende mit langen, schwarzen Haaren bekleidet. Die Tarsen sind abermals gelblich geringelt, das Endglied ist gelblich. Die Vorderflügel, ziemlich schmal und im Verhältniss zum Körper nicht besonders lang, erscheinen tief sammtschwarz, ihre Spitze etwas stumpf und die Franzen schwärzlich. Die Flügelzeichnung besteht in vier silberweissen, stark glänzenden Punkten. In der Flügelspitze liegt ein kleinerer mit dem lebhaftesten Glanze; weiter nach innen erscheinen, schief übereinander stehend, zwei andere, etwas grössere. Der am Vorderrande steht ungefähr in zwei Drittheilen der Flügellänge, der entgegengesetzte des Dorsalrandes mehr nach hinten im Afterwinkel. Endlich liegt am Innenrand, ungefähr in einem Drittheil der Flügellänge von der Wurzel entfernt, der vierte. Die Hinterflügel schwärzlich, ebenso ihre Franzen. — Herrich-Schäffer's Bild macht das Thier kenntlich, doch ist die Farbe viel zu hell und die Punkte glänzen zu wenig.

Die bisherigen Fundstellen sind einmal die Umgebungen Engelbergs, wo das Thierchen im Juni von Herrn C. Zeller gefunden wurde. Ein Stück erhielt ich selbst bei Zürich am 6. Juni auf einer Waldwiese des Uetliberges, ohne, aller Mühe unerachtet, ein weiteres Exemplar auffinden zu können. Jedenfalls noch sehr selten.

4. E. **Quadrella** Hbn. (H.-S. Tab. 117 fig. 953).

Quadrella Hbn. — Zell. — Dup. — Lien. — H.-S. — Quadripunctella Hbn. — Tetrastictella Zell. (ol.)

Capite et antennis fusco-nigris, fronte et palporum superficie griseis; alis anter. longiusculis, olivaceo-nigris, nitidis, punctis quatuor albis, uno plicae ante medium, altero costae basim versus, duobus oppositis ante apicem, ciliis olivaceo-nigris. — 5–4⅔‴.

Die auffallende Schabe, welche hier nicht recht passend steht, erscheint in Lievland, in Schlesien, bei Regensburg, bei Freiburg, und ist südlich noch im Toskanesischen vorgekommen.

Für die Schweiz bisher nur von Zürich. Sie ist selten und fliegt im Juni, sowie zu Anfang Juli, meistens an grasreichen Stellen von Nadelholzwaldungen.

5. E. **Albifrontella** Hbn. (Hbn. Tab. 64 fig. 432 [schlecht]).

Albifrontella Hbn. — Zell. — Dup. — Lien. — Sta. — H.-S. — ?Steph. — Quadrella Haw. — Steph.

Capite, fronte palpisque niveis, antennis nigro- et cinero-annulatis; alis anter. nigris, fascia ante medium curvata, tenui (in medio saepe interrupta), maculis duabus oppositis triangularibus ante apicem (costae paullulum posteriore et minore) niveis, argenteo-subnitidis, ciliis nigro-griseis, vix nigro-cinctis. — *Cf. Sta.* — 4‴.

Die Larve dieser bekannteren Elachiste, welche bei uns in der Regel mit einer in zwei Gegenflecke aufgelösten Gegenbinde erscheint, minirt, wie Stainton fand, im April die Oberseite des Blattes von Holcus mollis und Aira caespitosa.

E. Albifrontella fliegt bei uns im Juni an grasreichen Stellen der Wälder; sie ist weit verbreitet. Lievland, England, Schlesien, Göttingen, Frankfurt am Main, Carlsruhe, Freiburg; südlich bis Toskana (Anfang Mai).

Auch in der Schweiz öfters; bei Zürich nicht selten an Waldrändern; Bremgarten (Boll) und Schüpfen (Rothenbach).

6. E. **Luticomella** Zell. (H.-S. Tab. 123 fig. 1011 [?]).

Luticomella Zell. — Lien. — Sta. — ? H.-S. — ? Guttella Haw. — Steph.

Capite, fronte et palpis luteis, antennis nigris; alis anter. nigris, fascia ante medium (♂ angusta, ♀ lata), maculis duabus oppositis (♀ majoribus) ante apicem flavidis. — *Cf. Sta.* — 4⅓‴.

Die Larve dieser Art wurde in England im Mai in Dactylis glomerata minirend angetroffen.

Die Schabe fliegt im Juni und Anfang Juli in England, in Lievland und bei Glogau.

Irre ich nicht, so gehört ein Exemplar hierher, welches Anfangs August bei Zürich in einem grasreichen Lärchenwäldchen gefunden, aber bei dem Einfangen stark beschädigt wurde. Ein zweites (gleichfalls schlechtes) Stück besitzt die Sammlung der Herrn Zeller. Ein brittisches Originalexemplar sah ich noch nicht.

7. E. **Helvetica** n. sp.

Capite griseo-nigro, fronte et palpis dilute griseis, antennis griseis, nigro-annulatis; alis anter. longiusculis, apice rotundato, laeviter squamatis, griseo-nigris, fusco-suffusis, apicem versus nigris, fascia ante medium subcurva (dorsum versus dilatata) maculisque duabus magnis oppositis ante apicem (dorsi anteriore), ciliis griseis, apicis nigro-squamatis. — 4½‴.

Ich beschreibe hier, allerdings nur nach einem einzigen Exemplare, eine Spezies, welche in dem Herrich-Schäffer'schen Werke nicht enthalten ist und von dem Herausgeber als neu erklärt wurde. Ebenso wenig vermag ich sie unter den von Stainton aufgeführten brittischen Elachisten zu entdecken.*)

Grösse meines Männchens über E. Albifrontella. Der Bau etwas plump. Die Vorderflügel länglich, ihre Spitze stumpf. Der Kopf ist schwarzgrau, die Stirne heller grau, etwas glänzend; noch ein wenig heller die Palpen. Die Fühler tief grau, schwärzlich geringelt. Die Vorderflügelfarbe ist ein Grauschwarz, welches in eigenthümlicher Weise einen bräunlichen Anflug oder Schimmer darbietet. Ungefähr nach einem Drittheile der Flügellänge erscheint die ziemlich breite, etwas gebogene und nicht glattrandige Querbinde. Sie hat eine ansehnliche Breite, ist rein weiss und wird am Dorsalrande breiter. In drei Viertheilen der Länge erscheinen zwei gleichfarbige Gegenflecke von einer gewissen Grösse. Sie stehen schief übereinander, der des Innenrandes mehr wurzelwärts. Der Costalfleck ist ein Dreieck mit schief nach innen und hinten gerichteter Spitze. Der Dorsalfleck ist unbestimmt eckig. Die Franzen schwarzgrau; um die Spitze (welche überhaupt dunkler als der übrige Flügel ist) werden sie von schwarzen Schuppen bekleidet. Eine schwarze derartige Linie scheint unter den Franzenspitzen bis gegen den Afterwinkel hin sich zu erstrecken. (Diese Partie meines Exemplares ist nicht völlig unversehrt.) — Hinterflügel und ihre Franzen dunkelgrau. Unterwärts erscheinen die Vorderflügel graubraun. Das Costalfleckchen allein als heller Anflug sichtbar und die Franzen der Flügelspitze auffallend dunkel.

Mein Exemplar wurde in der Umgebung Zürichs gefangen. Näheres ist mir unbekannt.

8. E. Cinereopunctella Haw. (H.-S. Tab. 122 fig. 1009).

Cinereopuuctella Haw. — Steph. — Sta. — H.-S.

Capite griseo, fronte palpisque albidis, antennis nigro-cinereis; alis anter. ♂ nigro-cinereis, grosse squamatis (♀ nigris), fascia fere media obliqua costae, dorsum versus attenuata (saepe dorsum non tangente), maculis duabus oppositis posticis (macula costae fere ad apicem remota, dorsi anteriore ad angulum analem), albidis (♀ niveis), punctulo apicis nigro, ciliis griseis, linea apicis nigra. — 4‴.

---

*) Am meisten stimmt E. Holdenella (Edleston) Sta. Doch ist der Costalfleck ganz anders bezeichnet und die Querbinde scheint näher an der Basis zu verlaufen.

Eine der charakteristischen Elachisten; durch die Binde, welche beinahe in der Mitte steht, am Costalrande die grösste Breite hat und schief nach innen und hinten verläuft, um gewöhnlich in einiger Entfernung vom Innenrande sich zu verlieren. Oft ist, wie Stainton angibt, statt der Binde nur ein Costalfleck vorhanden. Ferner steht der Costalfleck des hinteren Paares ausserordentlich weit zurück, dicht vor der Flügelspitze, und sein Gegenfleck am Dorsalrande sehr beträchtlich nach Innen am Afterwinkel. Es herrscht übrigens eine nicht unbeträchtliche Variation unter den einzelnen Exemplaren dieser Art, wie ich z. B. ein Stück besitze, bei welchem die beiden hinteren Gegenflecke zu einer gebogenen, sehr schief liegenden Binde verschmolzen sind.

Bei zwei weiblichen Exemplaren meiner Sammlung ist die Innenbinde nur auf einen sehr scharf hervortretenden Costalfleck reduzirt und die beiden hinteren Gegenflecke treten gleichfalls scharf und gross mit schneeweisser Farbe hervor, so dass der Flügel drei, in einem Dreieck gestellte Flecke aufzuweisen hat. Das schwarze Pünktchen der Flügelspitze tritt beim weiblichen Geschlechte schärfer hervor als beim männlichen, wo es nicht selten fehlt.*)

E. Cinereopunctella lebt als Larve, wie Stainton sah, nach der Ueberwinterung im ersten Frühling in Carex glauca, deren Blätter sie herabminirt. Sie liebt beschattete Stellen und ist prachtvoll roth gefleckt.

Diese Elachiste fliegt im Mai und Juni in England.

Für die Schweiz ist sie bisher bei Zürich getroffen. Ich erhielt sie hier meistens zu Anfang Juni an lichten Waldstellen des rechten Seeufers, nicht gerade selten am späten Abend; dann sah ich ein Exemplar aus der Gegend von Schüpfen (Rothenbach).

9. E. Subnigrella H.-S.

Subnigrella H.-S.

Fronte et palpis argenteo-cinereis, capite et antennis nigrogriseis; alis anter. laeviter squamatis, griseo-nigris, fascia obsoleta dilutiore ante medium, maculis duabus parvis

*) Meine E. Cinereopunctella ist entschieden die von Herrich-Schäffer wie von Stainton beschriebene Spezies, da ich beiden Entomologen Exemplare zur Ansicht gesandt hatte. Herrich-Schäffer's Bild ist kenntlich, aber die Innenbinde, so weit ich nach meinen schweizerischen Stücken urtheilen kann, zu breit und viel zu gerade dargestellt.

verticaliter oppositis ante apicem, grisescente-albidis, ciliorum parte basali griseo-nigra, ab apicali grisea linea squamarum nigra separata. — 4–3½‴.

Ich besitze in sechs männlichen Exemplaren eine Elachiste, welche Herrich-Schäffer sah und für seine E. Subnigrella erklärte. Da sie aber gewiss nicht mit der Stainton'schen Spezies identisch sind und die schöne Abbildung, welche Douglas gegeben hat, sicher eine andere Art darstellt, so wird der Name Subnigrella H.-S. in der Folge einzugehen haben. Um die herrschende Confusion nicht zu vergrössern, habe ich ihnen die provisorische Benennung gelassen.

Ich gebe im Folgenden eine kurze Beschreibung, welche von der Charakteristik im Herrich-Schäffer'schen Werke etwas abweicht.

Kleiner als E. Cinereopunctella, mit etwas kürzeren, breiteren, glattschuppigeren Vorderflügeln, an welchen die Spitze weniger ausgeprägt ist, als bei jener Spezies; ebenso durch den Kopf zu unterscheiden.

Stirne silbergrau, glänzend, Scheitel dunkler, schwärzlichgrau. Fühler schwarzgrau, sehr verloschen gegen die Spitze dunkler geringelt. Palpen silbergrau, das Mittelglied unterwärs etwas dunkler.

Die Vorderflügel zeigen, wie schon oben bemerkt, eine glattere, anliegende Beschuppung und einen schwachen seidenartigen Glanz. Ihre Farbe ist ein Grauschwarz, welches gegen die Spitze hin kaum heller wird. Diese ist etwas stumpf; die Franzen an ihrer Wurzel von der Farbe des Vorderflügels, an ihren Spitzen etwas heller, grauer und über die Flügelspitze bis gegen den Afterwinkel durch eine convexe schwarze Schuppenlinie getheilt. Die Zeichnungen des Flügels bestehen einmal in einem immer sehr verloschenen, bei manchen Stücken kaum zu erkennenden oder auch fehlenden, heller grauen Anflug, anstatt der Querbinde. Diese aufgehellte Stelle liegt dicht vor der Mitte, läuft etwas schief nach innen und hinten und verliert sich gegen den Costal- wie Dorsalrand hin. Dann erscheinen, viel mehr von der Spitze entfernt, als es bei E. Cinereopunctella der Fall ist, zwei deutliche Gegenfleckchen von einem graulichen, mattglänzenden Weiss. Sie stehen senkrecht untereinander, sind ziemlich breit, aber wenig in die Höhe entwickelt, so dass zwischen ihren abgerundeten, einander zugekehrten Spitzen die grauschwarze Flügelfarbe in einer gewissen Ausdehnung hervortritt. — Hinterflügel ziemlich dunkelgrau. — Unten erscheinen die vorderen Flügel glänzend grauschwarz und das Fleckchenpaar nur als graugelblicher Anflug an den entsprechenden Stellen des Aussen- und Innenrandes.

In Bayern, bei Regensburg und Immenstadt; ebenso in der Schweiz.

Die Schabe fliegt, oft untermischt mit der vorhergehenden Spezies, in der zweiten Junihälfte bei Zürich an lichten, grasreichen Waldstellen.

10. E. Nigrella Haw.*)

Nigrella Haw. — Sta. — H.-S. — ? Tr. — ? Steph. — ? Zell.

Fronte palpisque albidis, capite et antennis griseis, his nigro-annulatis; alis ♂ anter. nigro-griseis, grosse squamatis, fascia fere recta, albida, obsoleta ante medium, maculis duabus ante apicem oppositis, quarum apices postice spectant, in fasciam conjunctis, apice alarum obtuso (♀ alis ad basim obscurioribus, postice nigris, fascia et maculis distinctioribus), ciliis griseis (anguli analis dilutioribus), apicem versus albidis, linea squamarum nigra. — *Cf. Sta.* — 4–3‴.

Der graue Kopf mit gleichfalls grauen, deutlich schwarz geringelten Fühlern, hellerer Stirn und weisslichen Palpen besitzt einzelne schwärzliche, eingemengte Schuppen; die Flügel zeigen eine etwas rauhe, schwarzgraue Bekleidung mit eingemengten, weisslichen Stäubchen; die Franzen, ziemlich hell schon an ihrer Wurzel-, noch mehr an ihrer Endhälfte, sind durch eine deutliche, stark convexe Schuppenlinie getheilt, welche erst gegen den Afterwinkel hin, wo die Cilien am hellsten sind, erlischt und viel stärker heraustritt als bei der vorigen Art. Ungefähr in einem Drittheil der Flügellänge steht in schiefer Richtung die nicht gebogene, verloschene Querbinde; hinter zwei Drittheilen der Flügellänge erscheinen die beiden kleinen Gegenfleckchen, welche gleich der Binde mattweiss sind. Das Innenfleckchen steht ziemlich senkrecht unter demjenigen des Costalrandes. Die Falte ist manchmal etwas in der Längsrichtung verdunkelt, wie Herrich-Schäffer hervorhebt.

---

*) Dass Hübner's E. Nigrella, Tab. 41 fig. 285, die unsrige sei, ist meiner Meinung nach eine ganz willkürliche Annahme. Desshalb hat der Anciennität nach Haworth als Autor einzutreten, da Stainton die von ihm beschriebene E. Nigrella durch Anführung Haworth's bezeichnet. Auch Treitschke's Art scheint verdächtig und Zeller's Nigrella ist ohne Originalexemplare unsicher.

Das Weibchen etwas kleiner, dunkler; die Binde breiter, die Fleckchen deutlicher, schärfer abgegrenzt.

Die Larve wurde von Stainton minirend an einer Grasart, möglicherweise Poa trivialis, in zweifacher Generation, April und Juli, beobachtet.

Gehören Zeller's und Treitschke's E. Nigrella hierher, so käme unsere Art in mehreren Gegenden Deutschlands, sowie auf Sizilien bei Messina vor.*) Sicher erscheint sie in Bayern, bei Regensburg und Immenstadt, sowie in England im Mai und August.

Für die Schweiz in von Herrich-Schäffer bestimmten Stücken von Bremgarten (Boll); auch bei Zürich einzeln im Mai.

11. E. Consortella Sta. (H.-S. Tab. 116 fig. 943 ♂ und Tab. 117 fig. 960 ♀).

Consortella Sta — Parvulella H.-S. — Exactella H.-S.

Fronte et palpis albidis, capite et antennis nigro-griseis, his obscurius annulatis; alis anter. subangustis, laeviter squamatis, ♂ nigro-griseis, in plica nigris, fascia obliqua vel puncto ante medium maculisque duabus oppositis parvis ante apicem, verticaliter oppositis, dilute griseis et obsoletis, ciliis griseis (apicis albidis), linea squamarum nigra; ♀ alis anter. ad basim nigro-griseis, ceterum nigris, fascia maculisque distinctioribus, albidis. — 3'''.

Var. a. Alis anter. nigris, fascia maculisque obsoletissimis. — 1 ♂

Var. b. Alis anter. nigris, fascia distincta griseo-albida, maculis duabus oppositis, in fasciam rectam conjunctis. — 1 ♂

Die Larve dieser ziemlich variirenden Art, welche Stainton in schweizerischen Exemplaren sah, ebenso Herrich-Schäffer früher von mir zugeschickt erhalten hatte, lebt nach Ersterem (in litt.) gleichfalls minirend in einem Gras, ohne dass dieses bestimmt werden konnte.

Die Schabe in England, im März und Juli; ebenso in einigen Gegenden Deutschlands, bei Regensburg und Immenstadt, im Mai, Juni, Juli und August; also gewiss in doppelter Generation.

Für die Schweiz, welche Herrich-Schäffer nach meinen Exemplaren als Vaterland erwähnt, ist neben Bremgarten (Boll)

---

*) Mann's E. Nigrella ist eine ganz andere Elachiste.

die Umgebung Zürichs als Fundstelle bekannt. Das Thierchen fliegt hier von der Mitte Juli an bis in den August hinein, aber auch wieder im September, gewöhnlich an Waldrändern, stellenweise gemein; seltener ist es im Freien um Hecken.

12. E. Pullella F. R. (H.-S. Tab. 116 fig. 946).
Pullella F. R. — H.-S. — ? Subnigrella Dougl. — ? Sta.

Capite et antennis nigro-griseis, fronte et palpis griseis; alis anter. ♂ nigro-griseis, grosse squamatis, fascia fere recta ante medium, maculis duabus oppositis ante apicem, dilute griseis, obsoletissimis, ciliis apicis rotundati griseis (anguli analis ad basim fuscescente-griseis), linea squamarum nigra divisis; ♀ alis anter. saturatioribus, parte postica nigra, fascia maculisque duabus posticis distinctioribus, albidis (macula costae interdum paullulum post maculam dorsalem); alis poster. griseis, ciliorum basi dilutiore. — 4–3⅔'''.

Gehört E. Subnigrella als Synonym hierher, was ich allerdings bezweifle, so lebt die Larve unserer Spezies in den Blättern von Bromus erectus, dieselben im April und Mai und wieder im Juli minirend. Sie ist blass schwefelgelb mit hellbräulichem Kopfe (Douglas).

Die Schabe, von der vorigen Spezies durch bedeutendere Grösse, breitere, rauhschuppigere Vorderflügel, sowie durch dunklere Palpen und Stirne unterschieden, differirt wiederum beträchtlich nach den beiden Geschlechtern.

Beim Männchen zeigen die Vorderflügel ein eigenthümliches Schwarzgrau, in gewisser Haltung mit einem graurothen oder braungrauen Anfluge, welcher gegen den Hinterrand, namentlich an der Wurzel der Franzen des Afterwinkels, am deutlichsten wird. Etwa in zwei Fünftheilen der Flügellänge erscheint eine feine, nicht gebogene, wenig schief gerichtete, weissgraue Binde, welche oftmals sehr undeutlich wird. Ebenso ist es gar nicht selten mit den beiden, etwa in drei Viertheilen der Flügellänge befindlichen Gegenfleckchen der Fall. Sind sie deutlich, so zeigen sie sich fein und schmal, der Costalfleck zuweilen etwas mehr nach hinten als der des Afterwinkels, an welchem bei einigen meiner Exemplare ein leichter röthlicher Anflug vorkommt. Franzen heller grau als die Flügelfarbe, durch eine die stumpfe Spitze umziehende, schwarze Schuppenlinie getheilt. — Die Hinterflügel hellgrau, die Franzen noch um ein Unbedeutendes lichter, nur an ihrer Wurzel bisweilen auffallend heller, mit grauröthlichem Anflug. — Unten glänzend dunkelgrau, die Spitze der Vorderflügel auffallend grauröthlich umzogen.

Das Weib dunkler, nur an dem Wurzeldrittheil der Vorderflügel schwarzgrau, sonst schwarz. Die Binde breiter und die Gegenfleckchen deutlicher, gleich jener weisslich. In der Flügelspitze häufen sich tiefschwarze Schuppen zu einem Punkte, welcher manchmal deutlicher hervortritt. Die Franzen heller, an der Flügelspitze öfters mehr weisslich, die Theilungslinie deutlicher. Kleinere weibliche Exemplare kommen zuweilen E. Consortella ♀ sehr nahe.

E. Pullella findet sich in verschiedenen Gegenden Deutschlands, bei Glogau, Weissenfels, Braunschweig, Regensburg, Frankfurt am Main, Freiburg. Sie fliegt in doppelter Generation im Mai und Juli.

Für die Schweiz aus den Umgebungen Zürich's im April und Mai, dann wieder im Juli; an Hecken, auf freien Grasplätzen und trockenen Waldwiesen oft in grosser Häufigkeit.

13. E. Obscurella H.-S. (H.-S. Tab. 116 fig. 949 und 950).

Obscurella H.-S.

Capite et fronte albido-griseis, palpis albidis, antennis cinereis, obscurius annulatis; alis anter. grosse squamatis, griseis, albido-mixtis (in plica obscurioribus), fascia ante medium angulata, maculis duabus ante apicem maculaque tertia marginis postici albidis obsoletissimis, apice obtuso, ciliis albidis, nigro-cinctis. — 4–3½'''.

Var. Maculis duabus oppositis in fasciam angulatam (apice postice spectante) conjunctis.*)

Bei Regensburg durch den Entdecker vom April bis Juni auf Wiesen gefangen.

Für die Schweiz in der angegebenen Zeit auf trockenen Wiesen unserer Bergwälder an beiden Seeufern. Herrich-Schäffer bestimmte mir einige meiner Exemplare. Aus andern Theilen des Landes sah ich sie bisher noch nicht.

---

*) Herrich-Schäffer's Abbildung bezeichnet in kenntlicher Weise die Spezies, wie auch Fig. 950 die stark winklige Binde der Varietät richtig darstellt. Die im Texte geübte Vergleichung mit E. Griseella (einer keineswegs nahe verwandten Art) könnte leicht in Verwirrung führen. Mein Material ist zu gering, um eine ausführliche Beschreibung zu gestatten.

14. **E. Incanella** F. R. (H.-S. Tab. 117 fig. 957).

Incanella F. R. — H.-S.

Antennis griseis, obscurius annulatis, capite, fronte palpisque albidis; alis anter. longiusculis, laeviter squamatis, dilute griseis, fusco-intermixtis, linea plicae obscuriore, fascia ante medium maculisque duabus oppositis indistinctis dilutioribus, apice subacuto, ciliis albo-griseis, ad basim rubescentibus, linea squamarum nigra. — 3¾‴.

Bisher von Wien.

Ich glaube nicht zu irren, wenn ich ein Exemplar hierher ziehe, welches ich im August an einem Waldrande des Uetliberges bei Zürich fing.

15. **E. Humilis** Zell. (H.-S. Tab. 124 fig. 1030).

Humilis Zell. — H.-S. — ? Obscurella Sta.

Capite, fronte et palpis albidis (articulo medio infra fuscescente), antennis griseis, obscurius annulatis; alis anter. longiusculis, dilute griseis, squamis fuscis conspersis, fascia ante medium diluta, obsoletissima (saepe nulla), maculis oppositis obsoletis, margine postico ciliorumque dimidio basali dilute rubescenti-griseis, linea squamarum nigrarum cilia dividente; poster. dilute griseis, ciliis ad basim rubescentibus. — 4½–4‴.

Ich besitze zwei Glogauer Originalexemplare durch Zeller's Güte, so dass über die Spezies kein Zweifel herrschen kann, obgleich sie ziemlich zu variiren scheint.

In einigen Gegenden Deutschlands; bei Glogau, im Mecklenburgischen, bei Regensburg und Freiburg.

Für die Schweiz einmal bei Zürich erhalten; ebenso in einigen Stücken aus dem Oberengadin in den Umgebungen von Samaden, 5362′ hoch, Ende Juli und Anfang August.

Die schweizerischen Exemplare sind heller, ihre Binden sowie Gegenfleckchen kenntlich.

16. **E. Truncatella** Zell. (H.-S. Tab. 116 fig. 942 [nicht gut]).

Truncatella Zell. — H.-S. (Text.) — Nigrella H.-S. (Tafeln.) — ? Dup. — Bedellella Sirc. — Sta.

Capite, fronte, palpis albido-griseis, antennis griseis, obscurius annulatis; alis anter. latiusculis, postice truncatis, ♂ griseis (♀ albidioribus), fascia fere recta tenui ante et angulata pone medium albidis, ciliis albidis, linea nigra cinctis. — *Cf. Sta.* — $3\frac{1}{2}'''$.

Drei von Stainton erhaltene Exemplare der E. Bedellella gleichen so vollkommen unserer E. Truncatella, dass ich beide Arten, ebenso wie Herrich-Schäffer, vereinige.

In England im Mai und August; in Deutschland bei Regensburg.

Für die Schweiz im Juni einmal auf einer Waldwiese des Uetliberges gefangen; aus dem Oberengadin von Samaden Ende Juli.

17. E. Bifasciella Tr. (H.-S. Tab. 117 fig. 959).

Bifasciella Tr. — Dup. — Zell. — H.-S. (Tafeln.) — Binella Zell. (ol.) — H.-S. (Text.)

Antennis nigris, capite et fronte albidis, palpis albido-griseis; alis anter. nigris, squamis nonnullis ad basim et fasciis duabus latis albis, una ad basim fere recta, altera post medium semilunari, ciliis griseis. — $4'''$.

Die auffallende, leicht kenntliche Elachiste ist bisher in einigen Gegenden Deutschlands beobachtet worden, nämlich in Böhmen, bei Wien und Regensburg.

In der Schweiz kommt sie, wie es den Anschein hat, nicht in der Ebene, sondern nur als alpines Insekt vor. So im Oberengadin bei St. Moriz (von Heyden); ebenfalls Anfang August auf Mühlebachalp (Kanton Glarus) an einer mit Rhododendron bewachsenen Stelle in etwaiger Höhe von 4500—5000'.

18. E. Cinctella (L.) Zell. (H.-S. Tab. 116 fig. 944).

Cinctella L. (?) — Zell. — H.-S. — ? Dup. — ? Abruptella Sta.

Antennis fuscis, griseo-annulatis, capite, fronte et palpis albis; alis anter. longiusculis, fuscescenti-nigris, fascia media recta verticali ciliisque apicis albis. — $4\frac{1}{2}'''$.

Gehört Linné's E. Cinctella hierher, so findet sich unsere Art in Schweden; sicher in Deutschland (Glogau, Böhmen, Regensburg, Immenstadt) im Juli und August; auch bei Pisa.

In der Schweiz selten; bisher nur in einem Exemplare, welches ich Anfang August in einem Wäldchen bei Zürich fing und Herrich-Schäffer eingeschickt hatte.

19. E. Gangabella F. R. (H.-S. Tab. 116 fig. 941).

Gangabella F. R. — Zell — Sta. — H.-S.

Capite, fronte, antennis et palpis fuscis; alis anter. latiusculis, fusco-nigris, strigula media rectiuscula, costam versus tenui, in maculam dorsalem ampliata, flavida, ciliis nigro-griseis. — *Cf. Zell.* — $4^1/_2$‴.

Die Larve dieser Art*) lebt nach der Entdeckung von Douglas und Stainton im Herbste sowie nach der Ueberwinterung im ersten Frühling an Dactylis glomerata, seltener an Holcus mollis. Sie macht eine lange, gefaltete Mine, welche derjenigen einer Lithocolletide gleicht. Mitte April erfolgt die Verpuppung.

Die Schabe erscheint im Juni. England, verschiedene Gegenden Deutschlands (Göttingen, Regensburg, Wien, Schneeberg); südlich noch bei Pisa beobachtet.

Für die Schweiz bisher allein von Zürich. Sie fliegt hier an Waldrändern, namentlich denjenigen des Uetliberges, den ganzen Juni hindurch, ist aber selten.

20. E. Disertella F. R. (H.-S. Tab. 123 fig. 1018 a und b).

*Disertella F. R. — H.-S. — Anserinella H.-S. (Tafeln.) — Pollinariella Sta.***) *— ? Dup.*

Capite, fronte palpisque albidis, antennis griseis, fusco-annulatis; alis anter. latiusculis albis, apice rotundato, fasciis tribus obsoletis ochreis, costam versus fuscescentibus (prima basim versus, secunda in medio, tertia ante apicem), interne et postice parce nigro-squamatis, linea ciliorum nigra; ♀ minor, alis anter. latioribus, postice truncatis, fascia basali fere nulla, reliquis distinctioribus. — *Cf. Sta.* — $4^2/_3$–$3^3/_4$‴.

---

*) E. Gangabella Sta. ist unsere Art, wie ich aus brieflicher Mittheilung weiss.

**) Herrn Stainton's E. Pollinariella ist (nach brieflicher Mittheilung) identisch mit unserer E. Disertella, und Herrich-Schäffer's fig. 1018 b nur das ♀ dieser Spezies.

Die Larve wurde bei Zürich Ende Mai in einer breitblättrigen Grasart minirend angetroffen.

Die Schabe im Juni und Juli; in England, im südlichen Deutschland, bei Wien und Regensburg.

Für die Schweiz bei Zürich und Bremgarten (Boll). An ersterem Orte kommt sie mit der zweiten Junihälfte an den Rändern der Bergwälder stellenweise häufig vor.

21. E. **Utonella** n. sp.

Fronte, capite palpisque albis, antennis griseis; alis anter. latiusculis, albis, costa ad basim fuscescente, strigula plicae ante medium nigro-fusca, fascia transversa obsoleta ochrea pone medium, in dorso cum fascia obsoletissima posteriore confluente, punctulo subapicali fusco, squamis griseo-albidis, linea squamarum fusca. — $3^2/_3$‴.

Eine ausgezeichnete, zwischen E. Cerusella Hbn. und Rhynchosporella Sta. in der Mitte stehende Spezies. Ich besitze ein ganz unversehrtes und, wahrscheinlich zu derselben Art gehörig, noch einige mehr geflogene Stücke (von welchen eins bei Herrich-Schäffer unter E. Rhynchosporella erwähnt ist).

Stirne, Scheitel und Taster rein weiss; Fühler grau ohne dunklern Gürtel; Vorderflügel eigentlich weiss, aber durch vereinzelte ockergelbe Schüppchen dem unbewaffneten Auge gelblich angeflogen erscheinend, nach hinten ziemlich breit, mit geringerer Zuspitzung als bei E. Cerusella. Der Costalrand ist bis zur Mitte bräunlich angeflogen. Dann zeigt sich, ungefähr in einem Viertel der Flügellänge beginnend und vor der Mitte endigend, ein dunkelbraunes Längsstrichelchen, und zwar in der Falte. In einiger Entfernung von ihm tritt die erste ockerfarbene Querbinde auf. Sie ist sehr undeutlich begrenzt, nur am Costalrande verdunkelt und deutlich. Hinter ihr erscheint die zweite, ganz unbestimmte und verloschene, gleichfarbige Querbinde. Sie erreicht den Afterwinkel nicht und fliesst mit der ersten gegen das Dorsalende zusammen. Indem sie so in schiefer Richtung verläuft, bleibt in drei unbestimmten Flecken die helle, weissliche Flügelfarbe übrig, nämlich in einem Costalfleck zwischen erster und zweiter Binde, in einem zweiten hinter letzterer an der Flügelspitze, und einem dritten am Afterwinkel. Etwas unter der Spitze häufen sich einzelne dunklere Schuppen zum punktförmigen Fleckchen. Die Franzen erscheinen schwach graulichweiss, am Afterwinkel heller, und sind von einer braunen, wenig gebogenen Schuppenlinie bis gegen letzteren hin durchzogen.

— Hinterflügel dunkelgrau, Franzen heller, bräunlich angeflogen. — Unterseite der Vorderflügel tief braungrau, Franzen intensiv ockerfarbig. Ihre Schuppenlinie ist anfänglich auch hier sichtbar.

Zu Ende Juni oder Anfang Juli auf einer Waldwiese des Uetliberges gefangen.

22. E. Biatomella Sta.

*Biatomella Sta. — Dissemiella H.-S. (p.)**)

Capite griseo-albido, fronte palpisque albidis, antennis griseis; alis anter. longiusculis griseo-albidis, punctulis sparsis fuscis, costa fuscescente, punctis duobus majoribus fusco-nigris (primo plicae in medio, secundo inter primum et apicem), ciliis griseis, apice fuscescente, linea squamarum nigra ante angulum analem desinente; alis poster cinereis, ciliis dilutioribus fuscescentibus. — 3¾ — 3½‴.

Die Larve wurde in den Blättern einer Carex-Art mit weissen Flecken minirend im April in England getroffen.

Eine etwas wechselnde Art, deren Vorderflügelfarbe bald heller, bald dunkler graulich-weiss, an abgeflogenen Stücken zuweilen weisslich erscheint. Ebenso ist der Costalrand bald lebhafter, bald schwächer gebräunt. Fühler ziemlich dunkelgrau, Stirne und Palpen weisslich, der Scheitel graulich-weiss, ebenso die Vorderflügel. Diese sind in ihrem mittleren und inneren Theile grauweiss. An frischen Stücken ist der ganze Costalrand von der Wurzel bis dicht vor der Flügelspitze ziemlich bräunlich angeflogen, und vor letzterer tritt dann die hellere Grundfarbe häkchenartig heraus (wie Stainton auch angibt). Ungefähr in der Flügelmitte liegt ein ansehnlicher, länglich gezogener, braunschwarzer Punkt. Zwischen ihm und der Spitze, doch etwas entfernter von letzterer als vom ersten Punkte, steht ein zweiter, kleinerer. Vereinzelte bräunliche Schüppchen erscheinen am Hinterrande und um den Afterwinkel herum. Die Franzen bräunlich weiss, an ihrer Spitze etwas dunkler gebräunt. Dicht unter der Spitze bis gegen den Afterwinkel hin sind die Franzen von einer dunklen Schuppenlinie getheilt. — Die Hinterflügel mässig dunkelgrau, die Franzen heller, bräunlich angeflogen. Die Unterseite ziemlich dunkelgrau, an den Rändern der Flügel ein bräunlicher Anflug.

---

*) Die von Herrich-Schäffer unter E. Dissemiella Zell. erwähnten Exemplare meiner Sammlung sind, wie ich durch Stainton (in litt.) erfahren habe, die E. Biatomella des brittischen Entomologen.

In England bei Bristol vom Mai bis zum Juli. Für die Schweiz allein bei Zürich. Ich erhielt sie hier auf trocknen Waldwiesen in doppelter Generation, einer im April und Mai und einer andern zu Anfang August.

23. E. Dispunctella F. R. (H.-S. Tab. 124 fig. 1024).
Dispunctella F. R. — H.-S.

Capite, thorace palpisque albis; alis anter. niveis, punctis duobus disci (primo pone medium, secundo inter primum et apicem) punctulisque nigris sparsis, praesertim posticis; alis poster. albidis. — $3\frac{1}{2}'''$.

Ich glaube mich nicht zu irren, wenn ich ein Exemplar hierher ziehe, welches am 1. August auf einer mit Heidekraut bewachsenen Stelle gefangen wurde. Es entspricht in jeder Hinsicht der Herrich-Schäffer'schen Beschreibung und Abbildung, nur ist es entschieden kleiner als E. Dispilella.*) — Ein zweites Exemplar dagegen von Waldshut im Grossherzogthum Baden ist $\frac{3}{4}'''$ grösser als das schweizerische und E. Dispilella gleichkommend.

E. Dispunctella fliegt im südlichen Deutschland, bei Wien und Regensburg vom Mai bis in den August.

Für die Schweiz bisher nur in der Gegend von Würenlos im Limmatthale.

24. E. Nitidulella F. R. (H.-S. Tab. 124 fig. 1025).
Nitidulella F. R. — H.-S.

Antennis griseis, fusco-annulatis, capite, fronte, palpis et alis anter. latiusculis albis, dilutissime flavescentibus; post cinereis, ciliis dilutioribus. — $3\frac{1}{3}-2\frac{3}{4}'''$.

Eine an den völlig zeichnungslosen Vorderflügeln und dem geringen Ausmasse kenntliche Art.

Fühler dunkelgrau, gegen die Spitze bräunlich geringelt, übrigens kürzer und etwas dicker als bei den vorhergehenden Arten; Kopf, Gesicht und Taster von der Flügelfarbe, einem glanzlosen, sehr leicht ins Gelbliche ziehenden Weiss; ebenso der Rücken.

---

*) Herrich-Schäffer erwähnt unter E. Dispilella Zell. ein ihm von mir früher gesandtes, aus dem Kanton Tessin stammendes Exemplar. Da es mir nicht mehr zu Gebote steht, lasse ich diese Spezies weg, wie es auch mit einigen andern Elachisten, welche ich nur in einzelnen Stücken besitze, geschehen ist.

Hinterleib und Beine wenig dunkler, gelblich weissgrau. Vorderflügel etwas breit, bald mehr, bald weniger ins Gelbliche ziehend, ohne dass ein Geschlechtsunterschied hier bestimmend einwirkte, ohne dunklere, aufgelagerte Schüppchen; ebenso die Franzen. Hinterflügel grau (beim ♀ lichter als beim ♂); die Franzen heller, schwach gelblich angeflogen.

Auf der Unterseite erscheinen die hinteren Flügel wie oberwärts, ebenso die Franzen des vorderen Paares, während dieses selbst ziemlich dunkelgrau geworden ist.

Das zierliche, kleine Geschöpf wurde bei Wien im Prater im Mai entdeckt.

Für die Schweiz bisher nur bei Zürich beobachtet. Ich fand es hier nur an sehr beschränkten trocknen Lokalitäten der Waldwiesen des Uetliberges, von der Mitte Juni an bis in den Juli hinein.

25. E. Cygnipennella Hbn. (Hbn. Tab. 30 fig. 207).

Cygnipennella Hbn. — Zell. — Steph. — Dup. — Lien. — Dougl. — Sta. — H.-S. — Cygnella Tr. — Dup. — Cygnipennis Haw. — Semialbella Steph.

Capite, fronte, palpis, antennis alisque anter. niveis; poster. ♂ griseis (♀ griseo-albidis), ciliis albidis. — $6^1/_3 - 5^1/_2{}'''$.

Die Larve minirt im April und Mai mit langer Mine die Blattspitzen von Dactylis glomerata und ist von Douglas richtig beschrieben worden. Kopf klein, bräunlich, an den Rändern dunkler; Körper dunkel grünlich-grau, an den Seiten mit dunkler Linie, die Brustbeine schwarz. Der erste Brustgürtel trägt noch vier braune Flecke.

Die Schabe in grösster Verbreitung durch Europa. Lievland, England, Frankreich (Paris), Deutschland, Ungarn und Italien (Pisa, Syrakus). Bei uns im Mai und Juni fliegend.

Für die Schweiz bei Zürich gemein; Bremgarten (Boll), Schüpfen und der Jura (Rothenbach in litt.); gewiss überall im niedrigeren Lande. In den Alpen kam sie uns noch nicht vor.

26. E. Ochreella Sta. (H.-S. Tab. 122 fig. 1006).

Ochreella Sta. — H.-S. — Subalbidella Schläg.

Capite, fronte et palpis ochreis, antennis albidis (basi lutescente), fusco annulatis; alis anter. ochreis; poster. cinereis, ciliis dilutioribus et lutescente-griseis. — $5^1/_2 - 5{}'''$.

Die Schabe, zuerst im Norden Englands im Juni bemerkt, ebenso bei Weimar gefangen, ist für die Schweiz bisher allein in den Umgebungen Zürichs erhalten worden.

Sie fliegt hier in dem angegebenen Monate auf einer sehr beschränkten nassen Grasstelle eines Bergwaldes am linken Seeufer; selten.

27. E. **Fuscochreella** n. sp.

Capite, fronte et palpis griseo-luteis, antennis nigro-cinereis; alis anter. latiusculis, apice rotundato, fusco-ochreis, ciliis obscurioribus. — 6–$4^2/_3$‴.

Eine neue, der vorigen sich anschliessende, sehr auffallende Spezies mit kürzeren, breiteren, an der Spitze abgerundeteren Flügeln und einem gedrungeneren Körperbau, als ihn E. Cygnipennella und Ochreella besitzen.

Kopf und Stirne graulich lehmgelb, ebenso die Taster, welche ziemlich kurz sind. Fühler dicker als bei den vorhergehenden Arten, schwarzgrau; das Wurzelglied gebräunt. Rücken von der Vorderflügelfarbe, Abdomen dunkelgrau, an der Afterspitze bräunlich. Hinterschienen ebenfalls lang behaart. Vorderflügel ockerbraun; bei einem Stücke heller, bei dem anderen (welches Herrich-Schäffer sah) viel dunkler, ungefähr wie bei O. Tinctella. Die Beschuppung ziemlich dicht und fein, der Flügel etwas glänzend. Franzen von derselben Farbe, an ihren Endtheilen dunkler; auffallend verdunkelt diejenigen des Afterwinkels. — Hinterflügel dunkelgrau, die Franzen heller, bräunlich angeflogen; an der Wurzel eine beträchtlich hellere Linie.

Unten erscheinen die Vorderflügel tief grau und die Franzen bräunlich.

Zürich; zwei männliche Exemplare, völlig rein und frisch, erhielt ich auf Grasplätzen am späten Abend den 24. und 25. Juli 1854.

28. E. **Mühligiella** n. sp.

Capite, fronte palpisque griseo-luteis, antennis nigro-cinereis; alis anter. latiusculis, apice rotundato, grosse squamatis, nigro-fuscis, ciliorum nigro-fuscorum linea basali dilutiore fusca. — 5‴.

Der vorigen nahe verwandt, aber sicher eine besondere Spezies, deren Farbe viel dunkler und deren Vorderflügel etwas weniger breit, dagegen rauher beschuppt sind. Sie erinnert bei erster

Betrachtung an die in der Fauna fehlende S. Pigerella v. Heyd. (S. 64). Den Namen gab ich ihr nach Herrn **Mühlig**, einem fleissigen Beobachter in Frankfurt am Main.

Kopf und Palpen bei dem einen meiner Exemplare in derselben Weise graubraun, wie bei der vorhergehenden Spezies; bei dem andern Stücke dunkler. Fühler mit schwarzgrauer Geisel und bräunlich angeflogenem Grundgliede. Rücken von der Vorderflügelfarbe, Abdomen tief grau, an der Afterspitze etwas heller.

Vorderflügel in der Gestalt denjenigen des vorhergehenden Geschöpfes nahe kommend, nur um ein Unmerkliches schmäler. Ihre Beschuppung ist rauher, bei einem Stücke in auffallendem Grade. Die Farbe ist ein Schwarzbraun oder ein helleres, in das Bräunliche ziehendes Schwarz. Ebenso erscheinen die Franzen, welche nur an ihrer Wurzel eine etwas hellere, bräunlichere Linie zeigen. Hinterflügel ebenso grau als bei E. Fuscochreella; auch die hellere Wurzellinie der Franzen fehlt nicht.

Die Unterseite der oberen ganz gleich, nur etwas feiner beschuppt und darum glänzender.

Am 11. August 1854 erhielt ich bei Zürich zwei Männer an derselben Stelle, wo ich einige Tage vorher die E. Fuscochreella entdeckt hatte. Seitdem kam sie mir nur noch ein einziges Mal, wiederum im August, in einem abgeflogenen Stücke zu Gesichte, welches ich zur Untersuchung des Flügelgeäders (siehe oben) opferte.

---

14. Genus. TISCHERIA.

Tischeria Zell. — Sta. — H.-S. — Elachista p. Tr. — Elachista p. et Tischeria Dup. — Aphelosetia p. Steph.

Capilli frontales depressi, occipitales suberecti; ocelli nulli; antennae filiformes, articulis elongatis, ♂ piloso-ciliatis, articulo basali dentem ex pilis compositum lateralem exserente; haustellum breviusculum, squamatum; palpi maxillares nulli, labiales breves, filiformes, penduli. Alae longe ciliatae, anter. lanceolatae, apice valde elongato, poster. lineari-lanceolatae; anter. cellula discoidalis imperfecta, vena subcostalis, basim versus tenuissima, ramos quinque in costam emittit, quorum quintus, vena apicalis, simplex ante apicem exit; mediana trifida; subdorsalis simplex;

poster. cellula costalis brevis, vena tenuissima ante apicem, duae in marginem posticum exeunt. Larva foliorum cuniculatrix. — *Cf. Zell.*

Das Genus Tischeria zeichnet sich aus durch die starke Behaarung der männlichen Fühlerglieder, sowie durch das Vorkommen eines Haarpinsels am Grundgliede der Antennen, welcher wohl als Analogie des bei den Lyonetiden vorkommenden Augendeckels zu betrachten ist. Auch haben die Hinterflügel ein höchst einfaches Geäder, indem nur die Costalrippe eine Röhre ist, während die andern Venen kaum erkennbare Linien geworden sind. Die Larvenzustände endlich trennen Tischeria in auffallender Weise von den übrigen Elachisten ab, indem die (mit sehr unentwickelten Bauchfüssen versehene) Larve, welche eine Blattminirerin ist, die Verpuppung innerhalb der Minirwohnung vornimmt. Hierdurch erinnert das uns vorliegende Genus an Lithocolletis (siehe unten), mit deren Minen wenigstens diejenigen einiger Tischerien, namentlich der T. Angusticolella, nahe verwandt sind.

Der Artenreichthum ist gering, indem zur Zeit nur 4 sichere Spezies bekannt sind, von welchen 3 im Faunengebiete erscheinen.

1. T. Complanella Hbn. (Hbn. Tab. 64 fig. 428. — H.-S. Tab. 108 fig. 862.*)

Complanella Hbn. — Tr. — Dup. — Zell. — Ratzeb. — Lien. — Eversm. — Sta. — H.-S. — Rufipennella Steph. — ? Rufipennis Haw. — ? Fulvescens Steph.

Capite, palpis, antennis alisque anter. luteo-vitellinis; harum costa angustissime ac margine postico fuscescentibus; poster. dilute cinereis. — 5–4‴.

Die Raupe, 3—3½‴ gross, minirt mit grosser, flacher, weisser Mine die Blätter der Eiche, namentlich niedriger Büsche. Sie kommt nur in einfacher Generation im September und Oktober vor. Sie hat einen kleinen, hell rothbraunen, an den Rändern dunkleren Kopf, einen blass grüngelben Körper mit grün durchschimmerndem Verdauungskanal. Nach hinten spitzt sich der Körper beträchtlich zu. Die Ringe sind ziemlich scharf von einander abgesetzt und haben oberwärts je zwei grubenförmige Eindrücke. Auf dem ersten Ring ein sehr blasses Nackenschildchen, seitlich durch eine Grube begrenzt; der Aftergürtel ist etwas gebräunt und in den

---

*) Irrthümlich »Comparella« bezeichnet.

Seiten der Ringe ein feines Härchen. Die Beine von der Farbe des Körpers, die falschen Füsse sehr klein.

Die Schabe im Mai und Juni in weitester Verbreitung durch Europa. Russland (Lievland und der Ural), England, Deutschland, Frankreich (Paris und Lyon) und Italien (Toskana).

Für die Schweiz wohl überall. Zürich, Bremgarten (Boll), Schüpfen (Rothenbach).

2. T. **Marginea** Haw. (H.-S. Tab. 108 fig. 863).

Marginea Haw. — Steph. — Sta. — Emyella Dup. — Zell. — H.-S. — Rubicinella F. R.

Capite et antennis fuscis, fronte palpisque lutescentibus; alis anter. luteis, costa margineque postico late fuscis (♀ puncto fusco ad angulum analem); post cinereis. — *Cf. Sta.* — 4½–4‴.

Die Raupe in doppelter Generation, einer sommerlichen im Juni und einer herbstlichen im Oktober und November. Die Mine oberseitig und bräunlich weiss; sie krümmt das Blatt etwas.

Die Schabe im Mai und Juni, dann wieder im August; in England, Lievland (?), Deutschland bis Oberkrain, bei Fiume, in Toskana und mit beträchtlicher Verbreitung nach Süden bis Syrakus.

In der Schweiz nicht gemein. Zürich, Bremgarten (Boll) und Schüpfen (Rothenbach).

3. T. **Angusticolella** v. Heyd. (H.-S. Tab. 108 fig. 864).

Angusticolella v. Heyd. — Zell. — Dup. — H.-S.

Antennis nigris, apice albido, palpis lutescentibus, capite et alis anter. nigro-fuscis, cupreo-nitentibus; harum costa ex basi ad medium usque chalybea. — *Cf. Zell.* — 4‴.

Die Larve minirt oberseitig im Oktober die Blätter der wilden Rosen. Anfangs ist die grosse Mine flach, später zieht sie das Blatt sehr beträchtlich zusammen und ist dann bräunlichweiss. Die Raupe ist derjenigen von T. Complanella ähnlich gebaut, aber die Ringe noch schärfer von einander abgesetzt und die Zuspitzung am hintern Ende des Körpers beträchtlicher. Der Kopf dunkel, schwärzlich; ein schwarzer, durch eine helle Längslinie getheilter Nackenschild, ebenso ein gleichfarbiges Afterschildchen. Die Gruben und Härchen der Ringe verhalten sich wie bei T. Complanella. Brustfüsse schwärzlich, Bauchfüsse mit schwärzlichen Häkchen.

Die geographische Verbreitung scheint eine viel begrenztere zu sein als bei den zwei früheren Arten.

In England fehlend; im mittleren und südlichen Deutschland, so bei Jena, Frankfurt am Main (häufig), Freiburg, Regensburg und Wien; südlich in Toskana. Die Erscheinungszeiten sind Mai und Juni.

Für die Schweiz bei Bremgarten (Boll) und bei Zürich beobachtet; an letzterem Orte selten, meistens an Waldrändern.

XIII. Familie. LYONETIDEN.

Lyonetidae Sta.

Capilli aut laeves aut suberecti aut hirsuti; ocelli nulli; antennae aut longae aut mediocres, conchula basali instructae; palpi maxillares, plerisque nulli, labiales breves, interdum nulli. Alae longe vel longissime ciliatae, anter. angustae, angustissimae aut latiusculae, saepe caudulatae. Larva vel libera vel in foliis cuniculos agit.

Kleine Schaben, alle mit Augendeckeln versehen, bilden diese von Stainton aufgestellte, unserer Meinung nach aber nicht haltbare Familie, da die einzelnen Geschlechter, was Körperbau, Mundtheile, Flügelform und Flügelgeäder betrifft, allzugrosse Differenzen darbieten. Auffallend für einige Genera ist der Mangel der Taster, welche bei den andern klein bleiben.*) Ebenso charakterisirt sich unter allen Schabengeschlechtern ein hier vorkommendes Genus, Opostega, durch die völlig unverzweigten Adern der Vorderflügel.

Auch die Larvenzustände gehen weit auseinander. Wenn auch die Mehrzahl minirt, so ist die Form der Mine, die Gestalt der Raupe, ebenso die Art der Verpuppung sehr verschiedenartig. Dann sind die Raupen des Genus Bucculatrix, im Gegensatz zu den übrigen Gliedern der Familie, nur in frühester Jugend Minirer, um den grössern Theil ihres Lebens frei die Blätter zu durchlöchern, überhaupt die kleinsten der Tineenlarven mit freier Lebensweise.

Der Gedanke muss nahe liegen, die Familie aufzulösen und die verschiedenen Geschlechter bei andern Gruppen unterzubringen. Doch ist dieses ohne eine genauere Kenntniss der Larvenzustände nicht möglich. Diese kennen wir namentlich für verwandte Familien

---

*) Selbst Kiefertaster können vorkommen (siehe bei Opostega).

noch zu wenig, wie die Metamorphose des Genus Opostega sogar noch vollkommen unerforscht ist.

Die einzelnen Genera hat Zeller schon vor Jahren monographisch bearbeitet (Linn. entom. Band III.).

1. Genus. LYONETIA.

Lyonetia Hbn. — Zell. — Sta. — H.-S. — Elachista p. Tr. — p. Dup. — Lyonetia p. Dup. — p. Zell. (ol.).

Capilli appressi, occipitales suberecti; antennae filiformes, longae, conchula basali mediocri instructae; haustellum breve nudum; palpi maxillares nulli, labiales breves, penduli. Alae angustissimae, anter. caudatae, poster. lineari-lanceolatae, ciliis longissimis; anter. cellula discoidalis angustissima et longissima, postice acuta; vena subcostalis ramos tres in costam emittit, quorum tertius ante apicem exît; vena mediana trifida vel bifida; subdorsalis ad basim longe furcata; poster. venae subcostalis ac mediana mox cum marginibus confluentes. Larva foliorum cuniculatrix; metamorphosis in folliculo horizontali filis suspenso. — *Cf. Zell.*

Die Lyonetien, in der Familie ungefähr dasjenige darstellend, was Cosmopteryx und verwandte Geschlechter unter den Elachisten waren, bilden ein naturgemässes Genus, ausgezeichnet durch lange, dünne, dem Ausmass der Vorderflügel gleichkommende Fühler mit mässig grossen Augendeckeln, durch die sehr schmalen, geschwänzten Vorderflügel und die linienförmigen Hinterflügel, welche mit überaus langen Franzen besetzt sind. Das Geäder der Vorderflügel zeigt noch eine gewisse Ausbildung, indem die sehr lange und schmale Discoidalzelle nach hinten geschlossen ist. Die sie begrenzende Subcostalader sendet drei Aeste zur Costa, einen längeren nach der Mitte und zwei kurze ganz an ihrem Ende; die Medianvene ist hinterwärts in drei (L. Clerckella) oder nur zwei (L. Prunifoliella) kurze Aeste geendigt. Die Submedianfalte deutlich und die Subdorsalader an ihrer Wurzel sehr stark gegabelt. — Die Hinterflügel dagegen lassen in sehr einfacher Art nur zwei deutliche Venen erkennen, welche bald mit dem Vorder- und Hinterrand verschmelzen.

Die Larven miniren bald in schlanken, schmalen Gängen, bald in breiten, flachen Minen. Ganz eigenthümlich ist die Verpuppung. Sie erfolgt ausserhalb des Blattes: die Puppe ruht in einem dünnen, ziemlich enge anliegenden Gewebe, welches durch ausgespannte Fäden, wie eine Hängematte, schwebend erhalten wird.

Der Artenreichthum ist gering, indem nur 4 Spezies in unserm Welttheile bekannt sind; 3 Arten erscheinen im Faunengebiete, eine derselben als neues, alpines Insekt. Die Neigung zu variiren ist im Uebrigen, wie es scheint, bei allen Lyonetien gross.

1. **L. Frigidariella** v. Heyd.

Frigidariella v. Heyd. (in litt) — H.-S.

Fronte et palpis cinereo-albidis, capite nigro-griseo; alis anter. albidis, costa late grisea, punctis baseos et dorsi nigris, strigulis griseis punctoque nigro apicis ante caudulam. — $6^1/_2 - 5^1/_2$'''.

Var. a. Alis anter. omnino griseis.

Fühler grau, dunkler geringelt; der Augendeckel heller, weisslich; Stirne und Taster grauweiss, glänzend. Schopf durch schwärzliche, eingemengte Haare beträchtlich dunkel. Rücken von der Vorderflügelfarbe, Leib oben grau, unten grauweisslich. Beine grauweisslich, nach aussen dunkler. Die hinteren an der Lichtseite ansehnlich gebräunt, mit weiss gefleckten Fussgliedern.

Die Vorderflügel erscheinen nach meinen zwei männlichen Exemplaren, welche ich der Güte des Entdeckers verdanke, deutlich mit einem schwarzen Schwänzchen der Flügelspitze. Das eine Exemplar, die Stammart, hat mattweisse Vorderflügel mit einem in ansehnlicher Breite grauen Costalrande, welcher erst in einiger Entfernung von der Flügelspitze wieder heller wird. Hier erscheinen dann drei graue Vorderrandshäkchen. Aus dem tief schwarzen Punkt der Flügelspitze entspringt das kleine, gleichfarbige Franzenschwänzchen und unter ihm noch ein kleines, schwarzes Strichelchen. Die übrige, grössere Dorsalhälfte des Flügels bleibt weiss und hier treten ungeordnete, tief schwarze Punkte auf; mehr jedoch nach der Wurzel- als der hintern Hälfte. Die Franzen grau, unter dem Schwänzchen mit drei dunkleren Häkchen, gewissermassen Fortsetzungen derjenigen des Costalrandes.

Die Hinterflügel und ihre Franzen einfach grau; in demselben Farbentone, wie bei den verwandten Arten. Die Unterseite ist weissgrau. Franzenschwänzchen und Vorderrandshäkchen schimmern allein durch.

Bei der Varietät, welche sich ungefähr ebenso zur Stammart verhält, wie Varietät Aereella zu L. Clerckella (siehe unten), ist die ganze Vorderflügelfarbe das Grau der Costa. Punkte und Franzenschwänzchen verhalten sich gleich; die Häkchen der Ränder treten weniger deutlich hervor.

Das schöne, auffallend grosse Thier wurde durch von Heyden vor einigen Jahren im Oberengadin entdeckt, wo die Raupe an schmalblättrigen Weiden lebt. Aus ebenfalls dort gesammelten Blättern einer an den Ufern des Inn wachsenden Weidenart erhielt ich zufällig Anfang August 1853 ein Stück, was aber auf der Reise die Puppe verliess und verdarb. Näheres über die Form der Raupenwohnung weiss ich nicht.

Von St. Moriz im Oberengadin.

2. L. **Prunifoliella** Hbn. (H.-S. Tab. 107 fig. 855 [nicht gut]).

Prunifoliella Hbn. — Zell. — Lien. — Dup. — H.-S. — Clerckella Hbn.

Capite et palpis niveis; alis anter. argenteo-niveis, subnitidis, apice fuscescenti, in costa fusco-strigulato, striga dorsi medii procumbenti fusca, puncto apicis ante caudulam nigro. — *Cf. Zell.* — $4^2/_3 - 4^1/_3'''$.

Var. a. Alis anter. argenteo-niveis, sed costae vitta lata grisescente strigulaque plicae ante medium fusca. — 1 ♂

Var. b. L. **Albella** (H.-S. Tab. 107 fig. 853 [gut]). — *H.-S.* — *? Eversm. — Padifoliella Sta. — Acerifoliella Curt.*

Alis anter. argenteo-niveis, sed costae vitta lata fusca, dorsum versus sinuata et obscuriore. — *Cf. Sta.*

Var. c. L. **Padifoliella** (H.-S. Tab. 107 fig. 854). — *Hbn. — Tr. — Zell. — Dup. — H.-S.*

Alis anter. albis vel griseo-albidis vel griseis, apice brunnescenti, in costa fusco-strigulato, maculis dorsalibus cinnamomeo-rubris vel fuscis, puncto apicis ante caudulam nigro. — *Cf. Zell.* — $5^1/_3 - 5'''$.

Eine in Ausmass, Färbung und Zeichnung sehr wechselnde Art, welche desshalb früher auch in mehrere Spezies zerlegt wurde.

Nehmen wir L. Prunifoliella als Stammart an, so wird diese, indem die Costa sich verdunkelt, zu Varietät Albella. Bei dieser ist jene in ansehnlicher Breite braun und in der ersten Flügelhälfte mit zwei stumpfen Vorsprüngen, welche in die Falte hineinragen und ganz besonders dunkel sind, versehen; hinter der Hälfte wird dann ein dritter Vorsprung zu dem charakteristischen, schief gelegten, braunen Dorsalstreifen der Art.

Sehr schön vermittelt diesen Uebergang Varietät a, ein Männchen meiner Sammlung. Hier ist die Costalbinde grau, der mittlere Vorsprung derselben aber braun, wie bei Var. Albella.

Mehr abweichend, namentlich auch grösser, erscheint die Varietät c, Padifoliella, welche in der Farbe des Flügels, ebenso der Zahl und Kolorirung der Innenrandflecke, wiederum sehr verschiedenartig ausfallen kann.

Die Larve lebt von Ende Juli bis Mitte August und darüber minirend an Prunus spinosa.*) Man findet sie besonders an solchen Sträuchern, welche halb beschattet an Waldrändern stehen, wo sie die obersten Zweige, überhaupt die letztjährigen Schösslinge bewohnt. Sie ist nicht häufig; doch können fünf und mehrere derselben an einem Zweige vorkommen. — Die Mine ist breit und flach, unregelmässig rund und scheint mehrmals gewechselt zu werden. Der Koth wird häufig von der Larve durch eine kleine Oeffnung entleert.

Die Raupe ist blass meergrün, in der schlanken, dünnen Form derjenigen der folgenden Art ähnlich, mit scharf und stark von einander abgesetzten Ringen und einem dunklen Rückenstreifen. Auf dem Nackenschild stehen zwei schwarze Pünktchen. Der Kopf bräunlich; die Brustbeine, nahe an einander gerückt, sind schwarz, während die Bauchfüsse die grünliche Körperfarbe haben. Die Verpuppung ebenso wie bei der folgenden Spezies, L. Clerkella.

Ich erzog im Spätsommer des Jahres 1855 gegen 60 Exemplare aus Schlehenminen, welche identisch waren. Davon ergaben sich etwas über 40 Exemplare der Varietät Padifoliella; unter dem übrigen Drittheile war die grössere Hälfte die Stammart; die Varietät L. Albella fand sich nur in 7 Stücken, die Varietät a in einem einzigen.

Die Spezies erscheint in weiter Verbreitung. Die Stammart in Lievland, Frankreich, in Deutschland (bei Berlin, im schlesischen Gebirge, bei Glogau, im Posen'schen) und in Toskana bei Livorno. Die Varietät L. Padifoliella ist in Böhmen, bei Berlin, Regensburg, Wien und Constanz beobachtet. Als Varietät L. Albella ist sie bisher allein in England vorgekommen. Gehört L. Albella Eversm. hierher, dann auch noch im Kasan'schen.

---

*) Nach einer mündlichen Mittheilung von Herrn Bremi lebt sie auch minirend in Birkenblättern, wie ich auch ein von Bremi erzogenes Stück der Varietät L. Padifoliella bei ihm sah. Ebenso auch nach früheren Erfahrungen Bouché's, welche Zeller mittheilt. Ob hier die Mine sich ändert, bleibt ferneren Untersuchungen vorbehalten.

Die Generation ist wohl doppelt, da ich Ende Juni und Anfang Juli das Thier im Freien fing und es durch den August und bis in den September hinein erzog.

Für die Schweiz bisher allein bei Zürich (an beiden Seeufern) und bei Bremgarten (Boll).

3. L. Clerckella L. (H.-S. Tab. 107 fig. 856).

Clerckella L. — Tr. — Zell. — Dup. — Zetterst. — Lien. — Sta. — H.-S. — ? Fab. — Argyrodactyla S. V. — Malella Schr. — Autumnella Curt. — Steph. — Nivella Steph. — Var. Aereella Tr. — Var. Semiaurella Steph. — Var. Fonscolombella Dup. — Cerasifoliella Hbn.) — ? Malifoliella Hbn.*

Capite et palpis niveis; alis anter. argenteo-niveis, subnitidis, macula disci pone medium longitudinali fusca, costa postice fusco-strigulata, strigulis in maculam fuscam ante apicem confluentibus, puncto apicis ante caudulam nigro. — *Cf. Sta.* — 4'''.

Var. a. Alis anter. inaequaliter brunneo-pulverulentis.

Var. b. Aereella Tr. — Ut a, sed costa inaequaliter albida. — *Cf. Zell.*

Die Larve ist der vorigen Art ähnlich; glasartig blassgrün, mit ebenfalls schwarzen Brustbeinen. Der Kopf ist honigbraun, oberwärts dunkler. Der erste Brustgürtel trägt auf der Mitte seines vorderen Theiles zwei braune, gegen einander gebogene Längslinien (cf. Zell.). — Sie minirt mit langen, schlanken Gängen die Blätter des Apfelbaumes, des Prunus avium, der Betula alba, sowie von Sorbus Aucuparia und torminalis. Sie verpuppt sich in einem Gewebe, welches von zwei starken Fäden gehalten wird, wie es bei der vorigen Spezies vorkam.**) Das Gespinnst ist natürlich beträchtlich kleiner. — Die Generation scheint doppelt, eine im Sommer und eine zweite im Herbste.

Die gemeine Schabe im ersten Frühling, aber nur in dunkleren Varietäten, und dann vom Juni bis September. Sie ist weit verbrei-

---

*) Zeller nennt nach seinem Exemplar des Hübner'schen Werkes das Bild »eine erbärmliche Sudelei«. In dem Zürcher'schen ist es ganz gut und unverkennbar dargestellt.

**) Eine sehr genaue und interessante Beschreibung der Larve und ihrer Sitten bei Zeller (Linn. entom. Band III.).

tet von Schweden und Lievland über England, Frankreich, Deutschland und Toskana.

Gewiss in der ganzen Schweiz; Zürich, Bremgarten (Boll) und Schüpfen (Rothenbach in litt.).

---

2. Genus. PHYLLOCNISTIS.

Phyllocnistis Zell. — Sta. — H.-S. — Opostega p. Zell. (ol.) — p. Dup.

Caput convexum, laevigatum; ocelli nulli; antennae mediocres, conchula parva instructae; haustellum breviusculum, nudum; palpi labiales mediocres, filiformes, penduli. Alae subangustae, anter. caudulatae, poster. lineari-lanceolatae, longe ciliatae; anter. cellula discoidalis valde angusta et elongata, postice acuta, e parte poster. ramos tres in costam emittit; vena apicalis bifida supra et in apicem (aut trifida supra et infra apicem) exit; infra eam venae duae simplices; vena subdorsalis simplex, breviuscula; poster. vena subcostalis et subdorsalis cum marginibus confluentes, mediana bifida (sed rami tenuissimi). Larva apus cuniculos in foliis agit; metamorphosis in cuniculo contracto. — *Cf. Zell.*

Durch einen ganz glatten Kopf mit längern Tastern, aber kürzeren Fühlern, durch die breiteren und kürzer befranzten Flügel, sowie durch die Kleinheit des ganzen Insektes vom vorigen Genus verschieden. Das Flügelgeäder zeigt uns am vordern Flügelpaar eine breitere und kürzere Discoidalzelle mit gabliger Apicalvene*) und die viel kürzere, gebogene Subdorsalader ohne Gabelspaltung. In den Hinterflügeln treten die Subcostal- und Subdorsalvene sehr bald an den Rand, welchen sie verdicken. Erstere kann übrigens bis nahe an die Flügelspitze verfolgt werden. Die Medianvene spaltet sich, aber schon sehr fein und zart geworden, nach längerem Verlaufe nochmals gablig.**)

---

*) Sie scheint bald zwei-, bald dreigespalten (P. Suffusella).

**) Stainton's Darstellung des Vorderflügels ist richtig, dagegen das Geäder des Hinterflügels nicht vollständig erkannt.

Die schlanke Raupe ist merkwürdigerweise fusslos. Sie minirt mit ziemlich breiten, bald ober-, bald unterseitigen Gängen die Blätter von Pappeln und Weiden. Die Mine entsteht dadurch, dass Epi- oder Hypodermis vom Parenchym abgelöst werden, ohne dass das Blattgrün verzehrt würde, und erscheint mit einem weisslichen Ansehen, etwa wie eingetrockneter Schneckenschleim. Die Verpuppung erfolgt in der Mine meist am Blattrande. Es sind nur 2 Arten bekannt, welche beide in unserer Fauna erscheinen.

1. **P. Suffusella** Zell. (H.-S. Tab. 109 fig. 871).

Suffusella Zell. — Sta. — H.-S. — Tremulella F. R. — ? Cerasifoliella Dup.

Capite, palpis et alis anter. argenteo-niveis, nitidis; his latiusculis, linea longitudinali nulla, apice flavido in costa fusco-strigulato, puncto apicis atro. — *Cf. Zell.* — $3^1/_2{}'''$.

Var. a. Alis anter. flavido-suffusis.

Die gelblich weise Larve minirt in der angegebenen Weise in zwei Generationen, einer im Juni und einer anderen im Juli und August, die Blätter der Pappeln und Espen.

Die ziemlich gemeine Schabe, im Juli, dann wieder im September und Oktober und theilweise, wenigstens nach der Ueberwinterung, im Frühling fliegend, findet sich wohl überall in Deutschland; ferner in England und Italien (Toskana und Neapel).

Für die Schweiz bei Zürich und Bremgarten (Boll).

2. **P. Saligna** Zell. (H.-S. Tab. 109 fig. 872).

Saligna Zell. — Lien. — Sta. — H.-S. — Cerasifoliella Sta. (ol.) — Salicifoliella Dup.

Capite et palpis argenteo-albidis; alis anter. argenteo-niveis, nitidis, angustulis, linea gemina fusca ex basi ultra medium producta, apice flavido in costa fusco-strigulato, puncto apicis atro. — *Cf. Zell.* — $3^1/_2{}'''$.

Var. a. Alis anter flavido-suffusis.

Die Larve minirt in derselben Zeit wie die vorhergehende, aber unterseitig, die Blätter der schmalblättrigen Weiden; so der Salix helix, viminalis und purpurea.

Die Schabe, bei uns häufiger als die erste Art, findet sich in Lievland, England, Deutschland.

Zürich und Bremgarten (Boll).

3. Genus. BUCCULATRIX.

Bucculatrix Zell. — Sta. — H.-S. — Elachista p. Tr. — p. Dup. — Argyromiges p. Steph. — Lyonetia p. Zell. (ol.) — p. Dup. — Tinea p. Haw.

Caput hirsutum; ocelli nulli; antennae mediocres, conchula parva instructae, supra basim saepe excisae, articulis vel elongatis vel subdentatis; haustellum breve, nudum; palpi nulli, os squamis epistomii tectum. Alae subangustae, anter. caudulatae, poster. lineari-lanceolatae, longe ciliatae; anter. cellula discoidalis angusta et elongata, postice acuta, sed venula tenuissima clausa, e parte poster. ramos duos vel tres in costam emittit; vena subcostalis basim versus vix indicata; mediana trifida supra et infra apicem exit; vena subdorsalis simplex, mediocris; poster. vena mediana trifida supra et infra apicem exit, infra eam vena subdorsalis mediocris.*) Larva libera, pedibus sedecim instructa, supra et infra folium vivit; metamorphosis in folliculo affixo. — *Cf. Zell.*

Höchst ausgezeichnet durch den stark behaarten Kopf und die Abwesenheit der Palpen, sowie des Franzenschwänzchens der Vorderflügel. Die Larve lebt nur in frühester Jugend minirend, dann frei an den Blättern der Bäume und niedern Pflanzen. Sie frisst bald von oben, bald von unten Löcher in das Blatt, schont aber Epidermis oder Hypodermis. Die Verpuppung erfolgt in einem länglichen, gerippten, bald papier-, bald pergamentartigen Gehäuse. Die Generation ist einfach oder doppelt.

---

*) Es ist sehr schwierig, den zarten, vielfach verloschenen Aderverlauf dieser kleinen Geschöpfe sicher zu erkennen, ohne Adern zu übersehen. Die Discoidalzelle des Vorderflügels ist zugespitzt, aber so verloschen, dass es kaum zu bemerken; die Subcostalvene in dem grössten Theile gleichfalls höchst zart. Sie gibt zwei Venen aus ihrer untern Partie zum Vorderrande und endigt dann mit zwei Aesten (B. Crataegi) oder dreien (B. Nigricomella), entweder vor oder in der Spitze; die Medianvene läuft dreigespalten oder mit vier Aesten (B. Frangulella) in und unter der Spitze aus; die Subdorsalvene ist mässig kurz und einfach. Die äusserst verloschene Mittelvene der Hinterflügel endigt dreigespalten. — Weitere Angaben bei Zeller und Stainton l. l. c. c.

Die Artenzahl ist eine grössere, als bei den übrigen Geschlechtern der Lyonetiden-Familie, gegenwärtig etwa 16 betragend. 8 derselben erscheinen im schweizerischen Faunengebiete, aber nur eine derselben ist in den Alpen in einer 5000′ übersteigenden Elevation angetroffen worden; eine zweite ist neu, in der Umgegend von Zürich entdeckt.

1. B. Crataegi Zell. (H.-S. Tab. 107 fig. 850).

Crataegi Zell. — Lien. — Sta. — H.-S. (Tafeln) — Crataegifoliella Dup. — Sta. (ol.) — H.-S. (Text.) — Cuculipennella, Var. γ Haw.

Antennis albidis, fusco-annulatis, conchula alba, capillis luteo-albidis, fusco-intermixtis; alis anter. lutescenti-albidis, fusco-pulveris, nebulis tribus costae cinnamomeis, fusco-pulverosis, lineola ante apicem longitudinali atra. — *Cf. Zell.* — $3^3/_4'''$.

Die Larve minirt anfänglich, dann lebt sie frei an den Blättern des Weissdorns (Crataegus Oxyacantha und monogyna). Sie verwandelt sich in einem blass ockerfarbenen, gerippten Cocon, welcher verhältnissmässig gross ist.

Die Schabe kommt in einfacher Generation im Mai und Juni*) vor. England, Lievland, das nördliche und südliche Deutschland.

Für die Schweiz bei Zürich an Waldrändern und lichten Holzungen bemerkt, namentlich in der zweiten Junihälfte; Bremgarten (Boll) und Schüpfen (Rothenbach).

2. B. Ulmella Mann. (H.-S. Tab. 107 fig. 849).

Ulmella Mann. — Zell. — Sta. — H.-S. — Sircomella Sta. — Cuculipennella, Var. δ Haw.

Antennis albidis, fusco-annulatis, conchula flavida, capillis ferrugineis; alis anter. ochraceis, maculis quatuor costae obliquis obscurioribus, fusco-pulverosis, macula dorsi medii fusca, nigro-squamata. — *Cf. Zell.* — $3^1/_3 - 3'''$.

Das blassgrüne, wenig glänzende Räupchen nach Mann an Ulmen, nach Stainton wohl auch an Eichen, im Spätsommer. Im September erfolgt die Verpuppung. Der Cocon gerippt und dunkelgrau.

---

*) Zeller gibt noch eine zweite Generation an, im August, welche ich sehr bezweifle.

Die Art erscheint im Mai und wieder im August. Sie findet sich in Lievland, England, Deutschland (dem nördlichen wie südlichen); südlich bis Toskana beobachtet.

Für die Schweiz nur aus der Umgebung Zürichs, wo sie im Frühling recht selten erscheint.

3. **B. Hippocastanella** Dup. (H.-S. Tab. 107 fig. 852).

Hippocastanella Dup. — Lien. — Zell. — Sta. — H.-S. — Hippocastani Zell. (ol.)

Antennis fuscescentibus, conchula pallida, capillis flavidis; alis anter. flavis, maculis tribus cinnamomeis, linea a medio in apicem fusca. — *Zell.* — 3 1/3‴.

Die Larve weiss, auf den letzten Ringen trüb röthlich (Lien.), in doppelter Generation, im Juni und August, an Linde und Aesculus Hippocastanum; nach Lienig bewohnt sie noch Alnus und Betula. Der gerippte Cocon ist weisslich.

Die Schabe im Frühling und Hochsommer. Sie ist weit durch unsern Welttheil verbreitet. Schweden, Lievland, England, im nördlichen und südlichen Deutschland.

Für die Schweiz selten; ein Exemplar fing ich Anfang August bei Zürich.

4. **B. Frangulella** Göze. (F. R. Tab. 7 fig. a—l).

Frangulella Göze. — Zell. — Lien. — Sta. — H.-S. — Rhamnifoliella Tr. — F. R. — Dup. — Zell. (ol.) — Sta. (ol.) — Alnella Vill.

Antennis albis, fusco-annulatis, conchula et capillis niveis; alis anter. niveis, maculis duabus costae, una dorsi apiceque fuscescentibus, punctis duobus nigris (primo plicae, secundo disci ante apicem). — 4‴.

Var. a. Alis anter. griseis.

Die Raupe der gemeinen Bucculatrix findet sich in einfacher Generation im August und September. Sie minirt anfänglich mit ganz eigenthümlicher Mine, einem sehr dicht spiralig zusammengewundenen, kleinen Gange, die Blätter von Rhamnus Frangula und catharcticus. Dann lebt sie frei an dem Blatte, welches sie durchlöchert. Sie ist gelblichgrün, an den drei ersten Ringen meistens rothbraun gemischt, mit kleinen, ein schwarzes Haar tragenden Wärzchen über den Körper, honiggelbem, an den Seiten schwarz geflecktem Kopfe und rothbraunem Gebisse. Als Nackenschild erscheint eine röthlichbraune, stark behaarte, wulstige Erhöhung. Die Beine von der Farbe des Körpers. — Sehr auffallend, aber auch bei B. Nigricomella in gleicher Weise vorkommend, ist die Sitte, jede Häutung unter einem engen, weisslichen, provisorischen Gespinnste vorzunehmen. Der Cocon in der gewohnten Form gerippt, bräunlich.

Die Schabe, im Mai und Juni, oftmals noch in den Juli hinein fliegend, zeichnet sich durch ausgedehnte geographische Verbreitung aus. Schweden, Lievland, England, Deutschland und Toskana.

In der Schweiz gewiss überall; bisher aber nur bei Zürich und Bremgarten (Boll) beobachtet. — Eine von mir bei Zürich gefangene Varietät hat stark graue Vorderflügel, sonst aber die gleiche Zeichnung, wie die gewöhnlichen Exemplare.

5. B. Cristatella F. R. (H.-S. Tab. 106 fig. 846).

Cristatella F. R. — Zell. — Dup. — Sta. — H.-S.

Antennis griseis, conchula modica, dilute grisea, capillis fusco-luteis; alis. anter. sericeo-nitidis, griseis. — *Cf. Zell.* — $4-3^1/_2{'''}$.

Die Schabe, welche im April und Mai und wieder Ende Juli und Anfang August (aber viel seltener) erscheint, findet sich in England, einigen Stellen Deutschlands; so bei Glogau, in Böhmen, bei Wien und Regensburg.

Für die Schweiz bei Zürich in der angegebenen Zeit auf trocknen Waldwiesen nicht selten. Die Larve gewiss, gleich der folgenden Art, an einer niederen Pflanze.

6. B. Nigricomella Zell. (H.-S. Tab. 106 fig. 847 [nicht gut]).

Nigricomella Zell. — Lien. — Dup. — H.-S. — ? Orichalcella Eversm.

Antennis fuscis, apice albis, conchula majuscula nitide alba, capillis nigerrimis; alis anter. nitidis virescenti- vel fuscescenti-aeneis. — *Cf. Zell.* — $4'''$.

Wie zuerst A. Schmid bei Frankfurt am Main und ich hier bei Zürich beobachtete, lebt die Larve an Chrysanthemum Leucanthemum mit ähnlichen Sitten, wie die längst bekannte der B. Frangulella. Ihre Generation ist unzweifelhaft doppelt, eine im Frühling, April, und eine im Juli. Sie minirt anfänglich mit schmaler, flacher Mine; dann lebt sie frei am Blatte, oft in Mehrzahl, dieses von der obern oder untern Seite durchlöchernd; stets aber so, dass die entgegengesetzte Blatthaut erhalten wird.

Die Raupe hat die Grösse derjenigen von B. Frangulella. Der Kopf ist gelb, die Fressspitzen schwärzlich. Der Körper ist blassgrün mit einem etwas dunkleren Rückenstreifen und zweien in den Seiten; auf dem Rücken und den Seiten stehen jederseits zwei Längsreihen weisslicher, haartragender Wärzchen; Athemlöcher schwarz. Der Nackenschild hat die Farbe des Kopfes und ist mit Querreihen schwarzer Pünktchen besetzt. Beine von der Farbe des Körpers.

Der Cocon ist ziemlich lang, weiss, stark längsgerippt, an beiden Polen durchsichtig. Er findet sich an der Nahrungspflanze, an Grashalmen etc. angesponnen.

Die Schabe, der brittischen Fauna fehlend, erscheint in doppelter Generation von Ende April bis in den Juni und dann vom Ausgange des Juli bis in den August hinein. In Lievland, in Deutschland; so bei Glogau und Warmbrunn, in Böhmen, bei Dessau, bei Göttingen, Frankfurt am Main. Gehört B. Orichalcella Eversm. hierher, so kommt sie auch im Kasan'schen vor; endlich in Toskana bei Pisa.

Für die Schweiz bei Zürich; nicht selten an trocknen Waldwiesen.

7. B. Aurimaculella Sta.

Aurimaculella Sta. — H.-S. — Rhaeticella v. Heyd. (in litt.).

Antennis fuscis, apice albis, conchula majuscula nitide alba, capillis nigris; alis anter. nitidis, fuscescenti-aeneis, maculis duabus dorsi et duabus costae dilute aureo-luteis, subobsoletis, macula prima dorsi basim versus per plicam producta. — *Cf. Sta..* — 4‴.

B. Aurimaculella, von Stainton genügend beschrieben, abgesehen von dem unglücklicher Weise »dunkel purpurfarbig« genannten Kopfe, lebt ganz in derselben Art an Chrysanthemum Leucanthemum, wie B. Nigricomella. Herr Stainton entdeckte die Raupe bei Boulogne am 17. April 1855. Sonderbar genug habe ich unter einer grossen Zahl von Nigricomella-Larven auch nicht eine einzige dieser Spezies erhalten.

England, Frankreich (Boulogne).

In der Schweiz im obern Engadin bei St. Moriz (von Heyden) und Samaden. Hier fand ich sie 1853 auf einer Wiese dicht beim Dorfe Ende Juli in drei Exemplaren und hielt sie für neu. Am

9. Mai 1844 traf ich die ersten Stücke bei Zürich, selten und einzeln unter Schaaren der B. Nigricomella. Seitdem ist sie mir öfter im Frühling, aber stets einzeln und selten, vorgekommen. Ein von Herrn Stainton erhaltenes erzogenes Exemplar stimmt ganz mit den schweizerischen überein.

8. B. Gracilella n. sp.

Antennis griseis, nigro-annulatis, conchula griseo-albida, epistomio griseo, capillis saturate ferrugineis; alis anter. angustis laeviter squamatis, subnitidis, nigris, maculis oppositis albis distinctis (duabus ante, duabus post medium). — 3–2¾‴.

Ein sehr zierliches Insekt, der B. Cidarella (welche in unserer Fauna noch fehlt) am meisten verwandt, aber kleiner (überhaupt die kleinste im Genus), mit schmäleren, viel feiner beschuppten Flügeln und mit deutlicher und schärfer hervortretenden weissen Fleckchen.

Fühler mit ziemlich grossen, grau-weisslichen Augendeckeln und grauer, schwärzlich geringelter Geisel. Das Obergesicht grau, dicht, etwas glänzend beschuppt. Der Haarschopf ist tief rostfarben. Hinterleib dunkelgrau, mit graugelblicher Afterspitze. Beine grau; das vorderste Paar am hellsten mit gelblich angeflogenen Tarsen, das letzte Paar mit stark grau behaarter Schiene. Seine und des vorhergehenden Beines Fussglieder sind heller grau mit braunen Gliederspitzen.

Die Vorderflügel sind, wie schon oben bemerkt, durch die glattere und etwas glänzendere Beschuppung von denjenigen der B. Cidarella verschieden und haben als Grundfarbe ein (wenn auch nicht tiefes) Schwarz. Ungefähr in einem Drittheile der Flügellänge erscheinen die zwei ersten rein weissen und scharf umschriebenen Gegenfleckchen. Das der Costa ist das kleinere, das des Innenrandes grösser und etwas mehr wurzelwärts gerichtet. Beide können stumpf viereckig genannt werden. Nach zwei Drittheilen der Flügellänge stehen die beiden anderen. Beide sind stumpf dreieckig, das des Costalrandes grösser als das Dorsalfleckchen, welches nahe am Afterwinkel vorkommt und seine Spitze etwas mehr wurzelwärts als das Costalfleckchen hat. Die Franzen schwärzlich grau. — Hinterflügel und Franzen grau, letztere mit zart gelblicher Linie an der Wurzel. — Auf der Unterseite ist die Vorderflügelfarbe ein schwärzliches Grau mit graugelblich durchschimmernden Fleckchen.

Das schöne Thierchen, dessen Raupe ich, im Gegensatze zu der an Erlen lebenden Larve der B. Cidarella, an niederen Wiesenpflanzen vermuthe, fliegt auf trocknen Waldwiesen bei Zürich im Frühling, aber sehr einzeln und selten. Ich fing es am 28. Mai und 6. Juni 1855 am Uetliberg und im Mai des vorhergehenden Jahres am rechten Seeufer bei Wytikon. Ein Exemplar, welches ich Herrn Stainton mittheilte, erklärte derselbe ebenfalls für neu.

---

4. Genus. CEMIOSTOMA.

Cemiostoma Zell. — Sta. — H.-S. — Opostega p. Zell. (ol.) — Dup Argyromiges p. Steph.

Caput laeve, obtusum; antennae mediocres, articulis apicis subdentatis, conchula basali mediocri; palpi labiales nulli; haustellum breve nudum. Alae anter. caudulatae, poster. angustae, lanceolatae, longe ciliatae; anter. cellula discoidalis postice imperfecta; vena subcostalis ramos duos costales ante apicem emittit, curvata et bifida infra apicem exit; vena mediana simplex, submediana postice incrassata; subdorsalis simplex, longa; poster. vena mediana trifida in et infra apicem exit. Larva sedecimpes*), plerumque in foliis cuniculos agit; metamorphosis extra cuniculum in folliculo affixo. — *Cf. Zell.*

In der Abwesenheit der Taster mit dem vorigen Genus übereinkommend, unterscheidet sich Cemiostoma durch den vollkommen glatten, etwas stumpfen Kopf mit grösseren Augendeckeln. Die Vorderflügel sind in eine hakenartige Spitze ausgezogen, welche aber erst nach der Desquamation hervortritt. Ihre Spitze trägt ein Franzenschwänzchen nach Art der beiden ersten Geschlechter unserer Familie. Im Uebrigen zeichnen sie sich durch ihre brillante silberweisse oder silbergraue Färbung mit zierlicher Zeichnung sehr aus.

Der Aderverlauf des Vorderflügels ist eigenthümlich genug. Die Subcostalader, sehr weit vom Vorderrande entfernt verlaufend, sendet nach drei Fünftheilen ihrer Länge zwei Venen in die Costa,

---

*) So nach Stainton. Ich selbst glaube früher für C. Laburnella und Scitella 14 Beine gefunden zu haben.

biegt dann stark nach abwärts, um gegabelt (aber sehr zart) unter der Spitze zu endigen. Die Discoidalzelle bleibt nach hinten ganz offen. Die Medianvene ist ganz astlos, eine einfache, ähnlich gebogene Ader; die Submedianvene erscheint nach hinten röhrenförmig verdickt, die Subdorsalader lang und schlank. Auf den langgespitzten Hinterflügeln zeigt sich in der Mitte eine Ader, welche zwei kurze Aeste in den Hinterrand sendet und dann in die Spitze ausläuft.

Die Larven miniren, meistens in doppelter Generation, die Blätter von Bäumen und niederen Pflanzen in eng spiraligen Minen, welche als Flecke erscheinen. Nur eine Spezies kommt in langen, gestreckten Gängen an den Stielen des Spartium scoparium vor. Die Verpuppung erfolgt in der Regel ausserhalb der Mine in einem spindelförmigen, seidenen Gewebe. Die Schaben gewöhnlich im Frühling und dann Ende Juli und im August.

Der Artenreichthum unseres Geschlechtes ist zur Zeit noch ein sehr geringer, indem nur 6 Arten in Europa bekannt sind, von welchen 2 ein nur sehr beschränktes Vorkommen bisher dargeboten haben, während unter den übrigen ein paar Spezies eine sehr ausgedehnte geographische Verbreitung besitzen. In unserm Faunengebiete finden sich 3 Cemiostomen. Sie sind sämmtlich Erscheinungen des Flachlandes; keine scheint die Alpenzone zu erreichen. Am höchsten dürfte nach der Nahrungspflanze noch C. Susinella aufsteigen.

1. C. **Laburnella** v. Heyd. (H.-S. Tab. 109 fig. 876. — Sta. Nat. hist. of Tineina I. Cemiostoma Tab. 1 fig. 1).

Laburnella v. Heyd. — Martini. — Sta. — H.-S.

Antennis fuscis, basi et apice niveis; capite alisque anter. argenteo-niveis, strigula costae pone medium dilute flava, fusco-marginata, strigula altera costae apicem versus, lateribus parallelis fusco-marginatis, macula atra, violaceo-pupillata ad angulum analem, lineis tribus fuscis per cilia radiantibus. — *Cf. Sta.* — 4–3½‴.

Der bekannten, in unserer Fauna fehlenden C. Spartifoliella so ähnlich, dass nur, wie Stainton hervorhebt, das zweite Vorderrandshäkchen mit seiner parallel laufenden braunen Begrenzung einen Unterschied ergibt*), der noch nicht einmal ganz stichhaltig sein dürfte.

*) Bei C. Spartifoliella laufen die braunen Randlinien convergirend nach innen.

Die Larve minirt im Juni und Juli und dann wieder im September und Anfang Oktober die Blätter des Cytisus Laburnum, oft in Mehrzahl, mit eigenthümlicher Mine. Es sind grosse, flache, oberseitige, unregelmässig runde Flecke von 6 — 9''' im Durchmesser, anfänglich weissgrau, dann schmutzig weiss, mit einem dunkleren Mitteltheile und peripherisch in kreis- oder spiralförmigen Linien gelagerten Kothreihen. Die Raupe selbst ist etwas schlanker als die von C. Scitella (siehe unten), von einem glasartigen, matten Blassgrün mit dunkelgrün durchschimmerndem Verdauungskanale. Sie ist vorne am breitesten, nach hinten zugespitzt, mit scharf von einander abgesetzten Ringen und einem beträchtlich kleinen Kopfe. Letzterer ist bräunlich mit dunkleren Fresswerkzeugen. Auf dem ersten Gürtel steht ein complicirter, bräunlicher, durch eine helle Längslinie getheilter Nackenfleck. Stainton vergleicht die an jeder Hälfte des letzteren erscheinende Zeichnung mit einem liegenden U. In den Seiten der Ringe je ein grösseres, weissliches Härchen; die Brustfüsse schwärzlich, die Bauchfüsse von der Farbe des Körpers.

Sie verpuppt sich in einem spindelförmigen, weissen Gewebe, manchmal an der Unterseite des Blattes, gewöhnlicher am Boden.

Die Schabe im Mai und Juni und dann wieder am Ende des Juli und im August. Sie findet sich in Deutschland, so z. B. bei Frankfurt am Main, bei Regensburg, Freiburg und in Thüringen; ferner in England und wohl zweifelsohne auch in Toskana.

Für die Schweiz bisher bei Zürich allein beobachtet; gewiss aber überall, wo Cytisus Laburnum kultivirt wird. Verglichen mit der ungeheueren Häufigkeit, in welcher sie z. B. in den Promenaden Frankfurts vorkommt, ist sie bei uns fast selten zu nennen.

2. C. **Susinella** v. Heyd.

Susinella v. Heyd. (in litt.) — H-S. — Sta.

Antennis fuscis, basi et apice niveis, capite et alis anter. argenteo-niveis, strigula costae pone medium dilute flava, fusco-marginata, ad angulum analem usque fere producta, strigula altera costae apicem versus, introrsus squamis fuscis marginata, macula atra, violaceo-pupillata ad angulum analem, lineis duabus fuscis per cilia radiantibus. — 3½–3'''.

Ich besitze mehrere bei Zürich, ebenso ein bei Göttingen gefangenes Exemplar dieser von Heyden's Scharfblick entdeckten Spezies, welche ich in Frankfurt mit Heyden'schen Originalexemplaren verglichen habe. Beim Mangel erzogener Stücke bemerke ich hier nur soviel, als zur Erkennung des Thierchens unumgänglich nöthig ist.

C. Susinella ist in der Regel um ein Beträchtliches kleiner als C. Laburnella und nur in einzelnen Stücken diese erreichend. Die Flügel erscheinen mir etwas kürzer. Kopf, Gesicht, Hinterleib und Beine verhalten sich gleich. Die Zeichnung der mit C. Laburnella gleichfarbigen Vorderflügel ist besonders am ersten Costalfleckchen charakteristisch. Es beginnt etwas weiter nach dem Hinterrande, steht weniger schief, mehr senkrecht als bei der vorhergehenden Spezies, und ist viel länger, so dass es mit seiner Spitze fast den Afterwinkel erreicht. Dieses ist offenbar das beste Unterscheidungsmerkmal. — Das zweite Costalhäkchen ist gleichfalls senkrechter gestellt, kleiner als bei C. Laburnella, und scheint mir nur an seinem Innenrande bräunlich umzogen, während gegen den Hinterrand hin die gelblichen Schuppen ohne scharfe Grenze in die Flügelspitze auslaufen. Die Pupille ist dieselbe und in den Franzen kommen nur zwei dunkelbraune Striche vor.

Die Larve minirt in den Blättern von Populus tremula wohl in doppelter Generation. Ich kenne die Mine nicht; dagegen wurde im verflossenen Jahre die Schabe hier von Herrn Vögeli erzogen.

Die Schabe fing ich im Juni und wieder Anfang August. Sie ist bei Frankfurt am Main beobachtet; ebenso kommt sie bei Göttingen und im Grossherzogthum Baden vor.

Für die Schweiz bei Zürich selten; ebenso bei Baden am Lägernberge und noch bei Bremgarten (Boll).

3. C. Scitella (Metzn.) Zell. (H.-S. Tab. 109 fig. 873. — Sta. Nat. hist. of Tineina I. Cemiostoma Tab. 1 fig. 3).

Scitella (Metzn.) — Zell. — Sta. — H.-S. — Clerckella Steph. — ? Fab. — ? Haw.

Antennis nigris, articulo basali, capite et alis anter. argenteogriseis; his postice saturate croceis, strigulis duabus costae albidis, macula atra, violaceo-pupillata ad angulum analem, ciliis albidis cum lineis quatuor radiantibus fuscis. — $3^1/_3$–3‴.

Die Larve lebt bei uns mit voller Sicherheit in doppelter Generation, einer im Juni bis in den Anfang des Juli und einer zweiten im August und September, am Apfelbaume und an Birnen; ebenso kommt sie noch an Crataegus Oxyacantha vor. Die Mine erscheint als ein ansehnlicher, flacher, unbestimmt rundlicher Fleck und ist oberseitig. Um einen braunen, dunkeln Centraltheil liegen auch hier die Kothreihen, ähnlich wie bei C. Laburnella.

Die Raupe, mit verwandter, aber gedrungenerer Körperform und sehr kleinem Kopfe, ist schmutzig weiss, ins Grünliche ziehend, mit dunkelgrün durchschimmerndem Verdauungskanale. Der Kopf ist kastanienbraun; auf dem Prothorax ein schwärzlicher, zweigetheilter Nackenschild; in den Seiten der Ringe je ein Härchen. Die Brustbeine schwarz, die übrigen von der Farbe des Körpers.

Die Schabe in einigen Gegenden Deutschlands (Frankfurt am Main [gemein], bei Frankfurt an der Oder); in England, und zwar stellenweise in Unzahl. Südlich hat man sie bis Toskana bemerkt.

Für die Schweiz zu Anfang August und im Frühling, Mai und Juni, aber nur stellenweise, wie wohl überall. In Menge bei Bremgarten, selten und einzeln bei Zürich. Auf Crataegus scheint sie bei uns nicht vorzukommen.

---

5. Genus. OPOSTEGA.

Opostega Zell. — *Sta.* — *H.-S.* — *Opostega p. Zell. (ol.)* — *p. Dup.* — *Elachista p. Tr.* — *p. Dup.* — *Apheloselia p. Steph.*

Capilli squamacei, verticales subrigidi pilosi, occipitales depressi; antennae alis anter. breviores, crassiusculae, articulis apicis subdentatis, conchula basali permagna; palpi labiales (et maxillares interdum) breves, penduli; haustellum nullum. Alae anter. latiusculae, poster. angustae lanceolatae, longe ciliatae; anter. cellula discoidalis nulla, venae quatuor simplices; poster. vena mediana trifida. — *Cf. Zell.*

Sonderbare Geschöpfe mit geringer Artenzahl bilden das Genus, welches sich von dem vorhergehenden durch die überaus grossen Augendeckel und den Besitz von Labialpalpen*) auszeichnet und einzig in der ganzen Familie durch den merkwürdigen Aderverlauf da-

---

*) Bei O. Crepusculella kommen merkwürdigerweise auch Kiefertaster, gewissermassen im Uebergang zu den Nepticuliden, vor. Bei O. Auritella und Salaciella kann ich sie dagegen nicht finden. Ob sie desshalb von Herrich-Schäffer mit Recht allen Opostegen zugeschrieben werden, steht anhin.

steht. Das Geäder der Vorderflügel zeigt nämlich nur vier Längsvenen ohne jede Verzweigung, während auf den Hinterflügeln eine dreigetheilte Vene wie beim vorigen Genus getroffen wird.

Die Larvenzustände sind uns dermalen noch völlig unbekannt.

In dem Faunengebiete der Schweiz ist bisher eine einzige Spezies bemerkt worden.

1. O. Crepusculella F. R. (H.-S. Tab. 109 fig. 869).

Crepusculella F. R. — Zell. — Dup. — Lien. — Sta. — H.-S. — Auritella Steph.

Antennis lutescentibus, fusco-annulatis, basi nivea, capillis et alis anter. niveis, nitidis; his punctulo apicis atro, strigula costae mediae strigaque fracta apicis obsoletis lutescentibus; poster. cinerascentibus. — *Zell.* — $4\frac{1}{3}'''$.

Die Schabe kommt vor an morastigen Grasstellen, theils in Holzungen, theils frei auf Wiesen. Sie pflegt spät am Abend oder zu früherer Stunde nur bei trüber Witterung zu fliegen. Im Uebrigen ist sie weit verbreitet.

Lievland; England; in Schlesien, in der Ebene wie im Gebirge; südlich ist sie bis Pisa angetroffen worden.

Für die Schweiz bisher allein bei Zürich und sehr selten beobachtet. Ein Exemplar am 15. Juni, ein anderes frisch am 18. August. Die Generation ist darum unzweifelhaft bei uns eine doppelte.

XIV. Familie. LITHOCOLLETIDEN.

Lithocolletidae Sta.

Capilli hirsuti; ocelli nulli; antennae filiformes, alis anter. vix breviores; palpi maxillares nulli, labiales penduli mediocres. Alae angustae longe ciliatae. Larva quatuordecim pedibus praedita in foliis cuniculos agit; metamorphosis intra cuniculum.

Diese Familie wird von dem einzigen Geschlechte Lithocolletis hergestellt, kleinen, schmalflügligen Schaben, meistens mit sehr zierlichen Zeichnungen der Vorderflügel, welche sich durch die Abwesenheit der Augendeckel von der vorhergehenden Familie der Lyonetiden leicht unterscheiden lassen und namentlich in ihren früheren Lebenszuständen höchst charakteristisch erscheinen. Sie miniren alle mit breiterer Mine ihre ganze Lebenszeit hindurch, ohne jemals die Wohnung zu verlassen und eine neue zu beziehen. Auch die Verpuppung erfolgt innerhalb der Mine.

1. Genus. LITHOCOLLETIS.

Lithocolletis Zell. — Dup. — v. Nic. — Sta. — H.-S. — Tinea p. Haw — Argyromiges p. Curt. — p. Steph. — Elachista p. Tr. — p. Dup. (ol.) — *p. Zetterst.*

Capilli hirsuti, epistomio laevi; antennae filiformes, non ciliatae, articulis longiusculis fere cylindricis, basali elongato et modice incrassato; palpi labiales mediocres, penduli, articulo medio brevi, ultimo longiore, acuminato; haustellum mediocre nudum. Alae angustae, longe ciliatae, anter. lanceolatae, acuminatae, poster. lineari-lanceolatae; alarum anter. cellula discoidalis longa perfecta, postice acuta, e parte posteriore ramos tres in costam emittit, quorum tertius ante apicem exit; vena subcostalis basim versus tenuissima; mediana bifida infra apicem exit, submediana tenuissima; subdorsalis mediocris, simplex; poster. vena mediana bifida supra et infra apicem exit; subdorsalis simplex. — *Cf. Sta.*

Die Lithocolletiden kommen in dem oberwärts rauh behaarten, aber mit glatter Stirne versehenen Kopf, welcher ziemlich kleine Augen besitzt, ebenso in den fadenförmigen, mit längerem und verdickterem Endgliede versehenen Fühlern ohne alle Behaarung, in den hängenden, mässigen Lippentastern, in der Abwesenheit der Maxillarpalpen und in dem Flügelgeäder überein. Die Vorderflügel, ziemlich schmal mit langer Spitze, zeigen eine lange, spitz zulaufende, geschlossene Discoidalzelle, deren vordere begrenzende Ader, die Subcostalvene, wurzelwärts überaus zart und fein wird. Zwei Venen gehen vom hinteren Theile jener in den Vorderrand und als dritte, vor der Flügelspitze endigend, erscheint eine einfache Apicalader. Oefter sehe ich die Discoidalzelle durch eine zarte Faltenlinie der Länge nach getheilt. Unter der Flügelspitze endigen zwei kurze Aederchen, welche als Endäste der Medianvene betrachtet werden können. Die Submedianfalte verdickt sich hinterwärts nicht. Die Subdorsalader ist an der Wurzel einfach, von einer ziemlichen Länge. An den Hinterflügeln endigt eine Medianader mit zwei Gabelästen, einem über, einem unter der Flügelspitze, aber in beträchtlicher Entfernung vor letzterer. Oefter sieht man unter ihr in geringer Entfernung noch eine feine Ader parallel laufen, welche sich dann in den untern Gabelast fortsetzt, so dass der vordere der einzige Ausläufer der Medianvene ist. Die Subdorsalader ist ziemlich kurz.*)

Die Raupen sind vierzehnfüssig mit etwas abgeplattetem, gewöhnlich nach vorne verbreiteterem Körper und kleinem, zugespitztem Kopfe. Sie miniren mit breiteren (niemals gangartigen) Minen bald die Oberseite, bald die Unterfläche der Blätter und verpuppen sich in ihrer Wohnung theils in zarterem, theils in festerem, papierartigem Gewebe. Die Puppe dringt beim Ausschlüpfen gewöhnlich aus der Unterseite des Blattes, bei manchen Arten aber auch aus der Oberfläche hervor.

Ihre Erscheinungszeit ist wohl ausnahmelos in den gemässigteren Himmelsstrichen eine doppelte. Die meisten Arten leben als Raupen in einer Sommergeneration, gewöhnlich im Juli oder auch schon im Juni, und dann in einer zweiten im Herbste, während des Septembers und Oktobers. Bei andern Spezies findet sich eine Frühlingsgeneration der Larve im April und Mai und eine sommerliche im Juli und August. Darnach erscheint das vollendete Insekt entweder im Frühjahr und zum zweiten Male im Juli und Anfang August, oder während des Juni und abermals im Spätsommer.

Die meisten Lithocolletiden leben in den Blättern unserer Laubhölzer. Am reichsten sind sie an der Eiche vertreten; dann folgt die Erle. In neuerer Zeit hat man einige Arten an niederen Pflanzen, an Genista, Vicia, Trifolium und Vaccinium angetroffen.

Der Artenreichthum unseres Geschlechtes ist ein sehr beträchtlicher und jedes Jahr steigender. Im Jahr 1846, als Zeller seine treffliche, bahnbrechende Monographie des Genus schrieb (cf. Lin. entom. Band I.), waren ihm als europäisch 41 Spezies vorgekommen. Gegenwärtig, namentlich nach den Untersuchungen von Nicelli's und Stainton's, mögen für unsern Welttheil zwischen 60 und 70 Arten bekannt sein.

Unter diesen erscheinen nicht weniger als 44 zur Zeit in der brittischen Fauna; mindestens ebenso viele kommen nach A. Schmid bei Frankfurt am Main vor. 42 habe ich für die Schweiz beobachtet; vielleicht noch einige mehr, aber nur in einzelnen Stücken,

*) Der Aderverlauf, von Zeller für L. Quercifoliella, von Stainton für Messaniella gezeichnet, wiederholt sich sehr gleichartig bei L. Emberizaepennella, Pomifoliella, Lautella, Alpina und Populifoliella.

welche darum wegbleiben. 35 Arten führt Reutti für das Grossherzogthum Baden auf; 11 finden sich nach Lienig in Liev- und Kurland; 6 nach Tengström in Finnland.

Die Lithocolletiden sind vorzugsweise Bewohnerinnen der Ebenen und niederen Berge. Schon auf Erhebungen von etwa 3000′ Meereshöhe nimmt ihre Artenzahl bedeutend ab und in der Alpenzone hat man erst kürzlich sie angetroffen. Ich kenne zur Zeit 2 Spezies, welche über 5000′ vorkommen. Eine derselben findet sich weiter unten beschrieben; die andere, welche ich nur in einem einzigen Exemplare erhielt, musste übergangen werden.

1. L. Roboris Zell. (H.-S. Tab. 97 fig. 746).

Roboris Zell. — Wocke. — v. Nic. — Sta. — Frey. — H. S. — Roborella Sta. — Roborifoliella Dup.

Alis anter. caudulatis, argenteo-niveis, fascia baseos crocea, postice luteolis, strigulis costae quatuor, dorsi unica fuscescentibus, puncto apicis atro. — *Cf. Zell.* — $4\frac{1}{3}-3\frac{2}{3}'''$.

Die Larve minirt unterseitig mit ziemlich breiter, rundlicher Mine bei uns die Blätter von Quercus pedunculata. Die Mine erscheint gescheckt, indem das Blattgrün nur theilweise verzehrt wird. Bei der Menge der auf Eichen lebenden Lithocolletisarten bedarf die Raupe noch einer genaueren Untersuchung. Sie erscheint im Uebrigen in der gewöhnlichen doppelten Generation, einer im Frühsommer und einer zweiten im Herbste.

Die Schabe in England, dem nördlichen und südlichen Deutschland (Stettin, Berlin, Glogau, Breslau, Sachsen, Böhmen, Frankfurt am Main, Karlsruhe, Freiburg, Wien, Oberkrain); in Frankreich (Paris); südlich noch in Toskana.

Für die Schweiz als eine gemeine Art beobachtet bei Zürich im April und Mai, ebenso im Juli und August; Bremgarten (Boll); Lausanne (Laharpe).

2. L. Hortella Fab. (H.-S. Tab. 99 fig. 766).

Hortella Fab. — Haw. — Sta. — Saportella Dup. — Zell. — Wocke. — v. Nic. — Frey. — H.-S. — KuhlweiniellaZell. (ol.) — ? Microdactylella S. V. — ? Göze.

Alis anter. caudulatis niveis, fasciis duabus (prima recta, secunda angulata) maculisque posticis tribus costae, una dorsi, apicibus conjunctis, croceis, tenuiter fusco-marginatis. — *Cf. Zell.* — $4'''$.

Die Raupe minirt an Quercus pedunculata und Robur, im Süden auch an Quercus pubescens, namentlich an alten Bäumen. Nach A. Schmid soll sie auch an Buchen leben, was ich bezweifeln möchte.

Sie hat die gewöhnliche doppelte Generation.

Die Schabe, im April, Mai und Juni und dann wieder im August, kommt vor in England, in Frankreich (bei Paris), in Deutschland (Stettin, Berlin, Glogau, Breslau, Göttingen, Frankfurt am Main, Regensburg, Wien); südlich bis Toskana beobachtet. Sie ist eine seltenere Spezies.

Für die Schweiz bisher äusserst selten; ein Exemplar bei Zürich am 20. Mai 1849 gefangen.

3. L. Amyotella Dup. (H.-S. Tab. 98 fig. 755).

Amyotella Dup. — Zell. — Wocke. — Sircom. — v. Nic. — Sta. — Frey. — H.-S. — Mülleriella Zell. (ol.)

Capillis flavidis; alis anter. caudulatis, nitidis, croceis, macula dorsi prope basim, duobus paribus macularum oppositarum maculaque apicis albis, fusco marginatis. — *Zell.* — 4⅓–3⅓‴.

Die Larve lebt in doppelter Generation an Quercus pedunculata, aus deren Minen sie von Stainton und mir erzogen wurde.

Die Schabe im Mai und August; England; Frankreich (Paris); Deutschland (Stettin, Glogau, Böhmen, Frankfurt am Main, Wien, im östreichischen Gebirge bis gegen das adriatischen Meer).

Für die Schweiz bei Zürich eine Seltenheit; viel häufiger bei Bremgarten (Boll).

4. L. Distentella F. R. (H.-S. Tab. 98 fig. 756).

Distentella F. R. — Zell. — Wocke. — v. Nic. — Frey. — H.-S.

Alis anter. caudulatis, nitidis, croceis, strigulis costae quatuor, dorsi duabus niveis, lineola ex basi longitudinali nivea, trabe apicis nigro-pulverea; tarsis posticis albis. — *Zell.* — 4⅔–4‴.

Die Larve lebt an Eichen minirend, und zwar an Quercus pedunculata und pubescens. Man kennt zur Zeit erst eine Herbstgeneration. Die Mine ist noch nicht unter den andern der Eiche genauer unterschieden.*)

*) Wocke fand öfter bei Paris zwei Raupen in einer Mine.

Die Schabe im Mai und Juni in Deutschland bei Stettin, Frankfurt am Main, bei Wien; in Frankreich bei Paris: der brittischen Fauna fehlend; ebenso noch nicht südwärts von den Alpen angetroffen.

Bei Zürich äusserst selten. Ich erzog zwei Stück aus Eichenblättern, welche im Herbste am rechten Seeufer in einem Gebirgswalde gesammelt waren; Bremgarten (Boll).

5. L. **Strigulatella** Lien. (H.-S. Tab. 101 fig. 789).

Strigulatella Lien. — H.-S. — Rajella ? L. — ? Fab. — ? Göze. — Zell. — Wocke. — Frey.

Antennis fuscis, apice albidis, thorace aureo, scapulis albomarginatis; alis anter. aureis, linea basali nivea, utrimque fusco-marginata, strigulis costae quatuor, dorsi tribus argenteo-niveis, fusco-marginatis (prima costali ultra oppositam producta), striola ovata apicis atra; tarsis posticis cinereis, immaculatis. — *Cf. Zell.* — $4^1/_3 - 3^1/_2$'''.

Die Larve, in den beiden gewöhnlichen Generationen vorkommend, lebt unterseitig an Erlen, Alnus glutinosa (bei uns nur sehr selten) und Alnus incana. An letzterer Pflanze ist sie sehr gemein. Die Mine erscheint in Form bräunlicher Flecke, deren man oft sechs, ja zehn bis zwölf an einem einzigen Blatte bemerkt. Sie ist rundlich oder elliptisch, im Verhältniss zur Grösse des Falters ziemlich klein. Gewöhnlich sitzt sie, von zwei Seitenrippen begrenzt, dicht an der Medianader des Blattes. Andere entfernen sich von letzterer, so dass sie bis gegen den Blattrand vorrücken. Die abgelöste Hypodermis bleibt ziemlich glatt und ungefaltet.

Das Räupchen ist am zweiten Segmente am breitesten und von da nach hinten verschmälert. Die Farbe des Rumpfes ist blassgelblich, ebenso die Brustfüsse. Der Kopf bräunlich, seine Seitentheile schwärzlich.

Die Schabe im April und Mai und dann wieder im Juli und August in Erlengehölzen.

In Schweden und Lievland, in einzelnen Gegenden Deutschlands (Danzig, Schlesien [selten], Dessau, Frankfurt am Main, Konstanz, Wien); hier und da gemein.

Bei Zürich die gemeinste Lithocolletis, oft in ganzen Schwärmen vorkommend; Baden, Bremgarten (Boll) und Lausanne (Laharpe).

6. **L. Elatella** Zell. (H.-S. Tab. 98 fig. 757).

Elatella Zell. — Frey. — H.-S. — Lantanella ? Schr. — Sta. — ? Confertella F. R.

Thorace dilute croceo, linea longitudinali alba diviso, scapulis albo-marginatis; alis anter. dilute croceis, striola basali argenteo-nivea, utrimque fusco-marginata, strigulis costae quatuor, dorsi tribus argenteo-niveis, striola apicis atra, antice niveo-marginata; tarsis posticis immaculatis. — *Cf. Zell.* — $4\frac{1}{2}-3\frac{1}{2}'''$.

Die Larve erscheint in den zwei bekannten Generationen und zwar an Viburnum Lantana, seltener an V. Opulus. — Die Raupenwohnung an ersterer Pflanze tritt an der Oberseite des Blattes als ein braunrother, gewölbter Fleck, meist von länglich runder Form, hervor. Die Mine ist ziemlich lang und die abgelöste Hypodermis in zahlreiche Längsfalten gelegt. Zwei Minen an einem Blatte kommen nicht selten vor. Ziemlich abweichend hiervon ist die Mine an Viburnum Opulus gestaltet. Sie ist länger und viel schmäler. Das Räupchen ist lebhaft citrongelb mit dunklerem Rückenstreifen. Der Körper ist auch hier nach vorne am breitesten. Der Prothorax trägt einen dunkleren, bräunlichen, unbestimmt geformten Nackenfleck. An jedem Segmente bemerkt man in den Seiten ein zartes Härchen. Der Kopf ist sehr klein, röthlichbraun, an den Seiten und am Vorderrande dunkler; die Füsse von der Farbe des Körpers. Die Raupe der Herbstgeneration überwintert unverpuppt.

Weniger häufig, nur stellenweise vorkommend, ist L. Elatella zur Zeit in England und einigen Gegenden Deutschlands beobachtet worden (Glogau, Oestreich, Bayern [Regensburg]).

Für die Schweiz bei Zürich in manchen Jahren als Larve häufig. Mai und Juni und dann im Juli und August. Sie fliegt einzeln an Waldrändern.

7. **L. Coryli** v. Nic. (H.-S. Tab. 100 fig. 771 ?).

Coryli v. Nic. — Sta. — Frey. — H.-S.

Thorace croceo, linea longitudinali alba diviso, scapulis albomarginatis; alis anter. croceis (vel ochreis), linea basali nivea, non obscure marginata, strigulis quatuor costae, tribus dorsi niveis, introrsum fusco-marginatis, striola apicis nigra; tarsis posticis fusco-maculatis.*) — $4\frac{1}{3}-3'''$.

---

*) Ich bin über die Artrechte gegenüber der folgenden L. Carpinicolella nicht im Reinen. Das erste Costalhäkchen setzt sich ge-

Die Raupe minirt in den bekannten zwei Generationen die Blätter von Corylus Avellana und zwar oberseitig. Anfänglich ist die Mine sehr breit und flach und die Raupe greift das Chlorophyll des Blattes nicht an. Später wölbt sich die Stelle durch zahlreiche Längsfalten der Epidermis bedeutend und das Blattgrün wird verzehrt. Gegen das Ende der Larvenzeit ist die Mine fest zusammengezogen und die abgelöste Epidermis nur als schmaler Streif noch sichtbar.

Sie ist mit einem kleinen, bräunlichen, an den Seiten dunkleren Kopfe versehen. Ihre Ringe sind scharf von einander abgesetzt, der mittlere Brustgürtel am breitesten. In der Seite eines jeden Ringes stehen zwei Haare. Die Körperfarbe ist gelblich; vom dritten Brustring an schimmert der Darmkanal als dunkler Rückenstreifen hindurch. Auf dem Prothorax stehen, als getheilter Nackenschild, zwei dunklere Fleckchen. Alle Beine sind von der Farbe des Körpers.*)

Die Schabe, im Mai und dann im Juli und zu Anfang des August, in England und verschiedenen Gegenden Deutschlands.

Für die Schweiz bisher allein bei Zürich beobachter, gewiss aber weit verbreitet. Sie kommt einmal an den Rändern der Wälder, dann aber auch an Hecken, wo der Haselstrauch steht, vor, und zwar hier gewöhnlich häufiger.

8. L. Carpinicolella Sta. (H.-S. Tab. 100 fig. 779).

Carpinicolella Sta. — *Frey.* — *H.-S.* — *Ilicifoliella Sta. (ol.)* — *Pomonella p. v. Nic.* — *Mespilella ? Haw.* — *? Steph.*

Thorace dilute croceo, linea alba longitudinali diviso, scapulis albo-marginatis; alis anter. dilute croceis (vel ochreis), linea basali alba, non obscure marginata, strigulis quatuor costae, dorsi tribus albis, introrsum fusco-marginatis (excepta prima costae), primo pari per costam et dorsum basim versus producto, striola apicis nigra; tarsis posticis fusco-maculatis. — *Cf. Sta.* — 4—3‴.

---

wöhnlich als weisser Streifen des Vorderrandes bis zur Wurzel fort; bei andern Stücken fehlt letzterer. Ebenso ist das Dorsalhäkchen manchmal in ganz analoger Weise als dünne Strieme bis zur Wurzel verlängert. Einen »dunklen, ockerfarbigen Kopf«, wie Stainton anführt, hat keines meiner Exemplare.

*) Etwas abweichend sind die Angaben von Nicelli's.

Die Larve dieser, der vorigen Spezies nahe verwandten, wenn wirklich verschiedenen Art lebt in derselben Zeit und in einer höchst ähnlichen Mine an Carpinus Betulus. Bei einer vergleichenden Untersuchung der Raupe, gegenüber derjenigen von L. Coryli, sah ich nur die beiden Fleckchen des ersten Brustgürtels etwas grösser.

Die Schabe in England und verschiedenen Gegenden Deutschlands (Stettin, Frankfurt am Main, Regensburg).

Für die Schweiz kenne ich sie bisher nur aus der Umgebung Zürichs, wo sie weniger an Waldrändern als an frei stehenden Hecken vorkommt. April und Mai, dann im Juli und zu Anfang August.

9. L. **Pomifoliella** Zell. (H.-S. Tab. 97 fig. 748 [?] und 749).

Pomifoliella p. Zell. — p. Wocke. — p. v. Nic. — p. Sta. — Frey. — p. H.-S. — ?Cydoniella S. V. — ? Fab. — ? Dup. — Mespilella Dup. — ? Hbn.

Thorace obscure croceo, scapulis albo-marginatis; alis anter. obscure croceis, grossiuscule squamatis, striola basali longitudinali, postice acute terminata, costam versus fusco-marginata, strigulis costae quatuor, dorsi tribus (prima costae, prima et secunda dorsi utrimque fusco-marginatis), linea basali dorsi alba, in medio dilatata, striola apicis nigra; tarsis posticis nigro-annulatis. — 4–3‴.

Die Larve, in der gewöhnlichen zweifachen Erscheinungszeit, minirt mit unterseitiger, mässig kurzer Mine die Blätter des Apfelbaumes (Pyrus Malus). Wahrscheinlich lebt sie auch noch an Birnbäumen (Pyrus communis).

Die Raupe, wie Nicelli gut beschreibt, ist schlank, citrongelb, nach vorne heller. Der Kopf ist wenig dunkler als die Körperfarbe, die beiden ersten Körperringe wenig breit, die Brustfüsse heller. Auf dem siebenten und achten Ringe liegt, durch die Conjunctiva nicht unterbrochen, ein unbestimmter, hellbrauner, mit dunkleren Pünktchen gezeichneter Fleck und dahinter wird die Farbe dunkler.

Die Schabe, manchfach variirend im Kolorit, der bald glatteren, bald mehr rauheren Bestäubung, sowie in der Grösse der weissen Zeichnungen, scheint ansehnlich verbreitet zu sein, obgleich bei der Aehnlichkeit mit der folgenden Spezies das Vorkommen sich zur Zeit nicht sicher bestimmen lässt.

England (?); Deutschland (z. B. Stettin, Dresden, Frankfurt am Main, Göttingen, Bonn); Toskana.

Für die Schweiz bei Zürich, Baden und Bremgarten im April und Mai, sowie im Juli und August. Sie ist weniger gemein als die folgende Weissdornminirerin.

10. L. Oxyacanthae Frey.

Oxyacanthae Frey. — Pomifoliella p. Zell. — p. v. Nic. — p. Sta. — p. H.-S.

Thorace obscure croceo, scapulis albo-marginatis; alis anter. obscure croceis (vel croceis), striola basali longitudinali, postice acute terminata, costam versus fusco-marginata, strigulis costae quatuor, dorsi tribus (prima costae, prima et secunda dorsi utrimque fusco-marginatis), linea basali dorsi alba, in medio dilatata, striola apicis nigra; tarsis posticis nigro-annulatis. — 4–3'''.

Gegenüber der vorhergehenden Spezies sehe ich bei Vergleichung einer grössern Anzahl von Exemplaren, wozu auch mehrere brittische Exemplare gehören, nur die Unterschiede, dass die Farbe etwas heller, die Beschuppung feiner, mehr glänzend, die weissen Zeichnungen schmäler, die schwarze Begrenzung feiner ist und die Hinterflügelfranzen etwas dunkler erscheinen. Es würde dieses natürlich nicht zur Begründung einer Spezies benutzbar sein, wenn nicht die Raupe verschieden wäre.

Die Minirwohnung, unterseitig an Crataegus Oxyacantha, ist schmal und ziemlich kurz. Sie liegt am Blattrande, zieht sich aber zwischen zwei Seitenrippen beträchtlich in das Blatt herein. Die Hypodermis ist braun, in unregelmässige Falten gelegt.

Die Raupe, wie Nicelli zuerst hervorhebt, ist von derjenigen der vorhergehenden Spezies erheblich und bedeutend verschieden. Der Kopf ist deutlich herzförmig, schwarz, verhältnissmässig gross. Die Körperfarbe ist ein schmutziges, auf den zwei letzten Ringen helleres Weiss. Auf dem ersten Brustringe steht ein schwarzer, glänzender, durch eine helle Linie getheilter Fleck; der Darmkanal schimmert bräunlich durch und die Brustfüsse sind schwarz.

Die Schabe im April und Mai, dann wieder im Juli und August; gemein in England, dem nördlichen und südlichen Deutschland; ebenso habe ich sie aus Weissdornblättern von Lyon erzogen.

Bei Zürich gemein; auch von Baden und Bremgarten. Exemplare von Lausanne und Schüpfen können auch zur vorhergehenden Lithocolletis gehören.

11. L. Cydoniella n. sp.

Cydoniella ? S. V. — ? Fab.

Thorace obscure rufo-croceo, scapulis albo-marginatis; alis anter. obscure rufo-croceis, striola basali alba longitudinali, postice acute terminata, costam versus fusco-marginata, strigulis costae quatuor, dorsi tribus niveis (prima costae, prima et secunda dorsi utrimque fusco-marginatis, tertia costae et dorsi oppositis) linea basali marginis dorsalis nulla, striola apicis nigra; tarsis posticis nigro-annulatis. — 4–3½'''.

Den beiden vorigen Arten sehr nahe verwandt, aber, wie ich glaube, spezifisch verschieden. L. Cydoniella zeichnet sich durch lebhaftere, mehr rothe Flügelfarbe, durch die reiner weissen Zeichnungen und durch die Abwesenheit der weissen Begrenzung des Dorsalrandes zwischen der Wurzel und dem ersten Innenrandshäkchen aus. Wahrscheinlich ist sie die von Fabricius beschriebene, bisher unentwirrt gebliebene Art. Doch wird sich dieses bei der Dürftigkeit seiner Beschreibung nicht entscheiden lassen.

Fühler, Schopf, Rückenschild, Beine wie bei L. Pomifoliella und Oxyacanthae. Der Hinterleib dunkler grau, an der Afterspitze nicht heller. Vorderflügel etwas, aber unbedeutend, schlanker und schmäler, ihre Beschuppung feiner; ihre Farbe ein lebhafteres, feurigeres Roth (bei manchen Exemplaren in auffallendem Grade); ihre Hinterrandsfranzen etwas heller. Die Zeichnungen reiner, schneeweiss; die schwarze Begrenzung etwas dünner und feiner. Die Basalstrieme dieselbe wie bei den vorigen Arten. Von dem ersten Häkchenpaare ist das des Innenrandes etwas länger und noch schiefer gelegt, mit seiner Spitze das der Costa meistens ansehnlicher überragend; im zweiten Paare zeichnet sich das der Costa meistens durch seine Kleinheit aus. Was das dritte Häkchenpaar betrifft, so steht das des Innenrandes ziemlich senkrecht unter dem Costalhäkchen, weniger auswärts als bei L. Pomifoliella und Oxyacanthae, wo es zwischen dem dritten und vierten Vorderrandshäkchen erscheint.*) Ein viertes Dorsalhäkchen lässt sich manchmal in Gestalt einiger weisser Schüppchen bemerken; häufiger mangelt es ganz. An dem Innenrande der Flügelwurzel fehlt die weisse Linie völlig. Höchstens sieht man unter dem Mikroskope

*) Ich verdanke diese Bemerkung dem Scharfblicke Herrn Stainton's, welcher einige Exemplare sah.

da, wo sie bei Pomifoliella erweitert ist, ein paar weisse Schüppchen. — Hinterflügel dunkelgrau, ihre Franzen heller.

Die Larve minirt die Blätter des Quittenbaumes, Cydonia vulgaris, mit unterseitiger Mine. Ich kenne zur Zeit nur ihre Herbstgeneration. Ebenso kommt sie, aber selten, bei Zürich auf Birnbäumen vor. Ich erzog sie im verflossenen Frühling öfters aus Quittenblattminen, welche mir Herr Millière von Lyon gesandt hatte, und besitze unter meinen Vorräthen einige Zürcher Exemplare von Birnblättern.

Bisher von Lyon, von Zürich und Bremgarten. Ich glaube auch bei Frankfurt am Main diese Minen früher gefunden zu haben.

12. L. **Sorbi** Frey (H.-S. Tab. 100 fig. 775 und 776).

Sorbi Frey. — Sorbifoliella H.-S. — Pomonella p. Zell. — p. v. Nic. — ? Tengst. — ? Aucupariella Scott.

Thorace croceo, scapulis albo-marginatis; alis anter. croceis, striola basali longitudinali, costam versus fusco-marginata, strigulis costae quatuor, dorsi tribus albis (prima costae et dorsi utrimque fusco-marginatis), puncto vel striola brevissima apicis nigra; tarsis posticis immaculatis. — $4^1/_3 - 3^1/_2'''$.

Eine sichere, der L. Pomifoliella und Oxyacanthae nächst verwandte, aber durch die ungefleckten Hintertarsen unschwer zu unterscheidende Art.

Grösse einer mittleren oder kleinen Pomifoliella; das ganze Thierchen ist aber weniger gedrungen, mehr schlank gebildet, etwa wie L. Faginella. Stirne und Taster weisslich; etwas weniger weiss als bei L. Pomifoliella. Fühler mit weissem Wurzelgliede und einer an beiden Enden rein weissen Geisel, welche in der Mitte deutlich schwärzlich geringelt ist. Rücken und Schulterdecken wie bei Pomifoliella. Der Hinterleib ist grau, dunkler als bei dieser. Die Beine sind graulich weiss; nur das vordere Paar ist an der Lichtseite schwarz gefleckt, während die übrigen beiden Beinpaare ohne alle Flecke bleiben.

Die Vorderflügel erreichen nur bei einzelnen Exemplaren der L. Sorbi ausnahmsweise eine tiefe Safranfarbe, wie sie bei L. Pomifoliella, aber in höherem Grade, vorkommt; in der Regel sind sie matter und lichter, im Kolorit an L. Elatella oder eine dunklere L. Faginella erinnernd, wenn gleich trüber, weniger frisch erscheinend. Ihre Beschuppung ist fein und oftmals etwas glänzend. Die Zeichnungen sind rein weiss.

Die Basalstrieme nimmt auch hier ein Drittheil der Flügellänge ein und beginnt an der Flügelwurzel dünne, um allmälich breiter zu werden und endlich zugespitzt auszulaufen. Ihr Vorderrand ist schwarz umzogen, die Spitze in der Regel nicht. Manchmal, aber nur bei besonders dunklen und deutlich gezeichneten Exemplaren, ist auch ein Theil des Innenrandes der Basallinie mit schwarzen Schüppchen begrenzt. Das erste Paar Gegenhäkchen ist demjenigen der L. Pomifoliella ähnlich, aber weniger niedergelegt, etwas aufgerichteter und senkrechter. Das Häkchen des Innenrandes ist in der Regel kürzer und weniger gekrümmt als bei der Apfelbaumminirerin; die schwarze Begrenzung im Uebrigen die gleiche. — Auch das zweite Paar Gegenhäkchen fällt höchst ähnlich aus; das des Innenrandes aber bildet ein höheres und mehr zugespitztes Dreieck als bei der vorigen Art; seine schwarze Begrenzung erscheint nicht allein an der Innen-, sondern auch an der Aussenseite. Das letzte Häkchenpaar, sowie das vierte unpaare Häkchen des Vorderrandes, treten bei unserer Art etwas stärker hervor und sind häufig an ihrer Innenseite schwarz eingefasst. Die schwarzen Schuppen zwischen den Spitzen der Häkchen fehlen auch hier nicht, treten aber bei einzelnen Stücken sehr zurück. In der Flügelspitze liegt ein kurzes, schwarzes Strichelchen oder, vielleicht richtiger gesagt, ein nach der Wurzel keilförmig ausgezogener Punkt. Die Hinterrandslinie glänzt hier entweder gar nicht oder nur schwach muschelartig und die Franzen sind weisslich, doch weniger hell als bei L. Pomifoliella.

Die Hinterflügel sind glänzend dunkelgrau und ihre Franzen beträchtlich dunkler als bei vorhergehender Art.

Die Unterseite fällt dagegen mit derjenigen der L. Pomifoliella gleich aus.

Es gibt Varietäten unsers Thierchens, bei welchen die schwarzen Schüppchen der Vorderflügel sehr spärlich erscheinen und die Zeichnungen darum viel weniger scharf begrenzt sind, als es bei L. Pomifoliella der Fall ist. Exemplare in letzterer Weise gezeichnet lassen sich leicht von jener Spezies unterscheiden; weniger die dunklen mit scharfer Begrenzung, welche darum gerade zur Beschreibung benutzt wurden.

L. Sorbi minirt unterseitig die Blätter von Sorbus Aucuparia. Die Mine ist lang und schmal, zwischen Mittelrippe und Aussenrand angebracht, die Hypodermis in mehrere longitudinale Falten gelegt.

Die Larve erscheint im Juli und dann wieder im Oktober. Sie hat wenig Ausgezeichnetes. Die Körperfarbe ist anfänglich grünlich, später citrongelb; die Beine von dem Kolorit des Körpers. In den

Seiten eines jeden Ringes stehen zwei feine, weisse Härchen; der Kopf ist bräunlich, die Mundtheile dunkler. — Die Puppe bricht durch die Oberseite des Blattes hervor.

Bisher ist die im Frühling und wieder Ende Juli und im August vorkommende Lithocolletis weniger beobachtet worden.

In Schottland (?); Finnland (?); in einigen Gegenden Deutschlands, so z. B. bei Frankfurt am Main*), bei Freiburg.

Für die Schweiz bisher bei Zürich, aber ziemlich selten angetroffen. Ich sah noch ein Stück von Schüpfen aus der Rothenbach'schen Sammlung.

13. L. **Torminella** n. sp.

Thorace dilute croceo, scapulis albo-marginatis; alis anter. dilute croceis, striola basali longitudinali, costam versus tenuiter fusco-marginata, strigulis costae quatuor, dorsi tribus albis (prima costae et dorsi utrimque [sed postice tenuissime] fusco-marginatis) striola apicis nigra; tarsis posticis vel nigro-maculatis vel immaculatis. — 4'''.

Irre ich nicht, so ist diese Spezies von L. Sorbi verschieden, eine jener zahlreichen, aus der Auflösung von L. Pomifoliella Zell. und Pomonella desselben Autors entstehenden, höchst ähnlichen Arten. Ich beschränke mich darauf, nur die Unterscheidungsmerkmale gegenüber ihrer nächsten Verwandten, der L. Sorbi, anzugeben und behalte mir eine genauere Untersuchung, namentlich auch der Larve, vor.

Fühler reiner weiss, schwächer geringelt. Aber auch über die letzten Glieder der Fühlerspitze lassen sich diese dunkleren Gürtel deutlich erkennen. Stirn und Taster heller weiss, Schopf derselbe; Rückenschild und Schulterdecken ganz ähnlich, nur lichter safranfarben. Beine heller, weisslicher, das erste Paar stark schwarz gefleckt. Die Fussglieder des dritten Paares (und es ist dieses auffallend) sind oberwärts bald deutlich schwarz gefleckt, bald ganz verloschen oder völlig ungefleckt. Auch die Tarsen des zweiten Paares verhalten sich ähnlich. Hinterleib lichter grau.

Die Vorderflügel etwas kürzer und namentlich gegen den Hinterrand hin breiter als bei L. Sorbi. Ihre Farbe ist heller, ein

---

*) Sie lebt bei Frankfurt ebenfalls an Sorbus Aucuparia. Die von A. Schmid (bei Herrich-Schäffer) herrührende Angabe: »an Eschen« ist ein Irrthum.

frischeres Safran, und nicht jenes matte Kolorit der vorhergehenden Spezies. Die schwarze Beschuppung ist schwächer und feiner, die Zeichnungen sind rein weiss. Die Basalstrieme scheint etwas länger. Die Form ist dieselbe, ebenso, nur etwas feiner, die schwarze Beschuppung. Das erste Häkchenpaar steht weniger schief, ist aber in ähnlicher Weise umzogen. Am zweiten Paare ist das Dorsaldreieck oft nur einwärts dunkel gerandet. Zwischen seinen Spitzen können einige dunkle Schüppchen erscheinen. Das dritte und vierte Paar bieten nichts Auffallendes dar. In der Flügelspitze liegt nicht jener breite, punktförmige Strich der L. Sorbi, sondern eine feine, längere, schwarze Linie. Der Hinterrand glänzt muschelartig; seine Franzen sind mehr röthlich. Die Hinterflügel unbedeutend heller.

Die Larve minirt mit ziemlich kleiner, stark gewölbter, unterseitiger Mine im Herbste die Blätter von Sorbus torminalis, vielleicht auch von Sorbus Aria.

Bisher nur bei Zürich; selten (ich erzog etwa 12 Exemplare).

14. L. Cerasicolella H.-S. (H.-S. Tab. 101 fig. 784 und 785).

Cerasicolella H.-S. — Frey.

Thorace croceo, linea longitudinali alba diviso, scapulis albo-marginatis; alis anter. croceis, linea basali tenui curvata nivea, strigulis quatuor costae, tribus dorsi niveis, introrsum fusco-marginatis, striola apicis atra, antrorsum squamis albis obtecta; tarsis mediis maculatis, posticis albis et immaculatis. — 4 — 3½‴.

L. Cerasicolella, von Herrich-Schäffer vor Kurzem aufgestellt, würde man früher zu L. Pomonella Zell. gerechnet haben. Sie unterscheidet sich aber von den oben behandelten Arten, L. Coryli und Carpinicolella, neben Anderem durch lebhafteres, mehr röthliches Kolorit und die gänzlich ungefleckten Fussglieder der Hinterbeine. Letztere dienen auf den ersten Blick, unsere Art von L. Pomifoliella und deren nächsten Verwandten zu unterscheiden. Näher steht sie der L. Sorbi, welcher aber die weisse, unpaare Linie über den Rückenschild fehlt, die Cerasicolella zukommt. Am nächsten grenzt L. Cerasicolella an L. Spinicolella an, mit welcher sie möglicherweise identisch ist. Auch mit L. Dubitella H.-S. (siehe unten) könnte sie verwechselt werden. Dubitella hat aber eine hellere Grundfarbe der Vorderflügel, einen gleichmässig gelblichen Schopf, und ihr mittleres Beinpaar ist ganz ungefleckt, während es bei Cerasicolella schwarze Fleckchen besitzt.

Die Grösse unserer Spezies ist in manchen Stücken die volle einer Pomifoliella. Viele Exemplare bleiben aber beträchtlich kleiner, manche sogar unter L. Ulminella Zell.

Stirne und Taster schneeweiss; Schopf weisslich mit braunen Haaren in der Mitte und an den Rändern. Fühler weiss; nur sehr verloschen dunkel geringelt. Rückenschild safranfarben, die Schulterdecken weiss eingefasst; eine weisse Mittellinie durchläuft die ganze Länge jenes. Hinterleib dunkelgrau mit weisslicher Spitze. Die Fussglieder des ersten und zweiten Beinpaares sind deutlich schwarz gefleckt, nicht aber diejenigen des letzten Paares, welche rein weiss bleiben.

Vorderflügel schwach glänzend, röthlich safranfarben. Die feine und weisse Basallinie, über ein Drittheil des Flügels lang, beginnt in der Mitte der Flügelwurzel und biegt oft gegen das Ende ihres Verlaufes ein wenig nach dem Vorderrande um, ist also gekrümmt. Sie bleibt entweder ohne alle schwärzliche Einfassung oder ist nur am Vorderrande mit höchst zarten, kaum wahrnehmbaren, schwarzen Schüppchen belegt. Der Innenrand der Flügelwurzel zeigt ein kleines, weisses Fleckchen, welches als zarte, weisse Linie nach innen bis zur Flügelinsertion sich forterstreckt. Das erste Paar der weissen Gegenfleckchen steht etwas weniger schief als bei L. Pomifoliella. Das des Vorderrandes ist grösser und näher an der Flügelwurzel beginnend; das des Innenrandes dunkler und schlanker, aber weniger gekrümmt. Ihre Spitzen bleiben entweder getrennt, wo die des Innenrandshäkchens alsdann über die des Vorderrandes etwas vorspringt, oder sie stossen zusammen, so dass eine stark gebrochene Binde entsteht. Nach innen sind beide Fleckchen schwarz begrenzt, nach aussen weniger. Das zweite Häkchenpaar, in ähnlicher Weise schwarz eingefasst, trifft selten mit seinen Spitzen völlig zusammen, bleibt aber in der Regel durch einen kürzeren Zwischenraum getrennt, als es bei L. Pomifoliella der Fall ist. Das des Innenrandes ist ein höheres zugespitztes Dreieck. Das dritte Häkchenpaar ist klein, das vierte unpaare Häkchen des Vorderrandes sehr dünn; alle nach innen mit einigen schwarzen Schüppchen belegt.

Die schwarze Beschuppung und Verdunkelung zwischen den Häkchenspitzen fehlt unserer Art. In der Flügelspitze liegt ein kurzer, gerader, schwarzer Strich, welcher in bezeichnender Weise an seiner vorderen Seite durch eine starke, weisse Schuppenlage hervorgehoben wird. Diese weisse Schuppenlinie kann sich mit dem unpaaren vierten Häkchen des Vorderrandes verbinden. — Eine sehr feine, schwarze Linie umzieht den Hinterrand und zeigt in der Flügelspitze muschelartigen Glanz. Hier sind die Franzen gelblich, sonst weisslich.

Die Hinterflügel glänzend grau, ebenso die Franzen dunkler als bei L. Pomifoliella.

Auf der glänzend grauen Unterseite der Vorderflügel schimmern die drei äusseren Vorderrandshäkchen deutlich gelblich hindurch, viel weniger das erste des Innenrandes. Die Franzen sind hier lebhafter gelb.

Die Raupe minirt die Blätter von Prunus avium, bei uns gewöhnlich diejenigen der in Wäldern wild wachsenden Sträucher, seltener des kultivirten Kirschbaumes. Die Mine ist unterseitig, lang und schmal, durch zwei Seitenrippen des Blattes begrenzt. Die Hypodermis erscheint bräunlich, glatt, ohne Falten abgelöst. Das Blattmark wird nur theilweise verzehrt. Das Räupchen ist hochgelb mit ziemlich scharf eingeschnittenen Körperringen und einer dunklen Rückenlinie. Der Kopf ist bräunlich, an den Rändern dunkel eingefasst. — Die Sommergeneration zeigt sich ungewöhnlich sparsam, häufiger die des Herbstes im Oktober. Die Raupen der letztern überwintern, gleich L. Elatella, unverwandelt.

Die Schabe, wohl mit derselben Flugzeit wie die vorhergehenden, ist in einigen Gegenden Deutschlands, so bei Frankfurt am Main, Freiburg und Regensburg, beobachtet worden.

Für die Schweiz bisher nur von Zürich; mässig häufig.

15. L. Spinicolella Sta.

Spinicolella Sta. — ? Koll. — ? Mann. — Pomonella Zell. (Anm. 1). — Pomonella Sta. (ol.) — Pruni Frey. — H.-S. — Var. Deflexella Sta.

Thorace dilute croceo, linea longitudinali alba diviso, scapulis albo-marginatis; alis anter. dilute croceis, linea basali tenui curvata nivea, strigulis quatuor costae, dorsi tribus niveis, introrsum fusco-marginatis, striola apicis atra; tarsis mediis et posticis immaculatis. — $3^1/_2$–$3'''$.

Bei der grossen Verwandtschaft dieser Lithocolletis mit der vorigen Art mag es genügen, hier nur die unterscheidenden Merkmale hervorzuheben.

Die Fühler sind gewöhnlich etwas dunkler und deutlicher geringelt; das mittlere Beinpaar hat ungefleckte Tarsen. Kopf und Nackenschild wie bei vorhergehender Spezies, nur mit den Vorderflügeln etwas heller.

Diese erscheinen beträchtlich schmäler als bei L. Cerasicolella und zeigen ein lichteres und matteres Safran als Grundfarbe, aber doch in verschiedenen Abstufungen. Manche Stücke kommen L. Cerasicolella sehr nahe; andere erscheinen auffallend blass und hell. Die Zeichnungen sind höchst ähnlich; das erste Häkchenpaar nur nach innen, nicht aber, oder nur höchst unvollkommen, nach aussen mit schwärzlichen Schüppchen gerandet. — Auffallend ist das Fehlen der weissen Schuppen am schwarzen Strichelchen der Flügelspitze.

Stainton führt eine Varietät Deflexella an, wo die Basalstrieme mit dem ersten Dorsalhäkchen bogenartig zusammengeflossen ist. Sie kam uns hier noch niemals vor.

Diese Lithocolletis minirt im Juli und wieder im Oktober die Sträucher von Prunus spinosa an Waldrändern mit unterseitiger schmaler, oft ganz des Blattgrüns beraubter Mine, so dass sie alsdann durch ihre weisse Farbe leicht in das Auge fällt.

Die Raupe hat einen bräunlichen, an den Rändern dunklern Kopf. Der Körper ist weisslich grün, mit einem vom letzten Brustringe an durchschimmernden Verdauungskanale. Das Aftersegment ist dunkler. Die gewöhnlichen Härchen kommen auch hier in den Seiten der Ringe vor. Auf dem ersten Brustgürtel steht ein brauner, zweigetheilter Nackenfleck. Die Brustfüsse braun geringelt, die Afterfüsse von der Farbe des Körpers.

Auch von dieser Lithocolletis kann, bei der nahen Verwandtschaft mit mehreren vorhergehenden Arten, die Verbreitung zur Zeit nur höchst ungenügend angegeben werden.

England (Exemplare von Herrn Stainton entfernen jeden Zweifel); Deutschland (Frankfurt am Main); wahrscheinlich kommt sie auch bei Wien vor.

Bei Zürich im Mai und Juni, dann wieder Ende Juli und im August; mässig häufig.

16. L. Faginella Mann (H.-S. Tab. 101 fig. 783. Tab. 100 fig. 777 und 778).

Faginella Mann. — Sta. — H.-S. — Fagicolella (et Phegophagella) H.-S. (ol.) — Fagicolella Frey. — Pomonella p. Zell. (Anm. 3.) Sta. (ol.) — p. Wocke. — p. v. Nic. — Fagifoliella Sircom. — Var. Securiferella Sta.

Thorace croceo, linea duplici longitudinali alba, scapulis albo-marginatis; alis anter. dilute vel dilutissime croceis, linea basali nivea, vix obscure marginata, strigulis quatuor costae, dorsi tribus niveis, introrsum late fusco-marginatis, striola apicis nigra; tarsis posticis immaculatis. — *Cf. Sta.* — 4½-3½'''.

Var. a. Alis anter. grisescentibus (1 ♂).

Eine im Ausmasse und namentlich in der Farbe variirende Art. Die kleineren weiblichen Exemplare zeichnen sich durch lebhafteres, mehr röthliches Kolorit von den blasseren, beträchtlich grösseren Männchen aus. Bei letzteren kann die Farbe in ein düsteres Grau übergehen (Var. a.). — Der Basalstreif ist entweder ohne schwarze Beschuppung oder nur höchst unvollkommen in einem Theile seiner Länge vorn und hinten begrenzt. Das erste Paar der Häkchen ist sehr deutlich und scharf, nach innen stark dunkel eingefasst, und sein Dorsalhäkchen beim Männchen sehr häufig über der Falte gebrochen; die Franzen des Hinterrandes hell.

Die bekannte und gemeine Spezies minirt unterseitig in der gewöhnlichen doppelten Generation die Blätter der Rothbuche, Fagus sylvatica, namentlich von Sträuchern. Die Mine ist ziemlich lang und schmal, die Hypodermis ungefaltet abgelöst.

Die Raupe ist entweder weisslich grün oder bräunlich weiss, ziemlich schlank, mit deutlich von einander abgesetzten Gürteln und je zwei Härchen in den Seiten der letzteren. Die Beine von der Körperfarbe, der Kopf ganz hellbraun.

Der Falter fliegt bei uns oftmals schon zu Anfang April und dann wieder im Juli. Er findet sich in England; in Deutschland (doch, wie es scheint, nicht überall) bei Göttingen, Frankfurt am Main, Wien, in Oberkrain auf dem Nanos; auch in Frankreich bei Paris.

In der Schweiz gemein; Zürich, Baden, Bremgarten (Boll), Lausanne (Laharpe), Vevey.

17. L. Salictella Zell. (H.-S. Tab. 98 fig. 759).

Salictella Zell. — Wocke. — Frey. — H.-S.

Thorace obscure croceo, linea longitudinali alba scapulisque albo-marginatis; alis anter. obscure croceis, linea basali alba vel luteo-albida, strigulis costae quatuor (tertia et quarta saepe conjunctis), dorsi tribus (ultimis obsoletis) albis vel luteo-albidis, striola apicis nigra, apice nigro-squamato; tarsis posticis immaculatis. — 4½-4'''.

Ueber die Mitte des Rückenschildes läuft eine unpaare weisse Linie. Die Farbe der Vorderflügel ist manchmal sehr dunkel, tief safranartig oder licht kastanienbraun, und die Zeichnungen jener sind keineswegs immer rein, sondern häufiger gelblichweiss. Das dritte Costalhäkchen kann (und es ist häufig der Fall) mit dem vierten unpaaren Häkchen des Vorderrandes bogenförmig zusammen fliessen, so dass hierdurch der schwarze Strich der Flügelspitze gegen die Costa hin weisslich begrenzt wird. Das zweite Häkchenpaar kann endlich nebst dem letzten unpaaren Costalfleckchen durch Ueberhandnahme der schwarzen Beschuppung gänzlich verschwinden.

Die unterseitige Mine kommt an schmalblättrigen Weidenarten vor, an Salix purpurea, seltener Salix viminalis. Im hiesigen botanischen Garten traf ich sie an Salix sibirica. Selten erscheint sie an breitblättrigen Salix-Spezies. Sie liegt zwischen Medianader und Aussenrand. Die betreffende Blattstelle ist stark gewölbt und in der Regel nur theilweise von Blattgrün leer. Die abgetrennte Hypodermis ist gelblichgrau und ziemlich straff gespannt.

Das Räupchen citrongelb mit dem gewöhnlichen dunklen Rückenstreif und den Seitenhärchen der Lithocolletidenlarven. Auf dem ersten Segmente steht ein brauner, durch eine helle Längslinie zweigetheilter Nackenfleck. Die Füsse sind von der Farbe des Körpers. Der Kopf ist klein, braun, an den Seiten dunkler. Ich fand die Larve bisher nur im Oktober.

L. Salictella, welche ich noch nicht im Freien antraf, wurde aufgefunden bei Wien, Breslau, Mainz; auch in Toskana. Der brittischen Fauna fehlend.

Für die Schweiz bisher nur bei Zürich. An den Ufern der Sihl stellenweise sehr einzeln; an andern Lokalitäten dagegen in Menge an der hier wachsenden Salix purpurea.

18. L. Dubitella H.-S. (H.-S. Tab. 101 fig. 782).

Dubitella H.-S. — ? v. Nic. — Spinicolella H.-S. (ol.) — Frey.

Thorace dilute croceo, linea longitudinali media nivea, scapulis niveo-marginatis; alis anter. dilute croceis, linea basali nivea curvata, non nigro-marginata, strigulis quatuor costae, dorsi tribus niveis (prima et secundo pari introrsum tenuiter nigro-marginatis), striola apicis nigra; tarsis mediis et posticis immaculatis. — 4–3½‴.

Die Grösse etwas unter derjenigen von L. Salictella bleibend; die Flügel etwas breiter und viel heller.

Stirn und Taster schneeweiss; Schopf gelblich, nach oben mit einzelnen weisslichen Härchen untermischt. Fühler weisslich, sehr verloschen dunkler geringelt. Rückenschild safranfarben mit weisser Mittellinie und weiss eingefassten Schulterdecken; der Leib oberwärts dunkelgrau; die Fussglieder des ersten Beinpaares mit schwarzen Fleckchen, diejenigen der folgenden Beine ungefleckt, weisslichgrau, unten schneeweiss.

Die Vorderflügel haben eine blasse, glanzlose Safranfarbe ohne den, wenn auch leichten, bräunlichen Anflug der folgenden Spezies, L. Capreella, und ohne das Roth von L. Cerasicolella. Auffallend ist die spärliche schwärzliche Begrenzung an den schneeweissen, glanzlosen Zeichnungen. Die Basalstrieme, nicht ganz ein Drittheil des Flügels lang, beginnt mässig breit, mit ihrem Innenrande die Falte begrenzend, also der Costa näher als dem Dorsalrande verlaufend. Sie biegt dann nach vier Fünftheilen ihres Verlaufes nach vorn, die Falte verlassend, um ziemlich abgerundet aufzuhören. Sie bleibt ohne jede schwärzliche Beschuppung. Am Innenrande läuft von der Wurzel aus eine schneeweisse Linie, welche bald ohne, bald mit einer kleineren Erweiterung endigt, ohne das erste Dorsalhäkchen zu erreichen. Das erste Häkchenpaar zeigt uns den gleichen Ursprung am Rande. Dasjenige der Costa liegt stark schief; das des Innenrandes, grösser und etwas gebogen, endigt mit seiner stumpfen Spitze unterhalb der ebenso beschaffenen des Vorderrandhakens. Beide sind nur nach innen bräunlichschwarz, aber fein und zart begrenzt, mehr an der Wurzel als an den Spitzen. Das zweite Häkchenpaar steht senkrecht aufgerichtet, mit den gleichfalls stumpfen Spitzen sich beinahe berührend. Das des Innenrandes ist grösser, aber wenig breiter. Beide sind nach innen deutlich schwärzlich eingefasst; zwischen ihren Spitzen können einige dunklere Schüppchen erscheinen, aber auch fehlen. Das dritte Häkchenpaar klein; das untere Häkchen zuweilen einwärts mit ein Paar dunklen Schüppchen. Ebenso ist das vierte, unpaare Costalstrichelchen klein und gewöhnlich ganz ungerandet. Das schwarze Strichelchen in der Flügelspitze deutlich, aber nicht besonders lang. Die Spitze und der Hinterrand von einer feinen, schwärzlichen, nicht muschelartig glänzenden Linie umzogen. Die Franzen hell, graulichgelb; Hinterflügel hellgrau, ihre Franzen lichter.

Unterseite grau; die Franzen der Vorderflügelspitze graulichgelb; ebenso die drei Vorderrandshäkchen.

Nach einer beträchtlichen Anzahl erzogener Stücke kann ich diese Lithocolletis nicht für Varietät von L. Capreella nehmen, sondern halte sie mit Herrich-Schäffer für eine besondere Spezies. Gegenüber der so veränderlichen L. Capreella muss gerade hier die grosse Gleichförmigkeit der Zeichnungen und des Kolorits auffallen.

Die Raupe, welche ich von derjenigen der L. Spinolella ebensowenig als ihre Mine unterscheiden kann, lebt unterseitig minirend an verschiedenen breitblättrigen Weidenarten, an Salix caprea etc. Ich traf bisher nur eine Herbstgeneration im Oktober.

Die Schabe im Mai im südlichen Deutschland (Oestreich und Regensburg) angetroffen.

Für die Schweiz bisher von Zürich, nicht selten an Waldrändern, sowie von Bremgarten (Boll).

19. **L. Capreella** Wocke (H.-S. Tab. 101 fig. 786).

Capreella Wocke. — v. Nic. — H.-S. — Angulatella v. Nic. (ol.) — Salicicolella Sircom. — Sta.

Thorace croceo vel ochreo, linea media longitudinali alba, scapulis albo-marginatis; alis anter. croceis vel ochreis, linea basali longitudinali, non fusco-marginata, strigulis costae quatuor, dorsi tribus albis, introrsum fusco-marginatis (primo pari saepe in fasciam angulatam conjunctis), squamis sparsis nigris disci, puncto ovato (vel linea brevi) apicis nigro; tarsis posticis immaculatis. — *Cf. Sta.* — $4-3^1/_2$'''.

Die Raupe minirt in ähnlicher Art wie die vorhergehende das Laub breitblättriger Weidenarten im Juli und im Spätherbste.

Die Schabe mit zweifacher Generation, im Mai und August, in ansehnlicher Verbreitung. In England; in Deutschland bei Stettin, in den Gebirgen Schlesiens, bei Hannover, Frankfurt am Main, in Unterfranken und bei Freiburg.

Für die Schweiz bisher nur sehr selten beobachtet. Bei Zürich kam sie Niemanden vor; dagegen erhielt sie Herr Boll 1855 bei Bremgarten in einem (gegenüber den schlesischen und englischen Exemplaren auffallend grossen) Stücke.

20. **L. Spinolella** Dup. (H.-S. Tab. 102 fig. 797).

Spinolella Dup. — Sta. — v. Nic. — Frey. — H.-S. — ? Hilarella Zetterst.

Antennis fuscis, ante apicem late albis, thorace dilute croceo, medio albo, scapulisque albo-marginatis; alis anter. dilute croceis, linea brevi basali alba, non obscure marginata, fascia arcuata ante medium, strigulis tribus costae, dorsi duabus albis pone medium, introrsum fusco-marginatis, squamis nigris disci, striola apicis ovata nigra. — *Cf. Sta.* $4^1/_2-3^1/_2'''$.

In der Grösse, der Lebhaftigkeit oder Blässe der Vorderflügelfarbe, ebenso in den bald matter, bald reiner (schnee-) weissen Zeichnungen ziemlich wechselnd.

Die Raupe minirt an breitblättrigen Weiden (Salix caprea etc.) im Juli und im Spätherbste. Die Mine ist unterseitig und, da sie nicht von Blattrippen eingegrenzt wird, höchst unregelmässig gestaltet. Sie krümmt das Blatt und die Hypodermis ist in viele Fältchen gelegt. Es sind namentlich Weidenbüsche an Waldrändern und Waldwegen, welche unsere Art bewohnt. Ich habe Sträucher gesehen, wo hunderte der Minen vorkamen und beinahe jedes Blatt besetzt war. Die Raupe selbst ist nach von Nicelli hellgelb.

Die Schabe im Mai und dann Ende Juli und im August, im Freien nicht häufig vorkommend. In England, Frankreich und Deutschland (Stettin, Frankfurt am Main, Karlsruhe, Freiburg, Regensburg); vielleicht auch in Lappland.

Für die Schweiz bisher bei Zürich beobachtet; ebenso von Lausanne (Laharpe).

21. L. Ulmifoliella Hbn. (H.-S. Tab. 98 fig. 754).

Ulmifoliella Hbn. — Tr. — Dup. — Zell. — Lien. — Tengst. — Sta. — Wocke. — v. Nic. — Frey. — H.-S.

Thorace alisque anter. saturate croceis; his linea basali recta argenteo-nivea, costam versus nigro-marginata, fascia angulata ante medium, strigulis tribus costa (tertia apicali), duabus dorsi argenteo-niveis, introrsum nigro-marginatis, puncto apicis rotundo atro. — *Cf. Sta.* — $4'''$.

Die Raupe minirt in der gewöhnlichen zweifachen Erscheinungsweise der Lithocolletiden die Blätter von Betula alba, und zwar mit rundlicher unterseitiger Mine, welche die Hypodermis in viele kleine Längsfalten gelegt hat und nicht immer ganz von Blattgrün leer gefressen ist. — Die Larve ist citrongelb mit einem dunkelgrün hindurch schimmernden Darmkanal, mit Brust- sowie Bauchfüssen von der Farbe des Körpers. Die Ringe tragen feine Härchen; der erste Brustgürtel ist mehr hornartig, mit dunkleren Atomen bestreut. Der Kopf ist hellbräunlich, nach hinten sowie an den Mundtheilen dunkler.

Die Schabe, im April und Mai und dann Ende Juli und im August, erscheint in England, Finnland, Lievland, im nördlichen und südlichen Deutschland, nicht allein in der Ebene, sondern auch im Gebirge.

Für die Schweiz bei Zürich; nicht gerade selten als Larve.

22. L. Fraxinella Mann (H.-S. Tab. 102 fig. 796).

Fraxinella (Mann) Zell. — Frey. — H.-S.

Thorace dilute croceo, linea media longitudinali scapulisque albo-marginatis; alis anter. dilute croceis, subnitidis, striola basali longitudinali nivea, fascia media fracta, strigulis costae tribus, dorsi duabus niveis, interne vix nigro-squamatis, squamis apicis raris atris; tarsis posticis immaculatis. — *Cf. Zell.* — $4-3^1/_2$'''.

Die Larve dieser Art*), welche zu einem sehr unpassenden Namen gekommen ist, minirt in doppelter Generation, einer im April und Mai und einer zweiten im Juni und August, die Blätter von Genista germanica und tinctoria. Die Mine ist unterseitig, die Hypodermis gefaltet und dadurch das kleine Blättchen blasig aufgetrieben. Man findet zuweilen in Vielzahl derartige Raupenwohnungen an einer Pflanze.

Die Raupe selbst ist citrongelb; der Darmkanal schimmert als schwärzlichgrüner Rückenstreifen hindurch. Die Brustringe sind wenig breiter; die Beine haben die Körperfarbe. Der Kopf ist ebenfalls gelb, nur an seinen Seitentheilen mit breitem bräunlichem Anfluge.

Die Schabe, im Juni und wieder in der zweiten Augusthälfte, ist beobachtet bei Frankfurt am Main, ebenso bei Regensburg und Wien (wo gewiss irrthümlich die Larve nach Mann an Eschen miniren soll); endlich in Toskana bei Pisa.

Für die Schweiz bisher bei Würenlos im Limmatthale, daselbst aber häufig, angetroffen; gleichfalls bei Bremgarten (Boll).

23. L. Quinquenotella H.-S. (H.-S. Tab. 101 fig. 787).

Quinquenotella H.-S. — Frey. — ? Cerasinella Reutti (non larva).

Thorace croceo, linea longitudinali media alba scapulisque albo-marginatis; alis anter. nitidis croceis, linea basali ar-

---

*) Wocke's L. Fraxinella, welche bei Breslau aus Minen von Salix cinerea erzogen wurde, gehört gewiss nicht hierher und ist wahrscheinlich L. Dubitella.

gentea, strigulis quinque costae, quatuor dorsi argenteis (prima dorsi bis fracta), lineola apicis nigra; tarsis posticis nigro-maculatis. — 5–4‴.

Durch die fünf Vorderrandshäkchen ist diese Spezies leicht zu erkennen.

Grösse wechselnd; in kleineren Exemplaren diejenige von L. Ulmifoliella. Grosse Stücke übertreffen selbst L. Froelichiella. — Stirne und Taster glänzend weiss, Fühler weiss, kaum schwarz geringelt; bei einigen Exemplaren an der Spitze dunkler. Rücken safranfarben mit rein weisser Mittellinie und weiss eingefassten Schulterdecken. Beine weisslich; alle drei Paare mit deutlich schwarz gefleckten Fussgliedern. Hinterleib des Männchens dunkelgrau, des weiblichen Thieres hellgrau mit weisslicher Endspitze.

Die Vorderflügel sind glänzend safranfarben mit silberweissen Zeichnungen. Die Basallinie ist ziemlich lang, über ein Drittel des Flügels betragend. Sie verläuft wenig gebogen und hört ohne Zuspitzung auf. Sie ist entweder ohne alle schwarze Beschuppung oder nur mit zerstreut liegenden und einzelnen schwarzen Schüppchen begrenzt. Diese ungenügende schwarze Beschuppung erscheint dann auch an den Fleckchen des Flügels, welche deutlich nach innen schwarz umzogen sein können, während bei anderen Stücken nur eine sehr schwache schwärzliche Beschuppung nothdürftig wahrgenommen werden kann. Am Innenrand der Flügelbasis liegt noch ein kleines, weisses Fleckchen, welches einwärts als feine, weisse Linie sich bis zur Flügelinsertion erstreckt.

Das erste Costalhäkchen ist klein, ziemlich schief gestellt. Das des Innenrandes dagegen ist von ansehnlicher Grösse und einer charakteristischen Beschaffenheit. Es liegt sehr schief und ist zweimal in seinem Verlaufe gebrochen, so dass es zackig wird. Mit seiner Spitze überragt es sehr weit diejenige des Costalfleckchens. Das zweite Häkchenpaar ist kleiner; die Spitzen bleiben durch einen ansehnlichen Zwischenraum getrennt, indem auch hier diejenige des Innenrandfleckchens weit über diejenige des Costalhäkchens vorspringt. Ebenso ist es mit dem dritten und vierten Paare, wo das Innenrandhäkchen weit nach aussen vorrückt. Sie nehmen an Grösse ab, so dass das vierte Innenrandfleckchen nur noch durch einige weisse Schüppchen angedeutet erscheint. Das fünfte unpaare Costalhäkchen geht bis zu dem kurzen schwarzen Strich der Flügelspitze. Diese und der Hinterrand werden durch eine sehr feine schwarze Linie begrenzt. Die Franzen an der Flügelspitze weisslich, nach unten grau.

Die Hinterflügel des Männchens dunkelgrau, beim Weibchen

hellgrau mit gleichen Franzen. Auf der Unterseite zeigen sich die Vorderflügel grau, an der Spitze röthlich. Die Costalhäkchen schimmern deutlich hindurch; weniger die Fleckchen des Innenrandes.

Die Larve minirt unterseitig in doppelter Generation, einer im April und Mai und einer zweiten im Juli, die Blätter von Genista sagittalis. Die ziemlich lange Mine kann die halbe oder auch die ganze Breite des Blattes einnehmen, indem die Mittelrippe von dem Räupchen überschritten wird. Das Blattmark wird vollständig verzehrt. Die Hypodermis, weisslich grün, ist in viele Längsfalten gelegt und die Oberseite dadurch convex vorspringend. Das braunschwarze Püppchen dringt aus der Unterseite des Blattes hervor.

Die Schabe im Juni, dann Ende August und im September bei Regensburg und Frankfurt am Main; ebenso in Südfrankreich bei Lyon (Millière).

Für die Schweiz von Würenlos im Limmatthale in der Nähe Zürichs und Bremgarten (Boll).

24. L. Quercifoliella F. R. (H.-S. Tab. 99 fig. 768).

Quercifoliella F. R. — Zell. — Dup. — Tengst. — Wocke. — v. Nic. — Sta. — Frey. — H.-S. — Harrisella Var. β Haw. — ? Harrisella Steph.

Thorace alisque anter. aureis, linea disci tenui ex basi ultra medium producta, strigulis costae quatuor, dorsi tribus albidis, fusco-marginatis, puncto apicis rotundo atro. — *Cf. Zell.* — 4–3 '''.

In zweifacher Generation die Eichenblätter minirend; bei uns an Quercus pedunculata. Die Mine ist unterseitig, nicht besonders gross, gewöhnlich, aber nicht immer, durch zwei Blattrippen eingeschlossen.

Diese Spezies, im April und Mai, dann im Juli und August fliegend, ist gemein und sicher in grosser Ausdehnung durch unsern Welttheil vorhanden.

Finnland; England; Frankreich (bei Paris und Lyon); Deutschland, wohl überall, südlich bis auf dem Nanos in Oberkrain; endlich in Toskana. Ich habe sie aus verschiedenen Ländern, ohne den geringsten Unterschied zu finden.

Für die Schweiz bei Zürich, Bremgarten und gewiss überall.

25. L. Betulae Zell. (Tab. 97 fig. 744 und Tab. 101 fig. 780).

Betulae Zell. — Wocke. — Frey. — H.-S.

Thorace ochraceo-rufo, linea tenui longitudinali media scapulisque albo-marginatis; alis anter. ochraceo-rufis, subopacis, linea tenui baseos longitudinali strigulisque duabus oppositis, perobliquis, tenuibus, albis, stria apicis atra; tarsis posticis immaculatis. — *Cf. Zell.* — 4‴.

Untermischt mit der folgenden, welche ich kaum für spezifisch verschieden halte, erzog ich von oberseitigen Apfel- und Birnbaumminen ein paar Stücke dieser schönen Spezies. Die Larve ist lebhaft gelb und überwintert in der Herbstgeneration unverpuppt.

Die Schabe im Mai bei Glogau, bei Salzbrunn in Schlesien, bei Frankfurt am Main, Freiburg; in Lievland; der brittischen Fauna fehlend.

Bei Zürich und Lausanne (Laharpe).

26. L. **Corylifoliella** Haw. (H.-S. Tab. 97 fig. 743).

Corylifoliella Haw. — Steph. — Sta. — H.-S. — ? Ulmifoliella Steph.

Thorace ochraceo-rufo, linea tenui media scapulisque albido-marginatis; alis. anter. ochraceo-rufis, subopacis, linea tenuissima basali strigulisque duabus oppositis, obliquis, tenuissimis, albidis, striola apicis atra; tarsis posticis maculatis (raro immaculatis). — 4‴.

Als Unterschiede gegenüber der vorhergehenden Spezies gelten weissliche, nicht weisse Zeichnungen; ferner soll das erste Innenrandhäkchen nicht so schief stehen und weiter entfernt von seinem Costalhäkchen endigen; endlich sollen die Beine gefleckte Hintertarsen haben. Letzteres kommt, wie Herrich-Schäffer richtig hervorgehoben hat, keineswegs immer vor. Unsere Lithocolletis bei ihrer nicht ganz unbeträchtlichen Veränderlichkeit scheint kaum etwas anderes als L. Betulae Var. zu sein.

Die Raupe findet sich im Herbste und Juli minirend an Obstbäumen, an Pyrus Malus und communis; ferner erzog ich sie von Sorbus Aria und glaube auch an Amelanchier die Mine gefunden zu haben. In England lebt jene an Crataegus Oxyacantha. Sie ist hochgelb mit einem bräunlichen, an den Seiten dunkleren Kopfe und einem braunen, durch eine helle Längslinie getheilten Nackenschilde. In den Ringen stehen auch hier je zwei kleine Härchen.

Die Mine ist gross, oberseitig, die Epidermis bräunlich, glatt abgelöst. Mit dem Fortschreiten des Larvenwachsthums wird die Wohnung stark zusammengezogen, ähnlich, wenn gleich weniger stark, wie es bei L. Coryli der Fall ist, und das Blatt bedeutend gekrümmt.

Die Schabe, im Mai und Juli, ist weit verbreitet. Im Süden Englands; Frankreich; Deutschland (Frankfurt am Main).

Für die Schweiz bei Zürich häufiger als L. Betulae, bis zu 2500′ ansteigend an Sorbus Aria. Deutsche und schweizerische Exemplare erscheinen oft etwas heller und schärfer gezeichnet, als die mehr verloschenen und schwärzlicher bestäubten brittischen Stücke meiner Sammlung.

27. **L. Alniella** Ti. (H.-S. Tab. 99 fig. 761).

Alniella Ti. — Zell. — Tengst. — Wocke. — v. Nic. — Frey. — H.-S. — Alnifoliella Dup. — Sta. — ? Hbn. — ? Cramerella Dup. — Rajella Zell. (ol.)

Antennis fuscescentibus, apice albo, fronte palpisque albidis; alis anter. ♂ luteo-fuscescentibus, ♀ dilutis, basi albida, linea basali latiuscula alba, antice fusco-marginata, strigulis quatuor costae, dorsi tribus albis, introrsum fusco-marginatis, puncto apicis rotundo, atro. — *Cf. Sta.* — 4–3⅓‴.

Die Larve lebt in gewöhnlicher doppelter Generation, oft in Mehrzahl an einem Blatte, an Alnus glutinosa, welche sie unterseitig minirt; sehr selten traf ich sie an Alnus incana (welche von L. Strigulatella eingenommen ist.*) Die Mine liegt entweder zwischen Mittel- nnd einer Seitenrippe und ist dann mehr dreieckig, oder zwischen zweien der letzteren, wo sie mehr parallele Ränder darbietet. Die grüne Hypodermis ist deutlich gefaltet.

Die Schabe, im April und Mai und dann von der Mitte Juli an bis in den August hinein, ist gemein. England, wohl ganz Deutschland; südlich in Toskana noch angetroffen; nördlich bis Finnland.

Für die Schweiz bei Zürich gemein; die schweizerischen Exemplare variiren in nichts von deutschen und englischen Stücken.

28. **L. Alpina** n. sp.

Antennis nigro-fuscis, apice albo, fronte palpisque cinereis; alis anter. opacis, ♂ griseis, postice rufescentibus (interdum obscure griseis), ♀ dilutioribus, rufo-griseis, linea basali lata abbreviata, costam versus fusco-marginata, strigulis quatuor costae, tribus dorsi (primo pari lato, brevi,

---

*) Nach Wocke soll sie in Schlesien auch an Linde und Hasel miniren (?).

apicibus valde obtusis, strigula costae maculam dorsalem superante) dilute albidis (♂ interdum obsoletis), introrsum fusco-marginatis, puncto ovato apicis nigro. — $4^{2}/_{3}-4'''$.

Der L. Alniella nahe verwandt, aber meiner Meinung nach, wenn auch wieder manchfach variirend, von jener spezifisch verschieden.

Fühler mit hellerem Grundgliede, einer braunschwarzen, an der Spitze rein weissen Geisel. Stirn und Taster glänzend dunkelgrau. Schopf grau (beim ♀ weisslich), nach innen stark mit schwarzen Haaren gemischt. Hinterleib oberwärts schwärzlich (beim ♀ mit hellerer Afterspitze), unterhalb glänzend schwärzlich grau. Von den Beinen das erste Paar sehr dunkel, an den Tarsen oberwärts heller gefleckt; etwas lichter die beiden folgenden. Die Hintertarsen deutlich heller gefleckt. Unterwärts an der Schattenseite die Beine von dem glänzenden Dunkelgrau des Leibes; nur die Tarsen des mittleren und letzten Paares auffallend licht. Thorax beim Mann von dem Grau der Flügelfarbe, beim Weibe grau gelblich.

Die Vorderflügel sind viel dunkler; ebenso unverkennbar rauher beschuppt als bei L. Alniella. Beim Manne ist ihre Grundfarbe ein Grau, welches an der Wurzel sich nicht aufhellt und nur nach hinten gewöhnlich braunröthlich wird. Nicht selten ist jedoch das Grau des männlichen Vorderflügels sehr tief und ohne jene braunröthliche Beimischung. Beim Weibe erscheint der Flügel beträchtlich heller, wurzelwärts kaum lichter, und durchaus grauröthlich. Aus der Flügelwurzel entspringt, aber dem Vorderrande viel näher als dem inneren, eine breite, matt weissgraue Längsstrieme. Sie ist nach vorn dunkel gerandet und hört, nachdem sie kaum ein Drittheil der Flügellänge erreicht hat, ziemlich plötzlich, sich nicht verschmälernd, auf (bei L. Alniella tritt diese Längsstrieme viel länger an dem Flügel hervor und spitzt sich beträchtlich zu). An manchen männlichen Stücken ist die Strieme, gleich den übrigen helleren Zeichnungen, im höchsten Grade verloschen. — Dann folgt das erste Paar der mattweissen Gegenhäkchen. Sie stehen viel senkrechter als bei L. Alniella, sind beträchtlich kürzer und breiter und an ihrem Ende ganz abgestumpft. Das Costalhäkchen springt bedeutend über die abgerundete Spitze des kleineren Dorsalfleckes vor. Einwärts sind beide schwärzlich braun umzogen und das Fleckchen des Vorderrandes hat nach hinten starke, dunkle Beschuppung, welche bis an das zweite Vorderrandhäkchen sich erstreckt. Das zweite Paar zeigt uns ein kleines abgerundetes Costalhäkchen und ein mit scharfer Spitze es weit hinterwärts überragendes Dorsalhäkchen. Dieses ist verhältnissmässig schmal und schief gestellt, sowie beträchtlich gebogen. Manchmal trifft seine Spitze mit dem dritten Costalhäkchen zusammen. Beide Fleckchen des zweiten Paares sind einwärts dunkel begrenzt; nicht mehr aber diejenigen des dritten Paares, welche klein sind, eine stärkere Zuspitzung zeigen und mit ihren Enden sich berühren können. Dicht vor der Flügelspitze erscheint das vierte unpaare Fleckchen. In der Flügelspitze liegt ein starker, ovaler, tief schwarzer Punkt. Der Hinterrand ist von einer feinen, schwarzen Linie begrenzt, welche an der Stelle des dritten Dorsalfleckchens unterbrochen ist. Die Franzen licht grau. Hinterflügel grau, die Franzen etwas heller. Die Unterseite zeigt tiefgraue Vorderflügel mit dunkleren, graubraunen Franzen, an welchen namentlich drei Vorderrandshäkchen graugelb durchschimmern.

Trotz zahlreicher Variationen bleiben das dunklere Kolorit, die kürzere, abgestumpfte Basalstrieme und die Beschaffenheit des ersten und zweiten Häkchenpaares als durchgreifende Eigenthümlichkeiten gegenüber L. Alniella. Ferner steht unsere Spezies schon der L. Strigulatella, mit welcher eine Verwechslung kaum möglich ist.*)

Die Larve minirt mit langer, schmaler, unterseitiger Mine die Blätter von Alnus viridis. Oft finden sich ein halbes Dutzend Minen an einem Blatte. Die Hypodermis ist in Längsfalten gelegt, grünlich. Das Chlorophyll wird fast ganz verzehrt und die Mine springt ziemlich gewölbt an der Oberfläche vor.

Diese auffallende Lithocolletis erhielt ich durch Herrn Pfaffenzeller im Juli 1855 aus dem oberen Engadin in mehreren gefangenen Stücken. Der Gedanke musste nahe liegen, die Raupe auf Alnus viridis zu finden. Diese Vermuthung verschaffte mir später eine grosse Zahl minirter Blätter von ebendaher, aus welchen ich über 50 Stück im verflossenen Winter erzog.

Bisher allein im Oberengadin bei Samaden in 5362′ Meereshöhe; zahlreich und wohl nur mit einfacher Generation.

29. L. Heegeriella Zell. (H.-S. Tab. 99 fig. 762).

Heegeriella Zell. — Wocke. — v. Nic. — Sta. — Frey. — H.-S. — Tenella Sta. (ol.)

Alis anter. subnitidis, niveis, postice aureolis, linea basali fusca, strigulis costae quatuor, dorsi duabus fuscis, postice

*) Dass sich diese Spezies bei Herrich-Schäffer unter L. Strigulatella erwähnt findet, erklärt sich dadurch, dass ich ihm anfänglich nur ganz abgewischte Exemplare senden konnte.

albido-marginatis, puncto apicis oblongo, atro. — *Cf. Zell.* — $3^{1}/_{2}-3'''$.

Var. a. Linea basali fusca nulla.

Die Larve gemein, in gewöhnlicher zweifacher Erscheinungszeit unterseitig an Quercus pedunculata minirend. Die Mine ist die kleinste der an jenem Baume vorkommenden und sehr häufig dicht am Blattrande angelegt, welcher dadurch umgebogen wird.

Die Schabe (oft in sehr kleinen Exemplaren vorkommend) im Mai und Juni und dann Ende Juli und im August.

England und Schottland; Frankreich (Paris); Deutschland (Stettin, Glogau, Breslau, Frankfurt am Main, Freiburg); stellenweise sehr häufig.

Bei Zürich in Menge; Bremgarten (Boll). Die schweizerischen Stücke entbehren öfters der braunen Basalstrieme.

30. **L. Cramerella** Fab. (H.-S. Tab. 99 fig. 764).

Cramerella Fab. — Haw — Steph. — Zell. — Lien. — Tengst. — Sta. — Wocke. — v. Nic. — Frey. — H.-S.

Alis anter. subnitidis, niveis, postice aureolis, linea basali fusca nulla, strigulis costae tribus, dorsi duabus fuscescentibus, postice albo-marginatis, puncto apicis rotundo atro. — *Cf. Zell.* — $4^{1}/_{3}-3^{1}/_{2}'''$.

Die Larve, in der bekannten Sommer- und Herbstgeneration, minirt unterseitig mit ansehnlicher Mine (welche ich aber von derjenigen anderer Eichenbewohner nicht immer scharf zu unterscheiden vermag) die Blätter der Eiche (und nach Mann auch der Buche).

Die Schabe, meistens als gemeine Erscheinung, gleichzeitig mit der vorhergehenden.

Finnland, Lievland, England, Frankreich (bei Paris); wohl überall in Deutschland, bis auf dem Nanos in Oberkrain.

Bei Zürich auffallend selten; bei Bremgarten (Boll); Schüpfen (Rothenbach). Die schweizerischen Exemplare sind in nichts von den deutschen und englischen verschieden.

30. **L. Tenella** Zell. (H.-S. Tab. 99 fig. 763 [nicht gut]).

Tenella Zell. — v. Nic. — Sta. — Frey. — H.-S.

Alis anter. ♂ luteo-albidis vel luteo-fuscescentibus (♀ albidis, postice aureolis), linea basali dilutiore obsoleta (♀ nulla), strigulis costae quatuor, dorsi duabus fuscescentibus, postice albo-marginatis, lineola apicis cuneata atra. — 4–3½'''.

Mit gewohnter Gründlichkeit hat Stainton zuerst auf die grosse Veränderlichkeit dieser Art aufmerksam gemacht. Die von ihm erwähnten, gelblicher und dunkler gezeichneten Exemplare sind männliche. Das kleinere (oft sehr kleine) Weibchen bleibt heller und ohne die verloschene, blassere Basalstrieme. Die Frühlingsgeneration zeichnet sich (was auch bei L. Cramerella vorkommt) durch bedeutendere Körpergrösse, das Ausmass der L. Pomifoliella, aus.

Die Larve in den zwei Erscheinungszeiten der verwandten Arten. Sie minirt mit langer, schmaler, von zwei Seitenrippen eingeengter Mine die Blätter von Carpinus Betulus, namentlich an Waldrändern. Die Raupenwohnung ist unterseitig, ziemlich gewölbt, die Hypodermis glatt. Oft kommt sie neben der oberseitigen der L. Carpinicolella in dem nämlichen Blatte vor. Selten scheint sie Prunus avium zu bewohnen.

Im April und Mai, dann im Juli und zu Anfang August an Waldrändern, wo die Hainbuche wächst. England; in einigen Gegenden Deutschlands (Stettin, Reichstadt, Dessau, Wien, Freiburg).

Für die Schweiz bei Zürich beobachtet; hier sehr gemein und eine der früher erscheinenden Arten. Die Sommergeneration oft in ganzen Schwärmen.

32. L. Sylvella Haw. (H.-S. Tab. 103 fig. 813 und 814).

Sylvella Haw. — Steph. — Sta. — Acerifoliella F. R. — Zell. — Wocke. — v. Nic. — Frey. — H.-S. — Acernella Dup. — Var. Acernella Zell.

Alis anter. niveis, subnitidis, fasciis duabus angulatis lutescentibus, fusco-marginatis, poster. dentem in apicem emittente, maculis costae duabus, una dorsi lutescentibus, striola apicis nigra. — *Cf. Zell.* — 3½'''.

Var. a. Fascia prima interrupta.

Var. b. Fascia secunda et prima interruptis.

Die gemeine Lithocolletis variirt beträchtlich, so dass man eine ganze Reihe von Varietäten abscheiden könnte.

Die Larve lebt unterseitig an Acer campestris, seltener an Hecken als den Rändern und Lichtungen der Wälder. Gewöhnlich ist eine Blattecke stark eingebogen. Viel spärlicher minirt sie an Acer Pseudoplatanus, wo die Mine oft mitten im Blatte vorkommt. Die zwei Generationen sind die gewöhnlichen.

Die Schabe im April und Mai, dann im Juli und August. In Deutschland bei Glogau, Breslau, im schlesischen Gebirge, Böhmen, Hannover, Frankfurt am Main, Wien; südlich bis Oberkrain; auch in England und Toskana. Nach Wocke steigt sie im Gebirge ziemlich aufwärts.

Bisher für die Schweiz nur bei Zürich beobachtet.

33. L. **Emberizaepennella** Bouché. (H.-S. Tab. 102 fig. 798 und 799).

Emberizaepennella Bouché. — Zell. — Dup. — Lien. — Tengst. — Wocke — v. Nic. — Sta. — Dougl. — Frey. — H.-S. — Pezzoldella H.-S. (ol.)

Alis anter. subnitidis, croceis, linea abbreviata basali nivea, fasciis duabus niveis, prima arcuata, secunda angulata, introrsum nigro-marginatis, strigulis duabus costae, tribus dorsi (tertia subapicali minima) niveis, squamis inter eas nonnullis nigris disci apicem versus. — *Cf. Sta.* — 4½–4‴.

Die Larve minirt in gewöhnlicher Art zweimal im Jahre die Blätter verschiedener Loniceren mit unterseitiger, stark gewölbter, von Chlorophyll nur theilweise entleerter Mine. Man findet sie an Lonicera Caprifolium und Xylosteum, in Gärten an L. tartarica.*) Die Raupe ist ziemlich gross, nach vorn weniger breit als gegen die Mitte. Sie ist anfänglich grün, später citrongelb mit dunkler grünlich durchschimmerndem Darmkanale. Kopf klein, grünlich (später bräunlich gelb), an den Rändern dunkler mit röthlich braunen Mundtheilen.

Die Puppe in festem, papierartigen Gewebe von grünlicher Farbe und tonnenartiger Gestalt.

Die Schabe im April und Mai, dann wieder Ende Juli und im August

England, Deutschland, Frankreich (Lyon); südlich noch bei Pisa beobachtet, nördlich bis Finnland und Lievland.

Nach der Heimat scheint sie etwas zu variiren. Die schweizerischen Stücke zeichnen sich durch Grösse und Lebhaftigkeit des Kolorits aus. Ihnen nahe kommen zwei Exemplare von Lyon.

---

*) Wocke erzog sie auch an Symphora racemosa.

34. L. Tristrigella Haw. (H.-S. Tab. 102 fig. 794).

Tristrigella Haw. — Steph. — Sta. — Frey. — H.-S. — Var. Strigifasciella Sta.

Antennis albidis, nigro-annulatis, apice albo, thorace alisque anter. ochreo-rufis vel rufo-brunneis; his fasciis tribus albis, introrsum nigro-marginatis, costam versus latius (fascia prima ante, secunda in medio parum curvatis, fere rectis, tertia postica angulata), strigula costae alba, saepe cum fascia tertia cohaerente, squamis nonnullis nigris infra strigulam. — *Cf. Sta.* — $4^1/_2 - 3^1/_2'''$.

In der Grösse, der Lebhaftigkeit des Kolorits der Vorderflügel, ebenso in der Breite der schwarzen Einfassungen ziemlich ändernd.

Die Larve minirt in doppelter Generation, einer im Frühsommer und einer zweiten im Oktober, die Blätter von Ulmus campestris, gewöhnlich jüngerer Bäume. Sie lebt unterseitig in langer, schmaler, oft ganz von Blattmark leerer Mine, deren Hypodermis, in zahlreiche Längsfalten gelegt, bräunlich erscheint. Die Puppe dringt durch die Oberseite des Blattes hervor.

Die Schabe, welche ich noch niemals im Freien antraf, kommt nach Stainton im Mai und August vor.

In England; in Deutschland bisher allein bei Wien aufgefunden.

Bei Zürich beschränkt in der Umgebung auf einzelne Stellen und selten.

35. L. Scabiosella Dougl.

Scabiosella Dougl. — Sta. — Frey. — H.-S.

Antennis fuscis, capillis et thorace rufo-croceis; alis anter. rufo-croceis, subnitidis, fasciis duabus tenuibus niveis (prima recta, secunda angulata), introrsum (costam versus latius) nigro-marginatis, strigulis duabus costae, una dorsi (fere cum prima costali cohaerente) niveis, introrsum late nigro-squamatis, macula nigra ad angulum analem striolaque apicis nigra. — *Cf. Sta.* — $4^1/_2 - 4'''$.

Eine schöne, durch den Fleiss brittischer Mikropterologen vor Kurzem entdeckte Spezies, welche von Douglas und Stainton in genügender Weise beschrieben wurde.

Die Larve ist eine jener wenigen Lithocolletiden, welche an niederen Pflanzen leben. Sie minirt die grossen Wurzelblätter der

Scabiosa columbaria vom Herbste an, überwinternd bis in den April und Mai hinein, und dann wieder von Mitte Juli bis in den August. Die Mine ist unterseitig, lang und gross, am Ende stark gewölbt und von Blattgrün grossentheils entleert. Die grünliche Hypodermis, stark gerunzelt, bildet mehrere Längsfalten. Man trifft diese Minen seltener an freien Grasplätzen als an den Rändern von Waldwiesen und lichten, trocknen, grasreichen Stellen der Wälder. — Die Raupe, von Douglas und mir untersucht, hat einen blass bräunlichen, an den Rändern etwas dunkleren Kopf. Der Körper ist leicht gelb, nach vorne am breitesten mit dunkel hindurch schimmerndem Darmkanale, den bekannten Härchen in den Seiten der Ringe und Beinen von der Körperfarbe. — Sie leidet sehr von Pteromalinen.

Die Schabe, Ende Mai und im Juni, sowie abermals im August fliegend, findet sich nach den bisherigen Erfahrungen in England, in Deutschland bei Frankfurt am Main (A. Schmid) und Regensburg.

Für die Schweiz nur bei Zürich; nicht gerade häufig gefangen und erzogen. Der verstorbene C. Zeller fing Anfang August schon vor einer Reihe von Jahren auf einem benachbarten Berge ein Stück.

36. L. Nicellii Zell. (H.-S. Tab. 102 fig. 792).

Nicellii Zell. — Sta. — Frey. — H.-S. — Tristrigella Nic. (ol.)

Antennis albidis, nigro-annulatis, ante apicem late albis, thorace alisque anter. croceis; his nitidis, fasciis duabus curvatis aut subfractis, strigulis tribus costae, duabus dorsi argenteis, introrsum nigro-marginatis, striola apicis elongato-ovata, nigra. — 4 – 3½‴.

Die Mine dieser von Nicelli entdeckten und der folgenden Spezies sehr nahe kommenden Art findet sich unterseitig an Hasel. Sie ist lang und schmal, ziemlich eingezogen und schliesslich von Blattgrün fast ganz entleert. Sie kann mit derjenigen von L. Coryli in einem Blatte vorkommen. Ich traf sie an Waldrändern, selten an frei wachsenden Haselbüschen.

Die Larve, in den zwei Generationen, hat einen kleinen, herzförmigen, dunklen Kopf. Der Körper ist vorn am breitesten. Auf dem ersten Gürtel steht ein dunkler, dreimal getheilter Nackenschild. Die Körperfarbe ist schmutzig grün. Ihre Verwandlung erfolgt in einem festen, papierartigen Gewebe, was auch bei der folgenden Spezies, L. Froelichiella, vorkommt.

Die Schabe in England; in Deutschland (bei Stettin, bei Frankfurt am Main und gewiss noch an vielen Stellen).

Für die Schweiz im Juni und in der zweiten Julihälfte, sowie im August gefangen. Erzogen habe ich sie öfter. Sie ist bei uns nicht gemein.

37. L. **Froelichiella** Zell. (H.-S. Tab. 102 fig. 793).

Froelichiella Zell. — Lien. — v. Nic. — Sta. — Frey. — H.-S.

Antennis albidis, nigro-annulatis, ante apicem late albis, thorace alisque anter. saturate croceis; his nitidis, fasciis duabus fere rectis, strigulis tribus costae, duabus dorsi pallide argenteis, introrsum fusco-marginatis, striola apicis nigra. — 5–4‴.

Die Larve, mit den gewöhnlichen zwei Generationen, minirt die Erlen: bei uns stets Alnus incana, anderwärts auch Alnus glutinosa. Sie kommt an ersterer Art stellenweise häufig vor; weniger jedoch an Strauchwerk als an jüngeren Bäumen, wo sie namentlich die höheren Astspitzen bewohnt. Oft sind mehrere Räupchen in einem Blatte oder neben ihnen kommt noch L. Strigulatella vor. Die Mine ist lang und schmal, aber von bedeutender Grösse, über einen Zoll messend. Sie ist unterseitig und, indem die Hypodermis gelöst wird, erscheint sie an der oberen Blattseite als rother Fleck, welcher in der Mitte nabelförmig aufgetrieben ist.

Die grosse Raupe ist weisslich grau gefärbt, nach vorn am breitesten. Sie zeigt in den Seiten der Ringe zwei schwarze Pünktchen, einen dunklen Rückenstreifen und einen zweigetheilten Nackenfleck. Die Brustfüsse sind schwarz, die falschen von der Farbe des Körpers. Der Kopf ist braun.

Die Schabe, im Mai und Juni und dann wieder im August (mit kleineren, der L. Nicellii nahe kommenden, Exemplaren), findet sich im Norden Schottlands, in England, in Lievland, im nördlichen und südlichen Deutschland (Danzig, Glogau, Frankfurt an der Oder und am Main, Freiburg, Wien).

Für die Schweiz bisher nur bei Zürich. Die Larvengeneration des Herbstes ist stellenweise gemein.

38. L. **Lautella** v. Heyd. (H.-S. Tab. 97 fig. 750).

Lautella v. Heyd. (in litt.) — Zell. — Wocke. — v. Nic. — Sta. — Frey. — H.-S.

Antennis fuscis, ante apicem late albis, capillis nigris, thorace aeneo; alis anter. nitidis, rufo-aurantiis, linea basali abbreviata argentea, utrimque nigro-marginata, strigulis tribus costae, duabus dorsi argenteis, utrimque nigro-marginatis, squamis nonnullis argenteis supra angulum analem, pustula apicis magna, ovata, nigra, margine postico nigrescente. — *Cf. Sta.* — $3^2/_3'''$.

Var. a. Primo pari strigularum in fasciam arcuatam conjunctis.

Die Larve minirt in der gewöhnlichen zweifachen Erscheinungsweise die Blätter der Eiche; bei uns von Quercus pedunculata. Sie bewohnt selten Bäume, in der Regel nur Buschwerk und namentlich ganz kleine, etwa einen Fuss erreichende Stämmchen, welche im Schatten höherer Waldbäume vorkommen. Hier sind oft sämmtliche Blätter besetzt und manchmal bewohnen sechs und mehrere Räupchen dasselbe Blatt. Die Mine ist unterseitig, lang und schmal, zwischen zwei seitlichen Rippen angelagert und gewöhnlich an die Mittelrippe des Blattes anstossend. Das Blattmark wird vollständig verzehrt und die weisse Epidermis springt dann stark gewölbt hervor. Sind mehrere Raupenwohnungen in einem Blatte vorhanden, so wird dieses bedeutend gekrümmt. Die abgetrennte Hypodermis ist in einige Längsfalten gelegt.

Die Raupe ist auffallend. Der Körper erscheint weisslich, ganz glasartig durchsichtig, wie ich es bei keiner andern Spezies des Genus gesehen habe. Der Darmkanal schimmert stark durch; an der Seite jedes Ringes ist ein Haar. Die Beine von der Körperfarbe. Auch der Kopf ist ganz glasartig und blass, nur an seinem Vorderrande und den Mundwerkzeugen rostbraun. Das Püppchen ruht in einem zarten, rundlichen, weissen Gespinnste.

Die Schabe, im Mai und Anfang Juni, dann wieder Ende Juli und im August, zeichnet sich, gleich der folgenden Spezies, durch ihre Lebhaftigkeit aus. Sie findet sich in England; in Frankreich bei Paris; im nördlichen und südlichen Deutschland (Stettin, Breslau, im schlesischen Gebirge, bei Göttingen, Frankfurt am Main). Jenseits der Alpen ist sie noch nicht angetroffen worden.

Für die Schweiz bei Zürich, namentlich am rechten Seeufer.

39. L. Bremiella Zell. (H.-S. Tab. 100 fig. 772—774).

Bremiella Zell. (*in litt.*). — *H.-S.* — *Frey.* — *Sta.*

Capillis cinereis, antennis fuscis, thorace alisque anter. saturate croceis; his nitidis, linea basali abbreviata argentea, utrimque nigro-marginata, fascia leniter curvata, strigulis tribus costae, duabus dorsi argenteis, puncto apicis et linea marginali tenui nigris. — $4^1/_2 - 3^1/_2$'''.

Var. a. Fascia interrupta.

Im Ausmaasse (von L. Faginella bis zur Grösse der L. Lautella) und in der Lebhaftigkeit des Kolorits sehr wechselnd. Sie ist der Lautella nahe verwandt, von dieser aber durch Folgendes verschieden. Ihr Schopf ist grau, nur mit einzelnen schwärzlichen Härchen gemischt, während er bei L. Lautella tief schwarz ist. Letztere Spezies hat einen schwärzlich glänzenden Rücken, während er bei vorliegender Spezies braun, von der Vorderflügelfarbe erscheint. Die Flügel bleiben bei L. Bremiella heller als bei Lautella und die starke Verdunklung des Hinterrandes, welche für letztere Art so charakteristisch ist, fehlt der L. Bremiella ganz oder kommt nur einzelnen Varietäten, aber in viel geringerem Grade, zu.

Stirne und Palpen glänzend silbergrau. Schopf dunkelgrau, beim ♂ lichter, als beim ♀. Fühler grau, schwärzlichbraun geringelt, ohne die weisse Endspitze der L. Lautella. Brust und Schulterdecken safranbraun; Hinterleib grau; Beine grau. Das vorderste Paar etwas heller, mit schwarzen Fleckchen am Ende der Schiene und am Tarsus. Das mittlere Paar etwas tiefer grau, an der Innenseite der Schiene namentlich dunkler; Tarsus ohne schwarze Endspitze. Hinterbeine mit tief grauen Schenkel- und Schienengliedern, aber mit weisslichen Tarsen, welche entweder ganz ungefleckt bleiben oder zuweilen graue Fleckchen zeigen. Letzteres kommt namentlich beim ♀ vor.

Vorderflügel glänzend safranbraun; bei manchen Stücken wenig lebhaft gefärbt, bei anderen (namentlich weiblichen) Exemplaren viel intensiver; aber fast niemals bis zu dem lebhaften Rothbraun der L. Lautella sich steigernd. Die Zeichnungen silberweiss oder (namentlich beim ♀) auch lebhaft silberglänzend. — Die Basallinie der Vorderflügel ist kurz, nur ein Drittel oder gar ein Viertel ihrer Länge erreichend, und ohne Zuspitzung geendigt. Sie wird auf beiden Seiten von schwärzlichen Schüppchen, am Costalrande stärker als innenwärts, begrenzt. Am Innenrande der Flügelwurzel kommt oft, aber nicht immer, ein kleiner Silberstreif vor. — An der Grenze des ersten Drittheils der Flügellänge verläuft eine Querbinde. Sie ist in der Regel mehr oder weniger gekrümmt und in ihrer Mitte am dünnsten. Bei manchen Stücken erscheint sie stark gebogen:

bei nicht wenigen ist sie gerade und gestreckt. Schreitet die Verdünnung in ihrer Mitte noch weiter fort, so bricht jene endlich in die beiden Gegenhäkchen auseinander. Die Binde ist entweder an beiden oder nur am Innenrand schwarz umzogen. — Die drei Vorderrandshäkchen sind klein und ziemlich senkrecht gestellt. Das erste ist stumpf geendigt und an beiden Seiten schwarz eingefasst; das zweite zugespitzt und gewöhnlich nur nach Innen schwarz begrenzt. Das dritte, unpaare Häkchen ist gekrümmt, sehr dünne und ohne schwarze Schüppchen. — Der erste Innenrandfleck ist ein fast gleichschenkliges Dreieck, welches mit seiner Spitze in den Raum zwischen dem ersten und zweiten Vorderrandhäkchen einspringt. Er ist entweder an beiden oder nur an der innern Seite schwarz umzogen. Der zweite Innenrandfleck ist klein und bei manchen Exemplaren kaum angedeutet. Er greift zwischen das letzte und vorletzte Costalhäkchen ein und ist nur ausnahmsweise schwarz eingefasst. Die Flügelspitze ist gewöhnlich nicht verdunkelt; sie zeigt eine kleine, länglich runde Pustel. Bei einzelnen Stücken häufen sich die schwarzen Schüppchen und der Fleck wird grösser, so dass eine an L. Lautella erinnernde Zeichnung entsteht. An der Flügelspitze ist gewöhnlich, mehr oder weniger deutlich, eine feine, schwarze Hinterrandlinie vorhanden. Die Franzen sind grau, an der Flügelspitze am hellsten.

Die Hinterflügel und ihre Franzen glänzend dunkelgrau. — Die Unterseite ist schwärzlich grau; die drei Costalhäkchen schimmern in der Regel allein weisslich durch.

L. Bremiella minirt in doppelter Generation, einer im Juli und einer zweiten im September und Oktober, unterseitig in Wicken; meistens an beschatteten Waldrändern in Vicia sepium. Die abgelöste Hypodermis ist weisslich, in Falten gelegt. Die Oberseite des Blättchens wird hierdurch bedeutend gewölbt, so dass das Ganze blasenförmig aufgetrieben erscheint. Das Blattmark wird schliesslich vollständig verzehrt. Oft kommen mehrere Minen an einem Pflänzchen vor. — Seltener bewohnt unsere Art Vicia dumetorum oder V. angustifolia (A. Schmid). Sehr selten erscheint L. Bremiella an Klee (an Trifolium medium) mit ganz gleicher Mine (aus welcher ich sie mehrmals erzogen habe).

Das Räupchen mit beträchtlich kleinem, citrongelbem Kopf und dunkelrothbraunen Mundtheilen. Die ersten Rumpfgürtel sind auch hier am breitesten. Der Prothorax trägt einen undeutlich abgegrenzten Nackenfleck; der Darmkanal schimmert als dunkler Rückenstreif hindurch. An den Seiten stehen feine weisse Härchen. Die Beine von der Körperfarbe. — Die Verpuppung geschieht in zartem Gewebe. — Der Falter im Mai und Juni; dann seltener und in kleineren Exemplaren zu Ende Juli und im August. Früh verpuppte Räupchen der Herbstgeneration liefern oftmals noch Ende Oktober das vollendete Insekt. Im Freien nicht gerade oft; es zeichnet sich diese Spezies durch ihre Lebhaftigkeit aus.

Nach den bisherigen Beobachtungen bei Frankfurt am Main und bei Baden-Baden; neuerlich auch in England gefunden.

Für die Schweiz bei Zürich häufig, ebenso bei Würenlos, in der Nähe Badens und bei Bremgarten (Boll). Sie wurde schon vor längeren Jahren von Herrn Bremi entdeckt und erzogen.

40. L. Tremulae Zell. (H-S. Tab. 103 fig. 810 und 811).

Tremulae Zell. — Wocke. — v. Nic. — Frey. — H.-S. — Populifoliella Tr. (p.) — Zell. (ol.).

Alis anter. angustioribus, opacis, dilute brunnescentibus, strigulis marginalibus fuscis, postice albido-marginatis, linea apicis nigra. — *Zell.* — 4–3½'''. (?)

L. Tremulae minirt unterseitig die Blätter jüngerer Espen (Populus tremula). Die Mine erscheint oberwärts als ein länglich runder, nur theilweise von Chlorophyll leerer und darum gescheckter, Fleck mit leichter Wölbung. Die Hypodermis ist wenig gefaltet, fast glatt, früher grünlich, später blassröthlich erscheinend.

Die Raupe ist gelblich, nach vorn und hinten blasser als in der dottergelben Körpermitte. Sie zeigt feine Härchen; der Verdauungskanal schimmert durch; die Beine sind von der Körperfarbe. Die Brustbeine stehen weit auseinander, was auch bei der folgenden Spezies wiederkehrt. Die Brustringe sind ziemlich breit; dann verschmälern sie sich beträchtlich, um später nochmals etwas an Breite zuzunehmen. Der Kopf ist bräunlich gelb. (Zeller hat sie sehr genau beschrieben.) — Die Puppe dringt aus der Hypodermis hervor. Die Mine im Mai und dann wieder im Juli.

Die Schabe, im Mai, Juni und wiederum Ende Juli und im August, sowie im September gefunden, fehlt der brittischen Fauna und erscheint in manchen Gegenden Deutschlands häufiger, in anderen selten. Schlesien, Stettin, Berlin, Frankfurt am Main und an der Oder, Böhmen.

Für die Schweiz bei Zürich nicht gemein; öfters bei Würenlos; auch bei Baden.

41. L. Populifoliella Tr. (H.-S. Tab. 103 Fig. 807 und 808).

Populifoliella Tr. (p.) — Zell. — Lien. — Wocke. — v. Nic. — Frey. — H.-S. — Fritillella Ti.

Alis anter. angustioribus, opacis, maculis marginalibus subquadratis, brunneis, fusco-pulvereis, striola apicis nigra. — *Zell.* — 4'''.

Die Larve minirt die Blätter der Populus nigra, pyramidalis und canadensis. Die Mine ist derjenigen von L. Tremulae sehr ähnlich, aber die Hypodermis bleibt grün und wird nicht röthlich. Die Wölbung der Mine ist schwach.

Die Raupe, nach Nicelli, scheint eine gleiche Körperform wie L. Tremulae zu besitzen. Der Kopf ist klein, nur an den Fressspitzen gebräunt, sonst ganz hell. Vorn ist der Körper grünlich, dann wird er dottergelb; nur das Aftersegment hat wieder das grünliche Kolorit.

Im April und Mai, dann im August und September, oft an Pappelstämmen sitzend und gemein; Deutschland, wohl überall; der brittischen Fauna fehlend; in Lievland.

In den Umgebungen Zürichs nicht selten; der Schmetterling überwintert, da ich ihn im November und Dezember traf.

42. L. Comparella F. R. (H.-S. Tab. 103 fig. 800).

Comparella F. R. — Zell. — Sta. — Frey. — H.-S. — ? Dup.

Alis anter. albis, maculis marginalibus obliquis, brunnescentibus, fusco-pulvereis, linea apicis nigra. — *Zell.* — 4'''.

Diese Lithocolletis, welche wahrscheinlich ebenfalls die Pappelblätter minirt, erscheint, gleich der vorhergehenden, im April und Mai und dann wiederum im August und September, gewöhnlich an den Rinden der Pappelbäume sitzend.

England; Deutschland (Wien, Regensburg, Frankfurt am Main, Bonn); südlich in Toskana.

Für die Schweiz bei Zürich untermischt mit vorhergehender Spezies getroffen.

XV. Familie. NEPTICULIDEN.

Caput lanatum, etiam in epistomio; ocelli nulli; antennnae crassiusculae, breves, nudae, conchula modica instructae; haustellum nullum; palpi maxillares plicati, labiales breves; alae breves, poster. lanceolatae.

Die Nepticuliden, ausgezeichnet durch einen sehr rauhbehaarten Kopf ohne Ocellen, mit kurzen, einen Augendeckel führenden Antennen, zeigen uns bei Abwesenheit einer Zunge taschenmesserartig eingebogene Kiefertaster und kurze Labialpalpen. Die Flügel sind kurz, die hinteren lanzettförmig. — Das ganze Insekt erhält dadurch ein etwas plumpes Ansehen.

Sie zerfallen in zwei Genera, welche nahe verwandt sind und nur in dem Geäder der Vorderflügel Differenzen zeigen; in das artenreiche Geschlecht Nepticula, dessen Larvenzustände wir kennen, und in das kleine Genus Trifurcula, dessen Metamorphose uns zur Zeit noch verborgen ist.

---

1. Genus. NEPTICULA.

Nepticula v. Heyd. — Zell. — Sta. — H.-S. — Lyonetia p. Zell. (ol.) — *p. Dup. — Tinea p. Haw. — Microsetia p. Steph.*

Capilli superne et in fronte hirsuti; ocelli nulli; antennae breves, crassiusculae, nudae, articulis fere cylindricis, conchula modica instructae; palpi maxillares longiusculi, subhirsuti, plicati, articulis ultimis pendulis; palpi labiales breves, subporrecti; haustellum nullum. Alae breves, longe ciliatae, anter. grosse squamatae, poster. ovato-lanceolatae; anter. vena subcostalis brevis ramos duos in costam emittit, ramo inferiore cum vena mediana per ramulum cohaerente; mediana trifida in et infra apicem exit; subdorsalis ad basim longe furcata; poster. vena mediana trifida. Larva pedibus octodecim imperfectis praedita in foliis agit cuniculos anguineos; metamorphosis extra cuniculum. — *Cf. Zell. Sta.*

Sehr kleine und sehr lebhafte, sonderbare Schaben stellen dieses Geschlecht her. Kopf sehr rauh behaart, Fühler dick und kurz mit fast cylindrischen Gliedern, ohne Behaarung. Das Grundglied eiförmig angeschwollen, durch seine Beschuppung in einen mässig grossen Augendeckel verwandelt. Ocellen fehlend, ebenso die Zunge. Die Fresswerkzeuge zeigen uns kurze, wie es scheint, dreigliedrige Labialpalpen und längere, umgebogene, mit den Endgliedern hangende Kiefertaster, über deren Gliederzahl ich nicht in das Reine kommen konnte. Die Flügel breiter und kürzer, als bei der vorigen Familie. Die Hinterflügel lanzettförmig, die Franzen lang. Die Beschuppung des vorderen Paares, welches vielfach metallisch glänzend und mit goldener oder silberner Binde geziert erscheint, ist im Allgemeinen grob, bei manchen Arten ganz rauh.

Der Aderverlauf ist sehr eigenthümlich. Subcostalader und Medianvene können als mit gemeinsamer Basis entspringend angenommen werden; erstere geht zweigetheilt in den Vorderrand, letztere nach der Flügelspitze mit drei Aesten aus. Die Subdorsalvene ist sehr stark mit langer Gabel (deren oberer Ast aber sehr fein ist) an ihrer Basis. An den Hinterflügeln fällt eine dreigetheilte, mittlere Ader auf*), deren unterer Ast aber ganz dicht an ihrer Wurzel entspringt.

Die kleinen, gewöhnlich 2''' messenden Räupchen verhalten sich sehr eigenthümlich. Sie zeichnen sich aus durch die Abwesenheit wahrer Krallenfüsse, welche durch häutige Fortsätze ersetzt werden. Auch die Afterfüsse entbehren der Hakenkränze und die Zahl sämmtlicher Beine beträgt sonderbarer Weise achtzehn**).

Die Larven miniren lange, schlanke, schlangenförmige Gänge durch die Blätter, welche mit dem Wachsthume jener stets breiter werden. Diese Minen sind fast ausnahmelos oberseitig. Man findet die Raupen beinahe immer in doppelter Generation, einer im Juli (oft schon in der zweiten Junihälfte) und einer andern im September und Oktober, welche bei weitem zahlreicher ist und häufig grössere Falter liefert. — Doch kommen hier mancherlei Verschiedenheiten vor. So treten einzelne Arten im Herbste ungewöhnlich früh auf, z. B. N. Minusculella, welche Ende August sich schon verpuppt, während andere erst in dem tiefsten Spätherbste erscheinen, wie N. Subbimaculella. Bei mehreren Arten, z. B. N. Septembrella, dürfte eine Sommergeneration gänzlich fehlen. Auffallend durch ihre Erscheinungszeit ist eine neuerlich in Schottland beobachtete Art, N. Weaveri, welche im Mai minirt. — Das Studium dieser Gänge und der Larven bildet einen der anziehendsten Gegenstände der Entomologie, wie es auch bei manchen Spezies allein die völlige Sicherheit der oft sehr schwierigen Bestimmung verschaffen kann.

Die meisten Nepticulen kommen auf den Sträuchern und Bäumen unserer Laubhölzer vor. Am reichsten ist nach den bisherigen Erfahrungen an Nepticulen der Weissdorn; weniger die Eiche; auch der Apfelbaum, die Rose und Rubus ernähren mehrere Arten.

---

*) Ich habe das Geäder bei N. Ruficapitella, Pygmaeella und Splendidissima ganz gleich gefunden.

**) Es ist auffallend, dass die Raupe beständig fressend gesehen wird und man niemals eine im Zustand der Häutung bemerkt.

Erst in der letzten Zeit ist man auf Nepticulen niederer Gewächse aufmerksam geworden; so von Hypericum, Vaccinium, Lotus, Fragaria und Potentilla. Hier werden noch viele Entdeckungen zu machen sein.

Die Verpuppung erfolgt fast ohne Ausnahme ausserhalb des Blattes an Stengeln oder am Boden. Die Puppe zeigt die Theile des vollendeten Insektes sehr deutlich abgegrenzt. Der Cocon ist im Allgemeinen abgeflacht, eine rundliche oder ovale Scheibe bildend, bald glatt, bald rauh. — Nur zwei Arten, N. Septembrella und Weaveri, machen nach unserm jetzigen Wissen eine Ausnahme, indem sie sich innerhalb der Mine verpuppen; was exzeptionell hier und da einmal bei einem Exemplar der andern Spezies vorkommen kann.

Die Schabe fliegt im Mai und Juni, dann dem Ausgang des Juli und im August; lebt aber im Allgemeinen sehr verborgen und ist bei ihrer Schnelligkeit und Kleinheit schwer zu erhaschen.

Die Artenzahl ist ausserordentlich gross, wahrscheinlich diejenige des Genus Lithocolletis noch übertreffend. Gegenwärtig sind schon weit über 40 Spezies in Europa bekannt, wenn auch die Zahl bei der Unsicherheit einiger Arten sich nicht ganz genau bestimmen lässt, und jedes Jahr bringt eine Anzahl neuer.

Unter Allen haben sich hier von Heyden und Stainton die grössten Verdienste erworben, indem sie diese Thiere in bedeutender Menge erzogen. Durch die Bemühungen des Letztern hat die brittische Fauna dermalen 35 Spezies aufzuweisen.*) Fast ebenso viele kenne ich für die schweizerische, von denen eine Anzahl neu ist. Keine wurde bis zur Stunde in den Alpenregionen getroffen.

1. A. **Atricapitella** Haw. (H.-S. Tab. 105 fig. 835 [nicht gut].)

Atricapitella Haw. — Steph. — Sta. — H.-S. — Samiatella H.-S. — ♂ Zell.

Capillis atris, conchula antennarum alba; alis anter. nigro-virenti-aeneis, postice violaceis, ciliis dilutioribus; poster. nigro-cinereis, ciliis ♂ basim versus squamaceis, nigris. — 3–2⅔‴.

Ich vereinige unbedenklich die beiden von Herrich-Schäffer beschriebenen Arten, N. Atricapitella und Samiatella, in eine einzige, da das Stainton'sche Originalexemplar, welches jener benutzte, mir eine Zeit lang zur Verfügung stand und meiner Ansicht

*) Ein Theil ist in seinem neuesten Werke (Nat. Hist. of Tin.) vortrefflich bearbeitet und abgebildet worden.

nach nur etwas grösser und an der Flügelspitze stärker violett glänzend ist, als die meisten continentalen Stücke erscheinen.

Die Raupe minirt in der gewöhnlichen doppelten Generation die Blätter von Quercus-Arten; bei uns von Quercus pedunculata. Sie ist gelblich und der folgenden Spezies so ähnlich, dass ich sie eben so wenig als Stainton unterscheiden kann.

Die Schabe im Mai und dann im Juli und zu Anfang August; in England gemein; in Deutschland. Ebenso scheint sie in Toskana vorzukommen.

Bei Zürich; nicht gerade häufig.

2. N. **Ruficapitella** Haw. (Sta. I. Tab. VII. fig. 2).

Ruficapitella Haw. — Steph. — Sta. — H.-S. — Samiatella ♀ Zell. Lamprotornella v. Heyd.

Capillis rufo-ochraceis, antennarum conchula flava; alis anter. nigro-fusco-aeneis, postice dilute violaceis, ciliis dilutioribus; poster. cinereis. — $3-2^2/_3'''$.

Die Raupe gleichzeitig und ebenfalls an Eichen, wie die vorhergehende Spezies. Sie ist ungefähr 2''' lang, lebhaft gelb, mit röthlich durchschimmerndem Darmkanale und hellbräunlichem Köpfchen (Sta.). — Die Mine, mässig geschlängelt, ziemlich unregelmässig gestaltet, liegt bald am Rande, bald in der Mitte des Blattes. Sie beginnt sehr fein mit einigen starken Windungen und wird dann nach unten bis $1^1/_2'''$ breit. Der Koth liegt in zusammenhängender Reihe als braunschwarzer Streifen. Unterwärts bleiben die Seitentheile des Ganges leer, welche an der frischen Mine weissgrün, später gelblich braun erscheinen. — Der Cocon ist hoch rothbraun, ziemlich flach, unregelmässig oval.

Das vollendete Insekt fliegt im Mai und Juni, dann Ende Juli und Anfang August; im Süden Englands; in Deutschland (Schlesien (?), Frankfurt am Main); vielleicht auch in Toskana.

Bei Zürich, viel häufiger als die vorhergehende Art; auch von Bremgarten (Boll).

3. N. **Pygmaeella** Haw. (Sta. I. Tab. V. fig. 1).

Pygmaeella Haw. — Sta. — H.-S. — ? Steph. — Incognitella) Frey. (in litt.) — H.-S.*

---

*) Wie die Ansicht Stainton'scher Originalexemplare zeigt, identisch mit N. Pygmaeella, welche ich früher in ihr nicht vermuthet hatte, da auch die Stainton'sche Bezeichnung der Vorderflügelfarbe: »cinerea« nicht glücklich gewählt ist.

Capillis rufo-ochraceis, antennarum conchula flavida; alis anter. dilute nigris, vix aeneis, crassiuscule squamatis, postice non violaceis, ciliis dilute nigris. — $2^2/_3$–$2^1/_2$‴.

Von N. Ruficapitella durch etwas kürzere, schwärzlichere, hinterwärts nicht violett erscheinende, sowie gröber beschuppte und nur sehr wenig erzfarbig schimmernde Vorderflügel zu unterscheiden.

Die Larve minirt in der gewöhnlichen doppelten Generation die Blätter des Apfelbaumes und des Weissdornes. Sie ist etwa 2‴ gross, gelb, mit etwas dunklerer Rückenlinie und blassbraunem, an den Mundtheilen dunklerem Kopfe (Sta.). — Die Mine in Apfelblättern ist charakteristisch und ziemlich leicht zu erkennen. Sie beginnt mit kurzem, feinem Gang und erweitert sich dann plötzlich zu einem länglich runden, unregelmässigen Fleck von gelbbrauner Farbe. Die braunen Excremente erscheinen in breiterer Linie. Aehnlich fällt nach Stainton die Mine an Crataegus Oxyacantha aus. — Der länglich runde Cocon ist bräunlichroth.

Die Schabe in England im Mai und August gemein; bei Zürich nicht gerade selten, viel häufiger den Apfelbaum als den Weissdorn bewohnend.

4. **N. Oxyacanthella** Sta. (Sta. I. Tab. V. fig. 2).

Oxyacanthella Sta. — H.-S.

Capillis rufo-ochraceis, antennarum conchula flavida; alis anter. vix nitidis, fuscis, violaceo-tinctis, postice violaceis, ciliis violaceis. — $2^1/_2$‴.

Durch die stark violette Farbe der etwas grob beschuppten, kaum glänzenden Vorderflügel und die nicht helleren Franzen derselben leicht zu erkennen; übrigens kleiner als die vorhergehende Spezies.

Die Raupe, in den gewöhnlichen zwei Generationen vorkommend, minirt die Blätter von Crataegus Oxyacantha und Pyrus Malus. Sie ist etwa 2‴ gross, grasgrün, mit dunkel hindurchschimmerndem Darmkanale, bräunlichem Kopf und braunen Mundtheilen (Sta.). — Die Mine ist ein langer, nur ein paar Mal umgebogener Gang, welcher sich sehr allmälig nach unten erweitert. Er wird fast ganz von der braunschwarzen, breiten, zusammenhängenden Kothreihe erfüllt, welche nur gegen das Ende der Mine fein aufhört. Hier ist die Raupenwohnung etwas über 1‴ breit. Stärker gekrümmt als am Apfelblatte erscheint bei der Kleinheit des Blattes die Mine an Crataegus Oxyacantha. Hier können die Windungen dicht gedrängt an einander liegen. Auch an Sorbus Aucuparia minirt nach Scott unsere Species; ebenso ziehe ich unbedenklich einen am kultivirten Birnbaume mehrmals gefundenen Gang hierher. — Der Cocon ist braun, ziemlich regelmässig und länglich rund.

In England und Schottland; für Deutschland bisher bei Frankfurt am Main beobachtet; für die Schweiz allein bei Zürich. Die Erscheinungszeit der Schabe ist die gewöhnliche.

5. N. Minusculella H.-S.

Minusculella H.-S.

Capillis atris, antennarum conchula alba; alis anter. saturate fusco-aeneis, subnitidis, apice vix violaceo-tincto, ciliis fuscis. — 2'''.

Eine der kleinsten, zur Zeit bekannten Nepticulen; aber gerade nicht unschwer zu erkennen. Nur mit den etwas grösseren Arten, N. Anomalella (in schwarzköpfigen Exemplaren) und N. Tiliae, wäre eine Verwechslung möglich. Von beiden trennt sie die nicht oder kaum wahrnehmbar, höchstens äusserst leicht, violett tingirte Flügelspitze, ebenso die dunklere Befranzung derselben; auch ist ihre Farbe bräunlicher als bei den eben genannten anderen Arten.

Gesicht und Schopf tief schwarz (auch bei dem ♀), Taster und die ziemlich ansehnlichen Augendeckel weiss; Fühler schwärzlich; Rückenschild bronzefarben; Hinterleib fast schwarz; Beine schwärzlich grau, nur die Hintertarsen etwas lichter.

Die Vorderflügel haben ein dunkles, bronzefarbenes Braun mit einem mässigen, aber nicht starken Glanze. Die Flügelspitze etwas dunkler, nur in manchen Beleuchtungen einen kaum wahrnehmbaren violetten Schimmer darbietend. Die Franzen von dem Braun der Vorderflügel. Die Hinterflügel und ihre Franzen dunkelgrau.

Die kleine grüne Larve minirt schon im August die Blätter von Pyrus communis, sowohl zahmer als wilder Bäume. Sie beginnt die Mine mit einem ziemlich feinen schlanken Gang, in welchem der Koth die Mitte einnimmt. Dann vergrössert sich jener zu einem stark unregelmässig gewundenen weiteren, in welchem die ziemlich breite Kothlinie die braunen Ränder leer lässt. Nur im Endtheile der Gallerie liegen die Excremente wieder in einfacher feinerer Reihe. Die ganze Mine ist dunkel und daher in dem Birnblatte wenig in das Auge fallend. — Der kleine rundliche Cocon grünlich braun.

Die Schabe im Juni an Birnbäumen vorkommend. Sie wurde von Wocke in Schlesien und von mir schon vor mehreren Jahren bei Zürich beobachtet. Die Erziehung gelang mir erst im letzten März im geheizten Zimmer.

6. **N. Desperatella** n. sp.

Capillis rufis, antennarum conchula albo-flavido; alis anter. cupreis, valde nitidis, apice saturate cupreo, ciliis fuscis. — $2^1/_2-2'''$.

Der vorigen Art, ebenso den beiden folgenden Spezies nahe verwandt; durch die lebhaft rothen Scheitelhaare aber von N. Minusculella auf den ersten Blick zu unterscheiden. Eigenthümlich ist das stark glänzende Kupferbraun der etwas breiten Vorderflügel, welches in dieser Weise bei keiner anderen mir bekannten Spezies vorkommt.

Gesicht und Schopf lebhaft ockerroth. Die mässig grossen Augendeckel sind weisslichgelb (bei manchen Stücken gelb). Die Fühlergeisel schwärzlich. Rückenschild kupferig, Hinterleib grauschwarz; Beine ebenso, nur die Fussspitze des letzten Paares etwas lichter. Die Vorderflügel haben, in ungewöhnlicher Weise stark glänzend, eine lebhafte Kupferfarbe (viel mehr gegen das Röthliche ziehend als bei N. Minusculella). Gegen die Spitze werden sie dunkler, aber ohne jeden violetten Anflug. Die Franzen dunkel braun. Hinterflügel und ihre Franzen dunkler grau als bei voriger Art.

Die ziemlich lebhaft grüne, etwa 2''' grosse Larve dieser Spezies, welche ich 1855 auffand, lebt an lichteren Waldstellen auf dem wilden Apfelbaume. Ich fand sie bisher nur im Oktober an ganz jungen Sträuchen; aber hier und da in kolossaler Menge, einmal förmlich die Blätter verwüstend, welche ganz gelb geworden waren. Es können zwölf Minen und mehr an einem Blatte erscheinen und dieses bei ihren starken Schlängelungen in einem dichten Gewirre durchlaufen. Die Mine beginnt als ein sehr dünner, stark geschlängelter Gang mit feiner, die Ränder nicht erreichender Kothlinie. Er verbreitert sich allmälig, immer starke Windungen machend, um zuletzt einen ziemlichen Querdurchmesser anzunehmen. Auch hier bleibt die Kothmasse ein sehr feiner Streifen, so dass der grössere Theil des Ganges leer und bräunlich erscheint. Die Mine ist am meisten an diejenige von N. Tiliae erinnernd, und leicht von dem kürzeren, mit breiterer Kothreihe versehenen Gange der N. Minusculella zu unterscheiden. — Der Cocon länglich rund, ziemlich abgeplattet, von lebhaft braunrother Farbe und glatt.

Bei Zürich stellenweise häufig. Im Freien habe ich das Thierchen noch nicht angetroffen; — in Vielzahl erzogen.

7. **N. Anomalella** Göze (Sta. I. Tab. I. fig. 2).

Anomalella Göze. — Sta. — H.-S. — Ruficapitella Lewis. — Centifoliella Westwood. — ? Rosella Schr.

Capillis rufo-ochraceis (vel atris), antennarum conchula flava (vel flavido-alba); alis anter. fusco-virenti-aeneis, pone medium interdum dilutioribus, apice saturate violaceo, ciliis fusco-griseis. — $2^2/_3 - 2^1/_2$‴.

Auffallend variirend durch den bald rostgelben, bald schwarzen Kopf, ebenso durch die Zeichnung der Vorderflügel. Diese sind von der Wurzel an licht erzgrün bis gegen die Spitze, wo sie, in bald geringerer, bald grösserer Ausdehnung, lebhaft violett werden. Oder auch es erscheint die Grundfarbe vor der violetten Flügelspitze beträchtlich aufgehellt. — Exemplare von Gartenrosen, welche ich erzog, haben alle rostgelbe Schöpfe, während diejenigen von Heckenrosen hier meistens schwarz behaart sind.

Die Raupe, etwa 2‴ gross, erscheint in den bekannten zwei Generationen. Sie ist hochgelb, mit dunklerer Rückenlinie und dunkelbraunem, an den Rändern hellerem Kopfe (Sta.). — Die Mine an Garten- und Heckenrosen ist beträchtlich lang und stark geschlängelt. Sie beginnt sehr fein, gewöhnlich am Rande des Blattes, wird dann breiter und die bis dahin einfache Kothreihe stärker, indem die schwarzbraunen Excremente zierlich in Querreihen liegen, aber die Ränder des Ganges leer lassen. Indem diese Gänge manchmal in Mehrzahl an einem Blatte vorkommen, überhaupt stellenweise sehr häufig sind, geben sie sehr zierliche Zeichnungen. — Der Cocon ist bräunlich, länglich rund und glatt.

Die Schabe im Mai und von Mitte Juli an in den August hinein; in Schweden, England, Frankreich und Deutschland.

Bei Zürich gemein. — (Es ist auffallend, dass keine der anderen Rosen-Nepticulen, weder N. Centifoliella v. Heyd. noch Angulifasciella Sta., bei uns gefunden wurde).

8. **N. Tiliae** n. sp.

Capillis atris, antennarum conchula (♂ magna) flavido-alba; alis anter. saturate fusco-aeneis, apice violaceo-purpureo, ciliis fusco-griseis. — $2^1/_2 - 2$‴.

Der vorigen Art, namentlich dunklen, schwarzköpfigen Exemplaren der N. Anomalella, so nahe verwandt, dass wohl nur durch die Erziehung völlige Sicherheit zu gewinnen ist. Als Merkmale gelten die beim Männchen sehr ansehnlichen, heller gelblichweissen

Augendeckel, welche grösser sind als bei Anomalella, so dass dadurch der schwarze Schopf schmäler erscheint, während die des weiblichen Thieres beider Arten sich gleich verhalten; ferner die etwas dunklere Bronzefarbe der Vorderflügel, an welchen ich bei meinen sieben Stücken keine Aufhellung nach der Mitte hin zu bemerken vermag. Das beste Merkmal bildet aber die Flügelspitze, welche bei unserer Spezies niemals rein violett, sondern vielmehr purpurglänzend erscheint; bisweilen fast rein purpurfarben. Die Franzen grau, wie bei vorhergehender Spezies.

Die blasser gelbe, gegen 2‴ grosse Raupe minirt im September und Anfang Oktober die Blätter von Lindenbüschen (Tilia grandiflora) in unseren Gebirgswäldern; namentlich an etwas beschatteten Stellen. — Die Mine ist ganz eigenthümlich. Sie ist sehr stark gekrümmt mit unregelmässigen, dicht aneinander gedrängten Windungen. Sie beginnt sehr fein als brauner Streifen; dann wird sie breiter, in der Mitte mit einfacher Kothreihe erfüllt, während die Ränder weiss bleiben. Erst gegen das untere Ende liegen die Kothmassen wie bei Anomalella. — Der Cocon unregelmässig länglich rund, ockerfarben oder hellgelb.

Ich erzog in mehreren Exemplaren diese neue Art im März im geheizten Zimmer. Die Mine ist nicht gerade selten.

9. N. Aeneofasciata n. sp.

Aeneofasciata Frey (in litt.). — H.-S.

Capillis atris, antennarum conchula alba; alis anter. dilute cupro-aeneis, nitidis, ad basim orichalceo-squamatis, fascia pone medium obsoleta, recta, lata, coeruleo-aenea, ciliis saturate griseis. — 2½‴.

Eine neue, sehr schöne Art. Sie hat die Grösse einer ansehnlicheren Anomalella, ist aber weniger stumpfflüglig. — Gesicht und Kopfbusch tief sammetschwarz; Augendeckel gross, silberweiss glänzend; Fühler ziemlich lang und schwarz. Thorax schwarz, Schulterdecken metallisch glänzend. Hinterleib schwarzgrau, Beine ebenso.

Die Vorderflügel haben ein schwer zu schilderndes Kolorit. Sie zeigen ein lichtes, glänzendes Kupferbraun, welches jedoch an der Flügelwurzel in aufgelegten Messingschüppchen fast untergeht, dagegen nach innen von der Binde und in der Spitze rein zu Tage tritt. Diese glänzt etwas, aber sehr leicht, violett und hat dunkelgraue Franzen. Die Binde ist höchst charakteristisch, so dass unsere Art mit keiner anderen mir bekannten Nepticula zu verwechseln ist. Sie steht ziemlich nach hinten, erst mit drei Fünftheilen der Flügellänge beginnend, ist wenig scharf begrenzt, namentlich nach hinten, gerade und ziemlich breit. Sie hat eine bläulich schimmernde Erzfarbe, etwa wie eine frisch polirte Messerklinge.

Hinterflügel grau mit dergleichen Franzen.

Ich besitze nur ein Stück dieser Art, ein ganz frisches Männchen, welches im Juni 1854 an einem Fenster von mir gefangen wurde.

10. N. Catharcticella Sta. (Sta. I. Tab. IV. fig. 3).
Catharcticella Sta. — *H.-S.*

Capillis rufis, antennarum conchula alba; alis anter. grossiuscule squamatis, nigris, violaceo-tinctis, puncto minuto dorsi pone medium albo, ciliis dilutissime griseis, anguli analis saturatioribus; tarsis posticis albidis, fusco-annulatis. — *Cf. Sta.* — 2½–2¼‴.

Die Larve, etwas über 2‴ gross, minirt im Juli und dann wieder von Anfang September in den Oktober hinein die Blätter von Rhamnus catharcticus. Sie ist gelblichgrün, gewöhnlich mit dunkelgrün durchschimmerndem Verdauungskanale und bräunlichem Kopfe. Die Mundtheile und zwei davon über den Kopf laufende Linien sind rostbraun (Sta.).

Die Mine ist eigenthümlich und nicht leicht zu sehen, sehr stark und oft in engen Windungen durch das Blatt geschlängelt, mit braungrünen Excrementen, welche in mehrfacher Reihe liegen, fast ganz erfüllt. Nur nach unten erscheinen diese in einfacher Reihe, so dass der grünliche Rand des Ganges leer bleibt. — Der Cocon länglich rund, ziemlich dick, ist gelblich weiss, etwas rauh.

In England; ebenso bei Zürich durch Raupenzucht erhalten; im Allgemeinen nicht selten.

11. N. Septembrella Sta. (Sta. I. Tab. IV. fig. 2).
Septembrella Sta. — *H.-S.*

Capillis rufis, antennarum conchula alba; alis anter. grosse squamatis, nigris, squamis nonnullis albidis intermixtis, macula triangulari dorsi pone medium alba, ciliis dilutissime griseis, anguli analis saturatioribus; tarsis posticis unicoloribus albidis. — *Cf. Sta.* — 3–2½‴.

So nahe das vollendete Insekt der vorhergehenden Art verwandt ist, so different verhalten sich die Larvenzustände. Die Raupe, über 2‴ gross, ist bernsteingelb mit grün durchschimmerndem Darmkanal und einem bräunlichen Kopf. Sie minirt in Hypericum (H. perforatum, pulchrum und tomentosum) an lichten Waldstellen im September und Oktober; oft noch in den Anfang des November hinein.

Die Mine beginnt mit einem dunkelbraunen, von zusammenhängender Kothlinie gebildeten, äusserst feinen Gang, welcher sich mehrmals durch das kleine Blättchen auf- und ab windet und dann plötzlich in einen breiten gelblichen Fleck übergeht, in dem der Koth ohne Ordnung liegt und in welchen ein Theil des engen Ganges aufgenommen wird. — In dem Blatte, an einer gewölbten Stelle, wird der elliptische, rundliche, mit flachen Rändern versehene Cocon angelegt. Der Falter dringt durch die untere Blattseite hervor.

In England; in Deutschland bei Frankfurt am Main und Regensburg.

Bei Zürich als Raupe öfter, aber sehr von Schlupfwespen verfolgt und darum als Falter selten. Wohl im Mai und Juni.

12. N. Cryptella Frey.

Cryptella Frey (in litt.). — Sta.

Capillis rufis, antennarum conchula alba; alis anter. grosse squamatis, nigris, squamis multis albis intermixtis, ciliis dilutissime griseis, anguli analis saturatioribus; tarsis posticis unicoloribus, albidis. — 3–2½‴.

Gesicht und Schopf ockerroth; letzterer dunkel und lebhaft gefärbt; Fühler dunkelbraun, fast schwarz; Augendeckel weiss, etwas glänzend, mit einzelnen dunklen Schüppchen gemischt. Beine dunkelgrau; Tarsen des letzten Paares heller; Leib schwarz. — Die Vorderflügel haben beim männlichen Thiere eine ziemlich schmale Beschaffenheit, beim Weibe sind sie breiter. Sie sind, gleich dem Rückenschild, bei erzogenen Exemplaren schwarz, stark grobschuppig, erscheinen aber für das unbewaffnete Auge viel heller, indem sehr zahlreiche weissliche Schuppen untermischt mit den schwarzen vorkommen. Die Franzen sehr hellgrau, nur gegen den Afterwinkel dunkler. — Hinterflügel dunkelgrau, ebenso ihre Franzen.

Die Larve minirt im Herbste, zu Ende September und Anfang Oktober, in Lotus corniculatus. Sie ist blassgelbgrün und die Mine eigenthümlich, in mancher Hinsicht an diejenige von N. Septembrella erinnernd. Sie beginnt mit sehr feinem, dunkelbraunem Gange, welcher sich mehrmals in dem kleinen Blättchen hin- und her windet, und dann plötzlich in einen breiten, den ganzen Querdurchmesser des Blattes einnehmenden gelblichen Fleck übergeht, in dem die

Kothmassen unregelmässig liegen und der feine Gang theilweise aufgenommen ist.

Die Schabe wurde in England und in der Schweiz bei Zürich im Juni mehrmals auf Wiesen und Grasplätzen gefangen. — Herrn Stainton's scharfsinnige Vermuthung, dass ihre Larve die schon längst bekannte Minirerin von Lotus sein möchte, habe ich diesen Frühling bestätigen können, indem ich zwei Exemplare erzog.

13. N. Argyrostigma n. sp.

? Headleyella Sta.

Capillis atris, fusco-intermixtis, antennarum conchula alba; alis anter. grossiuscule squamatis, nigris, maculis duabus oppositis albido-argenteis pone medium, ciliis griseis. — 2⅔‴.

Ich habe im Mai bei Zürich zwei Exemplare dieser neuen Art gefangen und bin geneigt ein drittes, von Bremgarten abstammendes Stück der Boll'schen Sammlung damit zu verbinden. Stainton's Headleyella gehört möglicherweise hierher, doch sind gewisse seiner Angaben schwer mit unserer Art zu vereinigen.

Kopfbusch bei meinen zwei Stücken schwarz, mit Braun gemischt, bei dem Boll'schen (alle drei sind ♂) rostfarben; Augendeckel weiss, Geisel schwärzlich grau; Taster weisslich; Beine schwärzlich grau; nur die Tarsen des letzten Beinpaares sind bei dem Boll'schen Exemplare weisslich ungefleckt, während sie bei meinen Stücken ein tieferes Grau zeigen. Rückenschild schwarz, Hinterleib schwärzlich grau. Die Vorderflügel, ziemlich breit, sind schwarz mit einzelnen weisslichen Schüppchen untermischt. Etwas hinter der Mitte, ungefähr in vier Siebentheilen der Flügellänge erscheinen zwei weisslich silberglänzende Gegenfleckchen, welche aber fast senkrecht untereinander stehen, indem das Costalfleckchen nur ganz unmerklich näher der Wurzel angebracht ist. Beide Fleckchen sind breit, aber flach, ganz abgerundet aufhörend und durch einen nicht unansehnlichen Zwischenraum der schwarzen Flügelfarbe getrennt. Franzen (namentlich an ihren Spitzen heller) grau.

Ich fing im Mai beide Exemplare auf einer Waldwiese bei Zürich. — Gehört N. Headleyella hierher, dann auch in England.

14. N. Subbimaculella Haw. (H.-S. Tab. 106 fig. 844. — Sta. I. Tab. VII. fig. 3).

Subbimaculella Haw. — Steph. — Sta. — Cursoriella v. Heyd. — Zell. — H.-S. — ? Nigrociliella Steph.

Capillis ♂ nigris, ♀ rufis, antennarum conchula alba; alis anter. nigris, grosse squamatis, maculis tribus flavido-albidis (basali per dorsum producta, costae in medio, dorsi pone medium), ciliis dilutissime griseis. — *Cf. Sta.* — $2^1/_2 - 2^1/_3$‴.

Die Larve minirt im tiefsten Spätherbste, zu Ende Oktober, die Eichenblätter, wie von Heyden entdeckte und Stainton später bestätigte. Da ich sie noch nicht erzogen habe, folge ich der Beschreibung des Letztern. Die Raupe ist 2‴ gross, grün, mit röthlich durchschimmerndem Darmkanal. Der Kopf ist röthlich, der Mund und zwei von demselben ausgehende Linien dunkler. Am ersten Brustgürtel unterwärts ein dunkler viereckiger Fleck. — Die Mine beginnt mit einem feinen, dicht an der Rippe verlaufenden Gange, in welchem der Koth eine dicke schwärzliche Mittellinie bildet und geht dann in einen länglichen Fleck über, innerhalb dessen die Kothmassen ohne Ordnung umherliegen. — Der Cocon ist blass, weisslich ockergelb, ziemlich flach, muschelförmig.

Die Schabe im Mai und Juni; in England, in Deutschland bei Frankfurt am Main und Wien; an ersterem Orte häufiger.

Für die Schweiz bisher nur bei Bremgarten beobachtet (Boll).

15. N. Assimilella Metzn. (H.-S. Tab. 106 fig. 840).

Assimilella Metzn. — Zell. — H.-S. — Nigricornella Mann.

Capillis rufis, antennarum conchula alba, scapulis albido-marginatis; alis anter. grosse squamatis, nigris, macula obsoleta prope basim (a margine dorsali remota) maculisque duabus oppositis pone medium (dorsi posteriore) albidis, ciliis dilutissime griseis. — $2^1/_2 - 2^1/_3$‴.

Die Larve dieser in der Grösse und Deutlichkeit der weisslichen Fleckchen ziemlich variirenden Art minirt im September und zu Anfang des Oktober in Populus tremula. Die Raupe ist derjenigen der folgenden N. Trimaculella sehr ähnlich. — Die Mine ist unregelmässig, aber oft stark gewunden, fein beginnend, mit dünner Kothlinie erfüllt; dann wird sie beträchtlich breiter, an ihrem Ende oft gegen 2‴. Der Koth erscheint auch hier in feinerer, oftmals unterbrochener Reihe. — Der Cocon ist oval, rothbräunlich, ziemlich flach und glatt.

In Deutschland bei Wien; in England fehlend.

Von dieser durch Zeller unverkennbar beschriebenen Art fing ich vor Jahren im Juli und zu Anfang August an Waldrändern des rechten Seeufers bei Zürich zwei Exemplare. Erzogen habe ich sie in letzterer Zeit öfter.

16. N. Trimaculella Haw. (H.-S. Tab. 106 fig. 843). — Sta. I. Tab. VI. fig. 1.

Trimaculella Haw. — *Sta.* — *Rufella Zell.* — *H.-S.* — *Var. Populella Frey (in litt.).* — *H.-S.*

Capillis ochraceis, antennarum conchula flavido-albida; alis anter. grossiuscule squamatis, fusco-nigris, strigula basali magna, lata maculisque duabus oppositis pone medium luteo-albidis, ciliis luteo-griseis; ♂ abdomine rufo, pedibus alisque poster. flavescentibus. — 2½'''.

Das schöne Thierchen, ausgezeichnet durch den rothen Hinterleib des Mannes und den gelblichen Anflug an dessen Hinterflügeln und Beinen, bietet in der Grösse und Ausdehnung der weissgelblichen Flecke manche Verschiedenheiten dar*).

Die Raupe, 2''' gross, minirt im Juli und Spätherbste in verschiedenen Pappelarten (P. pyramidalis, nigra und auch an P. tremula). Sie ist blassgrün, ins Gelbliche gefärbt, mit dunkelgrünem Darm, hellbraunem Kopf und rostfarbenen Mundtheilen (Sta.) — Die Mine ist unregelmässig gewunden, fein beginnend, von der Kothlinie erfüllt, dann breiter werdend, hellgrün erscheinend, mit Excrementen, welche in dünner, aber vielfach getrennter Reihe abgelagert sind. — Der Cocon oval, bräunlich, flach und glatt.

Im Mai und August in England und Deutschland (Glogau, Frankfurt am Main, Böhmen, Wien).

Bei Zürich nicht gerade häufig; nur durch Erziehung bisher erhalten.

17. N. Salicis Sta. (Sta. I. Tab. II. fig. 1).
Salicis Sta. — *H.-S.*

Capillis rufo-ochraceis, antennarum conchula flavido-alba; alis anter. fusco-nigris, grossiuscule squamatis, squamis albidis parce intermixtis, postice violaceo-tinctis, fascia obliqua

---

*) Meine N. Populella ist ein ♀, bei welchem der Basalfleck fast die Flügelränder berührt und mit dem hinteren Dorsalflecke in Folge der Vergrösserung verschmolzen ist.

tenui flava (non nitente) pone medium, ciliis luteo-griseis; tarsis posticis cinereis. — 3–2⅓‴.

Die Raupe minirt in den gewöhnlichen zwei Generationen die Blätter breitblättriger Weiden (Sal. caprea, alba etc.), aber auch der Trauerweide (Sal. babylonica). — Sie ist ziemlich lebhaft gelb mit bräunlich durchschimmerndem Darmkanale und einem braunen Kopf (Sta.). — Die Mine an breitblättrigen Weiden beginnt als ein mit dunkler Kothlinie gefüllter Gang, welcher aber bald in einen breiten, unbestimmten Fleck übergeht und von diesem auch ganz aufgenommen wird. Er lässt die Excremente ebenfalls in gebogener Linie erkennen. An Trauerweiden pflegt die Mine gestreckter zu sein, ein gewundener, enger Gang, welcher dann in einen breiten, unbestimmt geformten Endtheil übergeht. — Der Cocon ist dunkel rothbraun, ziemlich flach, länglich rund und glatt.

N. Salicis in England und Schottland beobachtet, auch zu Frankfurt am Main durch von Heyden erzogen, ist bei Zürich an Waldrändern, ebenso auf den Kirchhöfen an Trauerweiden, als Larve nicht selten. Die Erziehung ist nicht leicht. Gefangen habe ich das Insekt Ende Juli mehrmals.

18. N. Vimineticola n. sp.

Capillis rufo-ochraceis, antennarum conchula flavido-alba; alis anter. grossiuscule squamatis, fuscis, dimidio basali squamis luteis crebro consperso, fascia obliqua lutea obsoletissima pone medium, apice fusco, ciliis dilute luteis; tarsis posticis cinereis. — 2¾–2½‴.

Ich habe an 40 Exemplare dieser Nepticula erzogen, welche ich als besondere Spezies zu betrachten sehr geneigt bin, da die Differenzen gegenüber der an Trauer- und Wollweiden minirenden N. Salicis allzugross sind, um sie damit zu verbinden, und ich auch keine Uebergänge erhielt.

N. Vimineticola kommt den bräunlichen, hellen Exemplaren der N. Floslactella am nächsten, ist aber etwas kurzflügliger, mit röthlicheren Scheitelhaaren und stärker gelb gefärbten Franzen versehen. Diese, lebhafter gefärbt als bei irgend einer anderen mir bekannten Spezies, dienen wohl am leichtesten zur Erkennung der Art.

Der Schopf und das Gesicht lebhaft rothgelb; Palpen weisslich. Die Augendeckel gelblich weiss, ziemlich ansehnlich. Die Fühlergeisel tief braunschwarz. Der Rückenschild braun, mit lehmgelben

Schüppchen gemischt. Der Hinterleib schwärzlich; die Beine lichtgrau.

Die Vorderflügel zeigen eine eigenthümliche, übrigens sehr grobe Beschuppung. Ihre Grundfarbe ist ein dunkles Braun, welches aber nur an der, nicht oder kaum violett schimmernden, Spitze rein und dunkel zu Tage tritt, dagegen an der Wurzelhälfte durch aufgelegte lehmgelbe Schüppchen bedeutend aufgehellt wird. Ist dieser Belag sehr stark, so wird die ganze Wurzelhälfte geradezu lehmgelb. Die schief stehende Binde erscheint hinter der Mitte wie bei N. Salicis und ist ebenfalls schief und schmal. Sie ist aber stark lehmgelb, niemals weisslich, nach aussen schärfer abgesetzt als nach innen, immer aber sehr wenig deutlich. Ist die Wurzelhälfte sehr hell, so verfliesst sie nach einwärts ganz mit dieser, und wir haben eine Nepticula mit einer bis über die Hälfte gehenden, schief und scharf von der dunkeln Flügelspitze abgesetzten Beschuppung. Die Franzen an der Spitze des Flügels grau; dann auffallend lehmgelb, um am Afterwinkel wieder einen grauen Ton anzunehmen. — Hinterflügel und ihre Franzen grau.

Die Raupe minirt in zwei Generationen an Salix viminalis. Sie ist lebhaft gelb. — Die Mine ist ein neben der Mittelrippe verlaufender, schmaler Gang, sehr wenig gewunden und mit dem dunkelbraunen Kothe in breiter, zusammenhängenden Linie dicht erfüllt. Sie ist darum schwer zu sehen. — Der Cocon heller braun als bei N. Salicis.

Bei Zürich nicht selten; auch im Juli gefangen.

19. **N. Floslactella** Haw. (Sta. I. Tab. II. Fig. 2).

Floslactella Haw. — Steph. — Sta. — H.-S.

Capillis rufo-ochraceis, antennarum conchula flavido-alba; alis anter. fusco-nigris, grossiuscule squamatis, squamulis fusco-luteis saepe intermixtis, postice violaceo-suffusis, fascia fere recta, latiuscula, flava, non nitente pone medium, ciliis luteo-griseis; tarsis posticis luteo-griseis. — 3–2½'''.

Eine, wie es scheint, etwas veränderliche Art, welche bald ziemlich rein schwarz, bald durch zahlreiche gelbbräunliche Schüppchen, namentlich an der Wurzelhälfte der Vorderflügels, ein viel helleres, bräunliches Kolorit bekommt. Das beste Unterscheidungsmerkmal gegenüber N. Salicis ist die senkrechter stehende, viel breitere Binde. Ebenso haben die Hinterbeine gelblich graue Fussspitzen, während sie bei jener Art grau bleiben.

Die Raupe, 2''' gross, minirt in den üblichen zwei Generationen in den Blättern von Corylus Avellana und Carpinus Betulus.

Sie hat einen sehr blass schwefelgelben Körper mit dunkelgrün durchschimmerndem Darmkanal und einen braunen, namentlich nach hinten verdunkelten Kopf. Dieser lässt sie leicht erkennen. — Die Mine ist ein langer, ziemlich stark, aber unregelmässig, gewundener Gang, der in seinen Anfangstheilen von der Kothlinie fast ganz ausgefüllt ist; nicht so aber in seinem erweiterten unteren Theile, dessen Ränder leer bleiben. Diese haben hier eine sehr ausgebuchtete, fast rosenkranzförmige Beschaffenheit. Hierdurch ist der Gang leicht zu erkennen. — Der Cocon, oval, nicht sehr flach und rauh, ist weisslich von Carpinus, gelblicher von Corylus.

Das Insekt fliegt im Mai, dann Ende Juli und im August. In England; seltener bei Zürich. — Die von Corylus erzogenen Exemplare sind viel gelblicher als die ziemlich rein schwarzen, mit breiterer und deutlicher Binde versehenen von Carpinus, welche man für eine andere Spezies nehmen könnte, wären nicht Larve und Mine gleich.

20. N. Fagi Frey.

Fagi Frey (in litt.) — H.-S.

Capillis ochraceis, antennarum conchula alba; alis anter. grosse sqamatis, fusco-nigris, fascia subobliqua lata, flava, non nitente pone medium, ciliis luteo-griseis; tarsis posticis luteo-griseis. — 2‴.

Nachdem ich die dunkel gezeichneten Exemplare der N. Floslactella, wie sie von Carpinus erzogen werden, kennen gelernt habe, bin ich zweifelhaft geworden, ob N. Fagi eine haltbare Art sein dürfte und nicht vielleicht nur die Sommergeneration jener in kleinen Stücken.

Mit Ausnahme einer beträchtlicheren Kleinheit, etwas kürzerer Flügel und der mehr schief stehenden, breiteren Binde sehe ich keine Verschiedenheiten.

Es wird desshalb der Erziehung der Sommergeneration der N. Floslactella von Carpinus Betulus bedürfen, um hier in das Reine zu kommen.

Von Zürich, wo ich das Thierchen Ende Juli nnd Anfang August an einem Waldrande mehrfach gefangen habe; auch bei Frankfurt am Main. Ich sah mehrere Stücke bei von Heyden, welche nach ihrer Etiquette von »Buchen« im Juli erzogen sind.

21. N. Arcuata Frey.

Arcuata Frey (in litt.). — H.-S.

Capillis rufo-ochraceis, antennarum conchula magna alba; alis anter. latiusculis, nigris, grosse squamatis, fascia media argentea vel dilute aurea, tenui, obliqua, ante marginem internum rectangulariter fere fracta, ciliis dilute albido-griseis. — 3 – 2½‴.

Eine höchst auffallende Art mit gebrochener Binde, welche nur mit N. Angulifasciella Sta. verwechselt werden könnte, bei der aber die Umbiegung der Binde früher, der Falte näher, stattfinden dürfte.

Grösse einer mittleren Atricapitella; Schopf hoch rothgelb, Palpen weisslich, Fühler schwarz mit weissen, ziemlich grossen Augendeckeln. Rückenschild, Hinterleib und Beine schwärzlich; letztere am hellsten. Die Vorderflügel verhältnissmässig sehr breit, in der Form der N. Argentipedella, aber hinterwärts weniger convex, mehr scharf abgeschnitten. Sie haben ein schwarzes, nicht glänzendes, grobschuppiges Ansehen; letzteres namentlich nach der Spitze hin. Ueber die Mitte läuft die ziemlich schmale, silberne oder blass goldene Binde. Sie beginnt an der Costa in der halben Flügellänge, wendet sich dann stark nach hinten gegen den Afterwinkel hin, überschreitet in dieser Richtung die Falte und krümmt sich, dem Innenrande schon nahe, plötzlich fast ganz rechtwinklig, um so nach innen laufend an diesem zu enden. An den Flügelrändern ist sie am breitesten, in der Flügelmitte am engsten. Die Franzen graulich weiss, nur am Afterwinkel dunkler. Hinterflügel und ihre Franzen mässig dunkelgrau.

Die gelblich grüne, mit leicht bräunlichem Köpfchen versehene, 2½‴ grosse Larve minirt in zweifacher Generation, einer im Frühsommer und einer andern im September und zu Anfang Oktober, die Blätter der Erdbeere, Fragaria vesca, und wohl auch von Potentilla Fragariastrum. — Die Mine an ersterer Pflanze ist lang, unregelmässig, aber sehr stark gewunden. Sie beginnt als ein sehr enger, oft dem Blattrande entlang zackig verlaufender Gang mit ganz feiner, dunkelbrauner Kothlinie. Dann wird sie allmälig breiter und der Koth zu einem schwärzlichen, immer aber sehr feinen, die Ränder frei lassenden Streifen. Es können mehrere Minen an einem Blatte erscheinen.

Der Mine nach in England, bei Frankfurt am Main und Freiburg (Reutti in litt.).

Bei Zürich Ende Juni sowie Anfang Juli gefangen und im Frühling einige Male erzogen.

22. N. Microtheriella Wing. (Sta. I. Tab. II. fig. 3).

Microtheriella Wing. — Sta. — H.-S.

Capillis ochraceis, antennarum conchula flavido-alba; alis anter. fusco-nigris, postice violaceo-tinctis, fascia tenui subobliqua pone medium, non curvata, argentea, ciliis saturate nigro-griseis. — $1^3/_4 - 1\,^1/_2'''$.

Die Larve der ausserordentlich kleinen Nepticula minirt in zwei Generationen, wie gewöhnlich, an Carpinus Betulus und Corylus Avellana. Sie kann mit N. Floslactella in demselben Blatte vorkommen. Bei uns ist sie an Haseln manchmal sehr häufig und in Vielzahl in einem Blatte enthalten. Stainton gibt an, dass bis zu dreissig in einem Blatte angetroffen werden können. Ich selbst bewahre ein solches auf, in welchem ich zweiundzwanzig Raupenwohnungen zähle. Die Raupe erscheint etwas später als N. Floslactella. Ihr kleiner, etwa $1^1/_2'''$ messender Körper ist blassgelb mit grünlicher Rückenlinie und einem hellbräunlichen Kopfe (Sta.). — Die Mine ist ein sehr dünner, ausserordentlich langer Gang, in welchem eine sehr feine Kothlinie die Seitenränder nicht erreicht. In dem Haselblatte verläuft sie in unregelmässigen Windungen, oft mit einer zweiten und dritten Mine sich kreuzend. In Hainbuchenblättern dagegen läuft sie in starken, winkligen Biegungen, z. B. eine Strecke dem Rande entlang, dann dicht neben einer Seitenrippe hin bis zur Mittelrippe, von welcher sie sich dann plötzlich umbiegend wieder entfernen kann. — Der Cocon oval, klein, platt, ist von Hainbuchenraupen weisslich gelb, von Haselräupchen dunkel ockerfarben.

Die Schabe im Mai, dann zu Ende Juli und im August; in England und Deutschland (bei Frankfurt am Main).

Für die Schweiz bei Zürich nicht selten; öfter im Mai und Ende Juli gefangen; Bremgarten (Boll).

23. N. Argentipedella Zell. (H.-S. Tab. 105 fig. 834).

Argentipedella Zell. — Lien. — Tengst. — H.-S. — ? Sta.

Capillis ♂ fuscis, ♀ rufo-ochraceis, antennarum conchula albida; alis anter. latiusculis, fusco-nigris, postice violaceo-tinctis, fascia paulo post medium tenui, recta, alba, non nitente, ciliis saturate nigro-griseis. — $3^1/_2'''$.

Die Larve minirt nach Bouché's, bei Zeller mitgetheilter Beobachtung die Blätter der Birke. — Das Insekt, im Mai vorkommend, scheint eine ausgedehnte geographische Verbreitung zu besitzen. Schweden; Finnland; Lievland; Deutschland (Glogau, Warmbrunn, Berlin, Braunschweig, Frankfurt am Main, Wien). Auch in England (?) *).

In der Schweiz, aber selten. Ich besitze ein gefangenes und beschädigtes weibliches Exemplar aus den Umgebungen von Zürich. Ein erzogenes Stück in der Sammlung von Herrn Vögeli.

24. N. **Betulicola** Sta.

Betulicola Sta.

Capillis ochraceis, antennarum conchula flavida; alis anter. nigris, violaceo-tinctis, subnitidis, apice rotundato, fascia valde postica, recta, dilute aurea, subnitida, ciliis saturate griseis. — 2‴.

Ich habe nur ein einziges weibliches Exemplar dieser neuen, schönen Spezies und beschreibe es desshalb nur kurz. Schopf und Gesicht lebhaft gelb, Taster weisslich, Augendeckel ziemlich gross, gelblich; Geisel der Fühler dunkel braunschwarz. Rückenschild und Hinterleib schwärzlich, etwas metall-glänzend; Beine schwarzgrau; die Fusspitzen des letzten Beinpaares leicht gelblich gefärbt. Die Vorderflügel haben so ziemlich denselben schwarzen Grundton wie bei der folgenden, bekannteren N. Plagicolella und erglänzen etwas violett; an der abgerundeten Flügelspitze am stärksten. Die Binde, wie Stainton mit Recht hervorhebt, steht beträchtlich weit zurück, erst hinter zwei Drittheilen der Flügellänge. Sie ist matt goldglänzend, einwärts scharf abgeschnitten, auswärts weniger; im Uebrigen ganz gerade. Die Franzen sind etwas heller, mehr grau als bei Plagicolella. Hinterflügel und ihre Franzen dunkelgrau.

Die Larve minirt Ende September und Anfang Oktober, aber gerade nicht häufig, die Blätter der Birke. Sie ist sehr durchsichtig, schmutzig mattgelb gefärbt, mit leicht gebräuntem Kopfe. — Die Mine ist ein mässig langer und gewundener schmaler Gang, welcher von der breiten, bräunlichen Kothlinie gänzlich erfüllt ist. — Der Cocon länglich rund, ockerfarben, ziemlich flach und glatt.

Bisher in England erzogen; ebenso bei Zürich.

25. N. **Plagicolella** Sta. (Sta. I. Tab. IV. fig. 1).

Plagicolella Sta. — H.-S.

---

*) Ich bin sehr geneigt, Stainton's Argentipedella für eine andere Art zu halten.

Capillis rufis, antennarum conchula albida; alis anter. nigris, violaceo-tinctis, subnitidis, fascia vel fere recta vel subcurva pone medium, nitida, argentea vel aurea, ciliis saturate nigro-griseis. — 2‴.

Ein sehr schönes Thierchen; in der Gestalt und Breite der Binde, ebenso in ihrer stark glänzenden, metallischen, bald goldenen, bald silbernen Beschaffenheit ziemlich wechselnd.

Die Larve lebt in der gewöhnlichen doppelten Erscheinungsweise an Schlehen (Prunus spinosa) und Zwetschenbäumen (Prunus domestica). Sie ist blassgelb mit dunkler durchschimmerndem Darmkanale und einem röthlich braunen Köpfchen. Sie beginnt mit einem sehr feinen, von dem braunschwarzen Kothe ganz erfüllten Gange zu miniren, welcher plötzlich in einen unbestimmt rundlichen, oft stark ausgebuchteten, grünlich weissen Fleck übergeht, in dem der Koth in einem Haufen liegt. — Der Cocon rundlich, sehr flach, glatt, lebhaft rothbraun.

Die Schabe in England; in Deutschland bei Frankfurt am Main. Für die Schweiz nur aus den Umgebungen von Zürich. Sie ist als Larve nicht selten und auch Ende Juli von mir gefangen worden.

26. **N. Malella** Sta. (Sta. I. Tab. V. fig. 3).

Malella Sta.

Capillis ochraceis, antennarum conchula albida; alis anter. saturate fusco-nigris, vix nitidis, fascia pone medium subobliqua, tenui, non curvata, argentea, subnitida, ciliis dilute griseis. — $2\frac{1}{3}$‴.

Ich verdanke Herrn S t a i n t o n ein Originalexemplar. — N. Malella ist etwas schmalflügliger, weniger glänzend und mit helleren Franzen versehen, als die, übrigens nahe verwandte, N. Plagicolella. Auch der Kopf ist heller, gelblich behaart. Die Binde steht hinter der Mitte und ist etwas schief. Sie verläuft ganz gestreckt, ist schmal, mattsilbern erglänzend.

Die Raupe minirt den kultivirten, ebenso den wilden Apfelbaum in den bekannten zwei Generationen; doch etwas früher als die anderen an diesem noch vorkommenden Arten. Larve und Mine sind sehr charakteristisch und darum leicht von den anderen Apfelminirern zu unterscheiden. — Die Raupe, 2‴ gross, ist hellgelb oder grünlichgelb mit einer dunkel rothbraun erscheinenden Rückenlinie. Ebenso ist der Kopf bräunlich an den Seiten mit stark verdunkelter Linie (Sta.). — Die Mine ist ein nicht sehr stark gewundener Gang, welcher nach kurzem Verlauf sich beträchtlich verbreitert und, manchmal 2‴ im Querdurchmesser betragend, aufhört. Der Koth liegt in schlanker, braunrother Linie und die Randtheile des Ganges bleiben in sehr ansehnlicher Ausdehnung grünlich weiss leer. Die Mine fällt darum sehr in das Auge. — Der Cocon ist oval, bräunlich gelb, etwas rauh.

Das Insekt, in England entdeckt, wurde bisher nur durch Raupenzucht erhalten.

Bei Zürich mässig häufig; seltener an wilden als kultivirten Apfelbäumen. Die Erziehung scheint schwierig, da ich nur ein Stück erhalten konnte.

27. N. Tityrella (Sta. I. Tab. III. fig. 3. — H.-S. Tab. 105 fig. 831).

Tityrella Dougl. — Sta. — Basalella v. Heyd. — F. R. — H.-S. — Aurella p. Zell. (Gratiosella F. R. e.).

Capillis ochraceis, antennarum conchula flavido-alba; alis anter. subnitidis, fusco-nigris, ad basim dilutioribus atque plus minusve olivaceo-tinctis, postice saturatioribus et grosse squamatis, fascia subobliqua pone medium argentea vel dilute aurea, ad dorsum dilatata, ciliis dilute albido-griseis; alis poster. ♂ ad basim marginis anterioris penicillo squamarum nigro instructis. — 3 – $2^1/_2$‴.

Die Larve minirt in gewöhnlicher doppelter Generation die Blätter von Fagus sylvatica, namentlich schattig stehender Büsche. Sie hat einen blass bräunlichen Kopf mit röthlicher braunen Rändern und Mundtheilen, einen grünlich weissen Körper mit bräunlich durchschimmerndem Darme. Ihre Grösse beträgt etwa 2‴ (Sta.).

Die Mine ist ziemlich lang, stark gewunden, in dem engeren Anfangstheile ganz von der breiten dunkelbraunen Kothlinie erfüllt. In dem unteren breiteren Theile nimmt diese nur den Mittelraum ein. — Der Cocon ist eiförmig, nicht abgeplattet, ockergelb und rauh. Die Erziehung scheint sehr schwierig.

Die Schabe im April und Mai, dann wieder Ende Juli und im August.

In England und in mehreren Gegenden Deutschlands bemerkt (Kiel, Frankfurt am Main, im Grossherzogthum Baden).

Für die Schweiz bei Zürich nicht gerade selten und die am frühesten im Jahre erscheinende Art; auch von Bremgarten (Boll).

28. **N. Gratiosella** Sta. (H.-S. Tab. 105 fig. 832 [der untere Flügel]).

Gratiosella Sta. — H.-S. (Text). — Aurella p. Zell. (Gratiosella F. R. a.). — Aurella H.-S. (Tafeln).

Capillis atris, antennarum conchula alba; alis anter. nitidis, dilute aureo-brunneis, postice saturate purpureo-violaceis, fascia pone medium fere recta, tenui, argentea, dilutissime coerulescente, ciliis saturate fuscis. — *Cf. Sta.* — 2 – 1¾‴.

Ich kenne die Larve ebensowenig sicher unter den übrigen gelben Nepticula-Raupen des Weissdornes als Herr Stainton. — Die Mine, welche wahrscheinlich hierher gehört, beginnt als stark geschlängelter, feiner Gang mit sehr feiner Kothlinie, welche die Ränder frei lässt, und erweitert sich dann zu einer sehr weiten und langen Gallerie oder einem länglichen, unregelmässigen Fleck, welcher den Anfangstheil der Mine (den eben erwähnten Gang) ganz oder theilweise in sich aufnehmen kann. Der Gang ist gelblich, in der Mitte von der gewundenen, immer noch ziemlich schmalen Kothreihe durchzogen.

Die Schabe in England; in Deutschland bei Frankfurt am Main nicht selten. Bei Zürich; auch in den letzten Tagen Aprils gefangen, aber nicht häufig.

29. **N. Perpusillella** v. Heyd. (Sta. I. Tab. VI. fig. 3).

Perpusillella v. Heyd. (in litt.). — H.-S. — Prunetorum Sta.

Capillis atris, antennarum conchula alba; alis anter. atris, nitidis, vix violaceo-tinctis, basi late dilute argenteo-squamata, fascia fere recta argentea, nitida pone medium, ciliis saturate griseis. — 2 – 1¾‴.

Da diese, durch von Heyden entdeckte, schöne Art neuerdings von Stainton ebenfalls gefunden und genau beschrieben worden ist, mögen hier wenige Worte über sie genügen.

Der dunkelschwarze Schopf, die weissen Augendeckel schon zeichnen unsere Spezies aus. Die Grundfarbe der Vorderflügel ist bei frischen Exemplaren ein tiefes, sammetartiges Schwarz. Dieses ist an dem Wurzeldrittheil des Flügels durch bald mehr, bald weniger zahlreich aufgelegte blasse Gold- oder, vielleicht richtiger gesagt, Silberschüppchen mehr oder minder aufgehellt, so dass jenes bronzefarben erscheint und das Schwarz nur als Streifen vor der hinter der Mitte stehenden, ziemlich geraden, mässig breiten, stark erglänzenden Silberbinde zu Tage tritt. Flügelspitze sammetschwarz.

Die Raupe unter 2''' gross, grün mit grünlich braunem Kopf, braunrothen Mundtheilen und davon ausgehenden zwei Linien über jenen (Sta.). Sie minirt in ganz eigenthümlicher Weise die Blätter der Schlehen und des wilden Kirschbaumes (Prunus avium) an halbschattigen Stellen der Wälder. Die Mine ist ein verhältnissmässig langer Gang, aber mit ganz dicht gegen einander gelagerten, spiraligen, von der Kothreihe erfüllten Windungen, so dass sie als ein kreisrunder Fleck erscheint. Nur der Endtheil geht in gerader Richtung davon ab. – Der Cocon blass gelbroth, ganz flach und eckig.

In England; bei Frankfurt am Main; bei Zürich gemein.

30. N. **Turicensis** Frey (H.-S. Tab. 104 fig. 816).

Turicensis Frey (in litt.). — Turicella H.-S. (Text). — Ignobiliella H.-S. (Tafeln).

Capillis ochraceis, antennarum conchula flavida; alis anter. grossiuscule squamatis, ad basim luteo-fuscis, fascia pone medium subobliqua, non curvata, albida, introrsum saturate fusco-marginata, apice saturate fusco, ciliis albido-griseis. — $2\frac{1}{3}'''$.

Eine nach mehrfachen gefangenen Exemplaren aufgestellte und von Herrich-Schäffer gerade nicht glücklich abgebildete Art.

Schopf und Gesicht lehmgelb, nicht besonders lebhaft; Augendeckel gelblich und daher wenig von dem Schopf abgesetzt; Geisel bräunlich; Palpen weisslich; Rückenschild bräunlich, Hinterleib schwarzgrau; Beine dunkelgrau. Die Tarsen scheinen etwas heller. Die Vorderflügel, etwas breit und kurz, haben an der Wurzel ein glanzloses, bleiches Braungelb. Dann erscheint ein dunkelbrauner Querstreif, an welchen sich die etwas schief stehende, weissliche, glanzlose Binde von mässiger Breite anreiht. Flügelspitze dunkelbraun, die Franzen weisslich grau. Hinterflügel und Franzen lichtgrau.

In Deutschland aus der Gegend von Braunschweig.

Ich fing Ende Juli 1854 vier Exemplare zu später Abendstunde an einem Waldrande bei Zürich.

31. N. **Regiella** Frey.

Regiella Frey (in litt.). — H.-S.

Capillis rufis, antennarum conchula parva flavida; alis anter. nitidissimis, dilute aureo-brunneis, purpureo-tinctis, ante fasciam saturatioribus, fascia pone medium orichalcea, nitida, lata, sed obsoleta, ciliis saturate griseo-fuscis, apicis albido-griseis. — 2-1¾‴.

Ein prachtvolles Insekt, dessen Larve in ähnlicher, wohl nur kleinerer Mine als N. Gratiosella an Crataegus Oxyacantha lebt und gleich dieser Art gelb gefärbt ist. — N. Regiella unterscheidet sich leicht von N. Gratiosella durch den rothen Schopf, die gelblichen Augendeckel, die stärker goldenen, überaus reichlich mit Purpur erglänzenden Vorderflügel, welche eine breite, unbestimmt begrenzte Messingbinde besitzen. Die folgenden Spezies, N. Splendidissima und Mespilicola, sind schwarzköpfig, mit weniger goldfarbiger Binde und ohne den intensiven Purpurglanz unserer Art; vielmehr in das Violette schimmernd.

Schopf und Gesicht lebhaft roth; Palpen weisslich; Augendeckel ziemlich klein, lebhaft gelb; Geisel dunkelbraun; Rückenschild schwärzlich, metallisch und purpurglänzend; Hinterleib schwärzlich. Beine dunkelgrau; das mittlere und hintere Paar mit gelblich erglänzenden Fussgliedern. Vorderflügel ziemlich kurz und breit, stark metallisch erglänzend. Die Grundfarbe ist eigentlich ein helles Goldbraun, welches aber durch stark aufgelegte Purpurschüppchen (die nur bei gewisser Beleuchtung violettblau erglänzen) bedeutend verdunkelt wird. Die Binde, hinter der Mitte stehend, ist stark messingglänzend, ziemlich breit, doch gegen die Flügelränder hin schmäler, mässig nach hinten gekrümmt und daher fast halbmondförmig zu nennen. Franzen dunkelbraungrau; nur an der Flügelspitze weisslich grau. Hinterflügel und ihre Franzen grauschwarz.

Bisher nur als Herbstgeneration Ende Oktober bemerkt. Im Freien fing ich das Thierchen nur einmal an einem Waldrande, den 13. August 1855.

Bei Zürich selten; auch in England kommt diese Spezies, wie mir Herr Stainton brieflich mittheilte, vor.

32. N. Mespilicola n. sp.

Capillis atris, antennarum conchula alba; alis anter. valde nitidis, violaceo-cupreis, ad basim squamis orichalceis tectis, fascia pone medium recta, latiuscula, dilute aurea, apice saturate violaceo-fusco, ciliis saturate griseis. — 2⅓‴.

Eine schöne, prachtvoll erglänzende Art; unter den vorhergehenden der N. Gratiosella nahe verwandt, aber mit mehr bräunlich violetter, dunklerer Flügelspitze und breiterer goldartiger Binde. Durch letztere wird sie der folgenden N. Splendidissima ebenfalls sehr ähnlich.

Grösse meines männlichen Exemplares die einer ansehnlichen N. Gratiosella. Die Flügel etwas kürzer, das ganze Thierchen darum gedrungener erscheinend. Gesicht und Schopf tief sammetschwarz. Augendeckel gross, glänzend weiss; Fühlergeisel schwärzlich. Palpen grau. Beine schwärzlich grau, viel dunkler als bei N. Gratiosella, wo sie weisslich grau erscheinen. Rücken und Schulterdecken bronzeartig erglänzend; Hinterleib schwärzlich.

Die Vorderflügel haben starken Glanz und eine tiefe violettbraune Kupferfarbe. Diese tritt namentlich in der sehr verdunkelten Flügelspitze hinter der Binde, weniger am Costalrande vor letzterer, zu Tage, während die Flügelwurzel, und ganz besonders der Innenrand, bis zur Binde reichlich aufgelagerte Messingschüppchen zeigen und hell bronzeartig erglänzen. Die Binde steht wie bei N. Gratiosella, ist gerade, aber beträchtlich breiter und blass golden. Die Franzen tiefgrau; nur um die Flügelspitze an ihren Enden weisslich.

Hinterflügel und ihre Franzen etwas dunkler als bei N. Gratiosella, in dem Tone der folgenden Art.

Die Raupe, grünlich, etwa 2‴ messend, minirt im Juli und im Oktober die Blätter von Amelanchier vulgaris, einem an den Abhängen des Uetliberges wachsenden Strauche. — Die Mine ist nicht besonders lang. Sie beginnt mit einem feinen, von der Kothreihe nicht ganz erfüllten Gange, welcher entweder an der Mittelrippe oder dem Blattrande hinläuft, dann breiter wird und umbiegt. Die Randtheile bleiben leer und erscheinen bräunlich. — Die Erziehung scheint sehr schwierig. — Der Cocon ist dunkelbraun, länglich, ziemlich gewölbt.

Bisher nur ein Exemplar im geheizten Zimmer 1856 erzogen.

33. N. Splendidissima Frey.

Splendidissima Frey (*in litt.*). — *H.-S.*

Capillis atris, antennarum conchula alba; alis anter. nitidissimis, violaceo-cupreis, ad basim squamis orichalceis tectis, fascia pone medium recta, ♂ dilute aurea, latiuscula (♀ argentea, tenui) apice violaceo-tincto, ciliis saturate griseis. — $2^3/_4 - 2^1/_3$‴.

Die Grösse des Männchens ist die einer ansehnlicheren N. Anomalella, des Weibchens einer mässigen Ruficapitella; die Flügel nicht schmal. Gesicht und der breite Schopf tief sammetschwarz; Augendeckel gross, glänzend und weiss; Fühler schwarz. Palpen heller grau. Rücken und Schulterdecken schwärzlich, mit einzelnen glänzenden Messingschüppchen untermischt und darum für das unbewaffnete Auge bronzeartig glänzend. Hinterleib schwärzlich, Beine schwärzlich grau.

Die Vorderflügel haben sehr starken Glanz, beim Manne lebhafter als beim Weibe; ihr Kolorit ist eine tiefe, ins Violette schimmernde Kupferfarbe. Die Flügelwurzel oder — richtiger gesagt —, fast die Innenhälfte des Flügels bis in die Nähe der Binde, ist durch reichlich aufgelagerte helle Schüppchen lebhaft messingglänzend; ja sie kann bei einzelnen Stücken ganz messingartig erscheinen. Die Binde, entweder blass golden (♂) oder silbern (♀), ist sehr stark glänzend. Sie steht ziemlich senkrecht; ist beim ♀ mässig schmal, beim ♂ ansehnlich breiter. Nach innen ist sie schärfer abgesetzt als auswärts, wo sie mehr in die Flügelspitze verläuft. Diese selbst ist sehr dunkel violett und lebhaft glänzend; die Franzen tief grau. Ebenso verhalten sich die Hinterflügel und deren Franzen.

Die Larve minirt in der üblichen doppelten Generation (doch im Sommer sehr einzeln) in Rubus-Arten. Am häufigsten ist sie in Rubus caesius, spärlicher in Rubus fruticosus, noch seltener in Rubus Idaeus anzutreffen. Man findet sie theils an Hecken, theils (und mehr) an Waldrändern. — Die Raupe, etwa 2‴ gross, ist lebhaft gelb mit dunkel durchschimmerndem Verdauungskanale und blass braunem Kopfe. — Die Mine ist sehr lang und stark geschlängelt. Sie beginnt überaus fein mit ganz schlanker Kothlinie, so dass die Ränder frei bleiben, erweitert sich dann beträchtlicher, eine einfache feine Kothreihe in der Mitte führend. Ungewöhnlich breit erscheint sie später, nachdem die Raupe sie verlassen hat, an dem Blatt der Brombeere als ganz weisser Gang. Ich habe sie noch Anfangs November einzeln bewohnt gefunden. – Der Cocon ist ziemlich flach und kreisrund, grünlich, glatt.

Bei Zürich nicht gar selten; auch aus der Gegend von Heidelberg (von Heyden).

34. N. Marginicolella Sta. (Sta. I. Tab. III. Fig. 2).

Marginicolella Sta. — H.-S. — Aurella v. Heyd. — p. Haw. — p. Zell. — Centifoliella Sta. (ol.).

Capillis ♂ atris, ♀ rufo-ochraceis, antennarum conchula albida; alis anter. nitidis, aureo-brunneis, pone medium purpureo-tinctis, postice saturate purpureis, fascia pone medium argentea vel dilute aurea, ciliis dilute fuscis; poster. nigro-cinereis, ciliis ♂ basim versus squamaceis nigris. — $2^3/_4-2^1/_2'''$.

Die Raupe minirt in der gewöhnlichen zweimaligen Erscheinungszeit die Blätter der Rüster (Ulmus campestris). Sie ist, etwa 2''' messend, blassgelb und mit hellbräunlichem Kopfe. — Die Mine wird in eigenthümlicher Art gewöhnlich (aber doch nicht ausnahmelos *) bald gegen den Blattrand geführt, um hier jeder Krümmung desselben zu folgen und so zum stark gezackten Gange zu werden, welcher von breiter, braunschwarzer Kothreihe gefüllt wird.

Die Schabe im Mai, dann wieder zu Ausgang Juli und im August in der Nähe der Ulmen. In England; bei Frankfurt am Main (v. Heyden) öfter.

In der Schweiz bisher nur bei Zürich erhalten, wo sie bei der Spärlichkeit der Rüster selten genug ist.

---

2. Genus. TRIFURCULA.

Trifurcula Zell. — *Sta.* — *H.-S.* — *Lyonetia p. Zell.* (*ol.*).

Caput superne et in fronte hirsutum; antennae breviusculae nudae, conchula modica instructae; palpi maxillares longiusculi plicati, articulis ultimis pendulis; palpi labiales breves subporrecti. Alae anter. breviusculae, grosse squamatae, poster. ovato-lanceolatae; anter. cellula discoidalis nulla; vena subdorsalis bifida, longe ante apicem desinens; mediana curvata et trifida infra apicem exit; subdorsalis longa, simplex; poster. vena mediana trifida. — *Cf. Zell. Sta.*

Kleine stumpfflüglige, den Nepticulen nahe verwandte Thiere mit einem abweichenden Aderverlaufe, dessen Eigenthümlichkeiten die voranstehende Charakteristik ergibt, bilden dieses Genus. Ihre

---

*) In den grossen Blättern junger Bäume kann, wie ich mehrfach sah, die Mine dicht an der Medianrippe beginnen, dann neben einer Seitenrippe nach dem Aussenrand gehen und in gestrecktem Verlaufe enden, ehe sie jenen erreicht hat.

Flügel zeichnen sich aus durch die einförmige, staubfarbene Beschaffenheit. Die Lebensweise der Larve ist noch völlig unbekannt.

Die Artenzahl, soweit bis jetzt bekannt, ist sehr gering. Herrich-Schäffer führt 6 Arten auf. 4 erscheinen nach Stainton in der brittischen Fauna. Ich kenne zur Zeit nur eine sichere Spezies im schweizerischen Faunengebiete. Eine wohl andere Art fing Herr Bremi schon vor langen Jahren zahlreich auf dem Rigi.

1. T. Immundella Zell. (H.-S. Tab. 108 fig. 861).

Immundella Zell. — Dup. — Sta. — H.-S.

Capillis fuscescentibus, antennarum conchula albida; alis anter. nitidulis, albido-griseis obscurius grosse sqamatis; poster. griseo-ciliatis. — *Cf. Zell.* — 3½'''.

Diese in ansehnlicher Verbreitung durch Europa vorkommende Art ist zur Zeit beobachtet worden in England, im Juli und zu Anfang August häufig; ferner im nördlichen und mittleren Deutschland (Glogau [im Juni], Böhmen [Juli]). Ebenso kommt sie in Toskana vor.

Ich kenne dermalen nur ein einziges Stück, welches bei Würenlos (einige Stunden von Zürich entfernt) auf einer mit Ginster bewachsenen Stelle am letzten Juli 1855 gefangen wurde, was ich glaube, hierher ziehen zu müssen.

II. Pterophoren. Federmotten.

I. Familie. PTEROPHORIDEN.

Pterophoridae Zell. — Pterophorina Sta. — H.-S.

Corpus longum, gracile; caput laevigatum, frons convexa; ocelli nulli; antennae breves, filiformes; palpi maxillares nulli, labiales mediocres vel breviusculi; haustellum longum, nudum. Alae angustae; anter. aut bifidae aut integrae, poster. subtripartitae. Larva sedecim pedibus instructa.

Sehr eigenthümliche, von der folgenden Familie der Alucitiden scharf geschiedene Insekten setzen diese Gruppe zusammen, welche eine der natürlichsten ist, die es geben kann.

Bezeichnend für alle Pterophoriden ist ein ungemein schlanker Bau, ein langer dünner Körper mit langen Beinen und schmalen, in der Ruhe horizontal abstehenden Flügeln.

Der Kopf ist anliegend beschuppt mit convexer Stirn und zeigt uns kurze fadenförmige Fühler mit länglichen Gliedern. Nebenaugen fehlen stets, ebenso die Kiefertaster. Die Labialpalpen, mässig entwickelt, stehen mehr oder weniger vor.

Die Zunge ist ansehnlich und nackt. Die Flügel sind in ihrem vorderen Paare in der Regel bald mehr, bald weniger tief in zwei Lappen zerspalten; die hinteren ebenso, aber tiefer, dreigetheilt. Das Geäder wechselt beträchtlich. Höchst auffallend endlich sind die sehr langen, dünnen Beine, namentlich das letzte Paar, dessen Tibia eine ganz ungewöhnliche Länge hat und zwei Paar grosse Spornen trägt. — Die Larven der Pterophoriden endlich sind sechszehnfüssig; sie leben in sehr verschiedener Weise an niederen Pflanzen, bald frei, häufiger in Knospen, versponnenen Blättern, den Samenkapseln oder Stielen.

Die Familie, an Arten reich, zerfällt in 2 Genera, Agdistis Hbn., wo die Flügel ungetheilt bleiben, und Pterophorus, wo sie gespalten sind. Zu ihnen ist in neuerer Zeit noch ein drittes, höchst interessantes, exotisches Genus, Deuteroscopus Zell., hinzugekommen.

Auch hier verdanken wir dem Fleisse Zeller's die ersten bahnbrechenden Bearbeitungen (Isis 1841 und eine spätere Arbeit in Linn. entom. Bd. VI.). Es ist nach diesen vortrefflichen Monographieen zur Zeit nicht mehr so gar schwierig, die oft sehr nahe verwandten, zahlreichen Arten zu unterscheiden.

In unserem Faunengebiete ist dermalen das Genus Agdistis *) noch nicht bemerkt worden, so dass es sich im Folgenden nur um Pterophorus handelt.

---

1. Genus. PTEROPHORUS.

Pterophorus p. Fab. — Latr. — Curt. — p. Dup. — Steph. — Zell. — Sta. — Alucita p. Haw. — Tr. — Platyptilus, Oxyptilus, Pterophorus und Aciptilius Zell. — H.-S.

Capilli appressi, interdum in conulum frontalem producti; ocelli nulli; antennae breves, filiformes, articulis elongatis, infra ciliatis, basali longo, claviformi; haustellum longum, nudum; palpi labiales mediocres vel breviusculi, porrecti, subporrecti vel adscendentes, articulo medio magno (interdum squamis hirsutis), tertio brevi. Alae anter. elongatae, plus minusve bifidae; poster. subtripartitae, mediocriter vel longe ciliatae; anter. cellula discoidalis, elongata vel mediocris, perfecta aut imperfecta vel nulla; vena subcostalis in laciniam anteriorem ramos quinque vel quatuor emittit aut simplex exit; mediana trifida in laciniam posteriorem (interdum bifida); poster. in digitum primum exeunt rami duo vel unus, in secundum tres vel duo, in tertium unus (interdum duo).

Das beste, sicherste Erkennungsmittel bildet für die Thiere des Geschlechtes Pterophorus die Form der Flügel. Der vordere hat eine bald längere, bald kürzere Spitze und häufig, aber keinesweges immer, einen Afterwinkel. Zwischen beiden ist der Flügel mehr oder weniger tief, bei manchen Arten sehr beträchtlich gespalten. Es entstehen so die zwei Zipfel (laciniae) desselben. Die Hinter-

*) Von den 7 europäischen Arten dieses Geschlechtes dürfte allerdings die häufigste und bekannteste Spezies, A. Adactyla Hbn., als Bewohnerin des Sandbodens in unserem Faunengebiete fehlen. Dagegen kann mit einiger Wahrscheinlichkeit das Vorkommen von A. Tamaricis v. Heyd. erwartet werden, da deren Larve an Tamarix germanica lebt, welche an unseren Gebirgsflüssen vielfach wächst.

flügel durch eine viel tiefer gehende Spaltung sind in drei lanzettförmige Stücke, die sogenannten Federn (digiti), getrennt.

Höchst auffallend ist die ausserordentliche Verschiedenheit des Flügelgeäders, namentlich der Vorderflügel, bei den einzelnen Arten unseres Genus. Je schmäler jene werden und namentlich je tiefer die Spaltung sich erstreckt, um so mehr vereinfacht es sich, indem eine Ader nach der andern wegfällt. In dieser Hinsicht stehen z. B. P. Zetterstedtii und Gonodactylus durch eine tiefe Kluft von den weit gespaltenen Arten, wie P. Pentadactylus und Tetradactylus, getrennt. Der Gedanke muss daher nahe liegen, das alte Genus Pterophorus in eine Anzahl neuer Geschlechter zu zerspalten, wie es von Zeller früher schon angedeutet und von Herrich-Schäffer später durchgeführt wurde. — Allein auch damit ist unserer Meinung nach wenig gewonnen, da z. B. innerhalb des Genus Pterophorus von Herrich-Schäffer wieder höchst beträchtliche Verschiedenheiten vorkommen, so dass es nach dem Geäder hin weiter zerlegt werden müsste.

Solche Verhältnisse lehren auf das Deutlichste, wie nach dem Flügelgeäder hier nicht classifizirt werden kann, da es bei den Pterophoren zu einer ganz untergeordneten systematischen Bedeutung herabsinkt, während es für manche Familien und Geschlechter der Tineen von hoher Bedeutung ist.

Die Artenzahl des Genus Pterophorus beträgt gegenwärtig für das europäische Faunengebiet circa 60 Arten. Von diesen kommen 30 in der Schweiz nach meinen bisherigen Beobachtungen vor. Unter diesen einheimischen Spezies scheint eine neu zu sein. Auffallend ist die beträchtliche Höhenverbreitung eines Theiles dieser Thiere. Wir haben 11 derselben in der Alpenregion, in Elevationen über 5000′, angetroffen, nämlich P. Gonodactylus, Zetterstedtii, Bollii, Fischeri, Distans, Obscurus, Coprodactylus, Lithodactylus, Pterodactylus, Tephradactylus und Tetradactylus. Am höchsten, gegen 7000′, wurden in den Engadiner Alpen P. Distans und Lithodactylus bemerkt. Sonderbarer Weise konnte ich weder P. Graphodactylus noch Plagiodactylus und Baliodactylus in den Schweizer Alpen auffinden.

1. P. Rhododactylus S. V. (Hbn. Al. Tab. 2 fig. 8).

Rhododactylus (a.) S. V. — Hbn. — Tr. — Haw. — Steph. — Dup. — Zell. — Tengst. — Sta. — H.-S.

Alis anter. dilute brunnescenti-ferrugineis, laciniis pallidioribus, striga ante fissuram albida; digito tertio albido, apice brunnescenti-ferrugineo. — *Zell.* — 11‴.

Die Raupe verzehrt die Blüthenknospen der Garten- und Heckenrosen im Frühling. Sie ist grün, weisslich behaart, mit röthlichem Kopfe, aber noch nicht genauer beschrieben.

P. Rhododactylus, in grosser Verbreitung durch Europa vorkommend (England, Frankreich, Toskana, Istrien, Deutschland, Ungarn, Lievland und Finnland), wurde lange Zeit in der Schweiz vermisst. Ich traf ein abgeflogenes Exemplar an einem Waldrande bei Zürich am 2. August 1855. Ein zweites schweizerisches Stück ist mir nicht bekannt. — Jedenfalls selten und einzeln.

2. P. Ochrodactylus Hbn. (Hbn. Al. Tab. 3 fig. 12 und 13. — H.-S. Pter. Tab. 1. fig. 3 [nicht gut]).

Ochrodactylus (*a*) *Hbn.* — *Tr.* — *Dup.* — *Zell.* — *Lien.* — *Tengst.* — *Sta.* — *H.-S.* — *Palli- et Migadactylus* (*a*) *Haw.* — *Steph.*

Capillis in fasciculum longum frontalem productis; alis anter. pallide ochraceis, obscurius lituratis, apice laciniae anterioris elongato. — *Zell.* — 12-11‴.

Diese durch England, Frankreich, Deutschland, Oestreich, Ungarn, Südrussland verbreitete Art, welche nach Norden bis Lievland, Finnland und Schweden reicht, ist auffallenderweise in der Schweiz sehr selten. Sie fliegt in den Umgebungen von Zürich nach Herrn Bremi. Erscheinungszeit Juni und Juli. — Larvenzustände noch unbekannt.

3. P. Gonodactylus S. V. (H.-S. Tab. 2 fig. 9).

Gonodactylus (*a*) *S. V.* — *Zell.* — *H.-S.* — *Tesseradactylus* (*a*) *Tr.* — *Dup.* — *Zetterst.* — *Trigonodactyla* (*us*) *Haw.* — *Steph.* — *Sta.* — *Megadactyla Hbn.* — *Zetterstedtii var. c. Zell.* (*ol.*).

Capillis in fasciculum brevem frontalem productis; alis anter. ochraceo-griseis cinereisve, costa fuscescenti, triangulo costali ante fissuram obscure brunneo, striga laciniarum pallida, ciliis laciniae anterioris posticis puncto albo notatis; digiti tertii ciliis dorsalibus in medio nigro-squamatis. — *Zell.* — 12-10‴.

Die Raupe lebt in den Stengeln von Tussilago Farfara dicht über dem Boden im Frühling und im Juli. Nach Fehr's bei Zeller mitgetheilten Beobachtungen ist sie grünlich, behaart, auf den verdickten Brustringen mit je fünf schwarzen Pünktchen, breitem, rothem Rückenstreif und je zwei schmäleren, seitlichen. Kopf, Brustfüsse, Nackenschild und Afterklappe schwarz.

Bei Zürich Ende Mai und Anfang Juni an Stellen, wo die Futterpflanze, Tussilago Farfara, wächst, ziemlich häufig, sowohl im freien Felde, als in Wäldern. Die zweite Generation Ende Juli und Anfang August. — Die Gegend von Frauenfeld (Thurgau), ebenso die des Engadin, wo ich ihn Ende Juli bei Samaden fing. Die Generation ist dort wohl einfach.

Sonst in Toskana, Oberkrain, manchen Gegenden Deutschlands, in Lievland und England bemerkt.

4. P. **Zetterstedtii** Zell. (H.-S. Tab. 1. fig. 7?).

Zetterstedtii Zell. — Tengst. — H.-S. — Tesseradactyla Zetterst. — ? Calodactylus Dup. — Petradactyla Hbn.

Capillis in fasciculum brevem frontalem productis; alis anter. dilute ochraceis, marginibus brunnescentibus, triangulo costali ante fissuram brunneo, striga laciniarum pallida; digito primo subtus striga pallida notato, tertii dorso medio in ciliis atro-squamato. — *Zell.* — 11 – 10'''.

Die Raupe in den Stengeln von Senecio nemorensis, um welche Pflanze der Falter vorkommt; gewiss aber auch in andern Senecioarten, da diese weder hier noch in England wächst.

Der vorigen Art nahe verwandt, kommt P. Zetterstedtii in England, den skandinavischen Gebirgen, Finnland, im Riesengebirge, Schwarzwald, Steyermark und in Toskana vor.

Bei Zürich selten, Anfang Juni bis in den Juli; aus der Westschweiz (Laharpe) und in den Alpen. So im Engadin bei Samaden Ende Juli und auf Berglialp im Kanton Glarus zu Anfang August.

5. P. **Bollii** n. sp.

Capillis frontalibus parum productis; alis anter. cinereis, triangulo costali nigro-fusco, striga laciniarum alba; digito primo subtus linea alba notato, tertii dorso albo, nigrosquamato. — 1 ♂. — 11'''.

Eine sehr ausgezeichnete neue Art, welche Metzneri Zell. sehr nahe verwandt erscheint, zwischen Gonodactylus und Fischeri in der Mitte steht und durch den wenig ausgebildeten Stirnbusch der letzteren Art sich nähert, mit welcher sie auch in dem schlankeren Körperbau übereinstimmt, während sie an Grösse das Ausmaass eines mittleren P. Zetterstedtii übertrifft. Ich besitze leider nur ein einziges männliches Exemplar, welches zwar frisch, aber am Körper verölt und in den Beinen defekt ist. Die Artrechte sind jedoch unzweifelhaft, eine Ansicht, mit welcher auch Herrich-Schäffer, der das Thierchen sah, übereinstimmte.

Kopf und Rückenschild schiefergrau; Fühler grau und schwarz geringelt, mit weisslichen Franzen. Das erste Paar der Beine ist nach innen braun, aussen weisslich, das zweite und dritte grau; letzteres beträchtlich länger als bei Gonodactylus, mit weisser, schwarz geringelter Fussspitze und weisslichen Dornen.

Vorderflügel beträchtlich weniger als ein Drittheil der Länge gespalten, schmäler als bei den verwandten Arten und mit mehr abgestuztem Vorderzipfel, als ihn P. Gonodactylus und Zetterstedtii besitzen. — Die Farbe ist ein weissliches Schiefergrau ohne allen ockerfarbenen oder röthlichen Anflug. Der Costalrand von der Wurzel bis zum Dreiecke erscheint schwarzbraun, weiss gescheckt, während der Dorsalrand heller bleibt und nur vereinzelte schwärzliche Beschuppung erkennen lässt. Im Mittelraume liegt ein einziger, schwarz brauner, ziemlich deutlich abgesetzter Längswisch. Das Costaldreieck ist sehr dunkel und scharf abgegrenzt, demjenigen des Gonodactylus in der Form ähnlich, und ganz gleichmässig schwärzlich mit Ausnahme des weisslich beschuppten Vorderrandes. Nach hinten wird es durch eine weissliche Beschuppung des Flügels noch mehr hervorgehoben. Hinter letzterer erscheint auf den Zipfeln das Grau des Flügels wieder, um bald einer starken Verdunkelung, namentlich auf dem Vorderzipfel, Platz zu machen. Die Querlinie über beide Zipfel zeigt sich sehr lebhaft weiss. Ebenso gefärbt sind die Franzen mit Ausnahme einer kleinen Stelle am Hinterwinkel beider Zipfel, wo sie dunkelgrau werden. Eine schwarze feine Linie umzieht den Spaltungswinkel jener, eine gedoppelte schwärzliche den Hinterrand derselben.

Der Dorsalrand des Flügels ist ebenfalls weisslich beschuppt mit zwei kleinen schwärzlichen Schuppenflecken.

Hinterflügel grau, dunkler als die vorderen. Die erste Feder mit lichteren Franzen an der Spitze und mit einer zarten schwärzlichen Schuppenlinie. Die dritte Feder am Dorsalrande weisslich befranzt; nur gegen die Spitze dunkler und mit einzelnen schwärzlichen Schüppchen. Dicht vor der Spitze ein etwas stärkerer Schuppenfleck. (Mein Exemplar ist hier etwas beschädigt.)

Vorderflügel auf der Unterseite röthlich grau mit gelblich weisser, deutlicher Linie und einem dergleichen Fleck am Costalrande des Vorderzipfels. Die erste Feder des Hinterflügels mit weisslichen zerstreuten Schuppen und einem weissen Querstriche, wie ihn P. Zetterstedtii besitzt.

Gefangen zu Ende Juli 1854 an der Meyenwand von Herrn Boll; ein zweites Exemplar traf Laharpe am 24. Juli auf der Grimsel.

6. P. Fischeri Zell. (H.-S. Tab. 2 fig. 12).

Fischeri Zell. — Dup. — Lien. — Tengst. — Sta. — H.-S. — Cosmodactyla Schläger.

Capillis frontalibus parum productis; alis anter. fuscescenti-cinereis, strigula fusca, triangulo costali adnata ante fissuram plagamque albidam, striga laciniarum albida; digiti tertii dorso medio in ciliis atro-squamato. — *Zell.* — 8½–8‴.

Diese Art, welche zur Zeit bis Toskana südlich, bis Lievland und Finnland nach Norden beobachtet wurde, und welche in mehreren Gegenden Deutschlands angetroffen wird (Böhmen, Schlesien, Regensburg, Wien, Konstanz), findet sich auch in der Schweiz, und zwar in der Ebene sowohl als in den Alpen.

So Ende Mai bei Würenlos im Limmathale; in dem Engadin Ende Juli und im August, bei Samaden bis zu etwa 6000′ Höhe. Auf den westlichen Alpen (Rothenbach in litt.).

7. P. Acanthodactylus Hbn. (H.-S. Tab. 1. fig. 5).

Acanthodactylus (a) Hbn. — Tr. — Zell. — Dup. — Lien. — Tengst. — Sta. — H.-S. — Calodactyla? Fab. — Steph. — Haw. — ? S. V.

Capillis in conulum brevem frontalem productis; alis anter. brunneo-cinereis, obscure nebulosis (vel rufescentibus), triangulo costali fusco ante fissuram plagamque flavescentem, striga laciniarum albida; digiti tertii dente e squamis atris. — *Zell.* — 10½–9½‴.

P. Acanthodactylus ist bei Zürich und den benachbarten Orten, z. B. Bremgarten (Boll), eine seltene und sehr vereinzelt vorkommende Art, welche in erster Generation Ende Juli und August und zum zweiten Male im Spätherbst erscheint, wo sie überwintert.

Die geographische Verbreitung ist im Uebrigen eine ausgedehnte, indem sie von England bis zur Ostgrenze Europa's und von Sizilien bis Finnland sich erstreckt.

Die Raupe hellgrün, reichlich mit Härchen und Borsten besetzt, mit gelblichem Kopfe und dunkleren Fresswerkzeugen. Ueber den Rücken gehen zwei weissliche Längslinien und darunter eine Kappenlinie (Zeller). Sie lebt auf Ononis spinosa und wohl auch O. repens. Zeller traf sie auf einem in Gärten cultivirten grossblüthigen Pelargonium, Richter erhielt sie an mehreren Stachys-Arten in Gärten (Stachys speciosa und coccinea). — Ich erzog diese Spezies einstens in Vielzahl zu Göttingen aus Raupen, welche ich von Ononis spinosa klopfte. Ohne eine Beschreibung zu besitzen, erinnere ich mich nur eines breiten rothen Rückenstreifens, welchen alle Raupen besassen.

8. P. **Cosmodactylus** Hbn. (H.-S. Tab. 1 Fig. 4).

Cosmodactylus (a) Hbn. — Tr. — Eversm. — H.-S. — Acanthodactylus Var. Zell. — Punctodactyla (us) Haw. — Steph. — Sta.

Alis anter. brunneis vel nigro-fuscis, albido-reticulatis, triangulo costali nigro-fusco ante plagam flavescentem; digiti tertii dente e squamis atris dorsali. — $10^2/_3-9^2/_3'''$.

Meiner Meinung nach von Zeller mit Unrecht als Varietät der vorigen Spezies aufgeführt, vielmehr eine scharf abgegrenzte, allerdings ähnliche Art, welche zwar sehr variirt, aber ohne Uebergang gegen die vorhergehende. Als zu Cosmodactylus gehörig ziehe ich nicht allein P. Acanthodactylus var. c. des Glogauer Entomogen hierher, sondern auch mit einem Fragezeichen die varr. d und e desselben, da ich Exemplare des P. Cosmodactylus erzogen habe, welche damit sehr übereinstimmen.

Beim Vergleichen von 10 Exemplaren des P. Acanthodactylus, welche ich theils zu Göttingen, theils zu Frankfurt aus der Raupe an Ononis spinosa erzogen habe, und einem von Herrn Boll gesandten, sehr schönen Männchen von Bremgarten mit etwa 24 gleichfalls erzogenen Stücken des Cosmodactylus von Zürich, welche ich um ihrer Variationen willen in meiner Sammlung bewahre, ergibt sich Folgendes:

Fast alle meine Exemplare des Cosmodactylus sind etwas grösser als Acanthodactylus. Ihr Bau ist etwas gedrungener und plumper, die Vorderflügel erscheinen mir breiter. Kein Exemplar des P. Cosmodactylus erreicht den röthlich braunen Grundton, welcher sich bei allen Stücken des Acanthodactylus nicht allein an den Vorderflügeln, sondern auch an dem Körper und den Beinen zeigt; nur ein Exemplar der ersteren Art hat einen ganz leichten röthlichen Anflug über die Vorderflügel, an welchen der übrige Körper keinen Antheil nimmt. Viele Exemplare des Cosmodactylus werden tief schwarzbraun, andere braungrau. Selten ist die Farbe sogar ein grünliches Braun.

Die Färbung des Vorderflügels mag indessen sein, welche sie will, so gibt die reichliche weisse Beschuppung, welche sehr gewöhnlich mehr oder weniger gitter- oder netzartig sich gestaltet, das beste Unterscheidungsmerkmal gegenüber Acanthodactylus ab. Auch ist der Vorderrand wohl immer stärker weiss gescheckt als bei diesem. Das Costaldreieck, oft sehr tiefbraun, erscheint bei manchen Exemplaren gegen die Flügelwurzel undeutlich abgesetzt, während es gegen den Hinterrand scharf abgeschnitten aufhört und am Costalrande hier die auch bei Acanthodactylus vorkommende, aufgehellte Stelle erscheint. Ich sehe diese bei Cosmodactylus fast immer stärker, deutlicher, mehr weisslich und oft viel breiter als bei Acanthodactylus. Die Querlinien der beiden Vorderflügelzipfel dagegen sind oft viel weniger scharf ausgesprochen; in manchen Fällen sogar bei unserer Spezies zum Verschwinden undeutlich; die Spitze der Zipfel manchmal sehr dunkel. Die weissen Pünktchen derselben können in Zahl und Deutlichkeit vollkommen mit den gleichen des Acanthodactylus übereinkommen, bei manchen Exemplaren viel stärker werden, um bei andern fast vollkommen zu verschwinden. Der Hinterrand ist zuweilen, namentlich bei dunklen Zipfeln, mit weissen Franzen, bei andern Exemplaren mit grauen versehen. Der Innenrand ist gewöhnlich wie bei Acanthodactylus; manchmal sind die Franzen weiss. Die schwarzen Schuppenanhäufungen desselben unterscheiden sich in nichts von denjenigen des Acanthodactylus.

Die Hinterflügel sind dunkler grau als bei der vorhergehenden Art und die Franzen am Innenrand der dritten Feder reiner weiss; der schwarze Schuppenzahn erscheint stärker. — Auf der Unterseite fällt die dunklere Beschuppung der Vorderflügel und die stärker ausgesprochene aufgehellte Stelle hinter dem Costalrande auf. Die erste Feder des Hinterflügels ist mit viel zahlreicheren schwärzlichen Schüppchen besprengt; der weissliche Querstrich schärfer und oft zu einer winklig gekrümmten Querlinie entwickelt.

Bei der Varietät eines männlichen Exemplares, welches ich gleichfalls erzog, sind Körper und Vorderflügel sehr hell, von einer etwas in's Bräunliche ziehenden Fleischfarbe.

Die Raupe verzehrt im Juli den Samen der Agelei, Aquilegia vulgaris, indem sie die Samenkapseln mit rundlichem Loche anbohrt und durch dasselbe mit dem Vorderkörper eindringt. Sie ist stellenweise sehr häufig, so dass manchmal sechs, zehn und mehr derselben eine Pflanze bewohnen.

Die Larve ist schmutzig grün, mit dunkelgrüner Längslinie. Ueber die Seiten verlaufen je zwei unterbrochene weisse Längslinien. Die Brustfüsse sind schwarz, die Bauchfüsse von der Farbe des Körpers, die Nachschieber bräunlich. Der Kopf ist hellbraun mit dunkleren Flecken. Kleine Wärzchen und weisse Härchen bedecken den Körper.

Die Puppe ist in den ersten Tagen grünlich, dann bräunlich, derjenigen des Acanthodactylus (wenigstens nach der leeren Hülse des letzteren) sehr ähnlich, nur etwas kürzer und breiter. Sie wird an den Stielen oder den Samenkapseln der Nahrungspflanze ganz frei angetroffen und liefert nach vierzehn Tagen bis drei Wochen den Falter.

Dieser, bisher im Kanton Zürich beobachtet, ist stellenweise bei Zürich und Winterthur häufig, Ende Juli und im August viel mehr anzutreffen, als der seltene P. Acanthodactylus.

9. **P. Distans** Zell.

Distans Zell. — H.-S.

Alis anter. luteo-fuscescentibus, laciniis obsolete albido-bistrigatis, arcu laciniae posterioris marginali albido; digiti tertii dorso longe ante apicem atro-squamato. — *Zell.* — $10\frac{1}{2}'''$.

Von dieser bei Glogau, ebenso in Dalmatien und auch auf Sizilien, sowie in Kleinasien angetroffenen Art ist für unser Faunengebiet als Fundstelle nur das Ober-Engadin bekannt. Ich fand sie hier in den ersten Tagen des August auf Alp Murailg in einer Höhe von 6772′. Später kam sie auch Herrn Pfaffenzeller vor.

10. **P. Pilosellae** Zell. (H.-S. Tab. 3 fig. 16).

Pilosellae Zell. — Dup. — Lien. — Tengst. — Sta. — H.-S. — Didactylus Fab.? — Tr. — Zetterst.

Alis anter. minus quam ad medium fissis, rufescenti-cinnamomeis, laciniis albido-bistrigatis, ciliis dorsalibus ante apicem laciniae posterioris lineam albidam indistinctam in basi gerentibus; digito tertio cinnamomeo, paulo ante apicem utrimque atro-squamato. — *Zell.* — $9'''$.

P. Pilosellae fliegt auf trockenen Waldwiesen und lichten Stellen der Wälder ziemlich häufig im Juli; manchmal untermischt mit P. Ericetorum.

Die Raupe nach Zeller's Beobachtung in den Herztrieben des Hieracium Pilosella. — Kopf blass honiggelb mit dunklerem Gebiss, Rumpf gelblichweiss ohne Zeichnung, mit langen geknöpften

Borsten bekleidet und mit grösseren Haaren auf dem Rücken und in den Seiten der Ringe.

Bisher ist diese weit verbreitete Art, welche Deutschland, England, Schweden, Lappland, Finnland, Lievland bewohnt, nur bei Zürich und Pfäffikon (Dr. E. Suter) beobachtet worden. Sie wird zweifelsohne noch an vielen Orten der Schweiz vorkommen.

11. P. Hieracii Zell. (H.-S. Tab. 3. fig. 14).

Hieracii Zell. — Lien. — Sta. — H.-S. — ? Didactylus Dup. — ? Heterodactyla (us) Haw. — Steph.

Alis anter. minus quam ad medium fissis, laete brunneis, laciniis niveo-bistrigatis, ciliis dorsalibus ante apicem laciniae posterioris lineam albidam distinctam in basi gerentibus; digiti tertii dorso paulo ante apicem atro-squamato. — *Zell.* — 9‴.

Die Raupe dieser, der vorigen Art sehr nahe kommenden Spezies lebt nach Zeller's Beobachtungen im Juni und Juli in den Herztrieben des Hieracium umbellatum. — Kopf honiggelb; Körper grün oder schmutziggelb, mit kurzen geknöpften Börstchen und langen weissen Haaren bekleidet; über den Rücken des Hinterleibes eine Doppelreihe rother oder brauner Längsstrichelchen.

P. Hieracii findet sich in Lievland, England, vielen Gegenden Deutschlands bis Oberkrain und Istrien. Für die Schweiz bisher beobachtet bei Zürich, aber seltener als die verwandten Arten; ebenso im Limmatthale bei Würenlos, im Juli und noch zu Anfang des August; endlich bei Pfäffikon (Suter).

12. P. Ericetorum Zell. (H.-S. Tab. 3. fig. 15).

Ericetorum Zell. — H.-S.

Alis anter. minus quam ad medium fissis, laete brunneis, laciniis albo-bistrigatis, ciliis dorsalibus ante apicem laciniae posterioris lineam albidam distinctam in basi gerentibus; digiti tertii macula atra apicali rotundata. — *Zell.* — 8–7‴.

Im Juli und Beginn des August bei Zürich, namentlich auf einer trockenen Waldwiese des Uetliberges öfters; auch bei Pfäffikon (Suter). Ueber anderweitiges Vorkommen ist noch nichts bekannt geworden. P. Ericetorum findet sich übrigens an mehreren Stellen in Deutschland; so um Glogau und Regensburg.

13. P. Obscurus Zell. (H.-S. Tab. 3 fig. 17).

Obscurus Zell. — Lien. — Tengst. — Dup. — H.-S. — Parvidactyla (us) Haw. — Sta. — Microdactylus Steph. — Dentellus Mann.

Alis anter. minus quam ad medium fissis, brunneo-fuscis, laciniis niveo-bistrigatis, ciliis costae ante apicem niveis, litura in ciliis laciniae posterioris alba; digiti tertii apice utrimque atro-squamato (interdum medio albido). — *Zell.* — 7'''.

Die Larve dieses, durch Kleinheit und dunkles Kolorit leicht kennbaren Pterophorus erzog Zeller mit derjenigen des P. Pilosellae an Hieracium Pilosella, ohne sie näher zu untersuchen. Ich traf dieselbe in den Herztrieben der Stachys alpina, und zwar schon in der zweiten Aprilhälfte.

Der Kopf schwarz; der Körper schmutzig blassgrün mit einem schwarzen, zweigetheilten Nackenschilde. Brustfüsse schwarz, Bauchfüsse von der Farbe des Körpers mit schwarzen Häkchen. Auf der Rückenseite eines jeden Gürtels vier ansehnliche, schwarze Wärzchen, welche einen strahligen Büschel starker Borstenhaare tragen; an den Seiten noch eine ähnliche Warzenreihe. Die Stigmen, schwärzlich, treten deutlich hervor.

Meine Püppchen, welche ich auch im Freien auf der Unterseite der Blätter antraf, stimmen bis auf die Farbe mit Zeller's Beschreibung. Sie wurden sehr bald schwarz.

P. Obscurus ist weit verbreitet, von Finnland bis Toskana und Kleinasien, in der Ebene sowohl als im Gebirg. — Für die Schweiz beobachtet zu Zürich Anfang Juni und Ende Juli (wohl in zweiter Generation); Baden; im Engadin. Ich traf ihn zu Samaden Ende Juli noch in beträchtlicher Elevation über der Thalhöhe, etwa 6000' hoch.

14. P. Phaeodactylus Hbn. (Hbn. Tab. 3 fig. 14 und 15).

Phaeodactylus (a) Hbn. — Tr. — Zell. — Dup. — Eversm. — Sta. — H.-S. — Lunaedactyla (us) Haw. — Steph.

Alis anter. griseo-ochraceis vel ochraceo-fuscescentibus, litura per basim laciniarum exalbida, laciniis minus latis, acutioribus. — *Zell.* — 9½–9'''.

Die Raupe lebt an Ononis repens (hier im Juni und zu Anfang Juli). Der Kopf ist heller als der Körper mit reichlichen, schwarzen, zusammenfliessenden Flecken. Der Körper grünlich; Luftlöcher gross und gelbbräunlich; Brustfüsse bleichgelb, braunfleckig; die Bauchfüsse bleichgelb mit röthlichbraunen Häkchen; die Rückenwärzchen rothbräunlich mit einem langen Haare und sternförmigen, knotigen Borstenbüscheln. Einige Raupen, welche ich vor einiger Zeit hier erzog, hatten einen rothen Rückenstreifen.

P. Phaeodactylus, einem grossen Theile von Europa zukommend (Ostrussland, Frankreich, England, vielen Gegenden Deutschlands), scheint nach Norden nicht hoch heraufzugehen, da er der lievländischen und finnischen Fauna fehlt. — In der Schweiz selten im Juli und zu Anfang des August. Zürich; Schloss Kyburg bei Winterthur.

15. P. Serotinus Zell.

Serotinus Zell. — H.-S. — Bipunctidactylus (a). — Steph. — Sta. — ? Haw.

Alis anter. fuscescenti-cinereis, dorso lutescente, ciliis costalibus fuscis, striola media, strigula ad fissuram lineaque (interdum subnulla) laciniae anterioris nigro-fuscis, strigula laciniae anterioris in cilia usque albida; digiti tertii ciliis breviusculis. — *Zell.* — 10'''.

Wenn P. Serotinus wirklich eine haltbare, von P. Mictodactylus zu trennende Art ist, — was ich noch bezweifeln möchte, — so gehören die mir bekannt gewordenen schweizerischen Exemplare alle zur ersteren Art. Sie stimmen mit Zeller's Beschreibung gut überein; nur ist die weisse Querlinie auf dem vorderen Zipfel wenig sichtbar. — Die Raupe kommt mit der von Zeller beschriebenen des Mictodactylus, welche an Saxifraga granulata lebt, nahe überein, doch scheinen die Brustfüsse zu differiren. Sie lebt im Frühling, namentlich dem April, in den Herztrieben der Scabiosa arvensis, welche sie zu einem ansehnlichen Knäuel allmälig zusammenzieht. Nach Herrich-Schäffer kommt sie bei Regensburg auch auf Galium molle vor. — Kopf grünlich braun mit schwarzen Flecken und braunen Fresswerkzeugen. Körper grün mit weisslichen Härchen und breitem, purpurfarbenem Rückenstreif. Die Brustbeine schwarz (bei Mictodactylus grün); die Bauchfüsse von der Farbe des Körpers. Die Athemlöcher erscheinen als kleine, schwarze Pünktchen.

Die Puppe stimmt ganz mit Zeller's Beschreibung derjenigen des P. Mictodactylus überein.

P. Serotinus, in verschiedenen Theilen Deutschlands vorkommend, ebenso in Ungarn, erscheint in zwei Generationen; sehr häufig im Mai und Juni, dann seltener im September und Oktober.

Zürich; Baden; Bremgarten (Boll); bei Villeneuve am Genfer See (Laharpe) und gewiss noch weit im flacheren Lande verbreitet. Der Alpenzone scheint er übrigens zu fehlen; dagegen fand ihn Herr Rothenbach auf dem Jura auf.

16. **P. Coprodactylus** (Zell.) Sta. (H.-S. Tab. 4 fig. 22).

Coprodactylus Zell. — Sta. — H.-S.

Alis anter. griseo-cinereis, dorso anguste exalbido, striola media puncto gemino ad fissuram lineolaque laciniae anterioris fuscis (in ♀ distinctissimis); digiti tertii ciliis breviusculis. — *Zell.* — 10⅔–9‴.

Var. a. Strigula albida laciniae anterioris obsoleta.

P. Coprodactylus, auf den östreichischen Alpen, dem Semmering und Grossglockner, ebenso dem Kouk an der Grenze von Oberkrain und Istrien von Fischer von Röslerstamm und Mann beobachtet, bewohnt nicht allein die Gebirge, sondern auch die Ebenen der Schweiz. Im Juni bei Zürich auf Waldwiesen sehr häufig; ebenso zu Bremgarten. Auf den Alpen sehr verbreitet. St. Gotthard, Walliser Alpen (bei Zermatt), Glarner (Berglialp, Sandalp); ebenso auf den Bergen des Engadin in den Umgebungen von St. Moriz und Samaden, Mitte Juli bis in den August; noch in 6000′ Höhe vorkommend. Gleichfalls erscheint diese Spezies nach den Beobachtungen von Rothenbach auf dem Jura. Die Exemplare des Gebirges und der Ebene sind ganz gleich.

17. **P. Plagiodactylus** (F. R.) Sta.

Plagiodactylus (F. R.). Sta. — Zell. — H.-S.

Alis anter. fuscescentibus, crebro nigro-conspersis, dorso late ochraceo, striola media, macula ad fissuram lineaque laciniae anterioris nigris, strigula laciniae anterioris albida; ciliis digiti tertii breviusculis. — *Zell.* — 10⅔–10‴.

Die Raupe unserer Federmotte, welche ich Herrn Zeller zugesandt hatte, lebte bei Zürich im Mai und Juni an Gentiana ascle-

*) Herrich-Schäffer's Bild fig. 20, Coprodactylus, scheint mir nicht hierher zu gehören. Sein Coprodactylus ist übrigens, wie brieflicher Verkehr lehrte, meine Art.

piadea. Sie zieht die obersten Blätter mit einigen Fäden zu einem ansehnlichen Knäuel zusammen, so dass die von ihr bewohnten Pflanzen sehr leicht in das Auge fallen.

Kopf gelbgrün mit zwei schwarzen Punkten an den Seiten; Körper grün mit dunklem Rückenstreif und mit einer Menge langer, steifer, dunkler Borsten besetzt, welche über die Seiten am dichtesten stehen. Hier erscheinen noch grössere weissliche Haare; ebenso auf jedem Ringe noch ein Haar zur Seite des Rückenstreifens; Beine grün.

Die Puppe ist derjenigen des P. Serotinus sehr ähnlich, nur etwas grösser. Die Verwandlung geschieht in vierzehn Tagen bis drei Wochen.

Diese Art, welche auf den östreichischen Alpen entdeckt wurde, kommt für die Schweiz bei Zürich im Juni und Juli an feuchten Lokalitäten der Bergwälder, und zwar an beiden Seeufern, vor.

18. P. Graphodactylus Tr. (H.-S. Tab. 4 fig. 23).

Graphodactylus (a) Tr. — Zell. — H.-S.

Alis anter. ochraceo-fuscescentibus, dorso, fissura plagaque laciniae anterioris gilvescentibus, striola media, puncto gemino ante fissuram lituraque laciniae anterioris fuscis, ciliis circa apicem albis; ciliis digiti tertii breviusculis. — *Zell.* — 9½–9‴.

Die Raupe unserer Federmotte lebt nach Freyer in Berggegenden am Gentiana lutea.

P. Graphodactylus findet sich im bayerischen Gebirge (Tegernsee) und in den östreichischen Alpen.

Für die Schweiz auf nassen Waldwiesen zu Anfang August; aber nur selten und beschränkt angetroffen.

19. P. Fuscus Retz. (Hbn. Tab. 3 Fig. 16 und Tab. 5 fig. 25).

Fuscus Retz. — Zell. — Dup. — Lien. — Tengst. — Sta. — H.-S. — Ptilodactyla (us) Hbn. — Tr. — Dup. — Eversm. — Fuscodactyla (us) Haw. — Steph.

Alis anter. fuscescenti-luteis, juxta costam obscurioribus, dorso late gilvescente, puncto gemino fusco ad fissuram, costae totius linea externa angustissima albida; ciliis digiti tertii breviusculis. — *Zell.* — 10–9½‴.

Var. a. In ciliis puncto uno ad angulum internum laciniae anterioris, duobus ad apicem laciniae posterioris nigris, distinctis.

P. Fuscus, in vielen Theilen Deutschlands zu Hause, in Oberkrain, Ungarn, Schweden, Lievland, Finnland und England beobachtet, scheint in der Schweiz selten zu sein. Bisher nur in einigen Exemplaren an lichten Waldstellen im Juni gefunden, wo die Nahrungspflanze der Larve, Veronica chamaedrys, wuchs, an welcher diese im Mai vorkommt (Stainton, A. Schmid in litt.). Die gesammelten Stücke haben einen Punkt am Innenrand des Vorderzipfels und zwei am Hinterzipfel, gehören also zur Var. a. Ein Exemplar aus den Berner Alpen sandte Herr Boll zur Ansicht.

20. P. Lithodactylus Tr. (H.-S. Tab. 2 fig. 10).

Lithodactylus (a) Tr. — Zell. — Dup. — Eversm. — Sta. — H.-S. — Lithoxylodactylus Dup. — Septodactyla Tr. — Similidactylus Steph. — Curt.

Collari clypeoque cinnamomeis, thorace canescente; alis anter. griseis, fusco-sordidis, macula lunata, fusca, albo-excavata ante fissuram; tibiarum intermediarum medio apiceque fuscis, incrassatis. — *Zell.* — 14–12‴.

Die Raupe entdeckte Zeller auf Inula salicifolia; Stainton und ich fanden sie auf Inula dysenterica. Sie erscheint im Juni. — Kopf gelblich mit dunklen Flecken; Körper grün mit drei weisslichen Rückenlinien und zwei Reihen Höcker über den Rücken, auf welchen sternförmige Borstenbüschel vorkommen. — Meine Larven wurden nach der letzten Häutung roth gestreift.

Die Puppe ist grau oder schwärzlich, mit behaarten Flügelscheiden und vier Längsreihen von Warzen über den Hinterleib, auf denen sternförmige Borsten stehen. Im Verhältniss zum entwickelten Insekt ist sie nicht besonders gross.

P. Lithodactylus ist beobachtet in England, auf Gottland, in Ungarn, mehreren Gegenden Deutschlands, (z. B. Wien, Glogau, Jena, Freiburg) und in Ostrussland.

Bei Zürich sehr selten, Ende Juli und Anfang August an wenigen Stellen; bei Lausanne (Laharpe). Am 1. August 1853 sammelte ich auf der Engadiner Alp Murailg bei Samaden in ungefährer Höhe von 6772′ am späten Abend 3 Exemplare, welche sich durch ungewöhnliche Grösse auszeichnen.

21. P. Pterodactylus L. (H.-S. Tab. 5 fig. 27).

Pterodactylus (a) L. — W. V. — Fab. — Hbn. — Haw. — Tr. — Zell. — Lien. — Steph. — Eversm — H.-S. — Sta.

Alis anter. elongatis rufo-griseis gilvisve, puncto fusco ante fissuram punctulisque nonnullis marginis postici; ciliis digiti tertii longissimis. — *Zell.* — 10½‴.

Var. a. Alis anter. canescentibus, dorso rufescentibus.

Die Raupe dieses gemeinen Pterophorus lebt Anfang August auf Convolvulus arvensis. Sie ist noch nicht genauer beschrieben; grün mit dunklerem, gelbgerandetem Rückenstreifen und mehreren Wärzchenreihen, welche Haare tragen.

Der Falter spärlich im Frühsommer, häufiger von Ende August den Herbst hindurch und nach der Ueberwinterung im Frühling. Von Sizilien bis nach Schweden, von England bis in's Kasan'sche, in der Ebene wie im Gebirge; so fand ihn Zeller an der Schneekoppe; Mann erhielt ihn auf dem 7000′ hohen Monte Falterone in Toskana.

Wohl überall in der Schweiz gemein. Auch bei Samaden im Engadin in 5362′ Meereshöhe.

22. P. Scarodactylus Zell. (H.-S. Tab. 6 fig. 32).

Scarodactylus Zell. — Lien. — Tengst. — H.-S. — ? Scarodactyla Hbn. — ? Icarodactyla Tr.

Collari epistomioque cinnamomeis, corpore exalbido; alis anter. sordide albidis, atomis fuscescentibus, striola costali obliterata punctoque paulo ante fissuram fuscis. — *Zell.* — 9½‴.

Die Raupe dieser Art lebt im August und September an den Blüthen des Hieracium umbellatum und boreale. Sie ist hart, dick, mit honiggelbem Kopfe und grauem Körper, welcher mit sehr feinen braunen Pünktchen dicht besät ist. Auf dem Rücken der Ringe ein schwarzbrauner Querfleck; Behaarung sparsam, Athemlöcher braun.

Lievland, Finnland; vielfach verbreitet in Deutschland. Mehrere Exemplare aus der Sammlung des Herrn Rothenbach in Schüpfen, wo die Art im Juli um Heidekraut fliegt.

23. P. Tephradactylus Hbn. (H.-S. Tab. 5 fig. 28 *).

Tephradactylus (a) Hbn. — Zell. — Lien. — Sta. — H.-S. — ? Eversm.

*) Meine Exemplare stimmen auf das Genaueste mit Zeller's Beschreibung. Das Bild bei Herrich-Schäffer fig. 28 ist recht gut;

Collari epistomioque cinnamomeis, corpore exalbido; alis anter. exalbidis, atomis fuscescentibus, punctis duobus distantibus paulo ante fissuram, uno costali post laciniae anterioris medium aliisque circa laciniarum apices fuscis. — *Zell.* — 10‴.

P. Tephradactylus, in Lievland, Schlesien, zu Wien, ebenso bei Freiburg beobachtet, ist für die Schweiz bei Zürich keine Seltenheit.

Die Raupe lebt schon im April und Mai an lichten Waldstellen an den jungen Pflänzchen der Solidago Virgaurea, und zwar frei an der Unterseite des Blattes.

Kopf ungefleckt, gleich dem Körper und den Beinen hellgrün. Ueber den Rücken läuft eine dunkelgrüne Strieme. Neben ihr steht eine Wärzchenreihe mit graulichen Haaren; tiefer am Rücken herunter eine zweite Höckerreihe mit kleineren Haaren und endlich an der Seite noch eine dritte mit einem Bündel grösserer, sternförmiger, weisser Borsten.

Die Puppe, in Form und Bau derjenigen des Lithodactylus (siehe oben) nicht unähnlich, ist weissgrau mit braunem Streifen über die Flügelscheiden und einer doppelten, gleichgefärbten Rückenstrieme über den Hinterleib. Letzterer hat ebenfalls Wärzchenreihen mit Borstenbüscheln. Die obere Doppelreihe aber trägt viel längere Borsten. Der Innenrand der Flügelscheide ist auch hier dicht behaart.

P. Tephradactylus fliegt im Juni in und in der Nähe von Waldungen; so bei Zürich, Winterthur, im Sihlwald bei Thalwyl. Auch Ende Juli im Engadin bei Samaden.

24. **P. Carphodactylus** Hbn. (Hbn. Taf. 4 fig. 19 und 20).

Carphodactylus (a) Hbn. — Tr. — Zell. — Dup. — H.-S. — ? Eversm.

Corpore alisque anter. dilutissime sulphureis; his puncto uno costali, uno ad fissuram, pluribus minutis dorsalibus laciniarum fuscis. — *Zell.* — 8½–8‴.

Die Raupe lebt nach den Beobachtungen von A. Schmid bei Frankfurt an Conyza squarrosa.

Die Federmotte findet sich im Juni und Juli; bei Frankfurt am Main, bei Wien; in den südlichen Gebirgen von Oestreich noch bis gegen 3700′ Höhe; endlich in Ungarn und Sizilien.

---

nur hat der Vorderzipfel statt zweier vier schwarze Punkte. Da aber Herrich-Schäffer meinen Tephradactylus sah und für den seinigen erklärte, so lege ich auf diese Differenz kein Gewicht.

Für die Schweiz bisher nur von Zürich; sie findet sich Ende Mai und im Juni auf einer trocknen Waldwiese des Uetliberges und zwar in Mehrzahl.

25. **P. Microdactylus** Hbn. (Hbn. Tab. 5 fig. 26 und 27).

Microdactylus (*a*) *Hbn.* — *Tr.* — *Zell.* — *Dup.* — *Tengst.* — *Lien.* — *Sta.* — *H.-S.*

Collari epistomioque cinnamomeis; alis anter. dilutissime sulphureis, atomis fuscis crebrioribus, punctis costalibus laciniae anterioris duobus, uno obsoleto ad fissuram aliisque circa laciniarum apices fuscis. — *Zell.* — $7^1/_2$–$6^1/_2$'''.

Die Raupe lebt in den Blüthen und Stengeln des Eupatorium cannabinum nach Zeller und A. Schmid. Kopf blass honiggelb, mit dunkleren Fresswerkzeugen und schwarzem Fleck. Körper gelblich weiss, hart, sparsam behaart, über den Rücken breit bläulich grau gefärbt und mit gelblich weisser Längslinie. Luftlöcher schwarz; die Füsse von der Farbe des Körpers; die Bauchfüsse sind ungemein kurz.

In Lappland, Lievland, England, vielen Gegenden Deutschlands, z. B. im Meklenburgischen, bei Glogau, Frankfurt am Main, Freiburg, Carlsruhe. Südlich bis Oberkrain und Toskana.

Zu Zürich an passenden Lokalitäten gemein, Mai und Juni und dann in der zweiten Julihälfte. Gewiss weit durch die Schweiz verbreitet.

26. **P. Osteodactylus** Zell. (H.-S. Tab. 5 fig. 29).

Osteodactylus Zell. — *Dup.* — *Lien.* — *Tengst.* — *Sta.* — *H.-S.*

Collari epistomioque brunnescentibus, corpore alisque anter. dilutissime sulphureis, his puncto ad fissuram fusco, litura costali laciniae anterioris fuscescente. — *Zell.* — $8^1/_2$'''.

Weit verbreitet in England, Finnland, Lievland, Toskana, in den gebirgigen Theilen Deutschlands und den östreichischen Alpen.

In der Schweiz, wie es scheint, sehr selten. Ich kenne ein einziges Exemplar, welches ich im Juli bei Zürich am rechten Seeufer fing.

27. **P. Brachydactylus** Koll. (H.-S. Tab. 2 fig. 11).

Brachydactylus (*a*) *Koll.* — *Tr.* — *Zell.* — *Dup.* — *Sta.* — *H.-S.* — *Aëlodactylus Dup.*

Alis fuscis, costa anteriorum ciliisque albido-maculatis. — *Zell.* — 10–9'''.

Var. a. Alis ochraceo-fuscescentibus — 1 ♂.

Die Raupe findet sich im Mai und Juni im Schatten finsterer Nadelholzwaldungen an Prenanthes purpurea. Sie hält sich an der Unterseite des Blattes auf und durchlöchert dieses. Zuweilen beherbergt eine Pflanze die Larve in Mehrzahl.

Diese erinnert an diejenige des P. Tephradactylus (siehe oben). Kopf blass bräunlich mit schwarzen Flecken und rothbräunlichen Mundtheilen. Der Körper schmutzig blassgrün; über den Rücken läuft eine dunkle Strieme. Diese ist seitlich von einer Wärzchenreihe begrenzt mit je einem oder zwei steifen, dunklen Borstenhaaren. Eine zweite Reihe mit einer grossen, dunklen Borste und einigen sehr kleinen, weisslichen Haaren liegt mehr seitlich. Eine dritte Reihe von Wärzchen endlich mit einem Büschel ganz kurzer, weisslicher Sternborsten steht tief nach abwärts.

Die Puppe ist derjenigen des P. Tephradactylus ähnlich; gleich ihr weisslich grau, auf den Flügelscheiden schwarz gefleckt, ebenso auf der Oberseite der Brust. Der Leib hat eine sehr dunkle, breite Rückenstrieme und seitlich noch eine unterbrochene, aus einzelnen schief stehenden Strichen gebildete, feinere Linie. Ich sehe hier drei bis sechs borstentragende Höckerreihen. Der Innenrand der Flügelscheide ist gleichfalls mit feinen Härchen dicht besetzt. Die Verwandlung erfolgt nach etwa drei Wochen.

P. Brachydactylus, ein Bewohner der Gebirge, ist weit verbreitet. Oestliche Pyrenäen, Apennin, Wiener Gegend, sächsische Schweiz, Riesengebirge, Schwarzwald etc. Ebenso in England.

Für die Schweiz kenne ich nur mehrere Lokalitäten im Kanton Zürich als Aufenthaltsörter; so Zürich am Uetliberg, der Sihlwald bei Thalwyl, die Gegend von Winterthur. Der Falter ist Ende Juni und im Juli vorhanden, fliegt aber nur spät nach Sonnenuntergang sehr einzeln und wird bei seinem dunklen Kolorit leicht übersehen.

28. P. Baliodactylus F. R. (H.-S. Tab. 6 fig. 36).

Baliodactylus (*F. R.*) *Zell.* — *Sta.* — *H.-S.*

Capite praeter lineam transversam albidam brunnescente, abdomine exalbido, luteo-trilineato; alis anter. exalbidis, costae striola in laciniae anterioris origine nigra ciliorumque litura longitudinali fusca, ciliis dorsalibus apicem versus infuscatis. — *Zell.* — $9\frac{1}{2}'''$.

P. Baliodactylus, welcher dem nördlichen Europa fehlt, ist in den gemässigten und südlichen Theilen weit verbreitet und kommt auch in Kleinasien vor. England, Frankreich, Toskana, Regensburg, östreichische Alpen (Juni und Juli).

Aus der westlichen Schweiz ein Männchen von Laharpe. In den östlichen und mittleren Theilen der Alpen habe ich ihn vergeblich gesucht.

29. P. Tetradactylus L. (H.-S. Tab. 6 fig. 35).

Tetradactylus (a) L. — Tr. — Zell. — Dup. — Steph. — Lien. — Tengst. — Eversm. — Sta. — H.-S. — Leucodactyla Hbn. — Haw.

Capite cinnamomeo; alis anter. vix ad medium fissis, exalbidis, antice lutescentibus, laciniis albidis, costa laciniae anterioris praeter apicem fusca. — *Zell.* — 10–9'''.

Die Raupe auf Thymus Serpyllum im Juli.

Diese von Schweden und Finnland bis England verbreitete Art geht bis Ober-Krain südlich.

Sie ist überall in der Schweiz häufig vorkommend im Juli und August. — Beobachtet bei Zürich, Baden, Bremgarten, Schüpfen, in den Walliser, Berner und Glarner Alpen; ebenso auf dem Gotthard und in dem Engadin. Ich traf sie noch bis 6000' und höher.

30. P. Pentadactylus L. (Hbn. Taf. 1 fig. 1).

Pentadactylus (a) L. — S. V. — Fab. — Hbn. — Tr. — Zell. — Steph. — Dup. — Lien. — Eversm. — Sta. — H.-S. — Tridactyla Scop.

Niveus totus. — *Zell.* — 13'''.

Von dieser in ganz Europa vorkommenden Art, welche nordwärts bis Schweden geht, indessen in Lappland nicht mehr vorzukommen scheint, lebt die Raupe auf Convolvulus arvensis und sepium. Sie hat einen honiggelben, mit schwarzem Seitenfleck versehenen Kopf. Körper und Beine blassgrün, mit einer doppelten weiss- und gelbgefleckten Rückenlinie und vier Reihen von Höckern, welche vom vierten bis zehnten Ring schwärzlich, mit sternförmigen Haaren.

Die Puppe grünlich oder weisslich mit drei Reihen schwarzer Längsstrichelchen über den Rücken und schwärzlichen Flecken auf dem Thorax. Kleine Warzen, welche lange sternförmige Borsten tragen, erscheinen auf den Ringen.

P. Pentadactylus scheint in der Schweiz verhältnissmässig selten vorzukommen. In den Alpen sah ich ihn nie. Bei Zürich an einigen Stellen vom Juni bis in den August; Bremgarten.

II. Familie. ALUCITIDEN.

Alucitina Zell. — Sta. — H.-S. — Orneodidae H.-S. (ol.) — Orneodites Dup.

Corpus mediocre, non gracile; capilli appressi; ocelli distincti; antennae filiformes; haustellum longum; palpi maxillares nulli, labiales longiusculi, porrecti; alae latiusculae, anter. et poster. sexpartitae.

Wiederum eine sehr scharf abgegrenzte, eigenthümliche Familie, welche sich durch einen plumperen, viel weniger grazilen Körper, kürzere Beine und vor allen Dingen die breiteren, in sechs Federn zerlegten, fächerartigen Flügel unterscheidet.

Die Alucitiden bestehen nur aus einem einzigen, an Arten armen Geschlechte.

1. Genus. ALUCITA.

Alucita Steph. — Curt. — Zell. — H.-S. — p. Haw. — Pterophorus p. Fab. — Orneodes Latr. — Tr. — Dup. — Sta.

Capilli appressi, frons lata; ocelli distincti; antennae filiformes, mediocres, articulis breviusculis, infra ciliatis, apicem versus subdentatis; haustellum longum, nudum; palpi labiales longiusculi, porrecti, articulo secundo magno, hirsuto, tertio tenui, acuto. Alae latiusculae, sexpartitae; anter. cellula discoidalis nulla; vena subcostalis ramos tres in digitum primum, ramum quartum in secundum (cum primo basim

versus conjunctum) emittit; mediana trifida in digitum tertium, quartum et quintum, subdorsalis simplex in sextum exit; poster. rami sex simplices in digitos prodeunt; digitus primus et secundus inter se conjuncti; vena subcostalis bifida, mediana trifida, subdorsalis simplex.

Kopf mit anliegenden Schuppen, deutlichen Nebenaugen, breiter Stirne; die Fühler länger im Verhältniss zur Körpergrösse als bei den Pterophoriden; ihre Glieder etwas breiter und kürzer, unterwärts ebenfalls fein gewimpert, schwach konisch, nach der Spitze mehr gezähnelt hervorstehend. Zunge lang, nackt. Die Kiefertaster mangeln, die Labialpalpen stehen beträchtlich vor; die beiden ersten Glieder, namentlich das mittlere gegen die Spitze, rauhschuppig; letzteres ist verhältnissmässig stark und gross. Das Endglied schlank, glatt, zugespitzt. Körper viel weniger dünn und schlank als bei der vorigen Familie; ebenso die Beine.

Die Vorderflügel, wie die hinteren, sind durch tiefe Einschnitte in je sechs Federn zerlegt, von welchen die beiden ersten und dann wieder die vier folgenden wurzelwärts zusammenhängen. — Das Geäder scheint sich, wie bei so ähnlichen Thieren auch kaum anders zu erwarten steht, sehr ähnlich zu verhalten. Die Vorderflügel entbehren bei ihrer tiefen Spaltung einer Discoidalzelle. In die erste Feder geht mit drei Aesten die Subcostalvene; als ein vierter dicht an der Flügelwurzel abtretender Ast kann die Ader der zweiten Feder betrachtet werden. Die Medianvene versorgt gablig getheilt die dritte und vierte Feder, sowie mit einem längeren Aste die fünfte. Als Subdorsalvene betrachte ich die Ader der letzten Feder. Die beiden ersten Federn der Hinterflügel werden durch die sehr tief zweigespaltene Subcostalader versehen, die drei folgenden durch die dreigetheilte Medianader und die letzte Feder durch die einfache Subdorsalader. — Beide Flügel haben demnach auch in ihrem Geäder eine grosse Aehnlichkeit.

Die Naturgeschichte der Larve, welche wir nur für eine Art zur Zeit kennen und die in den Blüthen der Lonicera lebt, ist noch wenig erforscht.

Von den 8 Arten, welche zur Zeit in Europa bekannt geworden, bewohnen 5 unser Faunengebiet. Keine derselben aber wurde, im völligen Gegensatze zu den Pterophoren, in der Alpenregion bemerkt.

1. A. Dodecadactyla Hbn. (Hbn. Tab. 6 fig. 29).

Dodecadactyla (us) Hbn. — Tr. — Zell. — Dup. — Lien. — H.-S.

Palporum articulo ultimo brevi horizontali, squamas penultimi excedente; alis omnibus gilvescentibus, fasciis duabus latis cinereis, albido-marginatis, posteriore in maculam unicam costalem coarctata. — *Zell.* — $7\frac{1}{2}'''$.

A. Dodecadactyla in Lievland, bei Danzig, Regensburg und wohl noch in mehreren anderen Theilen Deutschlands und in Toskana beobachtet, ist in der Schweiz selten. Ich kenne zwei Exemplare. Das eine stammt aus der Gegend von Lausanne (Laharpe), das andere wurde bei Zürich am 2. September 1855 gefangen (Dr. E. Suter); auch noch bei Schüpfen (Rothenbach in litt.).

2. **A. Grammodactyla** Zell.

Grammodactyla Zell. — *H.-S.* — ? *Hexadactyla Hbn.*

Palporum articulo adscendenti brevi; alis cinereis, fasciis duabus paulo obscurioribus, determinate albo-marginatis, per singulas continuatis, posteriore in costae maculam unicam coarctata. — *Zell.* — $7\frac{2}{3}-6'''$.

Diese Art, von welcher das Weib sehr selten getroffen wird (es ist etwas heller grau, sonst dem Manne ganz gleich), findet sich in einzelnen Gegenden Deutschlands; so Frankfurt an der Oder, Freiburg, Wien, ebenso bei Göttingen und Bonn.

Auf Waldwiesen bei Zürich, namentlich an feuchten Stellen, im Mai und Juni, dann in spärlicher Zahl Ende Juli und im August; also in zwei Generationen.

3. **A. Desmodactyla** Zell.

Desmodactyla Zell. — *H.-S.*

Palporum articulo ultimo adscendenti brevi; alis albidis, fasciis duabus cinereis, per singulas continuatis, poster. in maculas costae duas coarctata. — *Zell.* — $7-6\frac{1}{2}'''$.

Diese, bisher bei Wien und Regensburg bemerkte Art kommt bei Zürich sehr verbreitet und an einer Stelle häufig, stets um Stachys sylvatica, an welcher ich die Raupe vermuthe, vor. — Ueber die Generationen bin ich nicht ganz im Reinen. Frisch erhielt ich die Federmotte im August, aber einzeln; in Menge, aber mit Spuren längeren Fluges, im Mai. Herrich-Schäffer gibt für Regensburg als Flugzeit Juni und Juli an.

4. A. **Polydactyla** Hbn. (Hbn. Tab. 6 fig. 28).

Polydactyla (us) Hbn. — Tr. — Steph. — Zell. — Sta. — H.-S. — Poecilodactyla Steph. — Hexadactyla Curt. — Haw. — Steph. — Dup. — Zetterst.

Palporum articulo ultimo adscendenti, penultimum longitudine aequante; alis pallide lutescenti-griseis, anteriorum fasciis duabus obscure cinereis, obsoletius albido-marginatis, in posteriores non continuatis, exteriore in costae maculam unicam coarctata. — *Zell.* — $7\frac{1}{2}-6\frac{1}{2}'''$.

Die Raupe ist erwachsen fleischfarben, hat 16 blasse Beine; die Bauchfüsse cylindrisch. Sie ist mit feinen Borsten ohne Wärzchen besetzt, zeigt einen kleinen honiggelben, schwarz gefleckten Kopf und einen etwas glänzenden Nacken- und Afterschild mit Vertiefungen. Sie lebt in den Blüthen der Lonicera Periclymenum und wohl auch noch anderer Spezies der Pflanze.

Weit verbreitet; Schweden, Lievland, England, Frankreich, Deutschland, Toskana.

Gemein und wohl überall durch die Schweiz vorkommend im Mai und im Juli.

5. A. **Hexadactyla** L. (Hbn. Tab. 6 fig. 30 und 31).

Hexadactyla (us) L. — Hbn. — Tr. — Zell. — H.-S. — Eversm.

Palporum articulo ultimo adscendenti, penultimum longitudine aequante; alis cinereis griseisve, fasciis duabus obscurioribus argute albido-marginatis, per singulas alas continuatis, posteriore in digito primo breviter bifida. — *Zell.* — $7\frac{1}{2}-6\frac{1}{2}'''$.

Weit verbreitet und zuweilen häufig; in Deutschland, bis gegen das adriatische Meer, auch in Ostrussland.

In der Schweiz selten und einzeln; bei Zürich auf Waldwiesen, untermischt mit A. Grammodactyla im Mai und Juni und dann zu Ende Juli und im August; wohl mit Ueberwinterung. Auch bei Schüpfen (Rothenbach in litt.)

Zusätze und Berichtigungen.

Seite 58 Zeile 11 von oben statt 5. Genus Hypomoneuta lies 3. Genus.

» 63 P. Funerella. Die Raupe lebt in Gebirgswäldern bei Zürich im September gleichzeitig mit P. Decemguttella an Lithospermum officinale. Sie ist über den Rücken braun und bläulich gestreift, in den Seiten weisslich.

» 182 ist Zeller's monographische Bearbeitung der Familie in der Lin. entom. Band II. zu erwähnen.

» 211 Zeile 15 von oben statt Blattsücke lies Blattstücke.

» 229 Zeile 17 von oben statt cellula costalis lies cellula discoidalis

» 238 Zeile 3 und 1 von unten statt Phasanipenella lies Phasianipenella

» 243 Zeile 9 von unten statt furcata lies furcatus.

» 243 Zeile 9 von unten statt eam lies eum.

» 272 Zeile 4 von unten statt stossweisen lies stossweisem.

» 367 zwischen Zeile 4 und 5 von unten ist einzufügen *Nepticulidae* (Sta.).

» 372 Zeile 2 von oben statt crassiuscule lies grossiuscule.

Register.

Lightning Source UK Ltd.
Milton Keynes UK
UKOW04f0944150217
294460UK00009B/238/P